ENCYCLOPÉDIE-RORET

SOMMELIER

ET

MARCHAND DE VINS

MANUELS-RORET

NOUVEAU MANUEL COMPLET

DU

SOMMELIER

ET DU

MARCHAND DE VINS

CONTENANT

DES NOTIONS SUCCINCTES

SUR LES

VINS ROUGES, BLANCS ET MOUSSEUX

leur Classification par Vignobles et par Crus,
l'art de les déguster,
la description du Matériel de Cave,
les Soins à donner aux Vins en cercles et en bouteilles,
le Traitement des Vins malades ou altérés,
les Coupages, les moyens de reconnaître les Falsifications, etc.

Par **P. MAIGNE**

Nouvelle édition
revue, corrigée et considérablement augmentée
Par **Raymond BRUNET**
Ingénieur agronome

Ouvrage orné de 97 figures dans le texte

PARIS
ENCYCLOPÉDIE-RORET
L. MULO, LIBRAIRE-ÉDITEUR
12, RUE HAUTEFEUILLE, VIᵉ
1921

AVIS

Le mérite des ouvrages de l'**Encyclopédie-Roret** leur a valu les honneurs de la traduction, de l'imitation et de la contrefaçon. Pour distinguer ce volume, il porte la signature de l'Éditeur, qui se réserve le droit de le faire traduire dans toutes les langues, et de poursuivre, en vertu des lois, décrets et traités internationaux, toutes contrefaçons et toutes traductions faites au mépris de ses droits.

NOUVEAU MANUEL COMPLET

DU

SOMMELIER

ET DU

MARCHAND DE VINS

CHAPITRE PREMIER

Notions générales sur les Vins

—

SOMMAIRE. — I. Nature du vin. — II. Composition des vins. — III. Essai des vins.

I. NATURE DU VIN

Personne n'ignore que le *Vin* proprement dit, le vin véritable, est la liqueur alcoolique qu'on obtient par la fermentation du jus du raisin.

Il existe un nombre pour ainsi dire infini d'espèces de vins. Elles diffèrent entre elles sous le triple rapport de la saveur, de la force et de la couleur. Les qualités qui les distinguent les

unes des autres proviennent non seulement de
la diversité des cépages, mais encore d'une multitude d'autres circonstances, telles que le
climat, la nature du sol, l'exposition, le mode
de culture, la marche des saisons aux époques
qui ont le plus d'influence sur la formation ou
la maturité du fruit, les procédés de fabrication
employés, etc.

Quel est le nombre des cépages connus ?
c'est une question très difficile à résoudre. Toutefois, on admet généralement que le nombre
des espèces du genre Vigne est très restreint,
tandis que celui des variétés est, au contraire,
très considérable : ces dernières s'élèvent à plus
de mille.

Nous allons énumérer ceux que l'on cultive
généralement en France, en les groupant uniquement d'après la couleur des raisins et la
forme de leurs grains.

1º *Raisins à grains noirs ronds.* — Le plant
connu sous le nom d'*aramon* est cultivé dans
tout le Languedoc ; il produit des vins communs
qu'on a longtemps destinés à la fabrication de
l'eau-de-vie, mais qui, depuis plusieurs années,
entrent largement dans la consommation. Le
mourastel ou *monastel* se rencontre dans la partie de cette même province qu'on appelle Bas-
Languedoc ; il donne des vins assez plats, mais
cependant assez recherchés dans le commerce
parce qu'ils sont très riches en couleur. Le
muscat noir, ainsi nommé à cause de sa valeur
musquée, est principalement cultivé dans
l'Hérault.

Le *carbenet* ou *carménet* et le *merlet* ou *vitraille*
fournissent la plus grande partie des vins rouges

du Bordelais. Les *verdots*, gros et petit, abondent également dans cette région.

Les cépages appelés *pineaux* ou *pinots*, tels que le *pinot noir* ou *noirien*, le *pineau mour* ou *mouret* et le *pineau rougin*, donnent les meilleurs crus de la Bourgogne. Le *gamay noir*, le *morillon noir* et le *morillon taconné* ou *meunier*, qui sont répandus dans beaucoup de vignobles de cette province, fournissent des vins bien inférieurs à ceux des précédents, mais ils possèdent l'immense avantage de mieux résister à la gelée.

L'*espar* ou *mourvèdre* est le cépage qui domine dans le Var et les Bouches-du-Rhône : il donne un vin généreux, bien coloré, moelleux, et qui se conserve longtemps. Le *gros mollar* et le *petit mollar*, très communs dans les Hautes-Alpes et les Basses-Alpes, produisent un vin léger, agréable et de garde. Le *moulan* ou *brun-fourca* se rencontre aussi en Provence.

Le *pied-rouge*, *pied-de-perdrix*, *auxerrois* ou *cahors*, fait la base des vins du Quercy, du haut Agenais et du Cher, vins qui sont spiritueux et très colorés.

Les *picpouilles* ou *piquepoules* sont cultivés dans presque tous les départements du Midi, notamment dans ceux de Vaucluse, de l'Hérault, du Gard et de l'Aude.

Le cépage *sirrah*, qu'on distingue en *grosse* et *petite sirrah*, produit les vins célèbres de l'Ermitage, dans la Drôme.

Le *quillard* est surtout répandu dans les Basses-Pyrénées, le Tarn et la Dordogne.

Nous citerons encore le *teinturier* ou *gros noir*, qui est très commun dans tous nos départements du Centre ; l'*enfariné*, dans ceux de l'Est ; le *tanat*, dans les Hautes-Pyrénées ; le *tibouren*, *antiboulen* ou *gaysserin*, en Provence ; le *trousseau* ou *tresseau*, dans le Jura ; le *varenne noir*, dans la Meurthe et la Moselle, etc.

2° *Raisins à grains noirs ovales.* — Le *chauché noir* se cultive surtout dans les deux Charentes. Il en est de même du *saintongeois*, appelé aussi *folle noire*.

Le *carignane*, *calignane* ou *crignanne*, est très répandu dans l'Aude, plus particulièrement aux environs de Narbonne. Le *spiran noir* et le *terret* ou *tarret noir* se rencontrent aussi dans le même département, ainsi que dans celui de l'Hérault. Il en est de même du *terret bourret*, qui, avec l'aramon, fournit la plus grande partie des vins de chaudière.

Le *grenache* ou *alicante* abonde dans les Pyrénées-Orientales, l'Hérault et le Gard, où il donne des vins très estimés.

Le *saint-antoine*, qui paraît propre au premier de ces trois départements, donne un vin dont les qualités se rapprochent de celles du rota.

La *seriné noire*, *corbeille noire* ou *damas noir*, domine dans le célèbre vignoble de Côte-Rôtie, département du Rhône.

Le *pulsard* ou *poulsard*, appelé aussi *pendulat* et *raisin perle*, fait la base des meilleurs vins rouges du Jura.

A cette section appartiennent encore : le *manosquin*, *téouilier* ou *plant de Porto*, qui est répandu dans toute la Provence ; le *liverdun* ou *éricé noir*, qui est cultivé sur une grande échelle dans toute la Lorraine et dans les Vosges, etc.

3° *Raisins à grains blancs* ou *dorés ronds*. —
La *folle-blanche* ou *enragea* est très abondante
dans la Charente, où elle donne le vin qui produit les fameuses eaux-de-vie de Cognac.

Le *muscat blanc* se rencontre surtout dans
l'Hérault et dans les Pyrénées-Orientales ; c'est
avec lui que se fabriquent nos vins de liqueur
les plus renommés, ceux de Rivesaltes, de
Lunel et de Frontignan.

Le *morillon blanc, auxois* ou *auvernat blanc*,
fournit une partie des vins blancs de la Bourgogne. Il en est de même du *pineau blanc, noi-*
rien blanc, chardonnet ou *rousseau*, qui forme la
base des crus de Pouilly et de Montrachet.

La *marsanne* et la *roussanne* ou *roussette* sont
les cépages qui produisent les vins blancs de
l'Ermitage.

Nous citerons encore : le *muscadet doux*,
appelé aussi *guilar musqué* et *musquette*, qui
est cultivé dans le Bordelais, ainsi que le *sémil-*
lon, chevrier ou *colombar* ; ce dernier est également répandu dans une grande partie du Périgord.

4° *Raisins à grains blancs* ou *dorés ovales*. —
Les cépages appelés *calitor, malvoisie-blanc,*
mauzac, clairette blanche ou *blanquette*, ne sont
cultivés que dans nos départements du Midi :
c'est avec les deux derniers que se prépare la
blanquette de Limoux, dans l'Aude.

Le *maccabéo* paraît propre au département
des Pyrénées-Orientales, où il donne son nom
au vin blanc de Salces.

La *piquepoule* ou *picpouille blanche*, assez
commune dans le département du Gers, fournit des vins communs, mais très spiritueux,

avec lesquels s'obtiennent les meilleures eaux-de-vie d'Armagnac.

Le *sauvignon, blanc fumé* ou *surin*, est très cultivé dans le Bordelais, où il donne une partie notable des vins blancs les plus estimés.

Nous citerons encore le *plant Pascal*, qui est très répandu dans les Bouches-du-Rhône.

5° *Raisins à grains gris* ou *violets, ronds* ou *ovales*. — Les cépages de cette section sont en fort petit nombre. Nous nommerons seulement le *pineau gris* ou *burot*, appelé aussi *petit gris* et *fromentot* (grains ronds), qui forme la majeure partie des vignobles de Sillery et de Verzenay, en Champagne ; et la *piquepoule* ou *picpouille grise* (grains ovales), qui est surtout cultivée dans le bas Languedoc.

Il résulte de ce qui précède que les *pineaux* noir, blanc et gris fournissent les grands vins de Bourgogne et de Champagne ; le *tresseau* et le *césar*, les vins de Bourgogne ordinaires ; les *gamays* et les *meuniers*, les vins de Bourgogne et de Champagne communs ; le *carbenet* et les *sauvignons*, les grands vins de la Gironde ; les *sirrahs, la roussanne* et la *marsanne*, les vins de l'Ermitage : les *muscats*, les *picpouilles*, le *grenache*, le *mourvèdre*, les vins du Midi riches; l'*aramon*, le *téret* et le *bouret*, les vins du Midi communs ; enfin, que les vins de Cahors et du Cher sont produits par l'*auxerrois*, et ceux du Jura par le *poulsard*.

II. COMPOSITION DES VINS

Parmi les matières qui constituent les diffé-rents vins, la plupart préexistent dans les rai-sins, tandis que les autres prennent naissance pendant la fermentation du moût. Voici l'énu-mération des unes et des autres.

Matières existant dans les raisins

Eau.
Sucre interverti.
Acide malique.
Acide pectique.
Acide tannique ou tanin.
Acide tartrique.
Pectine.
Mucilage.
Matière colorante jaune.
Matière colorante rouge.
Albumine et autres matières azotées.
Matières grasses et huiles essentielles.
Bitartrate de potasse.
Tartrates de chaux, d'alumine, de magnésie.
Tartrate double d'alumine et de potasse.

Matières nées pendant la fermentation

Alcool.
Aldéhyde.
Acide acétique.
Acide œnanthique.
Acide succinique.
Ether acétique.
Ether œnantique.

Glycérine.

Principes (inconnus) formant le *bouquet.*

Acide carbonique (vins de Champagne).

1° De tous ces principes, l'*eau* est le plus abondant : un bon vin rouge ordinaire en contient généralement 878 pour 1.000.

2° L'*alcool* vient ensuite ; il dérive évidemment du sucre : c'est à lui que le vin doit sa propriété enivrante, et, en très grande partie, celle de pouvoir se conserver longtemps. Quant à sa quantité, elle varie de 5 à 18 pour 100 dans les vins naturels ; mais cette proportion présente des différences, souvent très grandes, pour un même vin, suivant son âge, et une foule d'autres circonstances, notamment suivant que la saison a été chaude ou froide, sèche ou pluvieuse. Voici, sur ce point, et pour les vins de France, quelques chiffres que nous extrayons d'un tableau dressé par le chimiste Chevallier père :

Bagnols.	17. »	Barsac (blanc). .	14.75
Roussillon . . .	16.68	Rivesaltes . . .	14.60
Ille, 1837. . . .	16.27	Tavel	14. »
Collioure, 1838. .	16.10	Prades, 1837 . .	13.87
Grenache	16. »	Poudensac, 13.75 à	12.15
Banyuls	15.90	Jurançon (rouge).	13.70
Ermitage (blanc).	15.60	Lunel	13.70
Jurançon (blanc).	15.20	Argelès, 1837 . .	13.70
Céret, 1837 . . .	15.20	Bergerac (blanc) .	13.65
Sauterne (blanc) .	15. »	Nice	13.46
Saint-Georges . .	15. »	Carbonnieux . .	13.15
Arles-les-Bains,		Claret	13. »
1837	15. »	Salces, 1837. . .	13. »
Perpignan . . .	15. »	Narbonne, 1837 .	13. »

Angers	12.90	Labastide, 1841 .	10. »
Champagne (non mousseux)	12.77	Ste-Eulalie, 1841	10. »
		Carbonieux, 1841	10. »
Barsac (blanc), 11.25 à	12.65	Picardan (blanc).	10. »
		Cahors . . .10 à	11.36
Pineau-Giroles (blanc)	12.54	Nanchèvre (blanc)	9.90
Graves	12.30	Saumur	9.90
Béaune (blanc)	12.20	Carbonieux, 1842.	9.85
Fronton (rouge)	12.03	Saint-Estèphe (rouge)	9.75
Frontignan	11.80	Talence, 1841	9.75
Champagne (mousseux)	11.77	Margaux, 1842	9.75
		Ambarès, 1842	9.75
Preignac	11.50	Saint-André-de-Cubzac, 1841	9.75
Ermitage (rouge)	11.33		
Côte-Rôtie	11.30	Pauillac (rouge), 1841	9.70
Fronton (blanc)	11.25	Cenon, 1842	9.66
Avallon (blanc)	11.14	Lesparre, 1841	9.66
Mâcon (blanc)	11. »	Civrac, 1841, 1842	9.66
Volnay	11. »	Vouvray	9.66
Tonnerre (rouge)	11. »	Château-Margaux 1841	9.65
Saint-Christoly	11. »		
Langon	11. »	Léognan, 1841	9.50
Cadillac, 1841	10.85	Beautiran, 1842	9.50
Fronsac (rouge)	10.75	Lesparre, 1842	9.50
Paillet (blanc)	10.75	Bassens, 1841	9.35
Orléans	10.66	Château-Latour, 1840	9.33
Gaillac (rouge)	10.66		
Nérac	10.60	Castillon, 1841	9.27
Coutras (blanc)	10.50	Carbon-Blanc, 1841	9.25
Grenade, 1844	10.37		
Palus-St.-Vincent	10.30	Cantenac, 1841	9.25
Blaye (rouge), 10.25 et	10.50	St-Emilion, 1842.	9.21
		Bassens, 1842	9.20
Langoiran	10.25	St-Emilion, 1841	9.18
Ambarès	10.25	Léognan, 1842	9.15
Queyries, 1842. 10.15 à	11. »	Carbon-Blanc, 1842	9.15
Cenon, 1841	10. »		

1.

Barsac, 1842 . .	9.15	Camarsac, 1842 .	8.90
Langoiran, 1841 .	9.15	Rauzan, 1842 . .	8.90
Léoville, 1840 . .	9.15	Rauzan, 1841 . .	8.80
Pessac, 1841. . .	9.10	Caudrot, 1842 . .	8.80
Lormont, 1841. .	9.10	St-André-de-Cub-	
Langoiran, 1841 .	9.10	zac, 1842 . . .	8.75
Blanquefort, 1841	9.10	Château-Margaux	
Bazas (rouge),		1840	8.75
1841	9. »	Lot-et-Garonne .	8.74
Pessac (rouge),		Château-Laffitte,	
1841	9. »	1840	8.70
Haut-Brion, 1841.	9. »	Cher (vin du) . .	8.70
Clos-Destournel,		La Réole, 1842. .	8.65
1840	9. »	Pommard, 1860 .	8.50
Brannes-Mouton,		Revel, 1844 . . .	8.41
1840	9. »	Sancerre (rouge) .	8.33
Camarsac, 1841 .	9. »	Chinon (rouge). .	8.33
Caudéran, 1842 .	9. »	Caudrot (blanc) .	8.25
Macau, 1842. . .	9. »	Mâcon (rouge). .	7.66
Quinsac, 1842 . .	9. »	Blois (rouge). . .	7.33
Lormont, 1842. .	9. »	Chablis (blanc). .	7.33
Pouilly(blanc). .	9. »	Orléans (rouge) .	7. »
Bazas, 1842 . . .	8.90	Pommard, 1866 .	6.50
Caudéran, 1842 .	8.90	Volnay, 1866 (1) .	4.75
Macau, 1842 . .	8.90	. .	

Il est des vins étrangers, les vins d'Espagne et de Portugal surtout, qui ont un titre alcoolique beaucoup plus élevé ; mais cette qualité est artificielle et provient de l'usage où l'on est, dans les lieux de production, d'y ajouter de l'alcool afin de pouvoir les transporter et les

(1) Il existe dans le *Manuel de la Distillation des vins*, qui fait partie de l'*Encyclopédie-Roret*, des tables sur la *Richesse alcoolique des vins*, beaucoup plus complètes que les indications que nous donnons ci-dessus. Pour ne pas sortir du cadre de notre ouvrage et pour ne pas le grossir inutilement, nous engageons le lecteur à y recourir.

conserver plus facilement. Ainsi, on trouve, dans le vin de Xérès, jusqu'à 20 pour 100 d'alcool ; dans le porto et le marsala, jusqu'à 23 et même 25. D'autre part, le johannisberg contient 15 à 16 pour 100 d'alcool, le malaga et le vin de Chypre, 15 pour 100 ; le syracuse, de 14 à 15 ; et l'alicante, de 12 à 13. Enfin, le fameux tokay ne donne pas plus de 9 à 10 pour 100 d'alcool.

3° Le *tanin* provient de la pellicule du grain, de la grappe et du pépin. C'est à sa présence que le vin doit son âpreté, ainsi que, avec celle de l'alcool, la propriété de se conserver longtemps et de supporter les transports. Aussi les vins qui en sont très peu chargés, tels que ceux du Doubs, d'Arbois et d'une grande partie du Languedoc, s'altèrent pendant les voyages, tandis que ceux de Bordeaux, qui se trouvent dans le cas contraire, s'améliorent en vieillissant et se conservent bien. La teneur en tanin varie de 0 gr. 20 pour les petits vins du Jura et de Seine-et-Oise, à 3 gr. 70 par litre pour certains vins de la Gironde.

4° La *couleur des vins rouges* est due à une matière bleue qui existe dans le moût, et que les acides libres ont fait passer au rouge. Cette matière bleue réside dans la pellicule du raisin, ce qui explique comment on peut faire du vin blanc avec des raisins noirs, si, au lieu de laisser fermenter le moût sur son marc, l'on a soin de le soutirer aussitôt que le grain est écrasé. On croit qu'elle provient d'une matière colorante jaune dont l'action simultanée de la lumière et de l'air a fait peu à peu changer la couleur. Dans tous les cas, c'est aux proportions relatives de ces matières que sont dues les nuances si

variées que présentent les différentes sortes de
vins. Nous venons de dire que la substance colorante des vins rouges réside dans la pellicule du
fruit. Ce fait explique pourquoi on peut exalter la couleur de ces liquides en laissant le moût
cuver longtemps sur les pellicules et en retar-
dant la fermentation par une addition de plâtre. C'est en procédant ainsi, que, dans le Languedoc, on se procure les vins dits *de couleur* ou
vins teinturiers, dont on se sert pour colorer les
vins trop pâles, ou les vins blancs qu'on veut
transformer en vins rouges.

5° L'*aldéhyde*, l'*acide acétique* et l'*éther acétique* se forment aux dépens de l'alcool ; ils proviennent presque toujours d'une fermentation
trop active ou trop prolongée. Il en est de même
de la *glycérine*, dont la proportion est généralement assez forte, et dont le rôle n'a pas encore
été déterminé.

6° L'*acide œnanthique* résulte de l'action de
l'oxygène de l'air sur les matières grasses du
moût. Il se transforme en *éther œnantique* par
sa réaction sur l'alcool. C'est ce dernier qui communique au vin, non le bouquet spécial propre
à chaque cru, mais l'odeur vineuse caractéristique, qui, à un degré plus ou moins marqué, est
commune à tous les vins.

7° L'*acide succinique* et l'*acide carbonique*
sont le résultat de la décomposition du sucre,
comme l'alcool. On ne connaît pas la part que
peuvent prendre au premier les propriétés du
vin. Quant au second, c'est à lui que les vins
mousseux sont redevables de leur caractère
spécial.

8° L'*acide acétique*, l'*acide malique* et la

crème de tartre donnent au vin ce qu'on appelle de la *verdeur*; mais, comme la dernière se dépose peu à peu dans les tonneaux et dans les bouteilles, on s'explique pourquoi les vins deviennent meilleurs en vieillissant.

On sait aussi qu'avec le temps les vins rouges se dépouillent de la plus grande partie de leur matière colorante, et prennent une teinte particulière qu'on désigne sous le nom de *pelure d'oignon*.

9° Le *parfum* ou *bouquet*, si apprécié des gourmets, caractérise les produits de certains grands crus ; il est dû surtout aux éthers.

Terminons en donnant l'analyse d'un vin type d'après Ordonneau :

Eau.	87.640.000
Alcools :	
Alcool éthylique.	10.000.000
— propylique.	10.000
— butylique	55.000
— amylique.	27.000
— hexylique	0.109
— heptylique	0.081
Alcools supérieurs et essence	0.199
Glycérine	600.000
Isobutylglycol	50.000
Mannite, gomme, pectine, glucose	1.000.000
Aldéhydes :	
Furfurol.	traces.
Aldéhyde	1.330
Ethers :	
Ether acétique	0.836
— caprylique	0.154
— pélargonique	0.809
— caprique	0.636

Éther laurique	0.472
Éthers supérieurs	0.180
— propionique, butyrique, caproïque, œnanthique	0.545

Acides :

Acide acétique . . . . . , , ...	1ᵏ,009
— propionique et butyrique . . .	1.909
— succinique	0.117
— caprcïque, œnanthique, caprylique, laurique	0.999
Acides tartrique et racémique. . . .	0.100
— malique, sulfurique, carbonique azotique, phosphorique, silicique, chlorhydrique, bromhydrique, iodhydrique, fluorhydrique	0.100

Bases :

Potasse, soude, chaux, magnésie, alumine, oxyde de fer, manganèse, ammoniaque, amines . :	0.100

Donnons encore l'analyse des cendres d'après Boussingault :

Cendres.	1.870
Potasse. . . . . ,	0.842
Chaux . . . . , . .	0.092
Magnésie	0.172
Acide sulfurique	0.096
— carbonique. , ...	0.250
— phosphorique.	0.412
Silice.	0.006

III. ESSAI DES VINS

L'analyse des vins ne peut être entreprise que par des chimistes de profession ; mais, comme l'alcool est le principe qui donne à ces liquides une grande partie de leurs propriétés et qui, en outre, contribue peut-être le plus à leur con-servation, il est indispensable de savoir déter-miner exactement dans quelles proportions ce corps s'y trouve contenu. C'est aux moyens, employés pour obtenir ce résultat qu'on donne le nom d'*alcoométrie*.

La recherche de l'alcool dans les vins n'offre aucune difficulté ; elle exige seulement quel-ques détails de manipulation que nous allons faire connaître.

Toute l'opération consiste, en principe, à trouver la densité du liquide soumis à l'essai. Il suffit pour cela de plonger dans ce liquide un instrument spécial appelé *aéromètre*, puis à examiner, sur l'échelle graduée que porte cet instrument, jusqu'à quel point il s'enfonce. Le nombre écrit ou gravé sur ce point indique alors la quantité d'alcool pur que renferme le liquide.

Si les choses pouvaient se passer ainsi, rien ne serait plus simple qu'un essai alcoométrique ; mais on n'obtiendrait qu'un résultat inexact. En effet, comme les vins tiennent en dissolu-tion des substances qui altèrent leur densité, l'instrument accuserait une teneur en alcool tout autre que la véritable. Afin de pouvoir constater la proportion d'alcool contenue réel-lement dans un vin donné, il faut donc, et c'est absolument indispensable, le débarrasser de toutes les matières étrangères qui peuvent s'y trouver dissoutes, et l'on y parvient par la *distillation*.

Dans toute opération d'alcoométrie, il y a donc deux choses à faire : premièrement, dis-tiller une certaine quantité du vin soumis à l'épreuve ; secondement, plonger un aéromètre approprié dans le produit distillé.

Avant d'aller plus loin, nous allons décrire sommairement les instruments aérométriques, nous parlerons ensuite des appareils distillatoires, et, pour terminer, nous dirons comment il convient de se servir des uns et des autres.

Il existe plusieurs instruments alcoométriques, mais le plus simple à employer et, en même temps, le moins coûteux, tout en étant le plus exact, est celui dont le chimiste Gay-Lussac a doté le commerce, et qui est connu sous le nom d'*alcoomètre centésimal*. C'est, quant à la forme un aéromètre ordinaire ; mais son échelle est divisée en 100 parties ou *degrés*, dont chacun indique un *centième* d'alcool, la division *zéro*, qui est la plus basse, correspond à l'eau pure, et la division 100, qui est la plus élevée, correspond à l'alcool absolu, c'est-à-dire à l'alcool tout à fait pur. Quand on le plonge dans un liquide spiritueux, il en donne immédiatement la teneur alcoolique, pourvu cependant que la température de ce liquide soit exactement de 15 degrés centigrades, qui est celle à laquelle Gay-Lussac a fait sa graduation. Si, par exemple, dans une eau-de-vie à la température de 15 degrés, il s'enfonce jusqu'à la division 50, cela veut dire que la force de cette eau-de-vie est de 50 centièmes, en d'autres termes, qu'elle contient 50 pour 100 de son volume d'alcool pur, par conséquent un égal volume d'eau.

Les degrés de l'alcoomètre indiquant des centièmes d'alcool prennent le nom de *degrés centésimaux*. On les écrit en plaçant la lettre *c* au-dessus et à droite du nombre qui les exprime;

mais, pour le calcul, il vaut mieux les écrire en fractions décimales.

On obtient immédiatement les quantités d'alcool dans les liquides spiritueux, au moyen des indications de l'instrument, en multipliant le nombre qui exprime la force du liquide spiritueux par le nombre qui exprime son volume. D'après cela, une pièce d'eau-de-vie de 634 litres, dont la force est de 55 degrés centigrades, contient 348 litres 70 centilitres d'alcool pur, ce nombre de 348,70 étant le produit des nombres 0,55 et 634, qui expriment celui-ci le volume, celui-là la force centésimale.

Nous venons de dire que le liquide sur lequel on opère doit être à la même température que celle à laquelle l'alcoomètre a été gradué, c'est-à-dire à 15 degrés centigrades. Autrement, selon qu'on agirait à une température supérieure ou inférieure, l'instrument accuserait une teneur alcoolique trop forte ou trop faible. Pour ramener la température du liquide au point convenable, on serait obligé, s'il était trop chaud, de le refroidir dans de l'eau de puits récemment tirée, et s'il était trop froid, de l'échauffer d'une manière quelconque ; mais comme cet expédient pourrait donner lieu à des erreurs, Gay-Lussac a calculé des tables de correction pour tous les degrés du thermomètre centigrade, de 0 à 30° C., qui font connaître immédiatement, sans aucun calcul, et par la seule observation du degré alcoométrique, la richesse d'un liquide en alcool absolu, telle qu'elle serait à 15 degrés.

Parlons maintenant de la distillation. Des milliers d'expériences ont appris qu'en distillant le vin au tiers de son volume, le résidu ne contient plus d'alcool. Par conséquent, si l'on mesure exactement un volume quelconque de vin, et qu'ensuite on distille ce vin, quand le volume de l'alcool produit égalera le tiers du volume du vin mis dans l'alambic, l'opération sera terminée.

On a imaginé plusieurs petits alambics pour distiller rapidement la quantité de vin nécessaire à l'essai. Le plus simple est celui de M. Salleron, construit actuellement par M. Dujardin, 24, rue Pavée, à Paris. Cet appareil (fig. 1) se compose des parties suivantes :

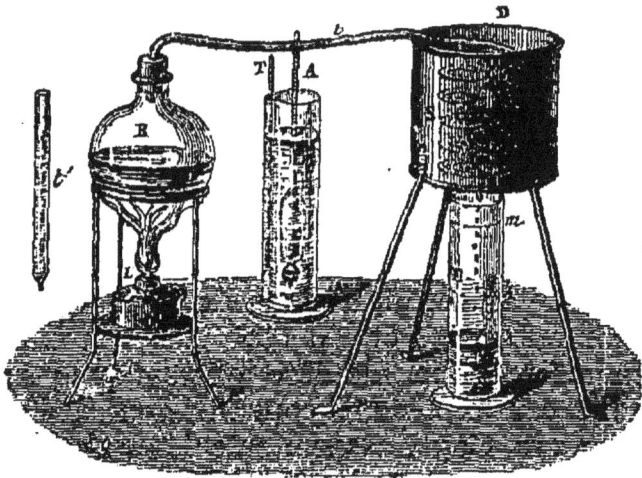

Fig. 1. Alambic Salleron.

L, lampe à esprit de vin ;

B, ballon de verre servant de chaudière ;

S, serpentin renfermé dans un vase D, qui est rempli d'eau froide et tient lieu de réfrigérant ;

t, tube en caoutchouc qui met la chaudière en communication avec le serpentin ; il est fixé à demeure sur l'ouverture du serpentin, et son extrémité libre est munie d'un bouchon qui s'adapte exactement au col du ballon ;

E, éprouvette pour mesurer le vin soumis à la distillation et recevoir le produit de l'opération. Elle porte trois divisions : l'une *m*, pour mesurer le vin ; les deux autres, marquées 1/2 et 1/3, pour évaluer le volume du liquide recueilli sous le serpentin. De plus, elle est munie, dans toute sa hauteur, d'une rainure destinée à contenir un petit thermomètre, sans que celui-ci puisse gêner l'alcoomètre dans ses mouvements.

A, alcoomètre de Gay-Lussac ;

T, thermomètre centigrade ;

t', tube en verre servant de pipette.

Pour se servir de cet instrument, on procède de la manière suivante :

Premièrement, on pose le ballon B sur la lampe à esprit-de-vin, laquelle n'est pas encore allumée ;

Deuxièmement, on mesure, dans l'éprouvette E, le vin qu'on veut distiller, et, au moyen de la pipette *t'*, on amène exactement le niveau du liquide devant le trait marqué *m* ;

Troisièmement, on vide le contenu de l'éprouvette E dans le ballon-chaudière B, et l'on ferme hermétiquement ce dernier avec le bouchon du tube de caoutchouc *t* ;

Quatrièmement, on remplit d'eau froide le réfrigérant D ;

Enfin, cinquièmement, on place l'éprouvette sous le serpentin S, et l'on allume la lampe L.

Le vin ne tarde pas à entrer en ébullition, par conséquent, la distillation commence. A mesure qu'elle se produit, la vapeur s'engage dans le tube de caoutchouc, passe dans le serpentin, se condense dans ce dernier, et tombe dans la burette.

Quand on a recueilli dans l'éprouvette tout l'alcool contenu dans le vin, la distillation est terminée et l'on éteint la lampe. Pour connaître ce moment, il faut tenir compte de la qualité du vin soumis à l'essai, c'est-à-dire examiner si c'est un vin ordinaire, ayant une richesse alcoolique inférieure à 14 ou 15 centièmes, ou un vin très capiteux, comme le madère, le porto et quelques autres, dont cette même richesse s'élève parfois jusqu'à 25 centièmes. Lorsqu'on opère sur un vin ordinaire, aussitôt que le liquide arrive au trait marqué 1/3, on peut être certain qu'on a extrait non seulement tout l'alcool que renfermait ce vin, mais encore un volume égal d'eau. Au contraire, quand on agit sur un vin très spiritueux, il est évident qu'en recueillant un tiers de son volume, on s'exposerait à ne pas lui enlever tout son alcool, à laisser dans le ballon une partie de ce dernier. Dans ce cas, il est donc nécessaire de pousser plus loin la distillation, et de ne l'arrêter que lorsque le liquide atteint le trait marqué 1/2, en d'autres termes, quand on a recueilli la moitié au lieu du tiers. Au reste, quand on ne connaît pas approximativement la richesse alcoolique du vin, il est, en général, assez prudent de distiller jusqu'à moitié du volume : on se met ainsi à l'abri de toute chance d'erreur. Remarquons encore que lorsque le

vin est trop nouveau, que sa fermentation n'a
pas été complète, il se forme dans le ballon une
si grande quantité d'écume, qu'une portie du
liquide passe dans le serpentin sans changer de
nature, c'est-à-dire sans distiller en alcool.
Pour remédier à cet inconvénient, il suffit de
verser deux ou trois gouttes d'huile d'olive
dans le ballon.

Reprenons la suite de notre opération :
quand on a réuni dans l'éprouvette soit le tiers,
soit la moitié du volume du vin introduit dans
le ballon, on la retire et l'on y ajoute assez
d'eau distillée pour que le liquide atteigne
exactement le trait marqué *m*, afin d'avoir le
même volume que celui du vin employé. Pour
faire cette opération avec toute la précision
désirable, on se sert, au moins à la fin, de la
pipette *t'*, laquelle ne laisse écouler l'eau que
goutte à goutte. On agite bien le mélange, puis,
après avoir placé le thermomètre dans la rainure destinée à le recevoir, on y plonge l'alcoomètre. On recommande de mouiller légèrement
la tige de ce dernier, afin qu'il puisse flotter
librement dans le liquide, opération qui se fait
très facilement en passant l'échelle divisée entre
les dents.

Le thermomètre indique la température du
mélange. L'alcoomètre fait connaître sa richesse
alcoolique. Si la température n'est pas exactement à 15°, ce qui arrive le plus souvent, les
indications de l'alcoomètre doivent être corri-
gées à l'aide des tables de Gay-Lussac, dont
M. Salleron a fait un extrait pour l'usage spécial qui nous occupe. A cet effet, ayant cette
dernière table sous les yeux, on cherche, dans

la première colonne horizontale, le nombre correspondant à l'indication de l'alcoomètre, et, dans la première colonne verticale, le degré indiqué par le thermomètre. Le nombre qui se trouve au point où les deux lignes se croisent exprime la richesse alcoolique du vin essayé, c'est-à-dire la quantité d'alcool pur qu'il renferme, exprimée en centièmes de son volume. Supposons, par exemple, que l'alcoomètre marque 10° et le thermomètre 19°. En procédant comme nous venons de le dire, on trouve que la richesse alcoolique du vin en essai est 9,5 ou 9 1/2 pour 100 d'alcool ; ou bien encore que 100 litres de ce même vin contiennent 9 litres et 5 décilitres d'alcool pur.

CHAPITRE II

Principales espéces de Vins

Sommaire. — I. Vins français. — II. Vins étrangers.

I. VINS FRANÇAIS

Considérations générales

Aucun pays du monde ne produit autant de vin que la France ni d'aussi nombreuses espèces, depuis les vins les plus parfaits possible, qui constituent ce qu'on appelle les *grands vins,* jusqu'aux sortes les plus communes qu'on des-

tine habituellement à la fabrication des eaux-
de-vie, et qu'on désigne sous le nom de *vins de
chaudière*.

Avant l'invasion du phylloxera, on éva-
luait à 60 millions d'hectolitres la production
moyenne annuelle de tous nos vignobles ; mais
elle se répartissait très inégalement dans les
diverses parties du territoire. Ainsi, tandis
qu'elle était nulle ou à peu près dans les départements du nord, du nord-ouest et de l'ouest,
et peu importante dans ceux du nord-est et
ceux de la région des montagnes du centre,
elle atteignait, au contraire, des proportions
énormes dans ceux du sud, du sud-ouest, du
sud-est et de l'est. En face de cette production,
il fallait placer une consommation intérieure
de 35 millions d'hectolitres, une exportation de
3,500,000 hectolitres, la conversion en alcool
d'environ 10 millions d'hectolitres, et des
déchets qui s'élevaient à 10 0/0 au moins, c'est-
à-dire à 6 millions d'hectolitres, ce qui formait
un total de 54,500,000 hectolitres. Il y avait
donc un excédent de 5,500,000 hectolitres, mais
ce chiffre était insignifiant quand on songe qu'il
était à répartir entre plus de 2 millions de
producteurs, et que, lorsqu'une récolte pré-
sentait un déficit, ce stock se trouvait presque
instantanément absorbé.

Dans la revue suivante des différents vins qui
se récoltent en France, nous suivrons l'ancienne
division par provinces et pays, à cause de
l'emploi en quelque sorte exclusif qu'en fait le
commerce.

Agenais

Le département de Lot-et-Garonne comprend tout l'ancien Agenais, plus quelques parties de la Guyenne, de la Gascogne et du Périgord. Il ne produit que des vins ordinaires ou des vins communs.

Les meilleurs vins rouges proviennent de l'arrondissement de Villeneuve-sur-Lot, où ils sont récoltés sur le territoire de Thézac et de Perricard, commune de Tournon, et dans les vignes qui entourent la petite ville de Monflanquin.

La commune de Buzet, dans l'arrondissement de Nérac, donne des vins plus foncés que les précédents et de qualité inférieure.

Dans l'arrondissement de Marmande, Castelmoron, Sommenzac et quelques autres communes produisent des vins très colorés, épais et capiteux, mais qui se modifient notablement avec l'âge.

Le territoire de Clairac, dans l'arrondissement d'Agen, fournit des vins blancs, doux et fins qui ont un bouquet agréable et sont assez estimés. Dans le pays, on les appelle vulgairement *vins pourris*, parce que les raisins qui servent à les faire ne sont cueillis qu'après l'époque de la maturité, quand ils sont sur le point de se gâter. On en prépare du même genre dans les communes de Buzet, de Marmande et de Sommenzac; mais ils sont loin de valoir ceux de Clairac.

Algérie

La vigne trouve en Algérie un sol et un climat dont la nature lui convient admirablement.

Soit qu'on la cultive dans les terres légères et sablonneuses de la Mitidja, soit qu'on la plante sur les versants des coteaux calcaires des environs d'Oran, partout elle croît avec vigueur et donne des ceps bien constitués.

Ainsi qu'on l'a dit bien des fois, dans le principe, chaque colon a importé en Algérie les cépages, les procédés et les pratiques de son pays d'origine. L'expérience a fini par faire la lumière sur ces divers points, en sorte qu'il a été possible de dégager quelques règles à l'usage des viticulteurs. Ainsi, par exemple, les cépages qui paraissent le mieux réussir sont ceux du Languedoc, notamment le *mourastel*, l'*espar* et la *carignanne*, auxquels on joint l'*alicante* et l'*aramon*. Ainsi, les cuves en maçonnerie sont abandonnées pour faire place aux cuves en bois, et l'on regarde comme les plus favorables, les cuves d'une capacité moyenne, comme de 50 à 70 hectolitres. Ainsi encore, dans la plupart des vignobles, on a renoncé à l'établissement des caves, à cause, paraît-il, de la difficulté de les aérer, et les celliers paraissent offrir de notables avantages.

La masse des vins de l'Algérie est formée de vins rouges, parmi lesquels ceux des environs d'Oran, de Tlemcen et de Mascara sont très appréciés. On signale encore certains vins blancs des territoires de Bône et de Douéra, ainsi que les vins de dessert, secs et doux, des vignobles de Medéah et de Pélissier.

Ces vins marquent moyennement 11 à 13 degrés. Ils ne peuvent encore être considérés comme vins de garde, et c'est ordinairement dans l'année qu'ils doivent être consommés.

Tels qu'ils sont, ils se placent aisément dans la consommation locale ; ils sont exportés en France. Quant à ceux qu'on réussit à garder, ils acquièrent un très bon goût.

Le grand reproche qu'on fait aux vins algériens, c'est de manquer d'individualité bien marquée, de se garder difficilement et de mal supporter le transport. Les causes de ces diverses imperfections sont le mode de culture, le mauvais choix des cépages, les procédés de fabrication. L'outillage se perfectionne, les anciens vignobles s'épurent, les nouvelles plantations ne reçoivent plus que des cépages choisis avec discernement, et le moment n'est pas éloigné où la transformation sera complète. Il faut à l'Algérie des procédés de viticulture et de vinification qui lui soient propres, et non pas ceux qui sont usités en France ; chacun comprend aujourd'hui cette nécessité, et s'applique à suivre les méthodes consacrées par les bons résultats obtenus.

Les vignes de l'Algérie couvrent maintenant 120,000 hectares et donnent une production moyenne de 55 hectolitres à l'hectare. On divise ce vignoble en deux catégories au point de vue commercial : les vins du littoral et les vins de l'intérieur. Les vins du littoral sont moins riches en alcool d'au moins deux degrés, plus riches en acidité, plus riches en extrait sec. Les prix varient, selon les années.

Comme on l'a vu, le sol de l'Algérie convient éminemment à la vigne. Cet arbuste y pousse dans tous les sols. Le champ de la viticulture y est donc en quelque sorte illimité. Il conviendrait cependant de ne pas trop céder à l'enthousiasme, afin de ne pas exposer la plus grande partie de son avoir sur une culture que des fléaux de plus d'un genre peuvent compromettre. Il conviendrait également de donner, plus qu'on ne l'a fait, des soins assidus à la vinification.

Alsace

L'ancienne Alsace a servi à former les deux départements du Haut-Rhin (haute Alsace) et du Bas-Rhin (basse Alsace).

La vigne constitue une des principales richesses de l'Alsace, mais elle y donne peu de vins rouges. Par contre, elle produit une très grande quantité de vins blancs qui ont une réputation méritée, et que l'on met au second. rang des vins dits *du Rhin.*

Bas-Rhin. — Le département du Bas-Rhin récolte très peu de vins rouges, et à l'exception de ceux de Wolxheim et de Neuwiller, dans l'arrondissement de Strasbourg, ils sont de très médiocre qualité et ne sortent pas du pays.

Les meilleurs vins blancs sont fournis par les territoires de Molsheim et de Wolxheim. Ils ont un excellent goût, de la sève, assez de corps, un parfum très agréable et se conservent bien. Ceux de la première commune sont désignés sous le nom de *finkenwein,* et ceux de la seconde sous celui des *vins de riesling,* du plant qui les produit. Mutzig, également dans l'arrondissement de Strasbourg, donne des vins un peu moins estimés.

D'autres vins blancs assez appréciés se récoltent dans les arrondissements de Saverne, de Schelestadt et de Wissembourg.

Dans quelques communes, on fait des vins muscats agréables, mais beaucoup moins parfumés que ceux du Midi. On prépare aussi d'autres vins doux qu'on appelle *vins de Kléber*, du nom du cépage qui les fournit.

Haut-Rhin. — Les vins du Haut-Rhin sont généralement supérieurs à ceux du reste de l'Alsace, et, comme dans le Bas-Rhin, les vins blancs sont de meilleure qualité que les vins rouges. Parmi ces derniers, plusieurs méritent une citation : on les récolte sur les territoires d'Ammerschwihr, de Ribeauvillé, de Riquewihr, de Kaysersberg, de Walbach, dans l'arrondissement de Colmar. Celui qui provient du cru de Geisbourg, à Kaysersberg, a une assez grande ressemblance avec les bons ordinaires de Bourgogne.

La production des vins blancs est très considérable. Ceux que fournissent les territoires de Guebviller, de Turckheim, de Riquewihr et de Ribeauvillé, occupent le premier rang. Ils sont secs, corsés, spiritueux, et ont un bouquet aromatique très prononcé et un parfum de noisette très agréable.

A Guebviller, on les désigne sous le nom de *rotterlé*, à Turckheim sous celui de *brand*. Les vins de Riquewihr et de Ribeauvillé sont moins spiritueux et plus agréables que ceux des deux autres communes ; on les appelle *vins gentils*. Plusieurs autres communes de l'arrondissement de Colmar récoltent aussi des vins blancs de première qualité, qui vont presque de pair avec les précédents. Ceux des arrondissements de Belfort et de Mulhouse sont les moins estimés du département.

Quand l'année a été favorable à la vigne, on fait à Colmar, à Olwiller, à Kaysersberg et dans plusieurs autres communes des vins de liqueur appelés *vins de paille*, parce que, dans l'origine, avant de presser les raisins qui servent à les fabriquer, on les étendait plusieurs mois sur des couches de paille afin de les débarrasser d'une grande partie de leurs parties aqueuses. Aujourd'hui on se contente le plus souvent de suspendre les grappes dans un séchoir. Ces vins, après six à huit ans de garde, ressemblent au vin de Tokay, et peuvent prendre place parmi nos meilleurs vins de liqueur.

Anjou et Maine

Du Maine et de l'Anjou ont été formés les départements de la Mayenne (Maine et Anjou), de Maine-et-Loire (Anjou) et de la Sarthe (Maine, Anjou, Perche).

Mayenne. — La Mayenne produit une très faible quantité de vins rouges, presque pas de blancs, tous de très mauvaise qualité et uniquement destinés à la consommation locale.

Maine-et-Loire. — Le département de Maine-et-Loire récolte une très grande quantité de vins blancs et beaucoup moins de vins rouges, tous désignés sous le nom de *vins de l'Anjou.*

Les vins rouges sont généralement fort ordinaires. On cite, parmi les meilleurs, ceux de la commune de Champigny, dans l'arrondissement de Saumur, qui sont corsés, très généreux, d'une couleur foncée et de bon goût. Ils acquièrent toute leur maturité après quatre ou cinq ans de garde, et alors ils sont très agréa-

bles. On estime encore ceux des territoires de
Chassé, de Dampierre, de Brezé, de Varrains et
de Saint-Cyr-en-Bourg, qui ont à peu près les
mêmes qualités que ceux de Champigny.

Les vins blancs de l'Anjou ont une réputation bien plus grande que les vins rouges. Les
plus estimés proviennent de l'arrondissement
de Saumur et surtout des vignobles qui entourent cette ville. Ces vins sont corsés, très spiritueux, fins, de bon goût et même un peu parfumés. Quelques-uns, tels que ceux des crus des
Rôtissants, de la *Perrière*, du *grand* et *du petit
Morin*, et *des Poilleux*, quand ils sont de premier choix, peuvent être rangés parmi les vins
fins. Plusieurs communes des environs d'An-
gers, comme celles de Rochefort, de Saven-
nières, etc., fournissent des vins qui diffèrent
peu de ceux de Saumur. Viennent ensuite une
multitude de vins de second ordre, tous récoltés
dans les arrondissements de Saumur et d'An-
gers, qui, quoique inférieurs aux précédents,
n'en sont pas moins agréables et donnent lieu
à un grand commerce d'exportation.

Les bons vins blancs de Maine-et-Loire sont
souvent rendus mousseux, et alors ils peuvent
aller de pair avec les dernières qualités de la
Champagne. Néanmoins, ils trouvent leur plus
grand emploi dans les mélanges : ils communiquent de la légèreté, de la force et de l'agrément
aux vins grossiers, plats et trop colorés.

Sarthe. — Ce département ne récolte pour
ainsi dire que des vins de très basse qualité. On
cite cependant, pour les vins rouges, ceux de
quelques vignobles des arrondissements de la
Flèche et du Mans; et, pour les vins blancs,

ceux d'une dizaine de communes de ces mêmes arrondissements et de celui de Saint-Calais.

Aunis, Saintonge, Augoumois

Les départements de la Charente et de la Charente-Inférieure sont formés : le premier, de l'Aunis et d'une partie de la Saintonge ; le second, de l'Angoumois, d'une partie de la Saintonge, et de quelques emprunts faits à la Marche et au Poitou. Ils produisent, l'un et l'autre, une très grande quantité de vins qui, peu recherchés pour la table, servent à fabriquer les eaux-de-vie dites *des Charentes* ou *de Cognac.*

Charente. — Les vins rouges de la Charente n'ont pas de réputation comme vins de table, et restent pour la plupart, dans le pays, pour la consommation locale. Les moins médiocres sont récoltés sur les territoires de Saint-Saturnin, d'Asnières, de Saint-Genis, de Linars, de Saint-Sernin, de la Couronne et de quelques autres communes de l'arrondissement d'Angoulême. Quand ils proviennent de vignobles bien exposés et formés de bons cépages, ils sont spiritueux, ont une belle couleur et un bon goût, et peuvent être considérés comme des vins ordinaires de troisième qualité.

On fait aux environs de Cognac des vins blancs assez agréables, et qui restent doux pendant longtemps. On y prépare également un vin de liqueur, dit des *Grandes-Borderies*, qui est estimé dans le pays.

Charente-Inférieure. — Les vins rouges de la Charente-Inférieure sont un peu supérieurs à ceux de la Charente. On cite parmi les meilleurs ceux du territoire de Saintes et de quelques communes voisines, telles que Chapniers, Fontcouverte, Bussac, la Chapelle, Saint-Romain, Saujon. Quand ils proviennent d'une bonne année, ils ont, après quatre ou cinq ans de garde, une saveur assez agréable, de la légèreté, de la chaleur et même un peu de bouquet. Pour les boire jeunes, on les mêle généralement avec des vins blancs.

Les vins blancs dont on fait le plus de cas pour le service de la table sont également fournis par les vignobles des environs de Saintes, surtout par ceux de Chérac : ils sont spiritueux, de bon goût et se conservent longtemps. La commune de Surgères, dans l'arrondissement de Rochefort, et quelques propriétés du voisinage 'de Saint-Jean-d'Angély, en produisent de semblables.

Auvergne

Les départements du Cantal et du Puy-de-Dôme correspondent à la presque totalité de l'ancienne Auvergne ; mais le premier ne produit que des vins de la plus basse qualité, et encore en très petite quantité, qui ne sortent pas du pays. Les vins dits d'*Auvergne* proviennent donc tous du dernier. Il est, en outre, à remarquer que ces vins, en général très précoces, ne supportent le transport que pendant la première année de leur récolte, et que, lorsqu'ils ont voyagé, ils se conservent rarement. On les recherche dans quelques grandes villes à cause de leur précocité et de la propriété qu'ils possèdent de faire bon emploi dans les mélanges, auxquels ils donnent de la fermeté.

Le Puy-de-Dôme produit surtout des vins rouges. Le plus en renom est fourni par le vignoble de Chanturgue, qui occupe une partie de la montagne de ce nom, à 5 kilomètres O. de Clermont-Ferrand. Il est léger, délicat, et d'un goût agréable ; il acquiert de la finesse et du parfum en vieillissant ; mais, comme il ne peut supporter le transport, on le consomme entièrement dans le pays.

Les communes de Châteldon et de Ris, dans l'arrondissement de Thiers, donnent des vins de couleur pâle, et qui sont délicats et très spiritueux. Ceux de Châteldon sont appelés *vins gris*, à cause de la légèreté de leur teinte. Ils acquièrent en bouteille un bouquet assez agréable, mais peu prononcé. Ceux de Ris sont un peu foncés, et se laissent transporter plus facilement.

Après ces vins, on cite encore ceux de Mariol et de Lachau, dans l'arrondissement de Thiers ; de Martres-de-Veyre, d'Authezat, de Veyre-Monton et de Vic-le-Comte, dans l'arrondissement de Clermont ; de Mont-Peyroux et de Coudes, dans l'arrondissement d'Issoire, qui, sauf les deux premiers, sont un peu épais et pâteux. Coupés avec les vins blancs de l'Anjou ou avec les bons vins rouges de Cahors ou du Languedoc, ils font des vins d'ordinaire d'un emploi assez agréable.

Le Puy-de-Dôme fournit peu de vins blancs. Les meilleurs sont ceux de la commune de Corent, dans l'arrondissement et à 14 kilomètres S.-E. de Clermont. Mis en bouteilles au mois de mars qui suit la récolte, ils moussent comme ceux de Champagne.

Béarn et Navarre

Les vins dits *de Béarn* sont produits par le département des Basses-Pyrénées, formé de l'ancien petit pays de Béarn, de la Navarre française, de la Soule, du Labour et d'une partie de la Chalosse. Il y en a de rouges et de blancs.

Parmi les vins rouges, ceux de Jurançon, dans l'arrondissement de Pau, et à 6 kilomètres de cette ville, ont une grande réputation et méritent d'être placés au second rang des meilleurs vins français. Les uns, uniquement préparés avec des raisins rouges, sont d'une belle couleur, et ont beaucoup de corps, de sève, de moelle et un excellent bouquet. Le territoire de Gan, limitrophe de celui de Jurançon, donne des vins du même genre, mais beaucoup plus corsés et plus moelleux.

Plusieurs des vins rouges qu'on récolte à Monein et à Aubertin, dans l'arrondissement d'Oloron, ont les mêmes qualités que les précédents, mais à un degré inférieur.

C'est également dans les environs de Pau que se trouvent les communes qui fournissent les meilleurs vins blancs du pays. Ces vins sont principalement fournis par les territoires de Jurançon, Gan, Larronin, Gelos, Mazères, Saint-Faust et Roustignon. Tous ces vins ont cela de commun qu'ils possèdent un goût et un parfum de truffe, qu'ils sont de bonne garde, et qu'ils se bonifient en vieillissant ; pour tout le

reste, ils diffèrent d'un vignoble à l'autre.
Parmi les crus les plus en renom, on cite celui
de Gaye, dans la commune de Gan, ceux de
l'Anguille couronnée, à Jurançon, celui du Fer
à Cheval, à Saint-Faust, et celui de Tout-y-
Croit, à Gelos.

Les communes de Conchez, Aydie, Portet,
Aubons, Diusse, Cadillon, Burosse, Pons,
Usseau, Jadousse et Saint-Jean-Poudge, toutes
dans l'arrondissement de Pau et, qui plus est,
dans le même canton, celui de Garlin, produisent des vins blancs, dits *de viquebille*,
qu'un séjour de quatre ans en tonneau rend
excellents et qu'alors on préfère souvent à ceux
de Jurançon.

Berry

Les deux départements du Cher et de l'Indre
comprennent tout l'ancien Berry. Au point de
vue de l'industrie du vin, ils occupent un rang
très inférieur.

Cher. — Les seuls vins rouges du Cher qui
méritent d'être cités se récoltent dans l'arrondissement de Sancerre, sur le territoire même
de cette ville, et sur celui du hameau de Chavignol, section de la commune de Saint-Satur. Ce
sont des vins d'ordinaire, d'une belle couleur,
délicats, spiritueux, d'un goût agréable, et qui
se conservent assez longtemps dans des caves
fraîches.

Quelques vignobles de Vasselay et de Fussy,
dans l'arrondissement de Bourges, et du territoire de Saint-Amand, dans l'arrondissement
de ce nom, donnent aussi des vins ordinaires
assez bons.

Tous les autres vins rouges du département sont communs et grossiers. On les bonifie un peu en les coupant avec les vins du Midi.

Le Cher fournit une assez forte quantité de vins blancs. Les meilleurs proviennent des mêmes territoires qui produisent les bons vins rouges, c'est-à-dire de Sancerre, de Chavignol et de Saint-Satur. Ceux des arrondissements de Bourges et de Saint-Amand sont beaucoup plus communs. Les moins mauvais se consomment dans le pays ou viennent à Paris pour entrer dans le commerce de détail. Tous les autres sont convertis en eau-de-vie ou envoyés à Orléans pour servir. à la fabrication du vinaigre.

Indre. — Dans ce département, les vignobles de Valençay, de Vic-la-Moustière, de Veuil et de la Tour-du-Breuil, dans l'arrondissement de Châteauroux, et ceux de Concremiers et de Saint-Hilaire, dans l'arrondissement du Blanc, sont les seuls qu'on puisse mentionner comme produisant des vins rouges assez bons, quoique de qualité commune et manquant de corps.

Les communes de Chabris et de Reuilly, dans l'arrondissement d'Issoudun, donnent des vins blancs dont le goût est suffisamment agréable.

Bigorre, Conserans, comté de Foix

Le Conserans et le comté de Foix sont compris dans le département de l'Ariège. Quant au pays de Bigorre, il a servi, avec celui des Quatre-Vallées et une petite fraction du Languedoc, à former le département des Hautes-Pyrénées.

Le département de l'Ariège ne donne que des vins de très médiocre qualité. Parmi ceux qui ont une certaine supériorité relative, on cite ceux des communes de Campagne, de Bordes, de Tillet et d'Engraviès, dans l'arrondissement de Pamiers.

Dans le département des Hautes-Pyrénées, la commune de Maciran, à 25 kilomètres de Tarbes, fournit un vin rouge très coloré, corsé, spiritueux, mais âpre et pâteux, et qui a besoin de passer de cinq à huit ans pour avoir un goût agréable. Quand il provient d'une année favorable et qu'il a vieilli en bouteille, il peut faire un vin d'entremets qui peut soutenir la comparaison avec des vins beaucoup plus renommés. Toutefois, en général, on l'emploie surtout pour donner du corps et de la couleur aux vins faibles. Quand il est jeune, on diminue son âpreté en y mêlant des vins blancs.

Plusieurs autres communes de l'arrondissement de Tarbes, notamment celles de Castelnau-Rivière-Basse, Lascazères, Saint-Laune et Soublecause, produisent des vins qui ressemblent à celui de Madiran, et qu'on désigne, d'une manière générale, sous le nom de *vins de Madiran*.

Trois ou quatre communes des environs de Tarbes donnent des vins blancs assez agréables, qui se bonifient en vieillissant et se gardent très longtemps en bouteilles. Ils ont tous un goût de pierre à fusil très prononcé.

Blaisois

Le département de Loir-et-Cher comprend l'ancien Blaisois, plus une petite partie de la

Beauce et de l'Orléanais. Il produit une grande quantité de vins noirs, rouges et blancs.

Les vins dits *noirs* sont ainsi appelés à cause de leur couleur excessivement foncée. Sous ce rapport, ils ont l'apparence des vins de Cahors de la même nuance, mais ils sont très inférieurs en qualité. Jeunes, ils ont un goût âpre et désagréable ; vieux, ils prennent une teinte plus claire, mais ils deviennent fades. On leur trouve cependant un mérite : c'est de s'unir, sans les altérer, aux vins peu colorés dont on veut exalter la nuance, et aux vins blancs qu'on veut teindre en rouge. Ils se récoltent dans l'arrondissement et aux environs de Blois. Les plus colorés proviennent des vignobles de Francillon, de Jarday, de Villebarou, et de Vilsechon.

Parmi les vins rouges proprement dits, les plus estimés sont fournis par la côte dite *des Grouets*, qui s'étend depuis Blois jusqu'à Onzain, sur la rive droite de la Loire. Toutefois, ils n'ont un goût véritablement agréable que lorsqu'ils sont un peu vieux.

Les deux rives du Cher, depuis Montrichard, dans l'arrondissement de Blois, jusqu'à Saint-Aignan, donnent des vins très colorés, spiritueux, corsés et de bon goût, qui sont désignés sous le nom de *vins du Cher*, et qui ont toute la qualité de ceux de même nom que récolte le département d'Indre-et-Loire. Ils sont fournis par onze communes, les meilleurs par celles de Thésée et de Monthou-sur-Cher.

Les territoires d'Onzain, de Meusnes, de Chambon, de Mer-la-Ville, toujours dans l'arrondissement de Blois, récoltent des vins de

belle couleur, assez spiritueux et d'un goût
agréable, dont quelques-uns valent les précédents. Il en est de même de celui de Chaumont,
dans l'arrondissement de Romorantin.

Les communes de Courcheverny, de Meusnes,
de Saint-Dié et de Muides, dans l'arrondissement de Blois, récoltent des vins blancs qui,
surtout quand les années ont été favorables,
sont de bonne qualité.

Bordelais

Les *vins du Bordelais*, plus habituellement
désignés sous le nom de *vins de Bordeaux*, sont
récoltés dans les six arrondissements qui composent le département de la Gironde, et qui ont
respectivement pour chefs-lieux : Bordeaux,
Bazas, Blaye, Lesparre, Libourne et La Réole.
On conçoit que, sur une aussi grande étendue
de pays, il doit y avoir de nombreuses espèces
de vins.

En effet, si le Bordelais produit une quantité
considérable de vins fins, il fournit une abondance encore bien plus grande de vins ordinaires et de vins communs dont la qualité
varie à l'infini. Néanmoins, tous les vins de
cette région ont entre eux des rapports généraux qui indiquent nettement leur origine
commune ; mais ils diffèrent les uns des autres,
tant par les qualités qui se trouvent réunies
dans les bons, que par les défauts plus ou moins
sensibles qu'on rencontre dans ceux qui sont
médiocres ou mauvais.

La masse qu'on récolte est si énorme, et les
nuances qui distinguent l'un quelconque de

chaque espèce de chacun des autres de la même
espèce sont si multipliées et si délicates, que le
commerçant le plus expérimenté ne peut pas
arriver à les saisir toutes, surtout quand il
achète des vins nouveaux, qui doivent subir
plusieurs métamorphoses avant de parvenir à
toute leur perfection, et qui, suivant la nature
du sol, l'exposition des vignobles, la diversité
des cépages, les soins donnés à la culture et à la
vinification, deviendront parfaits ou se dété-
rioreront au bout de plus ou moins de temps.

Dans un pays où l'exploitation de la vigne se
fait sur une aussi grande échelle et où la qualité
des produits varie à chaque pas, la connaissance
de ces mille et une circonstances ne peut pas
être acquise · par un seul homme. Aussi, les
négociants de Bordeaux font-ils rarement des
achats importants sans avoir recours à leurs
courtiers, et ceux-ci, afin de répondre complètement à la confiance qu'on a en eux et qu'ils
méritent, d'ailleurs, pour la plupart, se sont
spécialisés à tel point que chacun n'opère que
sur un ou plusieurs groupes de crus, dont il a
étudié avec le soin le plus minutieux la diversité des produits, depuis le moment de la fabrication jusqu'à l'âge le plus avancé.

C'est pour cela que les courtiers qui achètent
habituellement les vins fins se chargent rarement de visiter les caves secondaires : chez eux,
·les organes de la dégustation se mettent en
rapport avec la saveur des grands vins, et ils
deviennent moins propres à juger ceux dont les
principes sont différents. De même, les · courtiers qui achètent dans les crus inférieurs ne
sont pas employés pour choisir les vins fins.

De même encore, ceux qui achètent les vins rouges s'occupent rarement des vins blancs, et réciproquement. Enfin, outre les courtiers en résidence à Bordeaux, il y en a d'autres, dans chaque vignoble important, qui, bornant leurs études à la localité qu'ils habitent, sont, par conséquent, à portée d'en connaître les moindres détails.

C'est par la réunion des lumières de tous ces praticiens expérimentés que se fait le classement commercial des vins de chaque cru, et que, lorsqu'un propriétaire cesse de donner à sa vigne et à son vin les soins nécessaires, sa récolte est rangée dans une classe inférieure à celle qu'elle occupait antérieurement. Nous nous occuperons d'abord des vins rouges.

Vins rouges

Les vins rouges du Bordelais sont trop connus pour que nous ayons besoin d'en faire l'éloge. Quand ils sont de première qualité et qu'ils sont parvenus à toute leur maturité, ce qui n'a lieu qu'au bout d'au moins cinq à six ans, ils ont une belle couleur, une finesse exquise, un bouquet des plus suaves qui embaume la bouche. Enfin, ils ont de la force sans être fumeux, du corps sans être âcres, et ils raniment l'estomac en respectant la tête, en laissant l'haleine pure et la bouche fraîche. Si l'on a soin de les conserver purs, ils peuvent être bus à haute dose sans incommoder.

Une autre circonstance bien connue, c'est que le transport par mer, écueil ordinaire de plusieurs des meilleurs vins de France, n'altère

pas la qualité des vins fins du Bordelais, et
améliore celle des vins communs. Au reste, peu
de vignobles présentent, quant à la qualité et,
par suite, au prix de leurs produits, une différence aussi grande que celle qui existe entre les
vins fins de la Gironde et les vins communs de
ce département. Ainsi, ceux des quatre premiers crus se vendent ordinairement de 3 à
4,000 fr. le tonneau, et quelquefois plus cher,
pendant la première année de leur récolte ; ils
montent ensuite à 7 ou 8,000 fr., et même beaucoup plus haut quand ils proviennent d'une
année dont la température a été très favorable
à la vigne. Les vins communs, au contraire, ne
se vendent souvent que 220 à 350 fr. le tonneau,
la première année, et s'élèvent rarement à
plus de 400 fr.

C'est donc bien à tort que l'on croit obtenir à
Paris et ailleurs les vins des grands crus de
Bordeaux à 2 et 3 fr. la bouteille, puisque, dans
le vignoble même, ils se vendent plus du double
et très souvent plus du triple.

Suivant la situation topographique ou la
nature des terrains qui les produisent, les vins
rouges du Bordelais se divisent en *vins de
Médoc, vins de graves, vins des palus, vins des
côtes, vins de terres fortes* et *vins d'entre-deux-mers*.

Tous les crus exceptionnels sont des vins de
Médoc ou des vins de Graves, pour les vins rouges,
et des vins de Graves, pour les vins blancs.

Avant d'aller plus loin, expliquons ce qu'on
entend par *médoc, graves, palus, côtes, terre-
ferme, entre-deux-mers*.

On appelle *médoc* la portion du département
de la Gironde qui est comprise entre la Gironde

et l'Océan. Ce territoire, qui constitue la totalité de l'arrondissement de Lesparre et une
partie de celui de Bordeaux, a la forme d'un
triangle ou plutôt d'un cône, dont la base
s'étend de Blanquefort à la Teste. Sa plus
grande longueur est d'environ 80 kilomètres et
sa plus grande largeur de 44 ; mais sa partie
occidentale est couverte de bois et d'étangs, et
presque déserte.

Le Médoc se subdivise en trois parties, savoir:

Le *Haut-Médoc*, comprenant les communes
d'Arcins, Arsac, Camesac, Cantenac, Cissac,
Cussac, Labarde, Ludon, Macau, Margaux,
Pauillac, Saint-Estèphe, Saint-Lambert, Saint-
Laurent, Saint-Julien, Saint-Sauveur, Sainte-
Gemme, Soussans ;

Le *Bas-Médoc*, comprenant les communes de
Bégadan, Blaignan, Civrac, Dignac, Escurac,
Gaillan, Jau, Lesparre, Loirac, Ordonnac, Po-
tensac, Port-de-Py, Prignac, Queyrac, Saint-
Vivien, Saint-Yzan, Valeyrac, Vensac, Usch ;

Le *Petit-Médoc*, comprenant les communes
d'Arvensan, Blanquefort, Castelnau, Couquè-
ques, Lamarque, Le Plan, Le Taillan, Listrac,
Moulis, Poujaux, Saint-Christoly, Saint-Ger-
main d'Esteuil, Saint-Laurent, Saint-Seurin de
Cadourne, Saint-Trélody.

Le Haut-Médoc; fournit les vins les plus renommés. Ceux du Petit-Médoc viennent en seconde
ligne. Enfin, au troisième rang se trouvent ceux
du Bas-Médoc, que l'on qualifie, à cause de leur
infériorité relative, de *petite vinoterie*.

Sous le nom de *graves*, on désigne les terrains
graveleux qui entourent Bordeaux de trois
côtés, en s'étendant à 10 kilomètres au nord-

ouest jusqu'à la petite rivière de Jale, à 8 kilomètres à l'ouest dans les terres, et à 10 kilomètres au sud-est jusqu'à Castres, près de la rive gauche de la Garonne. Ces terrains occupent le territoire des communes d'Arbanats, Auros, Barsac, Beautiran, Bègles, Bommes, Bruges, Cadayac, Castres, Caudéran, Cérons, Eyzines, Fargues, Gradignan, Gans, Illats, Labrède, Landiras, Langon, Le Bouscat, Léognan, Le Tondut, Martillac, Mérignac, Pessac, Podensac, Portels, Preignac, Pujols, Saint-Médard-en-Jalle, Saint-Médard-d'Eyran, Saint-Pey ou Saint-Pierre, Saint-Selve, Sauternes, Talence, Toulène, Villenave-d'Ornon, Virelade.

Par *palus*, on entend les terrains gras et fertiles qui bordent les deux rives de la Garonne et de la Dordogne, et qui proviennent des alluvions et des atterrissements de ces rivières. Ils sont disséminés sur le territoire d'une foule de communes parmi lesquelles nous citerons seulement celles de La Bastide, Montferrand, Bassens, Lormont, La Souys, Ambès, Quinsac, Floirac, etc.

On appelle *vins de côtes* les vins récoltés sur les coteaux élevés qui bordent la rive droite de la Garonne depuis la commune d'Ambarès, à 10 kilomètres nord-est de Bordeaux, jusques et y compris Sainte-Croix-du-Mont, à 25 kilomètres sud-est de la même ville, c'est-à-dire jusqu'aux environs de la Réole. Comme les précédents, les vignobles qui les fournissent sont disséminés dans un grand nombre de communes appartenant aux arrondissements riverains. On admet aussi comme vins de côtes les produits des coteaux qui longent la Dordogne depuis Blaye jusqu'à Fronsac,

Les vignobles dits *terres fortes* sont ceux des terrains bas du Médoc, où il ne se trouve point de gravier.

Enfin, on nomme pays *entre-deux-mers* la partie du département de la Gironde qui est comprise entre la Garonne et la Dordogne. Il s'étend depuis Bordeaux jusqu'à 48 kilomètres à l'ouest et à 40 kilomètres au sud-est de cette ville, sur les cantons de Branne, de Pellegrue et de Pujos, et sur une partie de celui de Sauveterre, dans l'arrondissement de la Réole ; enfin, sur celui de Gréon, dans l'arrondissement de Bordeaux. Les vignes de cette région sont bordées par les palus des deux rivières et par les coteaux qui longent ces palus.

Nous allons maintenant faire une revue rapide des principaux vins rouges du Bordelais.

Médoc. — Le commerce bordelais divise les vins rouges du Médoc en six classes qui sont désignées par les noms suivants :

Premiers crus, Deuxièmes crus, Troisièmes crus, Quatrièmes crus, Cinquièmes crus, Bourgeois supérieurs.

Ce classement comprend les vins des vignobles qui, au milieu des milliers de domaines qui se partagent la région, ont été reconnus donner des produits hors ligne. Il est fondé sur des qualités qui ne sont pas comparables et que rien d'ailleurs ne peut traduire. Enfin, la tradition l'a légué, la Chambre syndicale des courtiers de Bordeaux l'a confirmé, en sorte qu'il sert de base aux transactions. Il établit dans les prix une échelle de proportion qui a varié à diverses époques, mais qui, aujourd'hui, est à peu près celle-ci, en prenant le nombre 100 comme unité de mesure :

Premiers crus.	100
Deuxièmes crus.	75
Troisièmes crus.	50
Quatrièmes crus.	45
Cinquièmes crus.	37.50
Bourgeois supérieurs.	35

Voici maintenant l'énumération des vins admis dans ce classement par la Chambre syndicale :

CRUS	NOMS DES CRUS	COMMUNES
1ers.	Château-Laffitte.	Pauillac.
	Château-Margaux. . . .	Margaux.
	Château-Latour.	Pauillac.
	Mouton-Rotschild. . . .	Pauillac.
	Rauzan-Gassies.	Margaux.
	Rauzan-Segla.	Margaux.
	Léoville-Lascases	Saint-Julien.
	— Payferré	Saint-Julien.
	— Barton.	Saint-Julien.
2es.	Vivens-Durfort.	Margaux.
	Gruau-Laroze.	Saint-Julien.
	Gruau-Laroze-Sarget. . .	Saint-Julien.
	Lascombes.	Margaux.
	Brane-Cantenac.	Cantenac.
	Pichon-Longueville . . .	Pauillac.
	Ducru-Beaucaillou . . .	Saint-Julien.
	Cos-d'Estournel.	Saint-Estèphe.
	Montrose.	Saint-Estèphe.
3es.	Kirwan.	Cantenac.
	Issan.	Cantenac.
	Lagrange.	Saint-Julien.
	Langoa.	Saint-Julien.

CRUS	NOMS DES CRUS	COMMUNES
3ᵉˢ (Suite)	Giscours	Labarde.
	Malescot	Margaux.
	Saint-Exupéry	Margaux.
	Cantenac-Brandy	Cantenac.
	Palmer	Cantenac.
	La Lagune	Ludon.
	Desmirail	Margaux.
	Dubignon	Margaux.
	Calon-Ségur	Saint-Estèphe.
	Ferrière	Margaux.
	Becker-Alesmes	Margaux.
4ᵖˢ	Saint-Pierre	Saint-Julien.
	Talbot	Saint-Julien.
	Duluc	Saint-Julien.
	Duhart-Milon	Pauillac.
	Pouget-la-Salle	Pauillac.
	Pouget	Cantenac.
	Branaire-Ducru	Saint-Julien.
	Latour-Carnet	Saint-Laurent.
	Rochet	Saint-Estèphe,
	Beychevelle	Saint-Julien.
	Le Prieuré	Cantenac.
	Mⁱˢ De Thermes	Margaux.
5ᵉˢ	Pontet-Canet	Pauillac.
	Batailley	Pauillac.
	Grand-Puy-Lacoste	Pauillac.
	Ducasse-Grand-Puy	Pauillac.
	Artigues-Arnaud	Pauillac.
	Lynch-Bages	Pauillac.
	Lynch-Moussas	Pauillac.
	Dauzats	Labarde.
	Mouton-d'Armailhacq	Pauillac.
	Le Tertre	Arsac.
	Haut-Bages	Pauillac.
	Pédesclaux	Pauillac.
	Coutanceau	Saint-Laurent.
	Camensac	Saint-Laurent.
	Cos-Labory	Saint-Estèphe.

CRUS	NOMS DES CRUS	COMMUNES
5ᵉˢ (Suite)	Clerc-Milon.	Pauillac.
	Croizet-Bages.	Pauillac.
	Cantemerle.	Macau.
	Belgrave.	Saint-Laurent.
Principaux bourgeois supérieurs	La Lande.	Saint-Estèphe.
	Morin	Saint-Estèphe.
	Le Boscq.	Saint-Estèphe.
	Château-Pavenil.	Soussans.
	Château de Bel-Air. . .	Soussans.
	Lanessan.	Cussac.

Tous ces vins se recommandent par des propriétés spéciales, impossibles à exprimer, et d'une nature telle que, pour établir une comparaison entre les produits de deux crus différents, il est indispensable d'avoir en présence, en même temps, les types à juger.

Néanmoins, au milieu des subtilités insaisissables qu'on a imaginées pour distinguer ces précieuses boissons, il y a une chose que le lecteur comprendra facilement. C'est que, si, parmi les vins de Médoc, « les uns ont pour eux la tenue, le corps, la couleur ; les autres ont la délicatesse, la légèreté, la suavité et un bouquet indéfini qui rappelle le souvenir indécis de plusieurs parfums sans ressembler nettement à aucun. Les premiers ont des qualités austères et cachées, qui les font parfaitement juger des connaisseurs ; les seconds ont des vertus profuses qui n'ont pas besoin d'être méditées et qui se livrent sans voiles à tous les buveurs.

Enfin, les premiers ont pour eux le culte des adeptes éclairés, et les autres celui du monde entier. C'est ainsi que les vins de Saint-Estèphe, qui sont le type des vins légers et gracieux, ont une réputation universelle, et nous ajouterons une réputation méritée ».

Au-dessous des catégories qui précèdent viennent un grand nombre de vins non classés et que l'on appelle :

Bons bourgeois, Bourgeois ordinaires, Paysans, Bourgeois du Bas-Médoc, Paysans du Bas-Médoc.

Graves. — Les vins de Graves sont plus corsés et plus colorés que ceux du Médoc ; mais ils ont moins de bouquet. Ils sont plus séveux, plus riches en alcool, plus gras, et ont une constitution plus complète. L'âpreté qui caractérise les vins de tout le Bordelais y est aussi plus prononcée. Enfin, ils sont longs à se faire et ne doivent être mis en bouteilles qu'après six à huit ans de fût. Ils se conservent ensuite pendant longtemps, jusqu'à vingt-cinq ans, sans éprouver aucune altération, tandis que ceux du Médoc, après douze à quinze ans de verre, prennent une teinte tuilée.

Le commerce divise les vins de Graves en :

Vins de premières Graves ou de grandes Graves, Vins de petites Graves.

Les meilleurs, ceux de grandes Graves, se récoltent sur les communes de Pessac, Talence, Mérignac, Martillac, Gradignan, Léognan et Villenave-d'Ornon. Nous avons déjà dit que Pessac renferme le Château-Haut-Brion, l'un des grands vins du Bordelais. Parmi les autres crus les plus renommés de cette commune, nous citerons seulement ceux de La Mission, de Sainte-Marie, du Pape Clément.

Les vins dits de *petites Graves*, proviennent des communes de Castres, Caudéran, Beauti-ran, Labrède, Le Bouscat, Eyzines, Portets, Saint-Selve, Saint-Médard d'Eyran, etc.

Le premier cru de Graves est le Château-Haut-Brion, dont les prix de vente sont généralement supérieurs à ceux des trois premiers crus du Médoc. Les autres grands crus sont :

Noms des crus.	Communes.
La Mission	Pessac.
Pape Clément	—
Bellegrave	—
Bourran	Mérignac.
Beau-Désert	—
Pont-de-Langon	Villenave-d'Ornon.
Carbonnieux	—
Vayres	—
Baret	—
Pontac	—
Haut-Barde	—
Laurenzanne	Gradignan.
Lange	—
Haut-Brion-Larrivet	Léognan.
Haut-Bailly	—
Malartic	—
Chevalier	—
La Louvière	—
Smith-Lafite	Martillac.
Rochemorin	—
Ferran	—

Palus. — Les vins des palus sont spiritueux, sans goût de terroir, mais un peu mous. Ils

occupent le premier rang après les Médocs et
les Graves. I's sont longs à se faire, et ne se mettent en bouteilles qu'après six à huit années de
fût ; ils supportent très bien les voyages d'ou-
tre-mer, et vieillissent sans rien perdre de leurs
qualités, qui se renforcent au contraire. Le commerce les classe en :

*Premier palus, deuxièmes palus, troisièmes
palus, quatrièmes palus, cinquièmes palus* ou
petits palus.

Il n'y a qu'un premier palus. Les vins de
cette section, les plus estimés de tous les palus,
sont vulgairement désignés sous le nom de
vins de queyries. Les vignobles qui les produisent sont situés sur la rive droite de la Garonne,
vis-à-vis de Bordeaux, depuis le pont de cette
ville jusqu'à Lormont, en longueur, et depuis
le bord du fleuve jusqu'aux coteaux de Cénon,
en largeur. Autrefois, on les employait pour
couper et renforcer les vins faibles du Médoc;
application que leur ont enlevée les vins de
l'Hermitage, de Roussillon, de Benicarlo, de
l'Agenais et de Cahors.

Les seconds palus sont produits par les communes de Bassens, Lormont, Montferrand et la
Souys.

Les troisièmes palus proviennent des communes d'Ambès, Bouillac, Camblanes, Quinsac,
Valantons, Saint-Gervais, etc. On les recherche
généralement comme bons vins de cargaison.

Les autres palus se récoltent sur le territoire
d'une trentaine de communes échelonnées sur
les bords de la Garonne et de la Dordogne.

Côtes. — Les vins de côtes sont généralement

recherchés comme vins ordinaires. Nous avons
dit ailleurs qu'ils proviennent des côteaux qui
longent la rive droite de la Garonne, depuis
Ambarès jusqu'aux environs de La Réole. Le
commerce les partage en deux catégories :

Bonnes côtes, petites côtes.

La première subdivisée en : *Premières côtes,
deuxièmes côtes.*

Les vins dits de *premières côtes* se récoltent dans
les communes de Bassens, Bourg, Camblanes,
Latresne et Quinsac. Ils sont généralement
fermes et d'une bonne couleur, mais quelquefois
durs et âpres, surtout dans les premiers temps.

Dans les *deuxièmes côtes* sont comprises
diverses sortes de vins des communes de
Bouillac, Bourg, Cambes, Carignan, Cenon,
Floirac, Ivrac, Lormont, Saint-André-de-Cub-
zac, Sainte-Eulalie-d'Ambarès, Saint-Gervais,
Saint-Loubès, Saint-Romain.

Les *petites côtes* renferment des vins récoltés
dans les communes de Blaye, Bourg, Cauderot,
Verdelais, Saint-André-de-Cubzac, Saint-Pey,
Saint-Macaire, Saint-Maixant.

Nous avons vu que l'on considère aussi
comme *vins de côtes* les produits des vignobles
de la rive droite de la Dordogne, de Blaye à
Fronsac. On divise ces vignobles en trois sections principales ou *côtes* :

*Côte de Saint-Emilion, côte de Canon, côte de
Fronsac.*

Les vins de la *côte de Saint-Emilion* se récoltent dans la commune de ce nom, aux portes

de Libourne. Ils sont pleins, agréables, généreux, parfumés et d'une belle couleur. Ce sont
les plus renommés de la région, mais leur qualité est plus ou moins prononcée suivant qu'ils
proviennent des hauteurs ou de la plaine : de
là leur division en *vins du Haut-Saint-Emilion*,
dont les crus forment deux classes, et en *vins
des sables de Saint-Emilion*, dont tous les crus
se confondent dans une seule catégorie, la
dernière de la côte.

Les vins de la *côte de Canon* sont très colorés,
fermes et capiteux ; mais, en vieillissant, ils
acquièrent une plus grande finesse que ceux
de Saint-Emilion. Deux de la *côte de Fronsac*
ont à peu près les mêmes caractères.

Sous le nom de *vins de Saint-Emilion*, on
comprend aussi ceux d'un grand nombre de
communes voisines, telles que Saint-Martin-de-
Mazerac, Saint-Christophe, Saint-Laurent, qui
se placent au premier rang ; Pomerol, Montagne, Néac, Saint-Georges, Saint-Sulpice, qui
viennent au second rang ; Lussac, Parsac, Puisseguin, qui n'occupent que le troisième rang.

Terres fortes. — Ainsi que nous le savons, les
vins dits de *terres fortes* sont récoltés dans les
terrains bas du Médoc qui n'ont point de gravier. Ce sont des petits paysans qui figurent
pour la plupart comme vins d'ordinaire de
deuxième et de troisième qualité. Ils participent du caractère des bons vins des communes
dont le territoire les fournit, mais ils sont plus
lourds et ont beaucoup moins de bouquet. Le
plus souvent ils ressemblent aux palus.

Entre-deux-mers. — Les vins de cette région
sont généralement verts, mous et sans qualité,

Vins blancs

Les vins blancs du Bordelais se récoltent les uns sur la rive gauche de la Garonne, les autres sur la rive droite de cette rivière. Les premiers sont les plus renommés.

Vins de la rive gauche. — Les vins blancs de cette catégorie sont les grands vins blancs de la Gironde. Ils sont connus dans le monde entier sous le nom générique de *Vins de Sauterne*. Les vignobles qui les fournissent sont situés dans la contrée dite *des Graves*, et font partie du territoire des communes suivantes : Arbanats, Auros, Barsac, Bommes, Cérons, Fargues, Gans, Illats, Landiras, Langon, Léognan, Podensac, Preignac, Pujols, Saint-Pey, Sauterne, Toulène, Villenave-d'Ornon, Virelade.

« Rien n'est plus suave et plus délicat que les vins blancs de Sauterne. Moins liquoreux que ceux de Languedoc, d'Espagne ou de Portugal, ils ont le privilège de ne pas lasser le goût, et, d'une autre part, l'extrême élégance de leur bouquet leur assure sur tous les autres une supériorité incontestée. On trouve des vins blancs plus sucrés, on en trouve de plus secs, de plus et de moins alcooliques, à parfum plus pénétrant ou sans parfum ; mais ceux de la Gironde ont pour eux la mesure, et, sans exclure aucune qualité, ils présentent un ensemble harmonieux d'éléments que la nature a répartis avec parcimonie aux autres vins blancs. Ils ont à la fois de la grâce et du nerf ; ils sont moelleux, suaves et cependant énergiques ; ils charment l'œil par la pureté de leur transparence, l'odorat par un incomparable bouquet, et le palais par une délicatesse parfaite

et un tempérament exquis du doux et du sec, etc.
Enfin ils n'exercent pas sur le cerveau une action
brutale ; ils surexcitent légèrement les fonctions
de cet organe et donnent à la pensée une direction en général joyeuse ». (C. Alibert.)

Comme les vins rouges du Médoc, les grands
vins blancs de Sauterne ont été, de la part de la
Chambre syndicale des courtiers de Bordeaux,
l'objet d'un classement officiel qui a, dans le
commerce, force de chose jugée, et qu'indique
le tableau suivant :

CRUS	NOMS DES CRUS	COMMUNES
Supérieur	Yquem	Sauterne.
1ers	La Tour-Blanche	Bommes.
	Peyraguey.	Bommes.
	Vigneau.	Bommes.
	Suduirant.	Preignac.
	Coutet.	Barsac.
	Climenz.	Barsac.
	Bayle.	Sauterne.
	Rieusec.	Sauterne.
	Rabant	Bommes.
2es	Mirat.	Barsac.
	Doisy.	Barsac.
	Peixotto.	Bommes.
	D'Arche.	Sauterne.
	Sillot Eshineaud. . . .	Sauterne.
	Broustet et Reyrac. . .	Barsac.
	Caillou	Barsac.
	Suau	Barsac.
	Malle.	Preignac.
	Romer	Preignac.
	Lamothe.	Sauterne.
	Lamothe.	Sauterne.

A propos de ce classement, nous ferons remarquer qu'autrefois les grands vins blancs se vendaient moitié moins que les rouges de Médoc. Depuis plusieurs années, ces proportions ont changé. Aujourd'hui donc, le prix des grands vins rouges ne sert plus de base aux transactions auxquelles les grands vins blancs donnent lieu. En outre, le château d'Yquem, qui constitue seul une catégorie hors ligne, ne redoute aucun parallèle, aucune rivalité. Le prix des produits de ce cru incomparable est devenu une affaire de caprice, au même titre que les toiles hors ligne des plus grands maîtres.

Vins de la rive droite. — Les vins blancs de la rive droite de la Garonne, quoiqu'inférieurs à ceux de la rive gauche, possèdent cependant du corps et de la finesse. Les premiers crus de ce côté se trouvent dans les communes de Sainte-Croix-du-Mont, Loupiac, Langoiran, Baurech, Paillet, Le Tourne, Tabanac, Rions et Cadillac.

Le pays d'Entre-deux-Mers fournit une très grande quantité de vins blancs communs, dont les meilleurs sont désignés sous le nom de *bons vins d'Entre-deux-Mers.*

Bourbonnais

Le département de l'Allier a été formé presqu'entièrement de l'ancien petit pays de Bourbonnais.

Un seul territoire, celui de la Garenne-du-Sel, dans l'arrondissement de Gannat, et à peu de distance de Saint-Pourçain, produit des vins rouges qui, dans les bonnes années, font d'assez bons vins d'ordinaire de deuxième ou de troi-

sième ordre. Tous les autres vins rouges du
département sont de très médiocre qualité et
ont un goût de terroir excessivement désagréable. Toutefois, ils ont une bonne couleur
qui permet de les utiliser dans les coupages.
Ils ne sont d'ailleurs buvables que mélangés
avec des vins meilleurs.

Le Bourbonnais donne quelques vins blancs
d'assez bon goût. Les meilleurs sont récoltés
sur le territoire de Saint-Pourçain, et sur celui
de la Chaise, section de la commune de Mones-
tay, non loin de Moulins. On les emploie souvent pour améliorer les vins rouges trop colorés et donner de la légèreté à ceux qui sont
grossiers.

Bourgogne

Les *vins de Bourgogne*, à cause de la suavité
de leur goût et des diverses perfections qu'ils
réunissent, jouissent d'une réputation aussi
grande que ceux de Bordeaux.

Suivant les régions qui les fournissent, on
les divise en *vins de la Haute-Bourgogne* et en
vins de la Basse-Bourgogne. On admet aussi,
sous la simple dénomination de *vins de Bourgogne*, ceux du Mâconnais et du Beaujolais.

HAUTE-BOURGOGNE

Les *vins de la Haute-Bourgogne* réunissent
toutes les qualités qui constituent les vins parfaits, et se distinguent par la juste répartition
de chacune d'elles. Dans ces vins, le corps ne
nuit pas à la délicatesse ; ce qu'on appelle la
moelle ne les rend ni pâteux ni fades ; la légèreté

ne provient pas du manque de force, de chaleur
et de goût ; enfin la richesse alcoolique ne les
rend pas trop fumeux.

C'est le département de la Côte-d'Or qui
produit les vins de la Haute-Bourgogne. On y
joint habituellement l'arrondissement de Chalon-sur-Saône, qui appartient au département
de Saône-et-Loire. Les plus distingués se récoltent presque tous sur la droite de la grande
route qui mène de Dijon à Chalon-sur-Saône,
tandis que tous ceux qui viennent sur la gauche
sont plus ou moins communs.

Vins rouges

Le commerce divise les vins rouges de la
Haute-Bourgogne en trois catégories : celle des
vins de la côte de Nuits et de l'arrondissement
de Dijon ; celle de la *côte de Beaune* et de l'arrondissement de cette ville, moins le canton de
Nuits ; et celle de la *côte Chalonnaise*.

Les vins principaux de la *côte de Nuits* sont
ceux de Chambertin, dans la commune de
Gevrey ; de Clos-Vougeot, dans les communes
de Vougeot et de Flagey-les-Silly ; de Saint-
Georges et de Prémeau, dans la commune de
Nuits ; de Romanée, de la Tache et de Richebourg, dans la commune de Vosne ; de Chambolle, de Nuits et de Vosne, dans les communes
de ce nom. Autour de chacun d'eux s'en grou-
pent un très grand nombre d'autres qui en
approchent plus ou moins, mais sans pouvoir
les atteindre.

On met généralement en première ligne les
vins de Romanée, de Chambertin, de la Tache

et du Clos-Vougeot, dont le prix est à peu près le même ; en seconde ligne, ceux de Saint-Georges, de Vosne et de Richebourg, qui se vendent environ 5 0/0 de moins que les précédents ; et, en troisième ligne, ceux de Nuits, de Chambolle, de Premeau et de Morey, dont le prix est également de 5 0/0 inférieur à celui des vins de la seconde ligne.

« Ces onze vins, dit un savant œnologue, peuvent être considérés comme les espèces types de la côte de Nuits. Ils ont un goût particulier, commun à tous, qui les distingue des autres grands vins de Bourgogne, et qui présente une certaine ressemblance avec celui des vins de Bordeaux. Comme ces derniers, en effet, ils laissent un peu de sécheresse au palais, et un bouquet un peu enveloppé, qui ne se saisit au premier abord que sous un aspect liquoreux. Ce sont des vins corsés, forts, pleins de feu. Quand ils sont jeunes, ils offrent une saveur alumineuse qui produit une sensation désagréable, mais qui disparaît entièrement avec l'âge. Aussi, demandent-ils, en général, à être bus vieux. Il est rare qu'ils soient bons avant la fin de la septième ou de la huitième année. Ils gagnent jusqu'à la dixième ou la douzième. Arrivés à cet âge, ils ont atteint l'apogée de leur qualité et ne peuvent plus que perdre. On en cite, il est vrai, qui ont atteint vingt ou trente ans avec toutes leurs qualités ; mais ils provenaient d'années tout à fait exceptionnelles, et, de plus, la conservation avait eu lieu dans des conditions d'encavage qui se rencontrent rarement ».

Les vins principaux de la *côte de Beaune* sont

le Corton, dans la commune d'Aloxe, et ceux des communes de Pommard, de Volnay, de Beaune, de Chassagne, de Savigny, d'Aunay, de Santeney. On place en première ligne les vins de Corton, de Pommard, de Volnay, de Beaune et de Chassagne ; en seconde ligne, ceux de Savigny, d'Aunay et de Santenay. Autour de chacun d'eux, comme autour des précédents, il s'en groupe une multitude d'autres qui s'en approchent plus ou moins. Tous ces vins, que l'on peut considérer comme les espèces types des produits de la côte de Beaune, ont pour caractère une extrême finesse et un parfum que les uns comparent à celui de la framboise et les autres à celui de la violette.

Les vins de la *côte Chalonnaise* viennent après les précédents. Les principaux se récoltent dans les communes de Mercurey, de Touches, d'Estroy et de Bourganeuf, à quelques kilomètres de Chalon-sur-Saône. Ils se distinguent de tous ceux de la même région par leur légèreté, leur vivacité, leur parfum, et de ceux de la côte de Beaune, sous le nom desquels ils se présentent le plus souvent dans le commerce, par un goût sec qui les caractérise. Nous citerons encore ceux de Givry, qui sont généralement supérieurs à ceux de Mercurey.

Vins blancs

Outre ses vins rouges, la Haute-Bourgogne produit encore des vins blancs qui jouent un rôle assez important dans le commerce. Les plus renommés sont ceux des communes de Puligny et de Meursault, non loin de Beaune.

C'est sur le territoire de Puligny que se trouve la colline dite de Montrachet, qui fournit les meilleurs vins blancs de la Haute-Bourgogne. Quoique récoltés sur le même terrain et provenant de la même espèce de cépage, ils diffèrent entre eux sous le rapport de la qualité, laquelle dépend de l'exposition des vignes. Pour les distinguer, on les désigne sous les noms de *vins de Montrachet aîné, vins de chevalier Montrachet* et *vins de bâtard Montrachet.*

Le Montrachet aîné, infiniment supérieur aux deux autres, se récolte sur la partie de la montagne qui est exposée au sud et au levant. Il a la saveur des vins du Rhin à un point si prononcé qu'on peut au premier abord le confondre avec ces derniers. De plus, il est d'une vinosité tellement énergique que beaucoup de personnes, surprises de cette exubérance, sont tentées de l'attribuer à une alcoolisation artificielle. Enfin, il est d'une qualité si supérieure qu'il dépasse, sous le rapport du prix, les meilleurs vins rouges du pays, même le Romanée, le Chambertin et le Clos-Vougeot. Le chevalier Montrachet participe de toutes les qualités de son aîné, mais il ne les possède pas au même degré. Le bâtard Montrachet suit de plus près le chevalier, dont il est quelquefois l'égal, que celui-ci ne suit l'aîné.

Les vins blancs de Meursault viennent immédiatement après ceux de Puligny. Quoique au second rang, ils n'en tiennent pas moins une place distinguée parmi les vins de leur couleur. Ils doivent à un goût de noisette assez prononcé une originalité qui affriande certains consommateurs, et, en vieillissant, ils acquièrent une finesse que les meilleurs vins rouges ont de la peine à atteindre. Dans le commerce, on les fait souvent passer pour des vins de Montrachet, auxquels ils ressemblent un peu, mais dont ils n'ont pas toute la perfection. On estime surtout celui qui provient des crus de la Perrière, de la Combette, de la Goutte d'Or, de Santenot, de la Genevrière et des Charmes.

Presque tous les autres vins blancs de la Haute-Bourgogne sont de qualité plus ou moins ordinaire. Ceux qu'on ne consomme pas dans les lieux de production sont généralement employés pour faire des vins mousseux qu'on vend ensuite comme vins de Champagne.

BASSE-BOURGOGNE

Les *vins de la Basse-Bourgogne* se récoltent dans le département de l'Yonne. Les plus estimés proviennent des environs de Tonnerre et d'Auxerre. Toutefois, ceux du Tonnerrois ont plus de spirituosité que ceux de l'Auxerrois. Cette circonstance, qui engage les gourmets à leur accorder la priorité, nuit à leur réputation auprès des consommateurs, et quoiqu'ils soient très salubres pour les personnes qui en font un usage modéré, on prétend qu'ils sont trop fumeux. Les vins de l'Auxerrois sont préférés par beaucoup de personnes parce qu'ils peuvent être bus à haute dose sans incommoder ; en outre, ils conviennent mieux aux estomacs délicats. L'arrondissement d'Avallon produit des vins corsés et généreux ; celui de Joigny des vins légers et agréables. Quant à l'arrondissement de Sens, il ne fournit, à quelques exceptions près, que des vins très communs et de basse qualité.

Vins rouges

Les vins rouges de la Basse-Bourgogne ont une grande importance pour la consommation parisienne. En tête des plus estimés, de ceux qu'on appelle de première classe, se placent les vins de la commune de Dannemoine, à 4 kilomètres Ouest de Tonnerre ; ils se récoltent sur la côte des Olivotes, dans les crus de Mont-Savoye, de Painsot et de la Chapelle. Avec eux rivalisent les vins fournis par les côtes de Pitoy, des Perrières, des Grandes-Poches, des Basses-Poches, des Charloux, sur le territoire même de Tonnerre, et ceux du vignoble de Chaînette et du côteau de Migraine, non loin d'Auxerre, sur la montagne dite *grande côte d'Auxerre*.

Parmi les vins qu'on range dans la deuxième classe, les plus estimés proviennent : 1º dans l'arrondissement de Tonnerre, des vignobles nommés les Beauvais et les Pertuis-Bateaux, aux environs de Tonnerre, et des crus des Hautes-Poches, de la Haute-Perrière, du Buisson, des Corbières-Moreaux, des Champs-Soins, des Bridaines et de Derrière-Quincy, dans la commune d'Epineuil ; 2º dans l'arrondissement d'Auxerre, des vignobles qui environnent cette ville, tels que ceux de Boivin, de Clairon, de Judas, de Quétard, de Rosoir, de Chapotte, de Boussicat et des Iles. Dans ce dernier arrondissement, le territoire d'Irancy produit des vins corsés, généreux et d'une belle couleur, mais qui ne peuvent ordinairement être mis en bouteilles qu'au bout de quatre ans, époque à laquelle ils ont perdu une grande partie de leur couleur et acquis de la finesse et du bouquet. Nous citerons encore, toujours dans l'arrondissement d'Auxerre, la commune de Coulange-la-Vineuse, dont certains vins, dits *cuvée du Seigneur,* ont autant de réputation que les précédents.

Sauf quelques exceptions, les coteaux de Joigny, de Vézelay et d'Avallon ne donnent que des vins plus ou moins ordinaires que le commerce range dans la troisième classe, et au-dessous desquels s'en trouvent une multitude d'autres, récoltés dans toutes les parties du département de l'Yonne, et qui, malgré leur infériorité relative, n'en sont pas moins précieux pour l'usage quotidien. Donnons cependant une mention particulière à la côte Saint-Jacques, près de Joigny, dont les vins sont légers, fins, délicats, séveux et parfumés.

Vins blancs

Plusieurs vins blancs de la Basse-Bourgogne méritent une mention toute particulière.

Les plus renommés sont le vaumorillon et le chablis. Le vaumorillon est fourni par un vignoble du même nom, situé dans la commune de Junay, à 3 kilomètres de Tonnerre. Il est spiritueux sans être trop fumeux, et a presque autant de corps et de finesse que le meursault de la Haute-Bourgogne. Le chablis possède les mêmes qualités, mais à un degré plus élevé. Il est produit par la commune de Chablis, dans l'arrondissement d'Auxerre. Le plus recherché se récolte dans les crus du Clos, de Valmur, de Grenouille, de Vaudésir, de Bouguereau, et de Mont-de-Milieu. Ces deux vins sont rangés dans la première classe. Il en est de même de ceux du cru des Grisées, commune d'Epineuil, de la côte des Olivottes, commune de Tonnerre, des côtes de Pitoy et des Préaux, près d'Auxerre, et de la côte de Blanchot, commune de Frey, à 4 kilomètres de Chablis.

Comme ceux de la Haute-Bourgogne, les vins blancs ordinaires de la Basse-Bourgogne servent à la fabrication des vins champanisés. Les meilleures imitations sont faites avec ceux que produisent les territoires d'Epineuil, de Tonnerre et de Dannemoine.

MACONNAIS ET BEAUJOLAIS

On sait que le Mâconnais correspond aux arrondissements de Mâcon, de Louhans, d'Autun et de Charolles, dans le département de Saône-et-Loire, et le Beaujolais à l'arrondissement de Villefranche, dans le département du Rhône. Quoique les vins de ces deux pays soient admis parmi les vins de Bourgogne, ils sont loin de prétendre à la même perfection. Quelques-uns cependant ont une réputation bien méritée.

Vins rouges

Les vins rouges les plus estimés sont ceux du Mâconnais, et plus particulièrement de l'arrondissement de Mâcon. Ils se récoltent tous dans les environs de cette ville.

Les crus les plus renommés se trouvent sur le

4

territoire du hameau de Thorins, commune de Romanèche. Ce sont ceux de Moulin-à-vent, des Carquelins et des Labories. Viennent ensuite ceux de la Rochelle, des Vrillats, de la Tour-du-Bief, des Michelons, des Michots, du Bief et de la Cave, sur le territoire de Chénas. A Paris, où l'on en fait un grand usage comme vins d'ordinaire, les produits de ces divers crus sont désignés, d'une manière générale, sous le nom de *vins de Mâcon*. On s'accorde à reconnaître que les vins de Thorins sont plus précoces et ont plus de finesse que ceux de Chénas, mais que ces derniers sont plus corsés, durent plus longtemps et finissent mieux. Il est, en outre, à remarquer que le coupage, qui dénature la plupart des vins fins des autres vignobles, est, au contraire, favorable à ceux de ces deux territoires. En les mélangeant, on obtient un vin parfait qui réunit le parfum et la finesse des uns au corps et à la force des autres. Toutefois, pour que l'opération réussisse complètement, il faut qu'elle soit faite au moment du premier soutirage ou, au plus tard, du second.

Les arrondissements d'Autun, de Louhans et de Charolles ne produisent, en général, que des vins grossiers et qui se conservent difficilement sans s'altérer.

L'arrondissement de Villefranche, ou le Beaujolais, donne des vins bien inférieurs à ceux de Thorins et de Chénas. Néanmoins, plusieurs de ceux qu'on récolte sur le territoire de Beaujeu et sur les localités voisines ne manquent ni de légèreté, ni de finesse, ni de bon goût. Les communes de Fleury, de Juliénas, de Lancié, d'Odénas, de Morgon, de Chéroubles, de Saint-Etienne-de-la-Varenne, etc., en récoltent de tout aussi bons.

Vins blancs

C'est également dans l'arrondissement de Mâcon, et aux environs de cette ville, que se récoltent les meilleurs vins blancs de la région. Ceux du cru de Pouilly, dans la commune de Solutré, sont fins, moelleux, corsés et agréables mais ils contiennent une très forte proportion d'alcool. Aussi, veulent-ils être bus avec modération. Il convient de les garder deux ans en tonneau ; quand on les met plus tôt en bouteilles, ils fermentent assez facilement.

Les meilleurs vignobles des communes de Fuissé, Chaintré et Davayé fournissent des vins qui, pour la plupart, possèdent, mais à un degré inférieur, les qualités de ceux de Pouilly, et qui, en outre, sont tous beaucoup moins spiritueux.

Les vins blancs communs des diverses communes de l'arrondissement de Mâcon sont ordinairement employés pour donner plus de légèreté et d'agrément aux vins rouges trop colorés et trop durs.

Bresse et Bugey

La Bresse, le Bugey et le petit pays de Gex ont servi à former le département de l'Ain. Cette partie de la France récolte une assez grande quantité de vins rouges et de vins blancs, surtout de rouges ; mais les meilleurs sont des vins d'ordinaire de deuxième qualité.

Le territoire de Seyssel, dans l'arrondisse-

ment de Belley, fournit les vins rouges les plus
estimés. Ils sont d'une belle couleur, d'un goût
agréable, et se conservent bien. Ceux des communes de Champagne, Machurat, Culoz,
Anglefort, Virieux, Saint-Benoît, ont à peu
près les mêmes qualités.

Dans l'arrondissement de Trévoux, les vignobles de Montmerle, de Troissey, de Montagneux
et de quelques autres communes, donnent des
vins d'assez bonne nature qui entrent souvent
dans le commerce avec et sous le nom des
petits vins du Mâconnais et du Beaujolais.

Les vignobles de trente-sept communes de
l'arrondissement de Bourg, toutes situées dans
les cantons de Coligny, de Trefford et du Pont-
d'Ain, fournissent, sur les coteaux exposés au
midi et au levant, quelques vins rouges assez
agréables, qui sont habituellement désignés
sous le nom de *vins de Revermont*.

Le territoire de Seyssel, que nous avons déjà
cité pour ses vins rouges, produit un vin blanc
qui est faible, mais délicat et agréable, et qui
conserve longtemps sa douceur. On récolte des
vins assez semblables dans quelques communes
de l'arrondissement de Bourg, notamment dans
celle de Pont-de-Veyle.

Bretagne

Les départements de la Loire-Inférieure, du
Morbihan, du Finistère, des Côtes-du-Nord et
d'Ille-et-Vilaine correspondent à l'ancienne province de Bretagne. Relativement à son étendue, c'est la région de la France qui produit
le moins de vins.

Le département de la Loire-Inférieure est le seul qui récolte du vin. Il fait très peu de vins rouges, tous très mauvais, mais beaucoup de vins blancs communs. Les meilleurs parmi ces derniers, sont fournis par les communes de Montrelais, de la Chapelle et des Varades, dans l'arrondissement d'Ancenis. Ils sont spiritueux, assez agréables, supportent bien le transport et se conservent longtemps.

Les territoires de Saint-Géréon, de Riaillé, de Saint-Herblon, dans le même arrondissement, et ceux de Valet, de la Haye, de la Chapelle-Hullin, dans l'arrondissement de Nantes, en donnent d'autres qui possèdent les mêmes qualités, mais à un moindre degré.

Champagne

Les départements des Ardennes, de l'Aube, de la Marne et de la Haute-Marne correspondent à l'ancienne province de Champagne. Cette région fournit un assez grand nombre de vins, les uns rouges, les autres blancs ; mais ce qui la caractérise essentiellement et la rend chère aux gourmets, c'est la production de ces vins blancs mousseux qu'on désigne, dans le monde entier, sous le nom de *vins de Champagne*, et qui est localisée dans le département de la Marne.

Vins rouges

Marne. — Les principaux vins rouges du département de la Marne sont récoltés sur ce qu'on appelle la *Montagne de Reims*, c'est-à-dire sur le revers septentrional des coteaux de

la rivière de Marne. I¹s participent des qualités
des bons vins de Bourgogne, quant à la couleur
et au bouquet, et de celles des vins de Champagne, quant à la légèreté. En outre, ils sont très
précoces, car on peut les mettre en bouteilles
dès la seconde année. Ils se conservent de dix à
douze ans, suivant l'année qui les a produits
et les soins qu'on a apportés à leur fabrication.

Les vins dont il s'agit se récoltent, comme
leur nom l'indique, aux environs de Reims. On
les divise en *vins de la montagne, vins de la
basse montagne* et *vins de la terre de Saint-
Thierry*. Les plus estimés sont ceux de Verzy,
Mailly, Verzenay et Saint-Basle, qui apparrien-
nent à la catégorie des vins dits de la montagne ; ceux de Bouzy, dont les produits sont,
les uns des vins de la montagne et les autres des
vins de la basse montagne ; enfin ceux du clos
de Saint-Thierry, dans la terre de ce nom, à
7 kilom. N.-O. de Reims. Tous ces vins ont une
belle couleur, du corps, et surtout beaucoup de
finesse et de bouquet. Ceux de Sillery, Ludes,
Chigny, Taissy, Rilly, Villers-Allerand, n'en
diffèrent que par des nuances que les gourmets expérimentés peuvent seuls apprécier.

Le vignoble de Cumières, à 3 kilom. d'Epernay, sur les coteaux dits *de la rivière de Marne*,
produit des vins plus fins et plus délicats que
ceux de Reims, mais beaucoup moins spiritueux, et tellement précoces que, lorsque
l'année a été chaude, ils atteignent toute leur
maturité dès la première année, et se conservent
rarement plus de trois ans. On cite encore, sur
les mêmes coteaux, les vins des crus des Hauts-
Quartiers, dans la commune d'Hautvilliers ;

ils ressemblent beaucoup à ceux de Bouzy, mais si l'on néglige de les placer dans d'excellentes caves, ils s'altèrent avec une extrême facilité.

Ardennes. — On ne récolte de vins que dans les arrondissements de Sedan, de Rethel et surtout de Vouziers. Ils manquent généralement de corps, de spiritueux et de couleur. De plus, on est obligé de les boire dans la première année. En outre, ils ne supportent pas le transport, même à de faibles distances, ce qui oblige de les consommer dans le pays.

Aube. — Les vins les plus estimés, et avec raison, sont fournis par la commune des Riceys, à 12 kilomètres de Bar-sur-Seine, qui se compose de trois bourgs appelés Ricey-Haut, Ricey-Haute-Rive et Ricey-Bas. Ceux des premières cuvées sont vifs, très spiritueux, d'un goût agréable, pourvus d'un bon bouquet et de beaucoup de sève. Il est nécessaire de les garder deux ans en tonneaux et de les bien soigner ; ils acquièrent ensuite beaucoup de qualité dans les bouteilles. Ils perdent notablement quand on les mélange avec ceux d'autres pays.

Les communes de Balnot-sur-Laignes, d'Avirey et de Bagneux-la-Fosse, toutes situées aux environs de Bar-sur-Seine, donnent des vins excellents qui sont presque semblables à ceux des Riceys. Le cru le plus renommé est celui du Val-des-Riceys, sur le territoire d'Avirey.

Une grande partie de tous ces vins est exportée dans la Flandre, la Picardie et la Normandie, la propriété qu'ils possèdent de précipiter les boissons froides les faisant rechercher dans les contrées où la bière est la boisson principale.

Bouilly, Laine-aux-Bois, Bar-sur-Aube, Bar-sur-Seine et quelques autres communes donnent des vins d'ordinaire, mais supportant difficilement le transport. Toutefois, ceux de la *côte des Gravilliers*, dans la commune de Neuville, non loin de Bar-sur-Seine, sont peu inférieurs à ceux des Riceys.

Haute-Marne. — Les meilleurs vins de ce département sont récoltés sur le territoire des communes d'Aubigny et de Montsaugeon, dans l'arrondissement de Langres. Ils sont légers de couleur, très délicats et d'un agréable bouquet. Quelques autres communes du même arrondissement et de ceux de Vassy et de Chaumont donnent aussi des petits vins qui n'ont rien de désagréable. Les vins de tout le reste sont très communs.

Vins blancs

Marne. — Les vins blancs mousseux, si célèbres sous le nom de *Vins de Champagne*, se fabriquent, comme nous l'avons dit, dans le département de la Marne. Ils se font indistinctement avec des raisins rouges ou des raisins blancs.

« Toutefois, dit M. Victor Rendu, ceux qu'on obtient des premiers ont plus de corps, de générosité et de sève ; ils sont généralement supérieurs, comme non mousseux et comme vins crémants, expressions que nous expliquerons bientôt, à ceux qu'on fabrique avec les seconds. Mais ces derniers donnent des vins remarquables par plus de finesse, de légèreté, de transparence et de disposition à la mousse : mélangés du quart au huitième avec les raisins noirs, ils concourent à la perfection du vin, surtout de celui qu'on tire en mousseux ».

Les vins de Champagne sont tout simplement des vins blancs mis en bouteilles avant que la fermentation alcoolique soit terminée dans les futailles. Il se forme alors de l'acide carbonique qui se dissout en partie dans le liquide ou qui se mêle à l'air dans la chambre de la bouteille. C'est ce gaz comprimé qui, en s'échappant, siffle et fait sauter brusquement le bouchon. Ce sont les portions de ce même gaz dissoutes dans le vin qui le font pétiller et mousser, d'autant plus que le fond du verre est plus pointu; car les bulles gazeuses mettent plus de temps à remonter à la surface. Voilà pourquoi on façonne intérieurement en pointe le fond des verres à champagne, même celui des coupes.

Du moment que la cause du pétillement et de la mousse des vins de Champagne est connue, rien de plus simple que de *champaniser* les vins blancs des autres contrées ; mais, de quelque manière qu'on s'y prenne, les produits de choix de la Champagne sont inimitables. Comme le remarque avec raison M. Joigneaux, ils ont une finesse, une légèreté, un bouquet qui défient toute concurrence. Pour ce qui est des mousseux de cette province qui sont destinés à agir sur des gosiers endurcis au contact des vins d'Espagne et de Portugal, il ne serait pas difficile de leur trouver des rivaux ; mais on n'aurait jamais que de pâles imitations qui ne tromperaient pas les palais exercés.

Rien donc ne peut réellement remplacer les vins mousseux de la Champagne. Leur supériorité ne provient pas d'un haut degré de spirituosité, de corps ou de parfum, mais uniquement de ce que ces différentes qualités ne s'y trouvent que dans les proportions convenables pour constituer des vins fins, légers, délicats, et pouvant être bus à haute dose sans incommoder. Ce sont des vins plutôt aimables que généreux, et dont l'ivresse se dissipe en peu de temps. Quant à leur prix, s'il est toujours élevé, cela provient moins de la qualité des vins qui servent à les obtenir, que des soins infinis qu'ils exigent avant de pouvoir être expédiés, des pertes et des avances considérables auxquelles ils exposent ceux qui s'occupent de leur fabrication.

Dans le commerce des vins mousseux de la Champagne, on distingue quatre catégories de vins :

Les *grands mousseux*, les *mousseux ordinaires*, les *crémants*, les *tisanes*.

Les vins appelés *grands mousseux* sont très légers, mais ils pétillent, moussent énergiquement et lancent le bouchon avec force.

Les *mousseux ordinaires* ont plus de corps, pétillent et moussent moins que les précédents, parce qu'ils n'ont pas subi une fermentation aussi grande.

Les *crémants*, qu'on appelle aussi *demi-mousseux*, moussent et pétillent encore moins que les mousseux ordinaires, et, quand on les verse dans le verre, leur mousse forme une nappe d'écume, une espèce de crème, qui couvre la liqueur et se dissipe au bout de quelques instants. Ces vins sont plus vineux et moins piquants que les autres, et, quand ils provien-

nent d'un bon cru, leur prix est aussi plus
élevé, parce qu'ils sont très recherchés par un
grand nombre d'amateurs, et qu'il n'est pas
facile de déterminer les circonstances qui leur
donnent naissance.

Les *tisanes* sont des mousseux de deuxième
ou de troisième ordre, mais néanmoins d'une
consommation très agréable.

Les vins mousseux de la Champagne se
récoltent presque exclusivement dans les
arrondissements de Reims et d'Epernay. Il en
existe de fort nombreuses qualités.

Les vins blancs les plus estimés, ceux qu'on
appelle de première classe, portent le nom de
la commune de Sillery, à 8 kilomètres de
Reims; mais ils proviennent surtout du territoire des communes voisines, principalement
de celles de Verzy et de Verzenay. Leur couleur
est ambrée et leur goût sec, ce qui les caractérise. Ils ont du corps, du spiritueux et un bouquet qui leur communiquent des propriétés
toniques. On ne les sert que frappés de glace.
Ils peuvent se boire à haute dose, se conserver
longtemps et se bonifier en vieillissant. Ils
ne sont bons que lorsqu'ils ne moussent pas.
Quand, par suite de quelque accident, et notamment d'une exposition à une température
élevée, ils entrent en fermentation, ils perdent
leur qualité ; mais il suffit, pour la leur rendre,
de les entourer de glace pendant une heure, la
bouteille étant débouchée.

Aï et Mareuil-sur-Aï, à 2 kilomètres d'Eper-
·nay, fournissent des vins assez doux, fins, délicats, spiritueux, parfumés, plus légers que ceux
de Sillery, et qui, lorsque les raisins ont atteint

leur maturité complète, conservent pendant de longues années la douceur qui leur est naturelle. Ceux de Pierry, non loin de la même ville, produisent des vins peu inférieurs à ceux de Aï, mais qui sont plus secs, d'une conservation plus longue, et qui, en outre, se distinguent par un goût très prononcé de pierre à fusil.

Les vins des territoires de Cramant, d'Avize et du Ménil, entre 6 et 10 kilomètres d'Epernay, viennent après les précédents. Mélangés avec ces derniers, ils font des vins mousseux qui réunissent toutes les qualités qu'on estime dans les boissons de cette sorte. C'est avec les produits de ces trois localités que se préparent principalement les vins appelés *tisanes*, si renommés comme apéritifs, et que les médecins prescrivent dans les maladies de la vessie. On fabrique aussi des tisanes à Sillery, Mareuil, Pierry, Aï et Epernay, mais elles ont plus de corps et de spiritueux que celles de Cramant, du Ménil et d'Avize, et se boivent à la glace comme les vins de Sillery. Elles sont d'ailleurs très estimées.

Aube, Ardennes, Haute-Marne. — Ces trois départements ne fournissent guère que des vins blancs plus ou moins communs. Néanmoins, une exception doit être faite en faveur de ceux de la commune des Riceys, dans l'Aube, qui sont vifs, pétillants, spiritueux, et d'un goût agréable. Les environs de Bar-sur-Aube et la commune de Rigny-le-Ferron, non loin de Troyes, en donnent aussi qui, quoique peu spiritueux, se conservent assez bien et supportent le transport.

Comtat d'Avignon

Le Comtat d'Avignon et la petite principauté d'Orange ont servi à former le département de Vaucluse. C'est donc de ce département que proviennent les vins dits *du Comtat*, lesquels, sauf quelques vins de liqueur, sont tous rouges.

Les vins rouges les plus estimés sont produits par les vignobles des communes de Châteauneuf-du-Pape et de Sorgues, dans l'arrondissement d'Avignon. Les vins de Châteauneuf sont chauds, fins, délicats, d'un goût agréable et d'un excellent parfum. Parmi les crus qui les donnent, on met en première ligne ceux du clos de la Nerthe, et en deuxième ligne, ceux de Saint-Patrice, de Bocoup et de Côteaux-Pierreux. A Sorgues, les crus les plus en renom sont ceux de Côteau-Brûlé et de Fournalet.

Dans l'arrondissement de Carpentras, le cru de Saint-Sauveur, commune d'Aubignan, fournit des vins que l'on place au même rang que ceux du Côteau-Brûlé, sur le territoire de Sorgues, sauf qu'ils sont moins spiritueux.

Châteauneuf-de-Gadagne, Morières et plusieurs autres localités voisines d'Avignon, produisent ainsi que diverses communes des arrondissements d'Orange et de Carpentras, des vins ordinaires plus ou moins agréables, mais toujours inférieurs aux précédents. On appelle *vins de garigues*, ceux qui sont récoltés dans des terrains de mauvaise qualité.

Baume, dans l'arrondissement de Carpentras, fournit des vins muscats fort agréables. A Mazan, tout près de cette petite ville, on fabri-

que des vins cuits, dits de *grenache*, qu'on
remonte en y ajoutant de l'eau-de-vie.

Corse

La Corse produit une quantité relativement
très considérable de vins rouges et de vins
blancs, dont la qualité, bonne pour quelques-
uns, le serait aussi pour presque tous, si la fabrication était plus soignée. On cite surtout,
pour les uns et pour les autres, ceux des territoires d'Ajaccio, de Péri, de Sari et de Vico,
dans l'arrondissement d'Ajaccio ; de Bastia, de
Bassanèse, du Cap-Corse et de Maccatiglia,
dans l'arrondissement de Bastia ; d'Algajola,
de Calenzana, de Calvi et de Montemaggiore,
dans l'arrondissement de Calvi ; des environs de
Corte, dans l'arrondissement de ce nom ; enfin
de Bonifacio, de Porto-Vecchio et de Tallano,
dans l'arrondissement de Sartène. Tous ces vins
sont corsés, délicats et de bon goût, mais moins
fumeux que ceux de Languedoc.

Dans quelques cantons, on fait des vins de
liqueur qui sont très estimés dans le pays, où
ils se consomment entièrement.

Les vins de Corse présentent le défaut de se
conserver difficilement et de ne pas supporter
le voyage de mer. Il faut les boire dans le pays
le plus tôt possible.

Dauphiné

L'ancien Dauphiné forme les départements
de la Drôme, de l'Isère et des Hautes-Alpes.
Les deux premiers seuls figurent avantageu-

sement dans l'industrie des vins. Ils produisent
des vins rouges, des vins blancs et quelques vins
de liqueur.

Vins rouges

Drôme. — Les meilleurs vins rouges de ce
département se récoltent dans les arrondissements de Valence, de Die et de Montélimar.

La commune de Tain, dans l'arrondissement
de Valence, sur la rive gauche du Rhône, possède, dans son territoire, la côte célèbre dite *de
l'Ermitage*, dont les vins sont aussi estimés
que ceux des premiers crus du Bordelais et de
la Haute-Bourgogne. C'est sur la pente méridionale de cette côte que sont plantées les
vignes ; elles sont disposées en amphithéâtre
sur une série d'ondulations ou coteaux que les
gens du pays appellent *mas* ou *quartiers*. Celles
qui fournissent les meilleurs appartiennent aux
mas de Méal, de Gréfieux, de Baume, de Rau-
coule, de Muret, de Guiognières, des Bessas, des
Burges et des Lauds. Tous ces vins sont en
même temps corsés, moelleux et délicats. En
outre, ils ont une très belle couleur, beaucoup
de spiritueux, une sève très aromatique, et un
bouquet des plus agréables et des plus prononcés. Néanmoins, celui du quartier des
Bessas est beaucoup plus foncé que les autres,
ce qui le fait préférer pour les mélanges.

Les communes de Croses, Gervant et Mercurol, également dans l'arrondissement de Valence,
donnent des vins qui ont, mais à un degré inférieur, les mêmes qualités que ceux de Tain.

Viennent ensuite, en troisième ligne, les vins
de Die, de Saillans et de Vercheny, dans l'ar-

rondissement de Die ; de Donzère, de Château-
neuf-du-Rhône, d'Allan et de quelques autres
communes de l'arrondissement de Montélimar.

Isère. — Les premiers vins rouges du département de l'Isère proviennent de l'arrondissement de Vienne, particulièrement des coteaux
qui entourent cette ville, et du territoire des
communes de Reventin et de Seyssuel. Ils ont
tous du corps, de l'alcool et un parfum de violette qui les rend très agréables.

Dans l'arrondissement de la Tour-du-Pin, on
récolte à Saint-Chef, à Ruy, à Jailleu et à Saint-
Savin, communes faisant partie du canton de
Bourgoin, des vins assez agréables, mais inférieurs aux précédents.

Quelques vins de la vallée de Grésivaudan,
dans l'arrondissement de Grenoble, notamment
ceux des territoires de Jarrie-Haute, de Lam-
bin et de la Terrasse, donnent des vins qui,
d'abord verts et grossiers, s'améliorent beaucoup en vieillissant et deviennent alors d'assez
bons vins d'ordinaire.

Hautes-Alpes. — Ce département donne
quelques vins ordinaires d'assez bonne qualité.
Tels sont ceux de Roche-de-Jarjaie, de Letret,
de Châteauneuf-de-Chabre et de la côte des
Neffes, dont la réputation ne dépasse pas
cependant les limites des lieux de production.

Vins blancs

Les vins blancs du Dauphiné sont surtout
récoltés dans les départements de la Drôme et
de l'Isère.

Les vins blancs de la Drôme qu'on estime le

plus sont fournis par la côte de l'Ermitage, à Tain ; ils sont corsés, spiritueux, pleins de finesse et de parfum. Viennent ensuite ceux de Mercurol. A Die, on fait des vins blancs doux, légèrement spiritueux, d'un goût fort agréable, qu'on appelle *clarette de Die*, et qui moussent comme le champagne, mais ils conservent rarement ces qualités pendant plus de deux ans.

Les seuls vins blancs de l'Isère qui méritent une mention spéciale se font à la Côte-Saint-André, chef-lieu de canton de l'arrondissement de Vienne, et dans quelques-uns des vignobles des communes voisines. Ils sont légers, pétillants et d'un goût agréable.

Dans les Hautes-Alpes, le bourg de la Saulce, à quelques kilomètres de Gap, fournit un vin blanc appelé *clarette*, qui est presque aussi estimé que la clarette de Die.

Vins de liqueur

Les vins de liqueur les plus renommés du Dauphiné se fabriquent à Tain, département de la Drôme, avec des raisins blancs choisis sur la côte de l'Ermitage. Leur prix est toujours très élevé. Ils sont très parfumés, d'un goût exquis et d'une couleur dorée. On les appelle *vins de paille*, parce qu'avant d'égrapper les raisins, on les fait sécher à demi, quelquefois suspendus à des perches, le plus souvent sur des lits de paille.

Les environs de Die, dans le même département, fournissent des vins muscats, rouges et blancs, qui ne manquent pas de mérite.

5.

Forez

L'ancien pays de Forez correspond au département de la Loire, qui renferme, en outre, une petite partie du Beaujolais. On y récolte des vins rouges et quelques vins blancs très estimés.

Les meilleurs vins rouges sont fournis par les communes de Lupé, de»Chuynes, de Chavenay, de Saint-Michel-sous-Condrieu, de Saint-Pierre-de-Bœuf, dans l'arrondissement de Saint-Etienne, et par celle de Boen, dans l'arrondissement de Montbrison. Ils ont une bonne couleur, du corps, beaucoup de spiritueux et même un bouquet agréable, quoique très léger. On les regarde comme des vins d'ordinaire de première qualité.

Les vignobles du bourg de Renaison, dans l'arrondissement de Roanne, produisent des vins très colorés, assez spiritueux et de bon goût, mais épais et pâteux. Quelques communes voisines, notamment celles de Saint-André-d'Apchon et de Saint-Haon-le-Châtel, donnent des vins à peu près semblables et qui se vendent sous le nom générique de *vins de Renaison*. Tous ces vins sont rarement agréables à boire purs et se conservent difficilement plus de deux ans ; mais ils possèdent la propriété, dont on profite largement, de s'allier à ceux des autres pays sans les dénaturer.

Nous citerons encore les vins du territoire de Charlieu, à peu de distance de Roanne, qui, lorsqu'ils proviennent d'une bonne année, ont une bonne couleur, un bon goût et assez de spiritueux, et qu'on fait souvent passer pour des vins communs du Mâconnais.

Sur la limite de l'arrondissement de Saint-Étienne, à 2 kilomètres du bourg de Condrieu, commune du département du Rhône, se trouve une propriété isolée dite le *Château-Grillet*, qui produit l'un des meilleurs vins blancs de France. Des vins de même nature, mais de qualité moindre, se récoltent sur quelques territoires voisins, particulièrement sur ceux de Saint-Michel-sous-Condrieu, de Chuynes et de la Chapelle.

Franche-Comté

La Franche-Comté a servi à former trois départements, celui du Doubs, celui du Jura et celui de la Haute-Saône.

Tous les trois produisent du vin, mais le second beaucoup plus et de meilleure qualité que les deux autres.

Vins rouges

Doubs. — Les vins rouges de quelque valeur sont tous récoltés dans l'arrondissement de Besançon. Les plus estimés sont ceux des crus dits des Trois-Chalets et des Emingues, sur le territoire même de cette ville. Après trois ou quatre ans de garde, ils ont une belle couleur, du corps, de la finesse et un goût agréable. Ceux des communes de Byans, Moutiers, Lombard, Liesle et Lavans, leur sont peu inférieurs.

Haute-Saône. — Les meilleurs vins rouges de la Haute-Saône se récoltent dans la commune de Ray, non loin de Gray, où se trouve le clos dit *du Château*. Ils ont de la délicatesse, se conservent longtemps et, en vieillissant, acquièrent de la qualité et même un peu de bouquet.

On cite encore ceux des vignobles de Chariez, de Navenne et de Quincey, aux portes de Vesoul, de Gy et de Champlitte-le-Château, à quelques kilomètres de Gray, qui ont à peu près les mêmes caractères que les précédents.

Tous les autres vins du département sont plus ou moins grossiers et sans agrément.

Jura. — Les meilleurs vins rouges du Jura sont fournis par les arrondissements de Poligny et de Lons-le-Saulnier. Les vignobles qui les produisent occupent le revers occidental de la chaîne de montagnes qui donne son nom au département, et dont ils suivent toutes les sinuosités.

Les vins les plus estimés sont ceux de la commune des Arsures, canton d'Arbois, dans l'arrondissement de Poligny. Ils ont de la finesse, sont peu colorés, très spiritueux, et pourvus d'un léger parfum de framboise. On peut les garder six à sept ans en tonneau, après quoi ils se conservent fort longtemps.

Les vins des territoires d'Aiglepierre, de Marnoz et de Salins, également dans l'arrondissement de Poligny, sont plus précoces et plus délicats que les précédents, mais moins spiritueux et d'une conservation moins longue. Ceux d'Arbois ont à peu près les mêmes qualités.

Dans l'arrondissement de Lons-le-Saulnier, on cite surtout ceux des communes de Voiteur, de Ménétru, de Blandans, de Geraise et de Saint-Laurent.

Vins blancs

Les départements du Jura et du Doubs produisent seuls des vins blancs.

Dans le Jura, les vignobles de Château-Châlon, dans l'arrondissement et à quelques kilomètres de Lons-le-Saulnier, quoique déchus de leur réputation d'autrefois, fournissent cependant encore des vins dont on fait beaucoup de cas, et auxquels on reconnaît du moelleux, du spiritueux, et un bouquet agréable et très prononcé. Ceux d'Arbois, près de Poligny, sont également d'excellente qualité ; ils sont doux, pétillants, agréables et moussent comme le champagne ; mais il faut les garder longtemps. La commune de Pupillin, aux portes d'Arbois, donne des vins de même qualité, et qui se vendent sous le nom de ceux de cette ville.

Dans le Doubs, un seul vin blanc est à mentionner : c'est celui du territoire de Milerey, canton d'Audeux, dans l'arrondissement de Besançon, qui ressemble aux Arbois de deuxième qualité.

Gascogne

La Gascogne, réunie à plusieurs petits pays, a servi à former plusieurs départements, plus particulièrement ceux du Gers et des Landes. On récolte dans l'un et dans l'autre une quantité très considérable de vins communs que l'on convertit en eau-de-vie dite d'*Armagnac*, et quelques vins de table dont plusieurs sont rangés parmi les bons ordinaires.

Gers. — Les meilleurs vins rouges de ce

département se récoltent sur le territoire de Nogaro, dans l'arrondissement de Condom. Ils sont d'une couleur foncée, ont du corps et un goût assez agréable, et ressemblent à ceux de Madiran, dans les Hautes-Pyrénées.

Les vins des communes de Viella, de Riscle, de Gouts, dans l'arrondissement de Mirande, ont les mêmes qualités que les précédents, mais à un degré un peu moindre.

Les territoires de Lectoure, de Condom et de Mirande possèdent quelques vignobles dont les produits sont d'assez bonne qualité, mais ne valent pas généralement ceux dont nous venons de parler.

Les vins blancs du Gers ont peu de valeur comme vins de consommation.

Landes. — Les vins du département des Landes sont désignés sous le nom de *vins du Cap-Breton, vins de la Haute-Chalosse, vins de la Basse-Chalosse, vins du Tursan, vins de la côte de Lénye* et *petits vins de Chalosse.*

Les vins rouges les plus estimés sont ceux *du Cap-Breton.* Ils se récoltent dans les communes du Cap-Breton, de Messanges, de Soustous et du Vieux-Boulac, toutes situées dans l'arrondissement de Dax, le long du golfe de Gascogne, et près de l'embouchure de l'Adour. Ils sont d'une bonne couleur, veloutés, légers, et ont un parfum de violette.

En seconde ligne, se placent les vins dits *du Tursan,* qui sont fournis par le petit pays de ce nom, arrondissement de Saint-Sever ; ceux de la *côte de Lénye,* dans le même arrondissement, et ceux de la *Chalosse,* haute et basse, autre petit pays qui fait partie des arrondissements de Dax et de Saint-Sever. Tous ces vins, surtout les derniers, sont généralement plus ou moins communs. A Bayonne, où l'on en fait une assez grande consommation, on les améliore notablement en y ajoutant des vins de Madiran ou des vins blancs.

Le département produit des vins blancs ordinaires dont quelques-uns, tels que ceux de Saint-Loubouer, de Castelnau, de Buanes, de. Classun, etc., dans le Tursan ; de Banos, d'Arcet, d'Audignon, de Saint-Sever, etc., dans la Haute-Chalosse, sont de fort bonne qualité. Les communes de Momuy et de Cazalis, sur la côte de Lénye, en fournissent aussi d'assez agréables, ainsi que les territoires de Montfort, Nousse, Lahosse, dans la Basse-Chalosse.

Quant aux vins qu'on appelle *pique-poutchalosse*, du nom du cépage avec lequel on les prépare, ils sont en général de basse qualité, et se récoltent dans les vignobles des villages de Aire, Laurède, Mugron, Poyanne et Saint-Geours, non loin de Mont-de-Marsan.

Ile-de-France

L'Ile-de-France forme deux départements entiers, ceux de la Seine et de Seine-et-Oise. En outre, elle a contribué à former le département de l'Aisne, avec une partie de la Picardie et de la Brie ; le département de l'Oise avec une partie de la Picardie ; et le département de Seine-et-Marne, avec une partie de la Brie et du Gâtinais.

Aisne. — Le département de l'Aisne produit surtout des vins rouges. Les meilleurs sont ceux

des communes de Craonne, de Craonnelle, de
Pargnan, de Jumigny, de Vassogne, de Cussy
et de Bellevue, dans l'arrondissement de Laon,
canton de Craonne, et qu'on appelle *vins du
Laonnais*. Ils ont de la finesse, de la délicatesse,
assez de spiritueux et un goût agréable. Les
territoires de Roucy, de Crépy, de Biévre,
d'Orgeval, de Vourciennes, de Montchalons, de
Ployard et d'Arrancy, dans le même arrondissement, fournissent des vins qui ont les mêmes
qualités que les précédents, mais à un moindre
degré. Toutefois, ceux de Roucy sont plus
corsés que les autres, et supportent mieux le
transport.

Dans l'arrondissement de Château-Thierry,
sur les coteaux situés près des bords de la Marne,
on récolte des vins assez délicats, mais froids,
c'est-à-dire manquant de corps et de spiritueux.

Les vins de l'arrondissement de Soissons, et
qu'on désigne sous le nom de *vins du Soisson-
nais*, sont inférieurs à ceux du Laonnais.

Plusieurs des communes qui viennent d'être
citées, notamment celles de Cussy et de Pargnan, fournissent des vins blancs d'assez bon
goût, mais faibles de qualité. Ceux de Pargnan
sont les plus estimés.

Oise. — Le département de l'Oise ne fournit
que des vins de basse qualité et qui ne supportent pas le transport. Les vins rouges les moins
mauvais se récoltent sur les coteaux qui avoisinent la ville de Clermont. Quant aux vins
blancs, ceux de la commune de Mouchy-Saint-
Éloy, près Clermont, lorsqu'ils proviennent
d'une année très favorable, ont un goût assez
agréable et se conservent assez longtemps.

Seine-et-Marne. — On ne récolte dans ce département que des vins très médiocres. Les vins rouges les plus estimés, et uniquement comme vins communs, proviennent de l'arrondissement de Fontainebleau, où l'on fait surtout cas de ceux du vignoble de la Grande-Paroisse, près de Montereau-Fault-Yonne. On récolte encore d'assez bons vins sur la côte dite *des Vallées*, à Chartrettes, dans l'arrondissement de Melun, et sur les coteaux avoisinants, tels que Fontaine-le-Port et Héricy.

Sauf de très rares exceptions, les arrondissements de Melun, de Meaux, de Provins et de Coulommiers ne donnent que des vins âpres et dépourvus de spiritueux, dont la plupart ne peuvent même pas être améliorés par le mélange des bons vins.

Seine-et-Oise. — Parmi les vins rouges en quantité assez considérable que produit le département de Seine-et-Oise, quelques-uns constituent des ordinaires.

Les meilleurs proviennent de l'arrondissement de Mantes, plus particulièrement des vignobles qui entourent la ville de ce nom, et de ceux de la commune de Septeuil. Les vignobles de Boissy-sans-Avoir, dans l'arrondissement de Rambouillet, en donnent de semblables. Dans cet arrondissement, on récolte à Auteuil, près de Montfort-l'Amaury, des vins légers, mais assez agréables.

Parmi les vins de l'arrondissement de Versailles, on cite particulièrement les vins de Triel, de Chanteloup, d'Andresy et de Maurecourt. Ces crus sont légers et rosés; dans les bonnes années, ils possèdent un bouquet assez prononcé,

On sait que les vignobles d'Argenteuil, dans l'arrondissement de Versailles, fournissent des vins qui, sauf quelques exceptions, ont un goût de terroir très prononcé et très désagréable, qui provient de l'engrais qu'on emploie et qui n'est autre que la *gadoue*, résidu des boues et des ordures de Paris. Ce défaut existe surtout sur les territoires qui avoisinent Argenteuil.

On comprend sous le nom générique de *vins d'Argenteuil* le produit des côtes de Sartrouville, de Cormeilles, de Sannois, de Deuil, de Montmorency, et de celles qui s'étendent jusqu'à l'Isle-Adam, c'est-à-dire la plus grande partie de l'arrondissement de Pontoise. Ces vins donnent lieu à un commerce considérable et s'expédient en grande partie à Bercy, aux portes de Paris ; on les y emploie à faire des coupages avec les vins communs du Cher et du Midi.

L'arrondissement de Corbeil produit peu de vins. Ils proviennent des coteaux de Villeneuve-Saint-Georges, de Montgeron, d'Athis, de Grigny, de Savigny, de Morsang et d'Epinay. Ils sont généralement acides, excepté dans les bonnes années.

Languedoc

Le Languedoc a formé les départements de l'Ardèche, de la Lozère, du Gard, du Tarn, de l'Hérault, de l'Aude et de la Haute-Garonne. Trois de ces départements, ceux de l'Hérault, du Gard et de l'Aude fournissent une grande quantité de vins de toute espèce, des vins rouges, des vins blancs et des vins de liqueur ;

dans celui de la Lozère, en raison de la rigueur du climat, la culture de la vigne est presque nulle.

Vins rouges

Ardèche. — La commune de Cornas, dans l'arrondissement et à 10 kilomètres de Tournon, produit les meilleurs vins rouges du département de l'Ardèche, lequel correspond à l'ancien Vivarais. Ils sont riches en couleur, ont beaucoup de corps, de moelle, de velouté, de solidité. On peut les garder jusqu'à vingt ans, et leur qualité ne fait que s'accroître, mais ils manquent de parfum. Ils conviennent très bien pour améliorer les bons vins qui manquent de corps.

Les vins des territoires de Mauves et de Saint-Jacques, pour ainsi dire aux portes de Tournon, sont très colorés et généralement peu spiritueux ; mais ils font un très bon effet dans les mélanges. On peut en dire autant de ceux des vignobles de Limony, de Sara et de Vion, toujours dans l'arrondissement de Tournon.

Quelques communes des arrondissements d'Aubenas et de Largentière donnent des vins communs assez bons.

Gard. — Les meilleurs vins rouges du département du Gard sont récoltés dans l'arrondissement d'Uzès. Ils proviennent presque exclusivement du territoire de Chusclan, sur la côte dite *de Tavel*, et de ceux de Lédenon, Lirac, Saint-Geniez et Saint-Laurent-des-Arbres. Tous ces vins sont de très bonne qualité. Ils égalent en qualité ceux de troisième ordre de la Côte-d'Or, mais en diffèrent, d'une part, en ce qu'ils ont moins de bouquet, d'autre part, en ce qu'ils sont plus spiritueux, ce qui leur donne parfois un mordant qui les rend moins agréables. Dans le commerce, on les confond généralement sous le nom de *vins de Languedoc fins*.

Beaucaire, Saint-Gilles-les-Boucheries, Jonquières, Langlade, Calvisson, Milhaud, Aigues-Vives et plusieurs autres communes de l'arrondissement de Nîmes fournissent de bons vins ordinaires, et dont quelques-uns peuvent rivaliser avec les précédents. Il faut en dire autant des territoires de Bagnols et de Roquemaure, dans l'arrondissement d'Uzès. Ces vins ne sont ordinairement expédiés qu'après avoir été additionnés d'eau-de-vie.

L'arrondissement d'Alais ne produit que des vins communs et qui ne se conservent guère plus d'un an. Quant à celui du Vigan, la viticulture y est presque nulle.

Haute-Garonne. — Les vins de quelque valeur de la Haute-Garonne sont produits par les arrondissements de Toulouse et de Muret. On ne récolte que des vins communs dans ceux de Villefranche et de Saint-Gaudens.

Les coteaux de Fronton et de Villandric, dans l'arrondissement de Toulouse, fournissent les meilleurs vins du département. Ils ont de la finesse, de la délicatesse, et un bouquet agréable. Ceux de Buzet et Cugnaux possèdent les mêmes qualités, mais à un moindre degré.

Dans l'arrondissement de Muret, on ne cite guère que les vins de Montesquieu-Volvestre et de Caupens, et ils sont bien inférieurs aux précédents.

Hérault. — C'est l'arrondissement de Mont-

pellier qui produit les vins rouges de l'Hérault,
de premier choix. Ils se récoltent sur les territoires, de Saint-Georges-d'Orques, de Vérargues, de Saint-Christol, de Saint-Drézéry, de
Saint-Geniès et de Castries. Ils sont tous corsés,
spiritueux, colorés, d'un goût agréable, mais
à divers degrés. Ceux de Saint-Georges, quand
ils proviennent des meilleures cuvées, font,
après deux ou trois ans de garde, d'excellents
vins d'ordinaire. Tous ces vins sont largement
employés pour remonter les vins faibles du
nord et du centre de la France. Les Saint-
Georges, lorsqu'on les applique à cet usage, ont
cela de particulier, qu'ils donnent du corps et
du spiritueux aux vins légers et agréables des
autres pays, sans les dénaturer, c'est-à-dire
sans les priver du goût naturel qui les caractérise.

La commune de Sauvian, dans l'arrondissement de Béziers, possède un cru renommé,
celui de Despagnac, dont les vins, d'une couleur foncée, très spiritueux et très corsés, sont
mis sur la même ligne que les précédents, et
présentent une certaine ressemblance avec ceux
de Collioure, dans les Pyrénées-Orientales.

On cite, comme vins de second ordre, ceux
de Garrigues, de Bouzigues, de Frontignan, de
Lunel, de Poussian, de Préols, de Villeveyrac,
dans l'arrondissement de Montpellier. Quand
ils proviennent des premières cuvées, ils sont
corsés, spiritueux, d'une belle couleur, et on
les appelle *vins de montagne*.

Mèze, dans l'arrondissement de Montpellier,
Pézenas, Agde et Béziers, dans l'arrondissement de cette dernière ville, fournissent, en

première cuvée, des vins de troisième ordre, dont on expédie des quantités assez considérables, et qu'on appelle *vins de cargaison*.

L'arrondissement de Lodève ne produit que des vins fortement colorés, mats et grossiers. Ces vins et ceux de même nature que donnent les autres parties du département sont destinés à la consommation locale ou servent, sous la dénomination de *vins de chaudière*, à la fabrication de l'alcool.

Tarn. — Les bons vins rouges de ce département sont récoltés dans les arrondissements d'Albi et de Gaillac. Les arrondissements de Castres et de Lavaur n'en donnent que de très médiocres et encore fort peu.

Les vins que l'on met au premier rang proviennent des communes de Cunac, Caisaguet, Saint-Amarens, Saint-Juéry, etc., dans l'arrondissement d'Albi. Ils sont légers, délicats, moelleux, parfumés, peu chargés de tartre, se conservent plusieurs années, et ont quelque ressemblance avec les bons vins d'ordinaire du Mâconnais. Le transport par mer, loin de les détériorer, améliore leur qualité. Dans plusieurs grandes villes, on les emploie très souvent pour donner du corps et un bon goût aux vins faibles. Leur goût un peu pâteux et leur couleur assez foncée, les font également rechercher pour teindre les vins blancs en rouge et leur communiquer ce qu'on appelle la *mâche*.

Les vins du territoire de Gaillac ont les mêmes propriétés et les mêmes usages que ceux de l'arrondissement d'Albi, mais ils sont plus spiritueux et plus foncés.

Les vins de second ordre se font, pour la

plupart, dans l'arrondissement de Gaillac. Tels sont ceux qu'on récolte sur le territoire des communes de la Grave, Rabastens, Larroque, Tecou, Milhars et Florentin. Ils approchent plus ou moins des précédents.

Aude. — Les arrondissements de Narbonne, de Lodève et de Carcassonne fournissent les bons vins de ce département.

Les vins dits *de Narbonne* se récoltent dans l'arrondissement de ce nom. Ils sont généralement connus pour leur belle couleur, leur bon goût, leur moelleux, leur spirituosité, qualités qui les font rechercher pour améliorer les vins trop faibles, peu colorés, trop verts ou trop secs. Au reste, ils sont d'autant meilleurs qu'ils proviennent de vignobles plus voisins du Roussillon. Les plus estimés se récoltent sur les territoires de Fitou, de Leucate, de Treilles et de Portel, dans le canton de Sijean ; de Nevian et de Villedaigue, dans le canton de Narbonne ; d'Argelliers, de Ginestas, de Mirepeisset et de Saint-Nazaire, dans le canton de Ginestas.

Les communes d'Alet, dans l'arrondissement de Limoux, de la Grasse, dans celui de Carcassonne, et un grand nombre d'autres dans toutes les parties du département, produisent une multitude de vins dont quelques-uns se rapprochent plus ou moins des précédents.

A l'exception des crus hors ligne, les vins rouges du Languedoc, et, en général, presque tous ceux de nos départements méridionaux, et qu'on désigne, pour ce motif, sous le nom de *vins du Midi*, ne jouissent pas au loin de la bonne réputation qu'on ne leur refuserait pas.

certainement sur place dans les conditions de nature et de bonne fabrication.

Vins blancs

Les vins blancs du Languedoc se récoltent, du moins ceux qui ont une certaine réputation, dans les départements de l'Ardèche, de l'Aude, du Gard et de l'Hérault.

Ardèche. — Les bons vins blancs de l'Ardèche sont fournis par l'arrondissement de Tournon. Sous ce rapport, le territoire de Saint-Peray, sur la rive droite du Rhône, à 12 kilomètres de Tournon, occupe le premier rang. Ils sont délicats, spiritueux, et ont un goût très agréable qui leur est caractéristique, ainsi qu'un parfum de violette très prononcé. Quand on les met en bouteilles au printemps qui suit la récolte, ils moussent comme le champagne et conservent cette propriété pendant plusieurs années. Les meilleurs proviennent du clos dit *de Gaillard* et des vignes qui couvrent le coteau de Hongrie.

La petite commune de Saint-Jean, à 4 kilomètres de Tournon, donne un vin délicat et léger, qui mousse comme le Saint-Peray et qui est souvent vendu pour ce dernier. Dans le pays, on l'appelle *vin de cotillon*, probablement à cause de sa légèreté.

Les environs de Saint-Peray fournissent un grand nombre de vins blancs qui participent plus ou moins aux qualités de ceux de cette commune, et qui toujours se classent bien au-dessous.

Aude. — Ce département produit un vin blanc léger, spiritueux, doux et d'un très joli bouquet, qui est connu sous le nom de *blan-quette de Limoux*, parce qu'il se récolte sur le territoire de la ville de ce nom..Il s'en fait aussi une assez grande quantité dans la commune de Magrie, non loin de Carcassonne.

Gard. — On distingue surtout les vins blancs du territoire de Laudun, sur la côte de Tavel, dans l'arrondissement d'Uzès. Ils sont légers, pétillants, et d'un fort bon goût. Calvisson, tout près et dans l'arrondissement de Nîmes, en donne aussi qui sont légers et très agréables, et qu'on appelle *clarettes*.

Hérault. — Les vins blancs proprement dits que produit l'Hérault sont généralement communs de goût ; quelques-uns cependant ont beaucoup de corps. Les meilleurs sont employés, avec les vins muscats de médiocre qualité, pour préparer le *vermout*.

Vins de liqueur

Les seuls vins de liqueur du Languedoc qui méritent d'être cités sont ceux du département de l'Hérault.

Le territoire de Frontignan, dans l'arrondissement et à 18 kilomètres Sud-Ouest de Montpellier, fournit les premiers vins muscats de la contrée et les meilleurs de France, après ceux de Rivesaltes, dans les Pyrénées-Orientales. Ils ont de la douceur, beaucoup de corps, un goût de fruit très prononcé et un parfum des plus suaves. Enfin, ils gagnent beaucoup en vieillissant, se conservent très longtemps et supportent parfaitement le transport sur terre et sur mer.

La commune de Lunel, également dans l'arrondissement de Montpellier, donne aussi des vins muscats d'excellente qualité dont plusieurs rivalisent avec les précédents. Ils sont même plus précoces, mais, par contre, ils ont un goût de fruit moins prononcé, un peu moins de corps, et ils ne se conservent pas aussi longtemps,

A Maraussan, dans l'arrondissement de Béziers, on fait des vins muscats qui, dans les bonnes années, valent ceux de deuxième qualité de Frontignan. Dans le même arrondissement, les communes de Marseillan et de Pomerols produisent des vins dits *de picardan*, du nom du cépage qui sert à les faire. Ces vins sont liquoreux sans être doux. Ils supportent les plus longs voyages sans s'altérer, et s'emploient souvent, et avec avantage, pour améliorer les petits vins blancs.

' Après les vins qui précèdent, viennent les vins muscats de Bassan et de Cazoul-les-Béziers, dans l'arrondissement de Béziers, et ceux de Montbazin, aux portes de Cette, dans l'arrondissement de Montpellier ; ils sont moins fins et moins agréables, et on les appelle vulgairement *muscatelles*.

On sait que les vins muscats de qualité inférieure servent à imiter les vins d'Alicante, de Rota et de Malaga, et ceux de picardan le Madère et le Xérès. On sait aussi que le moût des raisins de picardan, rendu muet par le soufrage et additionné d'une forte proportion de trois-six, donne un vin très liquoreux qu'on désigne sous le nom de *vin de calabre*, et qu'on emploie pour relever ceux qui n'ont pas assez de force ou de douceur.

Limousin

Le Limousin a servi à former deux départements, celui de la Haute-Vienne (Haut-Limousin) et celui de la Corrèze (Bas-Limousin).

Le climat et le sol de la Haute-Vienne n'étant pas favorables à la vigne, ce département ne produit que des vins sans qualité et qui, en outre, tournent facilement pendant la canicule.

Le département de la Corrèze est un peu mieux favorisé que celui de la Haute-Vienne. Néanmoins, il ne produit aucun vin qui ait une grande réputation. On cite, parmi les meilleurs vins rouges, ceux des côtes d'Allassac, de Donzenac, de Varets et de Saillac, dans l'arrondissement de Brive, qui ont une bonne couleur, un assez bon goût, et assez de spiritueux, et qui, quand ils sont choisis et traités avec soin, se conservent et s'améliorent en vieillissant.

Le territoire d'Argentat, dans l'arrondissement de Tulle, donne des vins blancs capiteux, pétillants et d'un goût assez agréable.

Lorraine

Quatre départements ont été formés de la Lorraine; ce sont ceux de la Meurthe, de la Moselle, de la Meuse et des Vosges.

Meurthe. — Les meilleurs vins rouges de la Meurthe se récoltent dans l'arrondissement de Toul. Ils sont d'assez belle couleur, suffisamment délicats et de bon goût, qualités qui les font placer parmi les vins ordinaires de deuxième qualité. On les tire principalement des communes d'Arnaville, de Bayonville, de Charey, d'Essey, de Pagny-sur-Moselle, de Thiaucourt, de Vandelainville et de Villers-sous-Preny.

Les territoires de Boutonville, de Côte-Rôtie et de Pixérécourt, dans l'arrondissement de Nancy ; ceux de Tincry, de Vic et d'Achain, dans l'arrondissement de Château-Salins ; et ceux de Roville et de Neuviller, dans l'arrondissement de Lunéville, fournissent des vins rouges assez bons, mais un peu inférieurs aux précédents.

Les seuls vins blancs que l'on puisse citer proviennent de Bruley, aux portes de Toul, et de Salival, tout près de Château-Salins ; ils sont agréables et se conservent assez bien.

Meuse. — Le département de la Meuse fournit une assez grande quantité de bons vins ordinaires. Les plus estimés sont produits par les vignobles de Bar-le-Duc et de Bussy-la-Côte, dans l'arrondissement de Bar-le-Duc. Ils ont de la légèreté, de la délicatesse, un goût agréable, et, bien soignés, se conservent assez longtemps. Ceux de Behonne, de Chardogne, de Longeville, de Savonnières-devant-Bar, dans le même arrondissement, sont à peu près semblables.

Dans l'arrondissement de Commercy, les communes d'Apremont, de Creue, de Buxières, de Liouville, de Saint-Julien, et quelques autres donnent des vins moins délicats que les précédents, mais qui, par contre, se prêtent mieux aux transports.

C'est le territoire de Creue, non loin de Commercy, qui donne les meilleurs vins blancs de la Meuse.

Moselle. — Comme ceux des autres parties de la Lorraine, les vins rouges de la Moselle sont de simples vins ordinaires. Les plus estimés se récoltent dans l'arrondissement et aux environs de Metz, sur les coteaux de la rive gauche de la rivière qui sont exposés au midi. Ils sont d'une belle couleur et d'un goût agréable. Leur maturité est complète au bout de trois à quatre ans, et ils peuvent se conserver une dizaine d'années. On cite surtout ceux des vignobles d'Ars, de Dale, de Jussy, de Nouilly, de Semécourt, de Sainte-Ruffine et de Scy.

Les vins blancs de la Moselle sont généralement légers et agréables, mais ne se conservent pas longtemps. On fait grand cas, dans le pays, de ceux de la commune de Dornot, à 2 kilomètres de Metz.

Vosges. — Le département des Vosges ne récolte guère que des vins rouges de médiocre qualité. Cependant, ceux des territoires de Charmes, de Vincey, de Portieux, de Gircourt, d'Ubexy et de Xaronval, dans l'arrondissement de Mirecourt, ont un goût assez agréable, mais leur réputation ne dépasse pas l'arrondissement.

Lyonnais

L'ancien Lyonnais correspond à la plus grande partie du département du Rhône. Nous avons vu ailleurs qu'un des arrondissements de ce département, celui de Villefranche, a été formé du Beaujolais.

6.

Le Lyonnais proprement dit produit des vins rouges et des vins blancs qui proviennent tous de l'arrondissement de Lyon.

Les vins rouges les plus estimés se récoltent dans la commune d'Ampuis, sur une côte dite *Côte-Rôtie*, qui se divise en deux parties appelées, l'une *Côte-Rôtie brune*, et l'autre *Côte-Rôtie blonde*. Ils sont spiritueux, corsés, fins, et d'un parfum très agréable ; mais ils n'acquièrent une maturité convenable qu'après trois ou quatre ans de tonneau, et, une fois mis en bouteilles, ils gagnent encore en qualité.

Le territoire de Verinay, limitrophe de celui d'Ampuis, donne des vins du même genre, mais un peu inférieurs, et qu'on désigne aussi sous le nom de *vins de Côte-Rôtie*.

Les vignobles de Sainte-Foy, de Millery et des Barolles, produisent des vins plus légers que les précédents, qui sont mûrs après cinq ou six ans de tonneau, et qui, mis en bouteilles, acquièrent beaucoup de qualité et un parfum de framboise assez prononcé.

Les bons vins blancs du Lyonnais se préparent sur le territoire de Condrieu. Ils sont corsés, spiritueux, et ont de la sève, un goût agréable et un bouquet des plus suaves. En outre, ils se conservent très longtemps, et, en vieillissant, prennent une couleur ambrée.

Comté de Nice

Du comté de Nice et de l'arrondissement de Grasse détaché du département du Var, on a formé le département des Alpes-Maritimes. On ne cite guère dans cette région que les vins

rouges de la commune de la Gaude, près de
Grasse, et ceux du territoire de Puget-Théniers,
qui, après cinq à six ans de garde, font des vins
ordinaires fort agréables.

Nivernais

Le département de la Nièvre comprend la
presque totalité de l'ancien petit pays de
Nivernais.

Pouilly-sur-Loire, dans l'arrondissement de
Cosne, est la seule localité qui fournisse des
vins rouges d'assez bonne qualité, encore n'est-
ce qu'en petite quantité. On regarde ceux du
coteau de *la Roche* comme les meilleurs.

Quelques vignobles de l'arrondissement de
Nevers donnent des vins à peu près semblables.

Tous les autres vins rouges du Nivernais sont,
sauf de très rares exceptions, de qualité très
médiocre.

Outre ses vins rouges, le territoire de Pouilly-
sur-Loire récolte des vins blancs qui ont du
corps, un goût très agréable, un léger parfum de
pierre à fusil, et qui conservent assez longtemps
leur douceur et leur blancheur. On estime plus
particulièrement ceux qui proviennent des
coteaux de la Prée, de Losserie et des Nues.

Les communes voisines de Pouilly produisent
des vins blancs de la même espèce, mais inférieurs en qualité, et que l'on vend généralement
sous le nom de *vins de Pouilly*.

Orléanais

Le département du Loiret comprend la presque totalité de l'Orléanais. Il renferme, en outre, une portion de la Beauce, du Gâtinais et du Berry. Les vins qu'il produit sont en quantité assez considérable. Aucun n'a les qualités qui caractérisent les vins fins, mais beaucoup peuvent prendre place parmi les vins ordinaires.

Les meilleurs vins rouges sont récoltés dans l'arrondissement d'Orléans. On cite surtout ceux des territoires de Guignes, de Saint-Jean-de-Bray, de Saint-Jean-le-Blanc, de Saint-Denis-en-Val, de Meung, de Beaugency, de la Chapelle et de Sandillon. Ils ont, à divers degrés, du corps, une belle couleur, un bon goût et se conservent bien. Dans le commerce, on les appelle *vins d'Orléans.*

Les arrondissements de Montargis et de Pithiviers ne donnent, en général, que des vins grossiers, très colorés et peu spiritueux, et qu'on désigne sous le nom de *vins du Gâtinais.* Ils font cependant assez bonne figure dans les mélanges et s'améliorent notablement par l'addition de bons vins.

Les vins de l'arrondissement de Gien sont les plus mauvais de tous.

Les communes de Marigny et de Rebréchien, aux environs d'Orléans, produisent des vins blancs qui sont assez agréables, et conservent longtemps leur blancheur. Tous les autres vins de même couleur sont communs et servent, pour la plupart, à la fabrication du vinaigre.

Périgord

Le Périgord correspond à la presque totalité du département de la Dordogne. Il produit des vins rouges, des vins blancs et des vins de liqueur.

Vins rouges

Les vins rouges les plus estimés sont fournis par le canton de Bergerac, dans l'arrondissement du même nom. Ils se récoltent sur les deux rives de la Dordogne. Ceux de la rive droite sont légers, fins, spiritueux et parfumés : on les préfère à ceux de la rive gauche, qui sont plus foncés, plus corsés et moins agréables. Ils portent tous, dans le commerce, le nom de *vins de Bergerac.*

Les vins du cru de la Terrasse, dans la commune de Creysse, sur la rive droite, se placent en tête des meilleurs de la région. On cite ensuite, toujours sur la rive droite, comme en approchant de très près et ayant à peu près la même valeur, ceux des vignobles de la Briasse, des Farcies, de Pecharment, de la Catte, du Terme-du-Roy, de Labaume, de Rosette, de Corbiac et de Rouay, sur le territoire de Bergerac ; de Givet et de Feyte, dans la commune de Ginestet ; de Latour et de Concombre, dans la commune de Prigonnieux.

Les meilleurs vins de la rive gauche sont fournis principalement par les crus de la Roussigue, de Gautié, de Monteau et de Saint-Ongé-de-la-Borde, dans la commune de Montmarvès.

Au second rang des vins de Bergerac se placent ceux du canton de la Linde, sur la rive droite, de Beaumont et de Cunéges, sur la rive gauche.

. Parmi les vins des autres parties du département, il en est plusieurs qui constituent de bons vins ordinaires, et que l'on désigne aussi sous le nom de *vins de Bergerac*. Tels sont ceux de la commune de Chancelade, à 6 kilomètres de Périgueux, où se trouve le cru du château de Salgourde. Les cantons de Domme et de Saint-Cyprien, dans l'arrondissement de Sarlat, donnent des vins très corsés et de couleur très foncée, qui, mélangés avec des vins clairets, fournissent des vins très agréables. Nous citerons encore les vins de la commune de Marcuil, dans l'arrondissement de Nontron, et ceux des vignes basses des territoires de Varreins, de Brassac, de Celles, de Verteillac, de Saint-Victor et de Douzilhac, dans l'arrondissement de Ribérac.

Vins blancs

Les vins blancs de la rive droite de la Dordogne sont les plus estimés. Comme les vins rouges, ils sont désignés dans le commerce sous le nom de *vins de Bergerac*. On les récolte sur le territoire de Bergerac, et l'on fait particulièrement cas de ceux des crus de la Bruneterie, de Berbesson, de la Gatte-Saint-Bris, de Rosette et de Rouay. Ils sont moelleux et ont du corps, de la sève, un fort bon goût et un bouquet agréable.

A Prigonnieux, à la Force, à Saint-Foy-les-Vignes, à Ginestet, communes situées à quelques kilomètres de Bergerac, on fait des vins qui possèdent les mêmes qualités que les précédents. Ils ont, en outre, un goût de pierre à fusil que beaucoup d'amateurs trouvent fort agréable.

Les autres vignobles de la rive droite de la Dordogne donnent des vins inférieurs aux précédents, et que l'on emploie très souvent pour donner du corps et de la force aux petits vins blancs qu'on vend en détail.

Vins de liqueur

Les vins de liqueur du Périgord sont récoltés dans les communes de Monbazillac et de Saint-Laurent-des-Vignes, à quelques kilomètres de Bergerac, sur la côte dite de *Marsallet*, qui longe la rive gauche de la Dordogne. Ce sont des vins muscats, qui ne diffèrent de ceux de Frontignan, dans l'Hérault, qu'en ce qu'ils sont plus corsés, moins fins et moins parfumés. On cite surtout ceux des crus de Marsallet-Viger, de Conseil-Erignac et des Baulis-Mestre.

Poitou

Trois départements correspondent à l'ancien Poitou. Ce sont ceux de la Vendée, de la Vienne et des Deux-Sèvres. Toutefois, ce dernier renferme aussi une petite partie de la Saintonge.

Vendée. — A l'exception des communes de Luçon, de Sigournay, des Herbiers, de Faymoreau et de Loge-Fougereuse, dans l'arrondissement de Fontenay, et de celle de Talmont, dans l'arrondissement des Sables, qui donnent d'assez agréables vins de table de troisième ordre, le département de la Vendée produit uniquement des vins de mauvaise qualité qui né sortent pas du pays.

Vienne. — Les meilleurs vins rouges de la Vienne se récoltent dans l'arrondissement de Poitiers. Ils sont principalement fournis par les communes de Champigny, de Couture, de Dissay, de Saint-Georges-les-Baillargeaux et de Jaulnay. Ils sont d'une belle couleur, spiritueux, de bon goût et s'améliorent en vieillissant. Enfin, après quatre ou cinq années de tonneau, ils font d'excellents vins d'ordinaire de deuxième ordre.

Viennent ensuite quelques vins de l'arrondissement de Châtellerault, particulièrement ceux que donnent les communes de Saint-Romain et de Vaux; et de l'arrondissement de Montmorillon, notamment ceux des vignobles de Chauvigny, Villemort et Saint-Martin-la-Rivière.

L'arrondissement de Loudun produit des vins blancs spiritueux et assez bons. On cite surtout ceux qu'on récolte sur les territoires de Solomé, de Saix et de Roifféc.

Deux-Sèvres. — La plupart des vins des Deux-Sèvres sont sans qualité et on les emploie à la fabrication de l'eau-de-vie. Les seuls vins rouges qui méritent d'être cités se récoltent à Airvault, dans l'arrondissement de Parthenay ; à la Rochenard et à la Foy-Monjault, dans l'arrondissement de Niort ; à Bouillé-Loret et à Mont-en-Saint-Martin-de-Sanzay, dans l'arrondissement de Thouars. Ils ont une belle couleur et un assez bon goût, mais ils ne supportent pas le transport, ce qui ne permet pas de les faire sortir du pays.

Provence

L'ancienne Provence a servi à former le département des Bouches-du-Rhône et la plus grande partie de ceux du Var et des Basses-Alpes ; mais, parmi ces trois départements, deux seulement, les deux premiers, produisent des vins en quantité considérable. Le troisième, celui des Basses-Alpes, ne récolte que pour la consommation locale.

La Provence donne des vins rouges, des vins blancs et des vins de liqueur.

Vins rouges

Basses-Alpes. — Les vins rouges des Basses-Alpes sont des vins ordinaires dont la qualité est généralement assez bonne. Les meilleurs se récoltent dans le canton des Mées, qui fait partie de l'arrondissement de Digne, sur la rive gauche de la Durance. Quand ils proviennent d'une année très favorable, ils constituent de véritables vins d'entremets.

Bouches-du-Rhône. — Les meilleurs vins de ce département se récoltent aux environs de Marseille, surtout dans les territoires de Séon-Saint-Henri, de Séon-Saint-André, de Sainte-Marthe et de Saint-Louis, tous situés sur le bord de la mer. Ils sont corsés, spiritueux, de bon goût et d'une couleur convenable. On peut les conserver jusqu'à sept ans ; après quoi, ils perdent de leur qualité. Ceux de Cuques, de Château-Gombert, de Saint-Gérôme et du quartier des Olives, égalemenr dans le canton de

Sommelire. 7

Marseille, possèdent les mêmes propriétés, mais à un degré un peu moindre.

Arles, Château-Renard, Orgon, Eguilles, les Saintes-Maries et Tarascon donnent des vins très ordinaires ou communs.

Aubagne et Géménos, surtout dans les quartiers de Solans et de Saint-Pierre, fournissent des vins très colorés, corsés, spiritueux, supportant bien le transport, et qui rendent de grands services pour les coupages.

Les vins de Marignane, de la Fare, de Saint-Cannat, de Gardanne, etc., dans·l'arrondissement d'Aix, sont tous plus ou moins communs et ne se conservent guère au delà d'un an.

Var. — Les vins du territoire de Toulon et notamment ceux des environs du fort la Malgue, à 2 kilomètres de cette ville, sont assez légers, modérément colorés et très précoces. Ils se conservent bien et se bonifient notablement. en vieillissant.

Les vins des communes de Bandol, du Beausset, du Castellet et de Saint-Cyr, ont une couleur très foncée et beaucoup de spiritueux. En outre, ils sont droits de goût, se conservent très longtemps et gagnent de la qualité en vieillissant ou en voyageant par mer. Ils sont connus, dans le commerce, sous le nom générique de *vins de Bandol*.

. Beaucoup d'autres communes du Var donnent des vins plus ou moins inférieurs à ceux dont il vient d'être question. A Paris, où il en arrive des quantités assez considérables, la plupart de ces liquides et ceux de même nature des départements voisins, sont vulgairement appelés *vins de Marseille*.

Vins blancs

Les seuls vins blancs de la Provence qui aient quelque renom se récoltent dans les Bouches-du-Rhône. Les meilleurs sont ceux du territoire de Cassis, à 14 kilomètres de Marseille. Ils sont corsés, spiritueux, assez liquoreux et d'un goût agréable. Une pièce de ces vins se vend ordinairement comme trois de vins rouges.

Les vins blancs que fournissent les vignobles de la banlieue de Marseille, et ceux de Géménos, d'Aubagne, de Saint-Marcel et du Plant-de-Cugues, ont les mêmes qualités que les précédents, mais à un degré moindre.

Ceux de Gardanne et de Marignane, non loin d'Aix, sont encore moins estimés que ceux de Marseille et autres semblables.

Vins de liqueur

C'est également le département des Bouches-du-Rhône qui fournit les seuls vins de liqueur de quelque renom de la Provence. Les meilleurs sont produits par le territoire de Roquevaire, à 16 kilomètres N. de Marseille : ils sont corsés, fins, veloutés, agréables de goût et bien parfumés. Viennent ensuite ceux de Cassis et de la Ciotat, et, en troisième lieu, ceux de Barban-tane et de Saint-Laurent.

A Roquevaire, on fait une certaine quantité de vin, dit de Malvoisie, avec des muscats rouges qu'on fait sécher en partie avant de les soumettre à l'action du pressoir.

Quercy

Le département du Lot tout entier et la plus grande partie de celui de Tarn-et-Garonne correspondent à l'ancien petit pays de Quercy.

Lot. — C'est le département du Lot (Haut-Quercy) qui fournit les vins dits *de Cahors,* parce qu'ils se récoltent à peu près exclusivement dans l'arrondissement dont cette ville est le chef-lieu. Les meilleurs se font dans les communes de Savagnac, Saint-Henry, Parnac, Saint-Vincent, Albas, Prayssac, Premiac, Castelfranc, la Pistoule, Mel-la-Garde, Luzech et Pescadoire. Ces vins sont noirs ou rosés. On fait aussi des vins blancs assez agréables, mais uniquement pour la consommation locale.

Les vins noirs constituent la récolte principale du pays. Leur teinte foncée provient de la nature des raisins avec lesquels on les fabrique et de diverses opérations qu'on fait subir à une partie du moût avant l'introduction dans les cuves. Elle diminue peu à peu et finit par devenir pelure d'oignon. Ces vins sont d'ailleurs fort spiritueux, ont fort bon goût, supportent parfaitement le transport et se conservent pendant de très nombreuses années : ils gagnent en qualité même au bout d'un demi-siècle.

A cause de leur couleur très intense, les vins de Cahors sont employés communément pour relever la nuance des vins faiblement colorés. La même raison les fait préférer, dans les maisons d'éducation, pour préparer ce qu'on appelle l'*abondance.*

Les vieux Cahors sont des vins éminemment généreux, pleins de sève, d'un goût exquis et d'une teinte très claire ; mais ils ne se rencontrent guère que chez les riches propriétaires du pays, qui les destinent à leur usage personnel, et les soignent pendant une huitaine d'années au moins afin de leur faire acquérir toute leur qualité. Le commerce préfère les vins très jeunes, parce que, d'une part, ils sont d'un prix fort peu élevé et que, d'autre part, ils ont alors la teinte intense qui les fait tant rechercher pour les coupages.

Tarn-et-Garonne. — Les vins rouges sont le produit presque exclusif de la viticulture de ce département. On fait bien quelques vins blancs qui se distinguent par une extrême douceur, mais ils ne sortent pas du pays.

Les meilleurs vins rouges se récoltent dans les arrondissements de Castel-Sarrasin et de Moissac ; mais ceux du premier paraissent un peu supérieurs : ils proviennent d'un assez grand nombre de communes et notamment de celles d'Auvillar, de la Villedieu, de Campsas, de Saint-Loup, de Fau et d'Aussac.

Roussillon

Les vins dits *de Roussillon* sont fournis par le département des Pyrénées-Orientales, formé, comme on sait, de l'ancien pays de Roussillon et d'une partie de la Cerdagne. Ce département donne des vins rouges, des vins blancs et des vins de liqueur.

Vins rouges

Les vins rouges de premier ordre sont produits par la commune de Banyuls-sur-Mer, dans

l'arrondissement de Céret, à 8 kilomètres de
Port-Vendres. Ils sont d'une couleur riche et
très foncée, spiritueux, veloutés, de fort bon
goût. En vieillissant, ils gagnent en finesse et
en bouquet. Après dix ans de garde, ils prennent une teinte jaune d'or ; en même temps, ils
acquièrent un goût de vieux, ce qui les fait
appeler *rancio*, parce qu'ils ont alors l'apparence du vin espagnol de ce nom. Leur qualité
augmente jusqu'à l'âge de trente ans et ils se conservent sans altération jusqu'à cinquante ans.

Le territoire de Port-Vendres et celui des
communes voisines de Coperon et de Collioure
fournissent des vins presque en tout semblables
à ceux de Banyuls, et qui se vendent comme
tels.

Les vins rouges de second ordre sont récoltés
dans les communes de Rivesaltes, de Salces,
d'Espira-de-l'Agly, de Baixas, de Corneilla-de-
la-Rivière, de Pezilla et de Villeneuve-de-la-
Rivière, toutes situées autour et dans l'arrondissement de Perpignan. On les désigne généralement sous le nom de *vins de la plaine*. Ils
sont spiritueux, corsés, de bon goût et d'une
très belle couleur. On en expédie beaucoup pour
toute la France, et, comme ils ont une grande
ressemblance avec ceux de Porto, en Portugal,
on en fait des exportations assez considérables
dans les pays qui aiment ces derniers, surtout
au Brésil.

Les vignobles de Torremilla, Terrats et
Esparron, également aux portes de Perpignan,
fournissent des vins plus légers qui, au bout de
quelques années de garde, font des rancios de
bonne qualité. On peut en dire autant de la

commune du Vernet, à 2 kilomètres du chef-
lieu départemental.

Les vins de Rousillon supportent parfaitement le transport, même pendant les temps
chauds, et ils se bonifient en voyageant.
Néanmoins, l'on est dans l'usage, pour assurer
davantage leur conservation, de ne les expédier
qu'après y avoir ajouté une assez forte proportion d'alcool. Il est, en outre, à remarquer que
ceux de qualité commune, quand ils sont jeunes, ne conviennent pas pour la boisson ordinaire. Ils ont une douceur fade, une coloration
trop prononcée et un goût pâteux désagréable.
On en fait un grand usage pour les coupages, et
ils se prêtent admirablement à cet emploi. Les
vins de première qualité, si on les conserve
longtemps en tonneau, se décolorent et deviennent paillets. Si on les garde en bouteilles, la
matière colorante et les particules de tartre et
de lie se séparent et s'attachent en grande
partie aux parois des vases au point de les
obscurcir, tandis que les portions qui se précipitent et restent mobiles sont peu nombreuses.
Quand on veut les boire, il est bon de les transvaser afin que leur limpidité soit aussi parfaite
que possible.

Vins blancs

Le Roussillon produit une grande quantité
de vins blancs. Le plus renommé se récolte sur
le territoire de Salces : on l'appelle *maccabéo* du
nom du cépage qui le fournit, et qui a été
importé d'Espagne. Nous citerons encore ceux
des communes de Saint-André et de Prépoulle-

de-Salces, qui sont en général très doux et d'un goût agréable.

Vins de liqueur

Nous devons à la commune de Rivesaltes un vin muscat qui n'a pas son égal en France. Il est plein de finesse, de feu et de parfum, et il laisse toujours la bouche fraîche et parfumée. Quand il a dix ans, il est comparable aux vins de Malvoisie les plus exquis. Les gourmets les plus compétents le regardent comme un des premiers vins du monde entier, lorsqu'il provient d'une bonne année et qu'il a vieilli. Malgré cela, il est beaucoup moins recherché que certains vins étrangers qui sont loin de le valoir.

Les vignobles de Banyuls-sur-Mer, de Collioure et de Coperon fournissent aussi d'excellents vins de liqueur dits *de grenache*, du nom du plant qui les produit. Ils sont d'un rouge assez foncé, mais leur couleur se dissipe à mesure qu'ils vieillissent, et ils prennent un goût très agréable qui est comparé à celui des vins de Chypre et de Rota.

La commune de Rodés, à quelques kilomètres de Prades, donne aussi un vin de grenache qui est fort estimé quand il a vieilli.

Savoie

La Savoie forme deux départements, dont l'un porte le nom même de la province, et l'autre celui de Haute-Savoie. Sauf de rares exceptions, elle ne produit que des vins de médiocre qualité.

Savoie. — Les meilleurs vins rouges du
département de la Savoie se récoltent sur le
territoire de Montmélian et de Saint-Jean-de-
la-Porte, dans l'arrondissement de Chambéry.
Ceux de la première de ces communes sont surtout estimés. Après quatre ou cinq ans de tonneau, ils ont acquis toute leur maturité, et
alors ils se conservent bons pendant un quart
de siècle.

L'arrondissement de Saint - Jean - de - Mau -
rienne possède aussi quelques crus dont les
produits sont estimés.

Le coteau dit *d'Altesse*, près du Bourget, et
plusieurs vignobles des environs de Chambéry
donnent des vins blancs fins, spiritueux, de bon
goût, et qui moussent quand on les embouteille
en temps convenable.

Haute-Savoie. — Le département de la Haute-
Savoie récolte beaucoup moins de vins que
le précédent. Parmi les vins rouges, on cite
ceux du territoire de Thonon, dans l'arrondissement de ce nom, lequel correspond en
grande partie au petit pays du Chablais. Quant
aux vins blancs, la commune de Crépy, dans le
même arrondissement et à quelques kilomètres
O. du chef-lieu, passe pour donner les moins
médiocres.

Touraine

Le département d'Indre-et-Loire correspond
à l'ancienne Touraine. La vigne y occupe de
vastes étendues de terrain. Néanmoins, parmi
ses produits, il en est peu qui aient de la réputation comme vins de table. Au contraire, on
en fait grand cas pour les mélanges, parce qu'ils

ont beaucoup de corps et une couleur foncée.

Les vins rouges les plus estimés se récoltent sur le territoire de Joué, dans l'arrondissement et à 4 kilomètres de Tours. Ils ont une belle couleur, du corps, du spiritueux, un goût très agréable et surtout très franc. On peut les mettre en bouteilles au bout de deux ou trois ans et ils gagnent beaucoup en vieillissant. Dans le pays on les appelle *Nobles Joué.*

Le territoire de Chinon fournit des vins ordinaires assez bons. Les meilleurs, qui proviennent d'un ou deux clos de la commune de Saint-Nicolas-de-Bourgueil, vont de pair avec ceux de Joué.

Après les vins qui précèdent viennent ceux qu'on appelle *vins du Cher.* Les vins ainsi nommés se récoltent dans des vignobles situés sur les deux rives de la rivière du Cher, et s'étendant, sur la rive droite, depuis Thésée, département de Loir-et-Cher, jusqu'à Dierre, département d'Indre-et-Loire ; sur la rive gauche, depuis Mareuil, département de Loir-et-Cher, jusqu'à Véretz, département d'Indre-et-Loire. Les communes qui les produisent sont au nombre de vingt-deux, dont onze appartiennent au département d'Indre-et-Loire, et onze à celui de Loir-et-Cher. Ces vins ont une belle couleur foncée, un goût excellent, du corps et du spiritueux. Ils conviennent très bien pour donner de la couleur et de la qualité aux vins faibles et rétablir les vins trop vieux. Aussi en fait-on grand cas pour les mélanges. Les meilleurs crus d'Indre-et-Loire se trouvent dans les communes d'Athée, d'Azay-sur-Cher, de Bléré, de Chisseaux, de Civray et de la Croix-sur-Bléré toutes dans le canton de Bléré, arrondissement de Tours, entre Amboise et Tours. Viennent en seconde ligne les communes de Veretz, de Chenonceaux, de Francueil, d'Epeigné et quelques autres appartenant aussi à l'arrondissement de Tours.

Les vignobles des environs d'Amboise, dans l'arrondissement de Tours, et ceux de plusieurs communes voisines, les unes sur la rive droite de la Loire, les autres sur la rive gauche, fournissent des vins moins colorés, moins spiritueux et moins corsés que ceux du Cher, par conséquent plus convenables pour l'usage habituel, et auxquels on donne abusivement le même nom. Au reste, à l'exception des vins de Chinon, qui se vendent comme tels, tous les vins rouges de la Touraine sont considérés comme vins du Cher.

Le territoire de Vouvray, sur la rive droite de la Loire, dans l'arrondissement de Tours, récolte des vins blancs de fort bonne qualité, qui, en vieillissant, deviennent moelleux, d'un goût agréable, mais très capiteux. Ils sont connus, dans le commerce, sous le nom de *vins de Vouvray*, mais on donne aussi le même nom à ceux des communes voisines, qui leur sont inférieurs, ce qui facilite singulièrement la fraude.

II. VINS ÉTRANGERS

Plusieurs pays, situés en Europe ou hors d'Europe, possèdent des vignobles intéressants dont les produits, justement célèbres, viennent faire souvent les délices de nos tables somptueuses et s'emparer, au dessert, de la place que les vins fins de notre territoire ont occupée pendant le reste du repas. Quelques mots suffiront pour donner une idée de l'importance qu'ils occupent au point de vue de l'œnologie.

Allemagne

Les parties de l'Allemagne qui produisent le plus de vin sont : la Prusse rhénane, le Nassau, la Bavière, la Hesse, le grand-duché de Bade et le Wurtemberg.

Les vins que fournissent les coteaux des rives du Rhin, et qu'on désigne sous le nom générique de *vins du Rhin*, sont les plus recherchés. Un fait qui est ignoré de beaucoup de personnes, c'est que, contrairement aux autres pays viticoles dont chaque propriétaire mélange sa récolte pour ne faire qu'une seule espèce de vin, ici, tout propriétaire s'arrange de façon à obtenir trois sortes de vins qui diffèrent énormément entre elles sous le double rapport de la qualité et du prix. Une petite acidité, dans laquelle la médecine reconnaît un élément propice à la santé, est un signe caractéristique dans le goût de ces vins. Toutefois, autant ils sont de qualité supérieure dans les bonnes années, autant ils sont mauvais dans les récoltes manquées. Dans ce dernier cas, ils sont âpres, verts et secs, et leur consommation se trouve alors limitée aux lieux de production.

Le Rheingau, partie du duché de Nassau qui s'étend sur la rive droite du Rhin, depuis Lorch jusqu'à Hochheim, est le district qui produit les vins les plus estimés. Ses crus principaux sont ceux du château de Johannisberg, sur la

montagne du même nom, un peu au-dessous de
Mayence ; de Rudesheimer, de Steinberg, de
Hinterhauser, de Rauenthal, de Rudesheimer-
Berg et de Marcobrunner. Le vin du château
de Johannisberg a une renommée universelle.
Il est surtout estimé pour son bouquet prononcé et agréable, pour sa sève et aussi pour
l'absence presque totale du piquant qui, ainsi
que nous l'avons vu, caractérise les vins du
Rhin. Il est très difficile de s'en procurer ; mais
celui que fournissent les vignes situées au pied
de la montagne est encore supérieur à la plupart des autres vins de la contrée. C'est ce
dernier que l'on trouve à peu près exclusivement dans le commerce.

Le Palatinat, sur la rive gauche du Rhin, qui
appartient à la Bavière, possède les vignobles
dont les produits occupent le second rang
parmi les vins du Rhin. Ses crus principaux se
trouvent sur les territoires de Deidesheim, de
Forst, de Wachenheim, de Durckheim, de
Ruppertsberg et d'Ungstein. Les vins qui en
proviennent n'ont pas le bouquet aromatique
de ceux du Rheingau ; mais ils présentent, par
contre, beaucoup de sève, de spiritueux et un
goût très agréable.

La Hesse rhénane, qui touche vers le nord au
Palatinat, donne des vins qui, bien que placés
au troisième rang parmi les vins du Rhin, n'en
sont pas moins très estimés, du moins dans les
premières sortes. Les meilleurs sont fournis
par les territoires de Liebfraumetch, de Schar-
lachberger et d'Ober-Ingelheim.

Dans la Prusse rhénane, les rives de la
Moselle fournissent des vins qui se distinguent

par un goût très prononcé de pierre à fusil. Ces produits, appelés *vins de la Moselle*, sont plus légers que ceux du Rhin, et l'on en fait grand cas comme digestifs. Les vignobles qui donnent les meilleurs sont ceux d'Aberommel, de Bisport, de Brauneberg, de Graach, de Grunhau, de Thiergarten et de Zettinger.

Notons, en passant, que sur les bords du Rhin et de la Moselle, on fabrique une quantité considérable de vins mousseux façon Champagne.

Autriche-Hongrie

L'empire d'Autriche-Hongrie récolte beaucoup de vin ; il compte des vignobles très étendus dans la plupart de ses provinces, surtout en Hongrie, dans la Basse-Autriche, en Styrie, dans la Dalmatie et dans le Tyrol. Les meilleurs vins sont produits par les trois premières. Ce sont : en Hongrie, ceux de Tokay, de Nesrmely, d'Erlan, de Menes, de Hegyalja, de Hegozard, de Magyaradi, de Karloczai, de Voszlani, de Goldeck, de Leanyka, de Riesling, de Burgandi ; dans la Basse-Autriche, ceux de Gumpoldo, de Kahlenberger, de Kirchner, de Klosterrenburger, de Mailleberger, de Weidlenger, de Woslaner ; en Styrie, ceux de Jerusalemer, de Kerschbacher, de Marburger, de Pickerer, de Sauritocher, de Schmitzberger, de Wenarier.

Sauf quelques-uns, tous ces vins sont entièrement consommés dans le pays.

En tête de ceux qui sont l'objet d'une certaine exportation, se place le *Tokay*, que l'on regarde comme le premier vin de liqueur du

monde. Il a toutes les propriétés que les gourmets peuvent désirer réunies dans le produit de
la vigne. Doux et généreux, en même temps que
délicat et parfumé, il rafraîchit la bouche,
enlève le goût de tous les mets qui l'ont précédé, et ne laisse que sa saveur inappréciable.
Ce vin célèbre se récolte dans la Haute-Hongrie,
sur le coteau du mont Tokay, entre le bourg de
ce nom et le village de Tarczal, dans le comté
de Zemplin.

. Parmi les crus qui le produisent, celui de la
côte de Mèzes-Malé, qui dépend de ce dernier
village, donne l'espèce la plus estimée par sa
douceur.

. Les vignobles du territoire de Tokay et de
celui de Mada fournissent des vins à peu près
semblables. Les vins de Tallya ont plus de
corps, ceux de Zombor plus de force, ceux de
Szadany et de Szeghy, un parfum aromatique
plus prononcé ; enfin, ceux d'Erdo-Benye et de
Tolesva se conservent mieux et supportent
plus facilement le transport par mer.

Plusieurs autres villages voisins fournissent
aussi d'excellents vins, mais qui ne valent pas
les précédents. Notons, en passant, que le vin
de la côte de Mèzes-Malé n'entre pas dans le
commerce ; il est réservé en totalité pour la
table de l'empereur et pour celle de quelques
grands seigneurs qui possèdent des vignes dans
ce finage. Notons encore qu'on n'a jamais recours
au collage pour clarifier les vins de Tokay, parce
que cette opération nuirait à leur qualité ; ils
se clarifient tout seuls par le repos, mais ils ne
deviennent jamais d'une limpidité parfaite, et
forment toujours dans les bouteilles un dépôt

visqueux qui se mêle rarement à la liqueur quand on la transvase.

Espagne

Le climat sec, le sol inégal et pierreux, brûlé par le soleil, la nature tourmentée de l'Espagne conviennent si bien à la culture de la vigne, qu'elle a été toujours florissante dans ce pays.

La surface complantée en vignes est d'environ 2 millions d'hectares. La production s'élève en moyenne à 36 millions d'hectolitres. L'Espagne est le pays qui produit le plus après la France.

L'Espagnol boit peu de vin, ce qui lui permet d'envoyer au dehors une partie notable de sa récolte. Ce qu'on exporte, ce ne sont pas naturellement les vins fins et les vins de liqueur, qui ne sont qu'une exception, mais les vins ordinaires, les vins communs, ceux destinés au plus grand nombre. Ces vins sont fortement colorés et plus ou moins capiteux ; on les vine presque toujours, ce qui permet d'y ajouter de l'eau pour faire deux barriques avec une.

Tout le bassin de l'Ebre et la rive droite du Douro constituent le nord de l'Espagne. On en retire la moitié de toute la récolte vinaire et les deux tiers au moins de notre importation totale.

La partie qui comprend la Galicie, les Asturies, le nord de la Vieille-Castille et une partie des provinces basques, étant trop froide et trop humide pour que le raisin y mûrisse, on n'y fait guère que du cidre.

L'Aláva et la province de Logrono produisent, au contraire, des vins rouges d'une belle couleur, légers, d'un degré alcoolique modéré, et excellents pour les coupages, mais ayant un goût de terroir très prononcé qui déplaît à nombre d'acheteurs.

Les vins de la Navarre se récoltent aux environs de Tudela ; ils sont plus colorés et plus spiritueux que les précédents, mais avec le même défaut.

L'Aragon et la Catalogne sont les deux provinces les plus vinicoles de l'Espagne ; elles fournissent le tiers de toute la récolte. Au milieu de crus médiocres ou mauvais, on cite, en Aragon, les vins de Priorato et de Cařinena qui sont au premier rang ; ceux de Huesca qui viennent au second. En Catalogne, on fait surtout grand cas des vins de Benicarlo, Tarragone, Mataro et Cardona.

Les provinces du Centre dans lesquelles se récoltent des vins rouges, agréables, d'une belle couleur, d'une force modérée, d'une conservation et d'un transport faciles, sont celles de Toro et de Zamora, dans l'ancien royaume de Léon. Les provinces de Madrid et de Guadalaxara produisent des vins présentant les mêmes qualités, mais qu'un éloignement trop grand des gares actuelles empêche d'exporter. On fait à Fuencaral, près de Madrid, un vin *muscal* que l'on regarde comme un des meilleurs qui existent. Dans la Manche, se préparent les vins de Val-de-Penas qui, dans les bonnes années, passent pour les meilleurs vins de table.

L'Andalousie et les anciens royaumes de Valence et de Murcie sont une des parties de l'Europe où la température moyenne est la plus élevée, et où il pleut le moins. On conçoit

que dans ces conditions les vins doivent y être
très riches en sucre, très liquoreux et fortement,
alcooliques. Aussi, cette région est-elle la patrie
par excellence des vins de liqueur. Les vins
rouges sont fournis principalement par le côté
oriental et les vins blancs par le côté occidental.

C'est dans l'Andalousie que se trouvent les
villes ou bourgs célèbres de Rota, Xérès de la
Frontera et Malaga. Rota produit le vin rouge
le plus renommé de la province ; les Espagnols
l'appellent *tintilla*, qui est le nom du cépage, et
tinto de Rota, à cause de sa couleur. Xérès
donne son nom à plusieurs vins blancs très
estimés, dont la fabrication et le commerce sont
presque entièrement entre les mains des Anglais, et que l'on désigne tous ensemble sous
le nom de *vins de Xérès* ou *Jérès*, en anglais *Sherry*. L'un, appelé *paxarète*, est liquoreux, agréable et parfumé ; l'autre, nommé
vino seco, est sec et amer, tout en ayant un
goût fort bon et un bouquet très suave ; un
troisième, dit *abogado*, tient le milieu entre
les deux précédents. On y fait aussi des vins de
liqueur, dont l'un, appelé *moscatel de paja*,
c'est-à-dire *muscat de paille*, est obtenu avec
des raisins muscats qu'on fait sécher sur de la
paille avant de les presser, tandis que l'autre,
nommé *malvasia*, se prépare avec le raisin d'un
cépage dit *pedro-ximénès*. Les montagnes qui
environnent la ville de Malaga fournissent un
grand nombre d'excellents vins. Le meilleur est
le *pedro-ximénès*, qui est fait avec le cépage de
ce nom. Viennent ensuite les vins dits *de couleur*, qui ont une teinte d'ambre très foncée et
qui, d'abord très spiritueux, perdent de leur

liqueur en vieillissant et acquièrent, en même temps, de la finesse, du corps et un parfum aromatique très prononcé : ils se conservent plus de cent ans, même quand ils ne sont l'objet d'aucun soin. Ce sont ces vins qu'on rencontre dans le commerce sous le nom de *vins de Malaga,* et que les Anglais appellent *vins de montagne.*

Dans l'ancien royaume de Valence, les coteaux qui entourent Alicante produisent le fameux vin rouge appelé *tinto* ou *vin d'Alicante,* si recherché pour ses vertus toniques. Il conserve, pendant plusieurs années, sa couleur très foncée, origine de son nom, laquelle, en se séparant de la liqueur, s'attache aux parois des bouteilles et les obscurcit entièrement. Son goût, quoique fort bon, et son parfum, bien que très suave, ont une odeur un peu pharmaceutique qui le fait peu employer comme vin de table : on n'y a guère recours que pour relever les forces dans les faiblesses de l'estomac, et alors il ne doit être bu qu'à petites doses. En vieillissant, il contracte un goût piquant caractéristique. Quand il est dans cet état, on lui donne le nom de *fundellon,* pour le distinguer des tintos jeunes.

L'archipel des Baléares donne des vins qui ont une bonne réputation. Le meilleur vin rouge est celui de Benesalem, dans l'île de Majorque. La même île produit un vin blanc très estimé qu'on appelle *albaflor,* qui se fait à Banalbusa, et auquel on trouve de l'analogie avec notre Sauterne, dont il n'a pas cependant tout le parfum. A Pollenzia, dans la même île, on prépare un vin de liqueur, dit *de malvoisie,* qui réunit toutes les qualités qu'on désire dans les vins de cette sorte.

Le commerce français classe les vins ordinaires espagnols de la façon suivante :

Huesca, Benicarlo, Navarre, Aragon, Alicante Les Espagnols préfèrent les Rioja.

Les vins de liqueur se classent ainsi : Xérès, Pedro-Ximénès, Moscatel, Malaga, Pajarete.

Grèce

La Grèce et ses îles produisent des vins de différentes espèces, parmi lesquels il y en a de fort bons et qui le seraient encore davantage s'ils étaient mieux soignés. Aujourd'hui, comme autrefois, les vins de liqueur sont les meilleurs de ce pays.

75,000 hectares environ sont consacrés à cette culture, qui produit 1,500,000 hectolitres en moyenne.

Les vins rouges ordinaires les plus estimés se récoltent dans la Morée. On cite surtout ceux du monastère de Méga-Spiléon, non loin de Calavryta, et ceux de Pyrgos, de Schiron, de Barbacena et de Saint-Georges.

Les vins de liqueur sont désignés sous le nom générique de *vins de Malvoisie*. On en fait dans toute la Grèce, mais les meilleurs proviennent de Misitra et de Malvasia, en Morée.

De toutes les îles de la Grèce, c'est celle de Santorin qui paraît donner les vins de la meilleure qualité. Elle fournit, entre autres, le vin de liqueur appelé *vino santo*, qui égale, dit-on, les meilleurs de Chypre, et dont presque toute la récolte est expédiée en Russie.

Italie

Comme l'Espagne, l'Italie peut, grâce à son climat, faire des vins de toute qualité. Quant à ses vins de table, ils sont trop souvent dépourvus des qualités que recherchent les consommateurs et que possèdent à un si haut degré la plupart des vins de notre pays.

Ainsi que partout, les vins de cette contrée ont des caractères très variés suivant les parties du territoire où ils sont récoltés. Ceux des provinces du Nord se rapprochent de nos vins de France et ont quelque analogie avec les vins les plus communs du département du Gard et des· côtes du Rhône ; mais on rencontre rarement chez eux cette netteté de goût qui est la première des qualités du vin. On y trouve très souvent, en effet, des saveurs aromatiques étrangères qui paraissent provenir des procédés de culture employés. C'est pour désigner les vins qui offrent ces saveurs qu'ont été imaginés les noms si nombreux que portent les produits de la viticulture italienne.

La production moyenne de l'Italie peut être évaluée à 34 millions ·d'hectolitres. Le degré moyen de ces vins est de 11° 27. La superficie totale complantée en vignes représente 3 millions et demi d'hectares.

L'Italie est le pays qui produit le plus après la France et l'Espagne. Elle exporte surtout dans l'Amérique du Sud, l'Allemagne, la Suisse, l'Angleterre.

Les vins blancs pèsent jusqu'à 18 degrés.

Il a été fait, en Piémont, en Toscane et dans d'autres provinces, des plantations considérables, nécessitées par les développements de l'exportation. En même temps, des progrès réels ont été introduits dans la fabrication des vins communs, à la plupart desquels on est parvenu à enlever les goûts si étranges et si divers qu'on leur reprochait autrefois. On fait cependant encore plusieurs graves reproches aux producteurs italiens, comme de viner et de plâtrer outre mesure les vins qu'ils destinent à l'exportation ; mais leur intérêt bien entendu les fera certainement renoncer à ces pratiques.

Les vins de l'Italie du nord sont, en général, âpres, légers, d'une conservation difficile, mais on y trouve aussi des crus renommés.

Les plus estimés du Piémont se récoltent dans les vignobles d'Asti, d'Albe et de Chaumont. Parmi les vins de liqueur, on cite le *malvoisie* et le *nebiolo* d'Asti, le *barbera* et le *bonarde* de Casal, les *muscats* et le *malvoisie* de Chambave et de Canelli.

Le vin le plus célèbre de la Lombardie est celui qu'on appelle *vino santo*. C'est un vin de liqueur, qui a la couleur de l'or, que l'on compare au tokay, et que l'on dit supérieur au vin de Chypre. Il se prépare à Castiglione et à Lenóta. On en fait de semblables dans plusieurs autres localités de la province et des autres partie de l'Italie.

Dans le Parmesan, on fait beaucoup de vins de liqueur. Ils sont fins et délicats, mais ils ont un goût de miel qui ne plaît pas aux étrangers.

En Toscane, la récolte du vin est très considérable. Les premiers crus sont : Montepulciano, Chianti, Pomino, Montalcino, Carmignano, Artiminio, Castel-Franco, Passignano,

La Rufina, Lari, Gogole, Sonnino, Renaggio.
Plusieurs cantons y fournissent un vin de
liqueur, appelé *aleatico*, qui ressemble au tinto
d'Alicante, dont il a la couleur et le parfum. Le
meilleur provient des environs de Florence,
surtout du territoire d'Arcetri.

Le territoire d'Albano produit des vins rouges et blancs qui ont une réputation très
méritée. On estime aussi beaucoup les vins
rouges d'Orviéto et de Viterbe. Quant aux vins
de liqueur, les muscats d'Albano et de Monte-
Fiascone, les premiers surtout, peuvent être
mis au premier rang des vins de ce genre.

Le royaume de Naples récolte les meilleurs
vins de l'Italie, aussi bien dans les espèces pour
l'usage ordinaire de la table que dans les vins
de liqueur. Nous indiquerons seulement ceux
de ces derniers que fournissent les vignobles des
pentes du Vésuve, dans la partie voisine de la
mer. Ces vins sont de trois sortes : 1º le *lacryma-
christi*, le meilleur de tous et le plus célèbre, qui
est liquoreux, fin, d'une belle couleur rouge,
d'un goût exquis, d'un parfum des plus suaves,
mais dont il se fait très peu ; 2º le *muscat*, qui
a une couleur ambrée, le goût fin, délicat et
très parfumé ; 3º le *vino greco*, qui est un malvoisie de haute qualité.

Les vins napolitains fournissent les deux cinquièmes des vins que l'Italie exporte et presque
exclusivement ceux qui viennent en France.
Naples et Barletta sont nos grands centres
d'approvisionnement.

Les îles de l'Italie produisent aussi d'excellents vins. On cite le *vermouth* et l'*aleatico* de
l'île d'Elbe, les vins mousseux de la Sardaigne,

le muscat de Lipari, l'*ausonio* de l'île Giglio, les vins blancs de celle de Capri. Mais c'est surtout la Sicile qui est la plus favorisée. Ici, les bons vignobles abondent. Les meilleurs vins rouges sont ceux qu'on récolte à Mascoli, à Catane, à Sciarra, à San-Giovani, à la Macchia, à Taormina, à Melazzo, à Castellamare, etc. Les vins blancs les plus estimés sont ceux de Marsala et de Castelvetrano, qui, par leur goût, leur sève et leur parfum agréable, ont une grande ressemblance avec les vins de Madère. Au premier rang des vins de liqueur se placent les muscats, rouges et blancs, de Syracuse, dont la célébrité est universelle.

Portugal

Relativement au climat, le Portugal est, dans son ensemble, l'un des pays qui conviennent le mieux à la vigne, et, relativement à son étendue, un de ceux qui fournissent le plus de bons vins. Le terrain cultivé en vignoble a une étendue de 204,000 hectares, produisant 4 millions d'hectolitres. La fabrication est bien soignée, et peut-être mieux entendue que dans la plus grande partie de l'Espagne, mais la plupart de ses vins ne sont expédiés qu'après avoir été alcoolisés.

Les vignobles les plus renommés sont situés sur les rives du haut Douro, dans les provinces de Beira et de Tras-os-Monte. Les produits du Douro sont désignés sous le nom générique de *vins de Porto*, parce que le port de cette ville en est l'entrepôt général. Ils sont fins, légers, agréables, très corsés, et ont une couleur plus ou moins foncée. Les Anglais les estiment beaucoup à cause de leur force, qui est d'autant plus grande qu'on les additionne d'eau-de-vie avant de les expédier. On ne les exporte généralement qu'après deux ou trois ans de garde.

Le Douro produit aussi les vins liquoreux de Muscat, Malvoisia, Bastardo, Alvarelhao, Geropigas.

En dehors des vins de Porto, la région du Nord récolte des vins excellents, tels que les *vins verts* de la province de Minho, qui excellent pour les coupages, ceux de Feitoria, dans la province de Tras-os-Montes, d'Aveiro et de Figueira, dans la province de la haute Beira. Tous ces vins sont rouges.

La Beira-Baixa produit les vins rouges aromatiques et doux de Cova da Beira, de Tortozendo, d'Alpedrinha, de Valle de Prazeres.

La région située au nord de Lisbonne et qui est comprise dans l'Estramadure, produit plusieurs crus très estimés, tels que les suivants : parmi les rouges, ceux de Almada, Villa-Franca, Alzambuja, Santarem, Cartaxo, Collarès, Termo, Camarate, Torrès-Vedras, Campo-Lavradio, Chamusco, Merciana, etc. ; parmi les blancs, ceux de Buccellas, Carcavellas, Macao, les muscats de Setubal.

Dans l'Alemtejo, au sud de Lisbonne, on récolte aux environs d'Evora, de Portalegro, de Beja, de Villaviçosa, Redondo, Cuba, Vidigueira, Ferreira, Serpa, Elvas, Castello de Vide, Ribeira de Niza, etc., des masses de vins rouges ordinaires excellents pour l'exportation.

Dans l'Algarve, tout à fait dans le sud du

Sommelier.   8

Portugal, se font des vins fins très capiteux qui vaudraient ceux de Xérès et de Madère, s'ils étaient préparés avec un peu plus de soin.

On les désigne sous les noms de Tavira, Olhao, Portimao, Lagoa.

Roumanie

La Roumanie cultive la vigne sur une assez grande surface, et cependant sa production est relativement peu importante. Cela provient de ce qu'une partie de la récolte est consommée à l'état de raisin. On évalue à 160,000 hectares la superficie en vignes et à 8,000,000 d'hectolitres la totalité de la récolte.

La principale partie de la production a lieu sur les collines qui sont situées au pied des Carpathes et s'étendent jusqu'au Danube. Les crus dont on fait le plus de cas sont ceux de Cotnari (district de Yassi), d'Odobesti (district de Putna), de Prahova et de Nicoresti (district de Tecuci), de Dragosani et de Buz (district de Prahova), de Drancea et d'Orevitza (district de Mohedintzi), de Maris (district de Buris) ; les vins liquoreux de Tamaïosa et de Florica sont les plus estimés.

Russie

La culture de la vigne occupe en Russie une plus grande étendue de pays qu'on serait tenté de le croire. Elle couvre d'abord la Bessarabie, la Crimée, la région du Caucase, les bords du Don et les embouchures du Volga, près d'Astrakan. Le climat des autres provinces ne

s'y prête pas. On pourrait encore citer le Turkestan.

La richesse alcoolique des vins de Russie
varie entre 5°,5 et 14,35. La production est
également très variable, comme quantité et
comme qualité. Ainsi, pendant qu'une partie
de la Crimée est occupée par des gisements de
calcaires jurassiques très favorables à la qualité, l'autre partie est composée de terrains
d'alluvion qui visent surtout à la fertilité.
C'est pourquoi les premiers donnent 150 védras
à l'hectare, tandis que les seconds donnent
jusqu'à 500 védras. La vallée de Saudagh, qui
appartient à la seconde catégorie, doit son
extrême fertilité à l'immersion périodique des
terres.

Le Caucase viticole comprend deux régions
séparées par les monts du Caucase. Le Caucase
proprement dit, qui fournit les vins de Kouban,
de Terek, de Stavropol ; la Transcaucasie, qui
donne les vins de Koutaïs, de Tiflis, d'Elisavet-
pol, d'Erivan, de Bakan, de Kars, de Daghes-
tan. Le meilleur vin de cette région est celui
de Praskoveisk. La Bessarabie fournit des vins
très ordinaires. Le Turkestan donne les vins de
Syr Daria, de Fergana, de Samarkand. La
région du Don produit les meilleurs vins à
Tsimliansk et à Razdorsk.

La superficie totale du vignoble russe peut
être évaluée à 200,000 hectares.

On évalue à 3 millions d'hectolitres la production des vins russes. Elle ne peut suffire à
la consommation, qui est obligée d'importer
chaque année pour près de 55 millions. de
rancs de boissons fermentées. On sait que de

tous nos vins de France, ceux de Champagne et de Bordeaux sont particulièrement goûtés.

En résumé, la Russie s'occupe avec soin de la viticulture, et les grands propriétaires de celles de ces provinces où la vigne se plaît, ne reculent devant aucun sacrifice pour développer cette branche d'industrie. Ses vins n'ont encore rien de remarquable comme qualité, ils ne peuvent être assimilés à nos vins communs de France, ne possèdent pas de sève, et ils sont vendus à des prix modérés, qui en rendent l'écoulement facile dans le pays.

Les meilleurs vins rouges sont ceux des environs de Taganrog, Caffa et Saudagh. Les mêmes lieux fournissent des vins blancs.

La vinification est généralement mal faite en Russie, c'est ce qui explique la défectuosité des vins de ce pays.

Serbie

La culture de la vigne n'occupe en Serbie qu'une superficie de 100,000 hectares, divisée en neuf zones, et produisant environ 1 million d'hectolitres.

La qualité du vin serbe est, en général, excellente. Les vins rouges, qui forment comme toujours la masse de la récolte, se distinguent par un bouquet très développé, par une couleur très intense, par une grande richesse tannique. Enfin, malgré une fabrication arriérée, ils sont dépourvus de toute saveur étrangère. Beaucoup ont le défaut de ne pas supporter le transport et de se conserver difficilement, parce que les procédés de vinification sont imparfaits,

Parmi les vins serbes, ceux du territoire de Kraïna ou de Negotine, dans la zone du Zimok, affluent du Danube, sont caractérisés par une couleur très foncée, d'où le nom de *vins noirs* qu'on leur donne dans le pays. De plus, ils ont du corps, de la vinosité, de la vigueur. Après un certain temps, ils perdent leur couleur opaque et prennent une couleur rosée et un bouquet semblable à celui des vins de dessert. Par là, ils se distinguent des autres vins serbes et même de quelques autres vins de l'Europe, comme les vins d'Espagne, qui sont aussi généreux, mais n'ont pas la même couleur intense.

La Serbie produit aussi des vins blancs qui ne sont pas sans mérite. Tels, entre autres, ceux de Jelitza, qui sont légers, veloutés, pleins de bouquet, et qui, traités avec soin et conservés dans de bonnes conditions, acquièrent un bouquet extraordinaire.

Les autres vins les plus estimés de la Serbie sont ceux de Négotin, de Semandria, de Poja-revatz, de Choumadia, de Nina, de Pirot.

Les marcs et les mauvais vins sont distillés pour produire une eau-de-vie de 12 à 18°, que l'on nomme comovitza et qui est exportée en grandes quantités en Turquie.

Suisse

Dans celles de ses vallées qui sont abritées des vents violents, la Suisse produit quelques vins rouges et blancs, de qualité très ordinaire, mais très prisés des habitants. On estime que la culture de la vigne y occupe 44,800 hectares,

8.

et qu'elle y donne, année moyenne, environ 900,000 hectolitres.

Les cantons qui fournissent le plus de vin sont ceux d'Argovie, de Zurich, de Schaffouse, de Turgovie, de Vaud, de Neuchâtel, de Genève, de Valais et du Tessin.

C'est le canton de Vaud qui est le plus grand producteur.

Les meilleurs vins rouges sont produits par les territoires de Faverge, Cortaillod, Boudry, Saint-Aubin, dans le canton de Neuchâtel ; de Martigny et de Brig, dans le Valais ; de Bossey, de Cologny, de Pressinge et Bonneville, dans le canton de Genève ; de Vevey et d'Yvonne, dans le petit pays de Lavaux ; et par la contrée dite la Côte, dans le canton de Vaud.

Quelques vins blancs sont d'assez bonne qualité. On cite notamment ceux de Cully, de la côte des Dessalés, de la Côte et de Rolle, dans le canton de Vaud.

Les cantons du Nord font surtout des vins blancs avec des cépages du Rhin. Les cantons du Sud et de l'Est font des vins rouges avec le pinot.

Dans ces dernières années, plusieurs viticulteurs suisses ont transplanté des vignes tirées des crus les plus renommés : Johannisberg, Tokay, Bordeaux, etc., dont les produits ont été inférieurs. Dans quelques localités, notamment à Martigny et à Sierre, on récolte des vins blancs *muscats* et des vins dits de *malvoisie*, qui sont liquoreux et d'un goût agréable. Ailleurs, on prépare un vin, dit *du glacier*, qui est très estimé en Suisse, et qui est ainsi appelé parce qu'on le conserve, pendant sa fermentation, dans des caves établies près des glaciers.

Turquie

La Turquie est admirablement située pour la vigne, mais les Musulmans ne cultivent cet arbuste que pour en manger le fruit. Les Grecs, les Juifs, les Catholiques et les Arméniens se servent seuls du raisin pour faire d'excellents vins et surtout des vins de liqueur.

Parmi les principaux vins rouges, on cite ceux des cantons d'Arinse et de Mesta, dans l'île de Scio ; des environs de Kissamos et de Retimo, dans l'île de Candie ; du territoire d'Amodos, dans l'île de Chypre ; des vignobles de Valone, de Janina, de Manussi et de Calota, en Albanie ; des villages de Chatista, de Touri et de Coutourachi, en Macédoine ; de la Bosnie, de la Thrace, de l'Epire.

Au premier rang des vins blancs, on place le *vin de la loi*, qui est préparé par les Juifs de Retimo, dans l'île de Candie, et le vin appelé *Nectar*, qu'on fait à Mesta, dans l'île de Scio ; ceux de Kora, d'Artaki, de Ganos, de Xastros, d'Appina.

Le plus célèbre de tous les vins de liqueur est celui qu'on récolte dans l'île de Chypre, et qu'on appelle *vin de la commanderie*, du nom du territoire qui le fournit, lequel est situé entre le mont Olympe et les villes de Limisso et de Paphos. Les qualités de premier choix proviennent des vignes qui entourent les villages de Zoopi et d'Ozungun. A Candie, les moines d'un couvent voisin de la Canée font du vin de l'espèce de Malvoisie, qui est d'une qualité supérieure. Enfin, dans toutes les îles, on prépare des muscats excellents ; mais les vins de ce genre les plus parfaits sont ceux de l'île de Chypre, où se trouve le village d'Argos, qui donne le plus estimé.

La plupart des vins de Turquie ont des caractères particuliers dont nous devons· dire un mot. Les uns sont très astringents parce qu'ils renferment une forte proportion de tanin, qu'ils doivent probablement à un séjour trop prolongé dans la cave. Les autres·ont un goût de poix très fort, qu'ils ont emprunté à la matière dont on revêt les vases vinaires avant d'y introduire le vin encore en fermentation. Souvent cette addition de résine a pour but d'assurer la conservation du vin. Ces inconvénients disparaîtront bien vite, quand l'observation en aura été faite aux intéressés, qui ont tout avantage à remplacer un outillage défectueux par des appareils en harmonie avec le développement que la production prend dans un pays où la consommation du vin a été arrêtée jusqu'à présent par les préceptes religieux d'une partie de la population.

La Turquie d'Asie se prête encore mieux que la Turquie d'Europe à la viticulture. Ici encore, la fabrication du vin est entre les mains de la population non musulmane, mais tout à fait dans l'enfance.

On cite les vins ordinaires, les uns rouges, les autres blancs, des environs de Brousse, de Smyrne et de Syrie, comme des meilleurs du pays, et parmi les vins de dessert le *vino d'oro* de Beyrouth et de plusieurs localités du Liban.

Asie

La Perse est la contrée de l'Asie qui récolte le plus de vin. Sous ce rapport, la province du Farsistan se fait remarquer entre toutes, et les produits de ses vignobles, surtout de ceux qui entourent Schiraz, sa capitale, ont une renommée universelle. Le meilleur de ses vins est celui qu'on appelle *vin de Schiraz* ; c'est le plus estimé de tout l'Orient. A une couleur rouge peu foncée, il réunit un bon goût, beaucoup de corps et de sève, et un parfum aromatique très prononcé. Il n'a de douceur que juste ce qu'il en faut pour caractériser un vin de liqueur plein de finesse. Enfin, il laisse la bouche fraîche après l'avoir débarrassée du goût des aliments qui l'ont précédé, et, quoique très chaud, il ne porte pas à la tête. Les vignobles de Schiraz donnent aussi un vin blanc d'une couleur ambrée et brillante, qui a une agréable douceur et le parfum du vin sec de Madère, auquel il n'est pas inférieur après quelques années de garde. Ils fournissent des excellents vins de liqueur de l'espèce de ceux de Malvoisie.

Dans les régions tempérées de l'Inde, on récolte des vins depuis les temps les plus anciens. Les meilleurs crus sont ceux de Cachemyr, qui donnent un vin analogue au madère, et ceux de Lahore.

Au Japon, comme en Chine, la viticulture a été interdite à plusieurs reprises par des édits impériaux. Les populations de ces pays préfèrent le Saki, ou vin de riz, au vin de raisin. Cependant, depuis quelques années, la viticulture semble devoir prendre une petite place au

Japon, notamment dans le Ken, et dans l'île de Yéso.

Afrique

Les vins d'Afrique les plus renommés se récoltent en Algérie, en Tunisie, dans la colonie du Cap de Bonne-Espérance, dans l'archipel des Canaries, dans l'île de Madère et dans l'archipel des Açores, en Abyssinie, au Maroc.

Cap de Bonne-Espérance

Un petit vignoble, planté à l'extrémité méridionale du continent africain, sur la partie basse de la montagne de la Table, à 8 kilomètres de la ville du Cap, donne l'un des meilleurs vins de liqueur du globe. Nous voulons parler du *vin de Constance*, dont il y a deux espèces, l'une rouge et l'autre blanche, et qui est ainsi appelé du nom du cru qui le fournit. Ce cru forme deux petits clos contigus, qui constituent ce qu'on nomme le haut Constance et le bas Constance, et appartiennent à des propriétaires différents. Chacun de ces derniers prétend à la supériorité de ses produits ; mais la vérité est qu'ils sont tous des vins hors ligne, qui viennent immédiatement après le tokay de premier choix. Comme celui-ci, ils ont une douceur agréable, beaucoup de finesse, du spiritueux et un bouquet des plus suaves. Néanmoins le blanc est un peu moins corsé et un peu moins liquoreux que le rouge. La récolte de ces vins ne dépasse pas, dans les bonnes années, 850 à 900 hectolitres, et chaque récolte est toujours retenue d'avance : d'où il résulte que, même au Cap, il est très difficile de s'en procurer de véritable.

Dans les vignobles qui se trouvent entre la baie Falso et celle de la Table, on fabrique une grande quantité de bons vins muscats, qu'on expédie dans toutes les parties du monde, surtout en Europe, où on leur donne le nom de *vins de Constance*, et on les fait passer pour tels.

On prépare encore au Cap plusieurs autres vins d'une excellente qualité qu'on appelle *vins du Rhin du Cap* et *vins de Rota du Cap*, à cause de leur ressemblance avec les vins européens ainsi nommés.

La superficie totale du vignoble de la colonie du Cap est d'environ 12,000 hectares. Ce vignoble a été créé par les huguenots qui ont émigré dans ce pays à la suite de la révocation de l'édit de Nantes. La culture de la vigne est semblable à celle du Midi de la France. La récolte se fait en février ou en mars.

On fait au Cap des vins d'entrée qui ont de l'analogie avec le madère, l'alicante, le porto, le xérès; des vins rouges de table qui sont produits par la grosse syrah et le teinturier; des vins blancs de table qui sont très défectueux et proviennent de la fermentation du riesling, du stein, du spingler, du sauvignon.

Madère

L'île de Madère est connue du monde entier pour ses vins. On y fait des vins rouges, des vins blancs secs et des vins de liqueur.

La production est évaluée à 50,000 hectolitres représentant plus de 20 millions de francs.

L'Angleterre, les Indes et la Russie sont les principaux consommateurs de ces vins.

Parmi les nombreux vins rouges, celui qu'on nomme *tinto* ou *negramol*, est généreux, parfumé et agréable ; mais son usage à haute dose peut avoir des dangers. C'est un astringent très énergique qu'on emploie comme remède contre la dysenterie. Sa production est, du reste, concentrée dans quelques grands vignobles ; partout ailleurs, au lieu de travailler séparément le raisin qui le fournit, on le mêle avec les fruits des autres cépages pour obtenir des vins propres à servir de boisson ordinaire.

Les vins blancs sont assez nombreux ; ils ont tous une couleur ambrée, un goût excellent, du spiritueux, du corps et un parfum des plus agréables. Celui qu'on estime le plus se prépare uniquement avec les raisins du plant nommé *sercial*. Quand il est jeune, il est vert et âpre ; mais après quelques années de garde, il acquiert, avec un goût de noisette prononcé, toutes les qualités qui caractérisent les vins parfaits de cette espèce : il est beaucoup plus sec que les vins blancs de Bourgogne, et il n'a pas le piquant des vins blancs du Rhin.

Parmi les nombreux produits de la vigne, les vins blancs de Madère sont ceux dont la durée est la plus longue. Ils se conservent sous les climats les plus opposés, sans subir la moindre altération, et ils s'améliorent toujours en vieillissant. Toutefois, ils doivent être gardés huit ou dix ans en tonneau, et ils n'acquièrent toute leur qualité qu'après en avoir passé de vingt-cinq à trente dans les bouteilles. On abrège généralement la durée de cette garde au moyen d'un vieillissement artificiel qui consiste soit à faire voyager les tonneaux aux grandes Indes ou en Amérique, soit à les tenir quelques mois dans d'immenses étuves dont des calorifères maintiennent la température à un degré très élevé. Le vin possède ainsi, en quatre ou cinq mois, l'apparence de la vétusté, le parfum et la couleur qu'il n'obtient ordinairement qu'après cinq ou six ans de garde ; mais celui qui a voyagé, et qu'on appelle, pour ce motif, *vino de roda*, est très supérieur à celui qui a été simplement chauffé. Nous ajouterons que, bien que les vins de Madère soient naturellement très spiritueux, on ne manque jamais d'y ajouter une assez forte proportion d'eau-de-vie, d'abord au sortir de la cuve, puis au moment de leur exportation.

L'île de Madère, comme tous les pays chauds, fait des vins de liqueur. Le plus connu est celui de *malvoisie*, ainsi appelé, de même que partout ailleurs, de l'espèce de cépage qui le fournit. C'est un vin doux et en même temps très fin, qui occupe une des premières places parmi les vins de sa catégorie. On fabrique aussi des vins muscats, qui sont d'excellente qualité ; mais on n'en rencontre guère dans le commerce, les propriétaires gardant à peu près toute la récolte pour leur usage particulier.

Canaries

L'archipel des Canaries produit des vins qui ont le même caractère que ceux de Madère, mais qui leur sont généralement inférieurs en qualité. Les plus estimés sont produits par l'île de Ténériffe, où l'on distingue surtout ceux des crus d'Orotava, de Tacaronte et de Matanza ; on les vend le plus souvent sous le nom de ceux de Madère.

Ces vins sont produits par le cépage Vidogne.

L'île de Palma donne des vins blancs secs, jaunes, sans corps, et ayant au bout de trois ou quatre ans un goût de pomme de pin. Ces vins se conservent mal ; ils sont consommés sur place ou transformés en eaux-de-vie que l'on expédie en Europe.

La production totale des sept îles est de 150,000 hectolitres.

Açores

Ce que nous venons de dire de l'archipel des Canaries s'applique également à celui des Açores. Dans ce dernier, les meilleurs vins sont fournis par les îles Tercère, du Pic, Fayal et Saint-Georges.

Abyssinie

La vigne est cultivée depuis longtemps en Abyssinie. Elle y acquiert des dimensions considérables et se fait remarquer par sa rusticité. Les grappes de raisin y sont très grandes. Les vins sont sans valeur.

Maroc

Comme dans les pays musulmans, au Maroc la vigne n'est cultivée que par les Maures, les Juifs et les étrangers. Il faut cependant faire exception pour la province de Demnate, dans laquelle les Musulmans produisent et consomment le vin malgré le Coran.

Ces vins sont riches en couleur et en alcool ;
on les loge dans des jarres.

Amérique

Etats-Unis

Depuis 1860, la vigne tend à devenir une des
richesses agricoles des Etats-Unis. On trouve à
peu près partout des treilles et des cépages destinés à fournir des raisins de table, mais cinq Etats
cultivent particulièrement cet arbuste en vue
de la fabrication du vin. Ce sont : la Californie,
le New-York, l'Ohio, le Missouri et la Géorgie.
D'après une statistique publiée par le gouvernement américain, on comptait, dans ces
cinq Etats, en 1880, un total de 26,448 hectares de vignes, ayant produit 835,143 hectolitres de vins blancs et rouges, représentant une
valeur totale de 43,586,300 francs. Ces chiffres
se répartissent comme il suit :

ÉTATS de l'Union	SUPERFICIE	PRODUCTION	VALEUR
	Hectares	Hectolitres	Francs
Californie. .	13.099	613.655	20.232.325
New-York. .	5.117	26.520	1.936.540
Ohio	4.036	71.142	8.139.630
Missouri. . .	2.986	82.819	6.600.200
Géorgie. . .	1.210	41.007	6.677.605

En 1881, la Californie seulement a planté plusieurs millions de vignes.

Quand on compare les Etats-Unis il y a vingt ans, où leur récolte ne dépassait guère 112,000 hectolitres, on trouve que le rendement s'est prodigieusement accru. Aujourd'hui la superficie est de 160,000 hectares et la production de 1,200,000 hectolitres. Néanmoins, dans la plupart des Etats, la fabrication laisse encore beaucoup à désirer, quoique des efforts sérieux soient tentés pour l'améliorer, non seulement en Californie, mais encore dans l'Ohio et dans le New-York. Plusieurs vignerons de l'Ohio ont eu l'idée de se réunir pour la manipulation de leurs vendanges. On fixe d'avance le vin de la cueillette ; et les vins, au lieu d'être manipulés au hasard par chaque propriétaire isolément, le sont suivant les principes de l'art, par des vignerons originaires des bords du Rhin. Déjà certains crus blancs de l'Ohio, du Missouri, et surtout les malagas californiens, ne sont pas dépourvus de qualités généreuses, ni même d'un bouquet agréable ; ils contrastent avec la plupart des autres produits du vignoble américain, dont le goût de terroir rappelle le cassis ou la mûre sauvage.

La Californie est le premier Etat viticole de l'Union américaine, puisqu'à elle seule elle renferme plus de la moitié des vignes cultivées. L'Etat de New-York vient ensuite, mais il produit encore assez médiocrement à cause de la quantité de jeunes vignes qu'il possède. L'Ohio et le Missouri occupent le troisième rang. On commence à faire un certain cas de quelques-uns de leurs crus, les vins blancs de Jonc et de

Catanba, par exemple, et les rouges de Clinton,
des Yves et de Norton. Enfin, au dernier rang
se place la Géorgie.

Les vins des Etats-Unis ne s'exportent pas
encore sur une grande échelle. L'Allemagne
paraît être le seul pays européen qui en consomme une quantité appréciable. Ils sont épais
et ont 10° à 13° d'alcool.

L'accroissement de la viticulture aux Etats-
Unis a été très grand depuis trente ans ; mais,
en somme, il représente peu de chose eu égard
à la superficie considérable de ce pays. Ce mouvement de plantation est d'ailleurs arrêté, car
les maladies qui sévissent avec rage ont dé-
couragé les efforts des viticulteurs.

Mexique

Après les Etats-Unis, on ne fait du vin, dans
l'Amérique du Nord, que sur quelques points
des anciennes colonies espagnoles. Ainsi, au
Mexique, on cite surtout les vins de liqueur des
territoires de Rio-del-Norte et de San-Luis-de-
la-Paz.

Les vins blancs de Parras ont aussi une certaine réputation.

La vigne est surtout cultivée dans les Etats
de Chihuahua, de Zacatecas, de Coahuila,
d'Aguas-Calientes, d'Hidalgo, de Puebla, et
de Basse-Californie.

Les pluies, qui viennent toujours avant et
pendant la maturité, nuisent à la qualité des
vins. Ceux-ci sont d'ailleurs fabriqués avec des
procédés très grossiers, de sorte qu'ils se conservent mal.

Brésil

La vigne est surtout cultivée dans les provinces de Gayaz, de Rio-Grande du Sud, Rio-de-Janeiro, Minas-Geraes, Parana, Santa-Catharina, San-Paulo.

Les meilleurs vins sont ceux de Famatina, d'Arauco, de la Rioja, de San-Carlos, de Cafayáta, de Santa-Maria, de Cinti, de Campanha, de Tiété. Ces vins sont produits par les cépages Isabella, Délaware, Jacquez, Virginia, Cathiana, Cynthiana.

Chili

Depuis 1860, on a planté dans le Nord et dans les environs de Santiago, des cépages bordelais et bourguignons. Les anciens vignobles sont plantés avec des cépages espagnols. Ils donnent des vins inférieurs à ceux des cépages français.

Les crus les plus estimés sont ceux de Chacolis, Mostos, Quinta-Normal.

La superficie plantée dépasse 100,000 hectares et la production est en moyenne de 3 millions d'hectolitres.

On fabrique au Chili une boisson que l'on nomme Chicha, avec du raisin noir que l'on fait cuire et fermenter ensuite.

Colombie

La Colombie ne produit presque pas de vins. La vigne est cultivée seulement dans les altitudes de 1,500 à 2,500 mètres, à cause de la chaleur.

Pérou

La vigne est cultivée dans tout le Pérou ; mais elle a pris la plus grande extension dans la région comprise entre l'océan Pacifique et les Andes, que l'on nomme la Costa.

Les crus les plus renommés sont Lima, Mono, Chançay, Chicama, Montana, Arequipa, Moquehua.

Les vins sont défectueux et mal vinifiés. Beaucoup d'entre eux sont distillés pour faire l'aguardiente. La production moyenne est de 3 millions d'hectolitres.

République argentine

La vigne est surtout cultivée dans les provinces de Buenos-Ayres, d'Entré-Rios, de Catamarca, de San-Juan, de Mendoza, de Rioja, de Salta.

La superficie du vignoble est de 50,000 hectares et la production moyenne de 2 millions d'hectolitres.

Les cépages français produisent des vins supérieurs à ceux des cépages américains.

République de Bolivie

La vigne est surtout cultivée dans la province de La Paz, qui produit des vins liquoreux, analogues à ceux d'Espagne et dosant jusqu'à 24 degrés d'alcool.

République d'Uruguay

La viticulture est surtout en honneur dans les provinces de Salto, Montevideo, Canelones.

La surface plantée est d'environ 5,000 hectares, et la production moyenne de 40,000 hectolitres de vins très communs.

Océanie

Dans l'Océanie, le continent australien s'occupe seul de la culture de la vigne. Le premier vignoble a été créé dans la Nouvelle-Galles du Sud, en 1830. Les cépages employés proviennent d'Europe.

Les vins produits se rapprochent des Porto, des Bourgognes et des vins du Rhin, mais sans en avoir la moindre qualité.

La viticulture est appelée à un certain avenir dans ce continent. Elle occupe maintenant 15,000 hectares et produit 150,000 hectolitres. Elle est surtout répandue dans les Etats de Victoria, de la Nouvelle-Galles du Sud, du Queensland, de l'Australie méridionale, de l'Australie occidentale. Les meilleurs vins sont produits aux environs de Melbourne, Victoria, Murray, Rutherglen.

CHAPITRE III

Classification des Vins

SOMMAIRE. — I. Vins d'un usage habituel. — II. Vins de liqueur. — III. Lois et Décrets sur la Délimitation des vins.

Notions préliminaires

On peut classer les vins de plusieurs manières ; mais, dans la pratique du commerce, on les divise tous en six classes principales, savoir en *grands vins, vins fins, grands ordinaires, bons ordinaires, ordinaires* et *communs*, chacune de ces catégories renfermant un certain nombre de sections.

Par *grands vins*, on entend ceux qui réunissent au plus haut degré toutes ou la plupart des qualités qui caractérisent les liquides de ce genre.

Les *vins fins* possèdent les mêmes qualités que les précédents, mais à un degré un peu moins élevé. A cette catégorie appartiennent les vins dits *d'entremets*.

Les *grands ordinaires* sont les vins qui ne proviennent pas de crus renommés, mais auxquels le temps et les soins font acquérir les qualités qu'ils n'ont pas naturellement, et qui en font des boissons éminemment agréables.

On appelle *bons ordinaires* les vins qui, légers et suffisamment spiritueux, ont un bouquet plus prononcé que délicat.

9.

On qualifie d'*ordinaires*, les vins, et ce sont les plus nombreux, qui, sans avoir une qualité remarquable, ne présentent cependant aucun défaut marquant.

Quant aux *vins communs*, ce sont, comme leur nom l'indique, tous ceux qui offrent, d'une manière plus ou moins complète, un ou plusieurs défauts propres aux produits de la vigne.

Sauf pour les vins exceptionnels, les œnologues ne sont pas toujours d'accord quant aux vins qu'il convient de placer dans chacune des classes qui précèdent. Pour établir l'énumération ci-après, nous avons suivi l'ordre le plus généralement adopté, mais en nous en tenant aux vins des quatre premières sections.

Les vins dits *de liqueur* ne font point partie de cette classification : en raison de leur destination spéciale, ils forment une section à part.

I. VINS D'UN USAGE HABITUEL

GRANDS VINS

Vins rouges français

Bordelais (Gironde)

(Hors ligne)
Château-Margaux.
Château-Latour.
Château-Laffite.
Château-Haut-Briôn.
Mouton Rothschild.
Brane-Cantenac.
Gruaud-Larose.
Lascombes.

Léoville-Lascases.
— Poyferré.
— Barton.
Pichon-Longueville.
Rauzan-Séglà.
Ralizan-Gassies.
Cos-d'Estournel.
Montrose.
Pape-Clément.
La Mission.

Bourgogne (Côte-d'Or)

Romanée-Conti.
Chambertin.
Clos-Vougeot.
Richebourg.
Romanée-Saint-Vivant.
Corton.

Champagne (Marne)

Bouzy (1ers choix).

Verzenay (1ers choix).
Verzy   (id.)
Saint-Basle.   (id.)
Saint-Thierry (id.)

Dauphiné (Drôme)

Ermitage.   •

Vins blancs français

Bordeaux (Gironde)

La Tour Blanche.
Peyraguey.
Haut-Peyraguey.
Vigneau.
Suduiraut.
Coutet.
Climens.
Guiraud.
Rieussec.

Bourgogne (Côte-d'Or)

Montrachet aîné.
Montrachet chevalier.
Montrachet bâtard.

Champagne (Marne)

Sillery.

Dauphiné (Drôme)

Ermitage blanc.

Vins blancs étrangers

Allemagne

Johannisberg.
Rudesheim.

Espagne

Xérès (1ers choix).

Pajarète.

Madère

Sarcial.

VINS FINS

ℓ *Vins rouges français*

Bordelais (Gironde)

Les troisièmes crus du Médoc.
Les quatrièmes crus.
Les cinquièmes crus.
Les bourgeois supérieurs.
Smith-Lafite.
Rochemorin.
Pont-de-Langon.
Carbonnieux.
Haut-Bailly.
Malartic.
La Louvière.
Olivier.
Ausone.
Pavie.
Béauséjour.
Canon.
Magdelaine.
Troplong.
Figeac.
Baleau.
Cheval-Blanc.
Cordeliers.

Bourgogne (Côte-d'Or)

Saint-Georges.
Vosnes.
Nuits.
Volnay (2ᵉˢ choix).
Chambolle.
Prémeaux.
Meursault.

Gevrey.
Santenay.
Beaune.
La Tache, etc.

Bourgogne (Yonne)

Pitoy.
Perrières.
La Chaînette.
Migraine.
Les Olivottes.
La Falotte.
Préaux.
Epineuil.

Mâconnais (Saône-et-Loire)

Romanèche.
Thorins.
Chénas.

Dauphiné (Drôme)

Ermitage rouge (2ᵉˢ crus).
Mercurol.

Champagne (Marne)

Hautvillers.
Mareuil.
Ludes.
Dizy.
Rilly.
Taissy.

Champagne (Aube)

Riceys (1ers choix).
Balnot.
Avirey..

Lyonnais (Rhône)

Côte-Rôtie.
Fleury.

Périgord (Dordogne)

Bergerac (1ers crus).
Creysse   (id.)
Ginestet·   (id.)

Sainte-Foy (1ers crus).
La Terrasse (id.)

Roussillon (Pyrénées-Orientales)

Banyuls.
Collioure.
Cosperon.
Port-Vendres.

Béarn (Basses-Pyrénées)

Jurançon (2es crus).
Gan   (id.)

Vins rouges étrangers

Allemagne

Asmanhausen.
Les deuxièmes et troisièmes choix des bords du Rhin, du Nassau, de la Bavière et du Wurtemberg.

Espagne

Olivenza.
Valdepenas (1ers choix).

Madère

Tinto.

Portugal

Porto.
Beira.
Torrès-Védras.

Suisse

Cortaillod (1ers choix).
Faverge   (id.)

Vins blancs français

Anjou (Maine-et-Loire)

Dampierre.
Parnay.
Saumur.

Bordelais (Gironde)

Sauterne (2es crus).
Barsac   (id.)

Bommes   (2es crus).
Blanquefort (id.)
Preignac   (id.)
Villenave-d'Ornon (id.)
Léognan (1ers crus).
Loupiac   (id.)
Martillac   (id.) etc.

Bourgogne (Côte-d'Or)

Meursault.

Bourgogne (Yonne)

Chablis (1ers choix).

Béarn (Basses-Pyrénées)

Jurançon.
Gan.
Gélos.
Mazères.

Champagne (Marne)

Avize.
Cramant.
Epernay.
Ménil.
Saint-Martin-d'Ablois.
Pierry-Ay.

Franche-Comté (Jura)

Arbois.
Château-Châlon.

Lyonnais (Rhône)

Château-Gullet.
Condrieu.

Mâconnais
(Saône-et-Loire)

Fuissé (1ers choix).
Pouilly   (id.)

Périgord (Dordogne)

Bergerac.
Saint-Nexant.
Sainte-Foy.

Vivarais (Ardèche)

Saint-Péray.
Saint-Jean.

Vins blancs étrangers

Alsace

Molsheim.
Volsheim.
Ammerschwir.
Guebwiller.
Ribeauvillé.
Routfach.
Turkheim.
Kaiserberg.
Riquewihr.

Allemagne

1ers et 2es choix de ceux
classés aux grands crus.

Autriche-Hongrie

Même observation.

Italie

Marsala.
Castel-Veterano.

Espagne

Peralta.
Xérès (2es choix).
Montilla (1ers choix).
Malaga   (id.)

Turquie

Vin de la Loi.
Nectar de Mesta.
Vin d'or.

GRANDS ORDINAIRES

Vins rouges français

Bordelais (Gironde)

Bourgeois.
Paysans ordinaires.
Premier palus.
Deuxièmes palus.
    etc., etc.

Bourgogne (Côte-d'Or)

Vosnes (2es choix).
Nuits   (id.)
Prémeaux (id.)
Chambolle (id.)
Pommard   (id.)
Beaune   (id.)
Santenay (id.)
Aloxe   (id.)
Monthélie.
Dijon.
Meursault.

Bourgogne (Yonne)

Avallon.
Coulanges.
Iranty.
Joigny.

Comtat (Vaucluse)

La Nerthe.
Châteauneuf.
Sorgues.

Languedoc (Hte-Garonne)

Fronton.
Villaudric.

Languedoc (Gard)

Chusclan.
Cante-Perdrix.
Langlade.
Lédenon.
Roquemaure.
Saint-Geniès.
Tavel.

Languedoc (Hérault)

Saint-Georges-d'Orques.

Franche-Comté (Jura)

Aiglepierres.
Arbois.
Arsures.
Marnoz.
Salins.

Lorraine (Moselle)

Sale.
Scy.
Sainte-Ruffine.
Sussy.

Lyonnais (Rhône)

Barolles.
Galée.
Millery.
Morgon.
Vérinay.

Mâconnais
(Saône-et-Loire)

Givry.
Mercurey.
Juliénas.

Périgord (Dordogne)

Bergerac (2ᵉˢ choix).
Beaumont.
Lalinde.
Saint-Léon.

Quercy (Lot)

Cahors (1ᵉʳˢ choix).

Touraine (Indre-et-Loire)

Joué noble.
St-Nicolas-de-Bourgueil.

Vivarais (Ardèche)

Cornes.
Saint-Joseph.

Vins rouges étrangers

Ces vins se consomment en totalité dans les pays de production, il est inutile que nous en parlions.

Vins blancs français

Bordelais (Gironde)

Sauterne (3ᵉˢ crus).
Barsac.
Bommes.
Blanquefort (3ᵉˢ crus).
Preignac   (id.)
Villenave-d'Ornon (id.)
Fargues (2ᵉˢ crus).
Landiras.
Langoiran.
Cadillac.
Langon, etc.

Champagne (Marne)

Avize (3ᵉˢ crus).
Cramant   (id.)
Epernay   (id.)
Ménil   (id.)
St-Martin-d'Ablois (id.)

Bourgogne (Côte-d'Or)

Meursault (2ᵉˢ cuvées).

Bourgogne (Yonne)

Epineuil.
Dannemoine.
Junay.
Tonnerre.

Franche-Comté (Jura)

Etoile.
Quintigny.

Languedoc (Gard)

Calvisson (1ᵉʳˢ choix).
Laudun   (id.)

Mâconnais
(Saône-et-Loire)

Solutré.
Vergisson.

Nivernais (Nièvre)

Pouilly sur-Loire.

Touraine (Indre-et-Loire)

Vouvray (1ᵉʳˢ choix).

Vins blancs étrangers

Comme les vins rouges de la même catégorie, les vins blancs étrangers se consomment généralement dans les pays de production. Ceux, en petite quantité, qu'on trouve dans le commerce, se vendent presque toujours sous le nom et à la place des crus supérieurs.

VINS BONS ORDINAIRES

Tous les vignobles qui donnent des vins des trois premières classes fournissent des qualités qu'on ne peut placer que dans la classe des vins ordinaires. On peut y ajouter ceux des territoires ci-après énumérés, tous situés sur le territoire français. les vins étrangers de cette catégorie ne sortant guère des lieux où ils se récoltent.

Vins rouges

Agenais (Lot-et-Garonne)

Perricard.
Thézac.

Anjou (Maine-et-Loire)

Champigné-le-Sec.

Béarn (Basses-Pyrénées)

Aubans.
Aubertin.
Aydie.
Burosse.
Cisseau.
Conchez.
Dieusse.
Monein.
Ponts.
Portet.

Beaujolais (Rhône)

Beaujeu.
Lancié.
Fleury.
Juliénas.

Bigorre (Hautes-Pyrénées)

Lascazères.
Madiran.
Saint-Lanne.
Soublecause.

Bordelais (Gironde)

Seconds palus (2es choix).
Côtes de Bourg   (id.)
Côtes de Blaye (1ers choix)
Carbon-Blanc (3es choix).

Castillon (3es. choix).
Fronsac (id.)
Lagraye (id.)
Saint-Emilion (id.)
Saint-Loubès (id.)
Sainte-Eulalie (id.)
Sainte-Foy (id.)

Bourgogne (Yonne)

Auxerre.
Avallon.
Irancy.
Joigny.
Tonnerre.
Dannemoine.

Bresse (Ain)

Seyssel (1ers choix).
Culoz. (id.)
Champagne.

Comtat (Vaucluse)

Châteauneuf (2es choix).
Sorgues (id.)
Aubignan (1ers choix).

Corse

Ajaccio.
Bastia.
Bonifacio.
Calvi.
Cap-Corse.
Corte.
Monte-Maggiore.
Peri.
Porto-Vecchio.
Sari.
Vico.

Dauphiné (Drôme)

Allan.
Châteauneuf.
Die.
Monségur.
Montélimar.
Rousas.
Vercheny.

Dauphiné (Isère)

Reventin.
Seyssuel.

Forez (Loire)

Boen.
Chavenay.
Chuynes.
Lupé.
Saint-Michel.
Saint-Pierre.

Gascogne (Gers)

Nogaro (1ers choix).

Languedoc (Aude)

Fitou (1ers choix).
Ginestas (id.)
Mirepeisset (id.)
Portal (id.)
Treilles (id.)

Languedoc (Gard)

Bagnols.
Roquemaure.
Saint-Gilles.
Lédenon (2es choix).

Languedoc (Tarn)
Rabastens (1ᵉʳˢ choix).
Gaillac (2ᵉˢ choix).

Lyonnais (Rhône)
Les Barolles.
Millery.
Sainte-Foy.

Mâconnais
(Saône-et-Loire)
Un grand nombre de crus.

Nice (Alpes-Maritimes)
La Gaude   (1ᵉʳˢ choix)
Puget-Théniers (id.)
Nice   (id.)

Périgord (Dordogne)
Chancelade.
Cunéges.
Domme.
Saint-Cyprien.

Provence (Basses-Alpes)
Les Mées.

Provence (Bouches-du-
Rhône)
Château-Combert.

Saint-Louis.
Séon-Saint-André.
Séon-Saint-Henri.

Quercy (Lot)
Puy-l'Evêque.
Albas.
Cahors.

Roussillon (Pyrénées-
Orientales)
Baixas.
Espéra-de-l'Agly.
Pezilla.
Rivesaltes.
Salces.

Touraine (Indre-et-Loire)
Azay.
Athée.
Bléré.
Chenonceaux.
Chissaux.
Epeigné.
Erancueil.
Joué.
Saint-Avertin.
St-Nicolas-de-Bourgueil.

Vins blancs

Les vins blancs de cette catégorie sont presque exclusivement fournis par les mêmes vignobles qui produisent ceux de la précédente. Il suffira donc de se reporter à cette dernière et d'en prendre les seconds choix.

II. VINS DE LIQUEURS

Vins français

En France, la production des vins de liqueur est relativement peu importante. Néanmoins, on en récolte plusieurs qui peuvent lutter avec ceux de l'étranger. Tels sont :

En première ligne :

Le *muscat* de Rivesaltes (Pyrénées-Orientales), le *vin de l'Ermitage* (Drôme), et les choix supérieurs des *muscats* de Lunel et de Frontignan (Hérault) ;

En seconde ligne, et par ordre de mérite :

Les *muscats* de second choix de Lunel et de Frontignan (Hérault), le *Grenache* de Banyuls-sur-Mer, de Collioure et de Cosperon (Pyrénées-Orientales), le *macabeo* de Salces (même départ.), les *muscats* de premier choix de Montbazillac (Dordogne), le *vin de paille* d'Argentat (Corrèze), le *grenache* et les *muscats* de Beaume (Vaucluse), les *muscats* de Cassis, de la Ciotat et de la Roquevaire (Var).

Vins étrangers

Parmi les vins de liqueur de l'étranger, ceux qui sont de qualité supérieure se trouvent très rarement dans le commerce, les producteurs les réservant, soit pour leur propre usage, soit pour la table des souverains du pays. Les liquides qu'on vend sous leur nom proviennent presque toujours des seconds ou des troisièmes crus.

Les plus renommés sont ceux de *Tokay* (Autriche-Hongrie), le *Constance* (Sud de l'Afrique), le *vin de la Commanderie* (Chypre), le *lacryma-Christi* (Italie méridionale), le *malvoisie* de Madère (île de Madère), le *tinto* d'Alicante (Espagne), les *muscats de Syracuse* (Sicile), les *schiraz* (Perse), le *Finkenwein* et le *Riesling* d'Alsace.

III. LOIS ET DÉCRETS SUR LA DÉLIMITATION DES VINS

A la suite de la classification commerciale des vins, nous croyons utile de donner ci-après les décrets, lois et règlements divers concernant la délimitation officielle des vins et la protection des appellations d'origine.

Décret du 17 décembre 1908 délimitant les territoires auxquels est exclusivement réservée l'appellation régionale « Champagne », en ce qui concerne les vins récoltés et manipulés sur ces territoires.

(Promulgué au *Journal officiel* du 4 janvier 1909.)

Le Président de la République française,

Sur le rapport des ministres de l'agriculture et du commerce et de l'industrie ;

Vu la loi du 1er août 1905 sur la répression des fraudes dans la vente des marchandises et des falsifications des denrées alimentaires et des produits agricoles, modifiée par la loi du 5 août 1908, et notamment l'article 11 ainsi conçu :

« Il sera statué par des règlements d'administration publique sur les mesures à prendre pour assurer l'exécution de la présente loi, notamment en ce qui concerne :

« 1º La vente, la mise en vente, l'exposition et la détention des denrées, boissons, substances et produits qui donneront lieu à l'application de la présente loi ;

2º Les inscriptions et marques indiquant soit la composition, soit l'origine des marchandises, soit les appellations régionales et de crus particuliers que les acheteurs pourront exiger sur les factures, sur les emballages ou sur les produits eux-mêmes, à titre de garantie de la part des vendeurs, ainsi que les indications extérieures ou apparentes nécessaires pour assurer la loyauté de la vente et de la mise en vente ; la définition et la dénomination des boissons, denrées et produits conformément aux usages commerciaux ; les traitements licites dont ils pourront être l'objet en vue de leur bonne fabrication ou de leur conservation ; les caractères qui les rendent impropres à la consommation ; la délimitation des régions pouvant prétendre exclusivement aux appellations de provenance des produits. Cette délimitation sera faite en prenant pour bases les usages locaux constants » ;

Vu le décret du 3 septembre 1907 réglementant l'application de la loi du 1er août 1905, en ce qui concerne les vins, les vins mousseux, les eaux-de-vie et spiritueux et notamment l'article 10 ainsi conçu :

« En vue d'assurer la protection des appellations régionales et de crus particuliers réservées aux vins, vins mousseux, eaux-de-vie et spiritueux qui ont, par leur origine, un droit exclusif à ces appellations, il sera statué ultérieurement, par des règlements d'administration publique sur la délimitation des régions pouvant prétendre exclusivement aux appellations de provenance des produits » ;

Vu les avis du garde des sceaux, ministre de la justice et du ministre des finances ;

Le Conseil d'État entendu,

Décrète :

ART. 1er. — L'appellation régionale « Champagne » est exclusivement réservée aux vins récoltés et manipulés entièrement sur les territoires ci-après délimités :

Département de la Marne

Arrondissement de Châlons-sur-Marne : toutes les communes.

Arrondissement de Reims : toutes les communes.

Arrondissement d'Epernay : toutes les communes.

Arrondissement de Vitry-le-François :

Canton de Vitry : toutes les communes.

Canton de Heiltz-le-Maurupt : les communes suivantes : Bassu, Bassuet, Changy, Doucey, Outrepont, Rosay, Vanault-le-Châtel, Vanault-les-Dames, Vavray-le-Grand, Vavray-le-Petit.

Département de l'Aisne

Arrondissement de Château-Thierry :

Canton de Condé-en-Brie : les communes suivantes : Condé-en-Brie, Saint-Agnan, Barzy-sur-Marne, Baulne, Celles-les-Condé, la Chapelle-Monthodon, Chartèves, Connigis, Courboin, Courtemont-Varennes, Crézancy, Saint-Eugène, Jaulgonne, Mézy-Moulins, Monthurel, Montigny-les-Condé, Montlevon, Pargny-la-Dhuys, Passy-sur-Marne, Reuilly-Sauvigny, Tréloup.

Canton de Château-Thierry : les communes suivantes : Château-Thierry, Azy, Blesmes, Bonneil, Brasles, Chierry, Essonnes, Etampes, Fossoy, Gland, Mont-Saint-Père, Nesles, Nogentel, Verdilly.

Canton de Charly : les communes suivantes : Charly, Bézule-Guéry, Chézy-sur-Marne, Crouttes, Domptin, Montreuil-aux-Lions, Nogent-l'Artaud, Pavant, Romeny, Saulchery, Villiers-sur-Marne.

Arrondissement de Soissons :

Canton de Braisne : les communes suivantes : Braisne, Acy, Augy, Barbonval, Blanzy-lès-Fimes, Brenelle, Chassemy, Ciry-Salsogne, Courcelles, Couvrelles, Cys-la-Commune, Dhuizel, Glennes, Longueval, Merval, Saint-Mard, Paars, Perles, Presles-et-Boves, Révillon, Sermoise, Serval, Vasseny, Vauxéré, Vauxtin, Viel-Arcy, Villers-en-Prayères.

Canton de Vailly : Vailly, Bucy-le-Long, Celles-sur-Aisne, Chavonne, Chivres, Condé-sur-Aisne, Missy-sur-Aisne, Sancy, Soupir.

Art. 2. — Les ministres de l'agriculture, du commerce et de l'industrie, de la justice et des finances sont chargés, chacun en ce qui le concerne, de l'exécution du présent décret, qui sera publié au *Journal officiel* de la République française et inséré au *Bulletin des lois*.

Fait à Paris, le 17 décembre 1908.

Signé : A. Fallières.

Décret du 18 septembre 1909 portant règlement d'administration publique pour la délimitation des territoires dont les vins ont un droit exclusif à la dénomination « banyuls ».

(Promulgué au *Journal officiel* du 24 septembre 1909.)

Le Président de la République française,

Sur le rapport des ministres de l'agriculture et du commerce et de l'industrie,

Vu la loi du 1er août 1905 sur la répression des fraudes dans la vente des marchandises et des falsifications des denrées alimentaires et des produits agricoles, modifiée par la loi du 5 août 1908, et notamment l'article 11 ainsi conçu :

« Il sera statué par des règlements d'administration publique sur les mesures à prendre pour assurer l'exécution de la présente loi, notamment en ce qui concerne :

« 1° La vente, la mise en vente, l'exposition et la détention des denrées, boissons, substances et produits qui donneront lieu à l'application de la présente loi ;

« 2° Les inscriptions et marques indiquant, soit la composition, soit l'origine des marchandises, soit les appellations régionales et de crus particuliers que les acheteurs pourront exiger sur les factures, sur les emballages ou sur les produits eux-mêmes, à titre de garantie de la part des vendeurs, ainsi que les indications extérieures ou apparentes nécessaires pour assurer la loyauté de la vente et de la mise en vente ; la définition et la dénomination des boissons, denrées et produits, conformément aux usages commerciaux ; les traitements licites dont ils pourront être l'objet en vue de leur bonne fabrication ou de leur conservation ; les caractères qui les rendent impropres à la consommation ; la délimitation des régions pouvant prétendre exclusivement aux appellations de provenance des produits. Cette délimitation sera faite en prenant pour bases les usages locaux constants » ;

Vu le décret du 3 septembre 1907, réglementant l'application de la loi du 1er août 1905, en ce qui concerne les vins, les vins mousseux, les eaux-de-vie et spiritueux, notamment l'article 10 ainsi conçu :

« En vue d'assurer la protection des appellations régionales et de crus particuliers réservées aux vins, vins mousseux, eaux-de-vie et spiritueux qui ont, par leur origine, un droit exclusif à ces appellations, il sera statué ultérieurement, par des règlements d'administration publique, sur la délimitation des régions pouvant prétendre exclusivement aux appellations de provenance des produits » ;

Vu les avis du garde des sceaux, ministre de la justice, et du ministre des finances ;

Le Conseil d'Etat entendu,

Décrète :

, 'ART. 1er. — L'appellation régionale « banyuls » est exclusivement réservée aux vins récoltés et manipulés sur le territoire des communes de Cerbère, Port-Vendres, Banyuls, et sur la partie de la commune de Collioure, voisine des précédentes jusqu'au Ravaner.

ART. 2. — Les ministres de l'agriculture, du commerce et de l'industrie, de la justice, et des finances sont chargés, chacun en ce qui le concerne, de l'exécution du présent décret qui sera publié au *Journal officiel* de la République française et inséré au *Bulletin des lois*.

Fait à Rambouillet, le 18 septembre 1909.

Signé : A. FALLIÈRES.

———

Décret du 21 avril 1910 portant règlement d'administration publique pour la délimitation de la région ayant pour ses vins un droit exclusif à la dénomination « Clairette de Die ».

(Publié au *Journal officiel* du 22 avril 1910.)

LE PRÉSIDENT DE LA RÉPUBLIQUE
FRANÇAISE,

Sur le rapport des ministres de l'agriculture, du commerce et de l'industrie,

Vu la loi du 1ᵉʳ août 1905 sur la répression des fraudes dans la vente des marchandises et des falsifications des denrées alimentaires et des produits agricoles, modifiée par la loi du 5 août 1908, et notamment l'article 11 ainsi conçu :

« Il sera statué par des règlements d'administration publique sur les mesures à prendre pour assurer l'exécution de la présente loi, notamment en ce qui concerne :

« 1° La vente, la mise en vente, l'exposition et la détention des denrées, boissons, substances et produits qui donneront lieu à l'application de la présente loi ;

« 2° Les inscriptions et marques indiquant soit la composition, soit l'origine des marchandises, soit les appellations régionales et de crus particuliers que les acheteurs pourront exiger sur les factures, sur les emballages ou sur les produits eux-mêmes, à titre de garantie de la part des vendeurs, ainsi que les indications extérieures ou apparentes nécessaires pour assurer la loyauté de la vente et de la mise en vente ; la définition et la dénomination des boissons, denrées et produits, conformément aux usages commerciaux ; les traitements licites dont ils pourront être l'objet en vue de leur bonne fabrication ou de leur conservation ; les caractères qui les rendent impropres à la consommation ; la délimitation des régions pouvant prétendre exclusivement aux appellations de provenance des produits. Cette délimitation sera faite en prenant pour bases les usages locaux constants ; »

Vu le décret du 3 septembre 1907, règlementant l'application de la loi du 1ᵉʳ août 1905 en ce qui concerne les vins, les vins mousseux, les eaux-de-vie et spiritueux, et notamment l'article 10 ainsi conçu :

« En vue d'assurer la protection des appellations régionales et de crus particuliers réservées aux vins, vins mousseux, eaux-de-vie et spiritueux qui ont, par leur origine, un droit exclusif à ces appellations, il sera statué ultérieurement, par des règlements d'administration publique, sur la délimitation des régions pouvant prétendre exclusivement aux appellations de provenance des produits » ;

Vu les avis du garde des sceaux, ministre de la justice, et du ministre des finances ;

Le Conseil d'Etat entendu,

Décrète :

ᴀʀᴛ. 1ᵉʳ. — L'appellation « Clairette de Die » est exclusivement réservée aux vins récoltés et manipulés entièrement sur les territoires ci-après délimités :

DÉPARTEMENT DE LA DRÔME

Arrondissement de Die

Canton de Die. — Toutes les communes.

Canton de Châtillon-en-Diois. — Les communes suivantes : Châtillon-en-Diois, Menglon, Saint-Roman.

Canton de Luc-en-Diois. — Les communes suivantes : Barnave, Jansac, Luc-en-Diois, Montlaur, Poyols et Recoubeau.

Canton de Saillans. — Les communes sui-

vantes : Aubenasson, Aurel, Espenel, Rimon-et-
Savel, Saillans, Saint-Benoît, Saint-Sauveur,
Vercheny, Vérone.

Canton de Crest Sud. — La commune de
Piégros-la-Clastre.

Canton de Crest Nord. — Les communes
suivantes : Aouste, Beaufort, Cobonne, Mira-
bels-et-Blacons, Monclar, Suze et la partie de
Crest comprise entre la Drôme et la Crête-de-
la-Raye à l'est de la ville.

ART. 2. — Les ministres de l'agriculture, du
commerce et de l'industrie, de la justice et des
finances, sont chargés, chacun en ce qui le
concerne, de l'exécution du présent décret, qui
sera publié au *Journal officiel de la République
française* et inséré au *Bulletin des lois*.

Fait à Paris, le 21 avril 1910.

Signé : A. FALLIÈRES.

Loi du 10 février 1911 fixant les mesures à prendre dans la région délimitée pour garantir l'origine des vins de Champagne.

(Promulguée au *Journal officiel* du 11 février 1911.)

LE SÉNAT ET LA CHAMBRE DES DÉPUTÉS ONT
ADOPTÉ,

LE PRÉSIDENT DE LA RÉPUBLIQUE PROMUL-
GUE LA LOI dont la teneur suit :

ART. 1er. — L'expédition de régie délivrée à
la sortie des pressoirs, celliers et caves des propriétaires récoltants de la région délimitée

« Champagne » portera une mention d'origine pour toute vendange ou tout vin récolté dans cette région.

ART. 2. — Pour bénéficier de la dénomination de champagne, les vins mousseux devront provenir de vendanges et vins qui auront été récoltés dans la Champagne délimitée et auront été, dans cette même région, emmagasinés, manipulés et complètement manutentionnés dans des locaux séparés, sans aucune communication autre que par la voie publique, de tous locaux contenant des vendanges ou vins étrangers à la région. Les mutations entre ces locaux auront lieu sous acquit-à-caution portant mention d'origine.

Un délai de trois mois, à dater de la promulgation de la présente loi, est accordé aux commerçants qui :

1° Font ou ont fait depuis le 1er septembre à la fois le commerce des vins originaires de la Champagne délimitée et celui des vins d'autre origine ;

2° N'ont qu'un seul magasin ou, s'ils en ont plusieurs, ne peuvent avoir qu'un seul accès sur la voie publique.

Par exception au premier paragraphe du présent article, pourront être introduits dans les locaux visés par ce paragraphe les vins destinés à la consommation du fabricant et des personnes qu'il emploie, dans les limites et sous les conditions fixées annuellement par le directeur départemental des contributions indirectes.

Par exception également, pourront être maintenus, au maximum pendant un délai d'un

an à partir de la promulgation de la présente
loi, dans les caves et celliers contenant les vins
d'origine champenoise, les vins d'autre origine qui s'y trouveraient lors de la déclaration
prévue par l'article 4 et ceux qui y auraient
été introduits en vertu du deuxième paragraphe
du présent article.

Pendant le délai prévu au paragraphe précédent, un compte spécial des vins originaires
de la région délimitée sera tenu dans les magasins mixtes ; il sera soumis aux mêmes règles et
sous les mêmes sanctions pénales que le compte
général des vins. Ce compte spécial servira de
base à la délivrance des titres de mouvement
portant mention d'origine.

ART. 3. — Après un délai d'un an à dater de
la promulgation de la présente loi, les vins
mousseux de Champagne ne pourront sortir des
magasins séparés visés par l'article précédent,
sans que les bouteilles soient revêtues d'une
étiquette portant le mot « champagne » en
caractères très apparents ; les caisses ou emballages contenant ces bouteilles devront porter
ce même mot. Les bouteilles contenant les vins
qui subiront l'opération du dégorgeage, après
un délai d'un mois à dater de la promulgation
de la présente loi, devront être fermées d'un
bouchon portant le même mot sur la partie
contenue dans le col des bouteilles.

ART. 4. — Les commerçants et fabricants
soumis au régime de l'article 2 déclareront à la
régie, dans les huit jours de la promulgation
de la présente loi, leurs stocks en vin originaire
de la Champagne. Le service des contributions
indirectes pourra se faire fournir des justifica-

tions d'origine et rejeter tout ou partie de ces déclarations, sauf recours devant un tribunal arbitral formé par un expert choisi par la régie, un expert choisi par la partie et, en cas de désaccord, un expert désigné par le président du tribunal civil.

ART. 5. — Les contraventions aux dispositions de la présente loi seront punies de la confiscation des vins, d'une amende de 500 à 5,000 francs, indépendamment des pénalités qui pourront être prononcées par application de la loi du 1er août 1905. Elles seront constatées et poursuivies comme en matière de contributions indirectes.

La présente loi, délibérée et adoptée par le Sénat et par la Chambre des députés, sera exécutée comme loi de l'Etat.

Fait à Paris, le 10 février 1911.

Signé : A. FALLIÈRES.

Le Ministre des Finances,
Signé : L.-L. KLOTZ.

Rapport au Président de la République suivi d'un décret portant règlement d'administration publique pour la délimitation de la région ayant pour ses vins un droit exclusif à l'appellation « bordeaux ».

(Insérés au *Journal officiel* du 19 février 1911.)

RAPPORT

AU PRÉSIDENT DE LA RÉPUBLIQUE FRANÇAISE

Paris, le 17 février 1911.

Monsieur le Président,

Nous avons l'honneur de vous soumettre un projet de décret portant règlement d'administration publique pour la délimitation de la région dont les vins ont droit à l'appellation régionale « bordeaux ».

La loi du 1ᵉʳ août 1905, complétée par la loi du 5 août 1908, a, en effet, laissé au Gouvernement le soin de procéder par voie réglementaire après avis du Conseil d'Etat, à « la délimitation des régions pouvant prétendre exclusivement aux appellations de provenance des produits ».

Déjà un certain nombre de décrets de délimitation ont été publiés, concernant les régions qui produisent les vins de Champagne, de Banyuls, la clairette de Die, les eaux-de-vie de Cognac et d'Armagnac.

Dès la mise en vigueur de cette législation, les viticulteurs de la Gironde réclamèrent la délimitation de la région productrice des vins de Bordeaux, afin de mieux défendre leurs

produits tant sur les marchés intérieurs qu'à
l'étranger ; et une commission locale fut constituée en 1907 à Bordeaux à l'effet de rechercher sur place les justifications nécessaires.

Cette commission, qui comprenait des représentants du commerce et de la viticulture des
trois départements de la Gironde, du Lot-et-
Garonne et de la Dordogne, poursuivit ses
recherches pendant plus de deux années.

Parallèlement, il était procédé à une enquête
technique par les inspecteurs généraux de la
viticulture, dans le but de déterminer l'étendue
du vignoble bordelais, c'est-à-dire l'ensemble
des territoires contigus où, sous un même climat, on cultive les mêmes cépages dans les sols
identiques ou de même origine géologique.

Lorsque furent réunis tous les renseignements et documents d'ordre historique, admi-
nistratifs, judiciaire et technique susceptibles
d'éclairer la question, le Gouvernement saisit
le Conseil d'État du dossier de l'affaire en lui
faisant connaître sa manière de voir.

Au mois d'août 1909, la haute assemblée
émit l'avis que la délimitation devait comprendre les communes viticoles de la Gironde ainsi
que quelques communes limitrophes appartenant aux départements du Lot-et-Garonne et
de la Dordogne.

Mais, lorsque cet avis fut connu, de nombreuses et vives protestations s'élevèrent. Aussi
le ministre de l'agriculture crut-il nécessaire
d'inviter les préfets des départements en cause
à procéder à un supplément d'enquête sur les
faits nouveaux allégués par les protestataires.

Cette enquête complémentaire a donné lieu

à l'élaboration d'un nombre considérable de documents, notamment de délibérations des assemblées locales, fortement motivées, d'avis de groupes syndicaux de la propriété et du commerce et enfin de mémoires imprimés retraçant à l'aide des archives locales l'histoire viticole de ces régions depuis le treizième siècle.

En outre, furent versés au dossier les résultats des enquêtes qui s'étaient spontanément ouvertes dans les départements du Lot, du Tarn-et-Garonne, du Tarn et de la Charente-Inférieure.

En transmettant l'ensemble de ces documents, les préfets firent connaître au ministre de l'agriculture que quelques représentants des régions intéressées avaient exprimé le désir de compléter, par des explications orales devant le Conseil d'Etat, les arguments consignés dans leurs mémoires écrits.

Aussi, en saisissant à nouveau de la question la haute assemblée, le Gouvernement crut-il devoir insister pour qu'elle voulût bien déroger à sa règle traditionnelle en matière administrative, et c'est ainsi que, très libéralement, le Conseil d'Etat admit les représentants élus des départements en cause, les délégués des syndicats de la viticulture de ces mêmes départements et les représentants du commerce en gros de la Gironde à présenter devant lui leurs observations orales.

A la suite de ces auditions, au cours desquelles les intéressés déclarèrent avoir fourni toutes leurs justifications et demandé instamment une solution définitive, il fut reconnu que toute mesure supplémentaire d'instruction ne pouvant apporter aucun élément nouveau de décision, il y avait lieu d'examiner l'affaire au fond.

Se fondant sur les résultats de cette triple enquête, le Conseil d'Etat a reconnu que le droit à l'appellation de provenance « bordeaux» n'est pas contesté pour les communes viticoles de la Gironde, et il a émis l'avis que cette appellation doit être exclusivement réservée aux vins récoltés sur ces territoires. Par suite, il a écarté les demandes des communes intéressées des départements de la Dordogne et du Lot-et-Garonne. Dans une note jointe au projet de décret qu'il a adopté, se trouvent indiquées les raisons essentielles de ses conclusions ; il nous a paru intéressant d'en citer cet extrait :

« .. les représentants de cette partie de la Dordogne et du Lot-et-Garonne n'ont pas justifié que les usages locaux constants leur donnent droit à l'appellation de provenance « bordeaux », les vins récoltés sur ces territoires, malgré la similitude de sol, de climat, de cépage et de mode de culture, n'ayant jamais été vendus directement soit au consommateur, soit au commerce, sous le nom de « bordeaux », qu'à la vérité ces vins sont, en vertu d'usages locaux constants confirmés par des documents officiels, achetés de temps immémorial par le commerce bordelais et employés par lui aux coupages constituant les types commerciaux de « bordeaux ordinaires » mais que cette pratique commerciale ne suffit pas à constituer un droit aux appellations de provenance. Or, aux termes de l'article 11 de la loi de 1905-1908, les

décrets de délimitation ont comme objet unique
de déterminer les territoires ayant pour leurs
vins un droit exclusif aux appellations de provenance. On ne saurait donc, en l'état actuel
de la législation, et qu'il y ait ou non enquête .
complémentaire, introduire dans le décret de
délimitation de la région de Bordeaux la recon-
naissance légale des usages commerciaux
constants invoqués par les viticulteurs du
Lot-et-Garonne et de la Dordogne. »

Partageant la manière de voir du Conseil
d'Etat, nous estimons que les lois de 1905-
1908 ne donnent pas au Gouvernement le pouvoir de comprendre dans une délimitation ter-
ritoriale du « bordeaux », des régions produisant des vins qui entrent bien dans les coupages des vins de Bordeaux non classés, mais
qui n'ont jamais été vendus directement par
le propriétaire sous le nom de « bordeaux ».

En conséquence, nous avons l'honneur,
Monsieur le Président, de soumettre à votre
haute sanction le projet de décret suivant.

Nous vous prions d'agréer, Monsieur le Président, l'hommage de notre profond respect.

Le Ministre du commerce et de l'industrie,
Signé : JEAN DUPUY.

Le Ministre de l'agriculture,
Signé : RAYNAUD.

Décret du 18 février 1911 portant règlement d'administration publique pour la délimitation de la région ayant pour ses vins un droit exclusif à l'appellation « bordeaux ».

(Promulgué au *Journal officiel* du 19 février 1911.)

LE PRÉSIDENT DE LA RÉPUBLIQUE
FRANÇAISE,

Sur le rapport des ministres de l'agriculture et du commerce et de l'industrie,

Vu la loi du 1er août 1905 sur la répression des fraudes dans la vente des marchandises et des falsifications des denrées alimentaires et des produits agricoles, modifiée par la loi du 5 août 1908, et notamment l'article 11 ainsi conçu :

« Il sera statué par des règlements d'administration publique sur les mesures à prendre pour assurer l'exécution de la présente loi, notamment en ce qui concerne :

« 1º La vente, la mise en vente, l'exposition et la détention des denrées, boissons, substances et produits qui donneront lieu à l'application de la présente loi ;

« 2º Les inscriptions et marques indiquant soit la composition, soit l'origine des marchandises, soit les appellations régionales et de crus particuliers que les acheteurs pourront exiger sur les factures, sur les emballages ou sur les produits eux-mêmes, à titre de garantie de la part des vendeurs ainsi que les indications extérieures ou apparentes nécessaires pour assurer la loyauté de la vente et de la mise en vente ; la définition et la dénomination des boissons, denrées et produits conformément aux usages commerciaux ; les traitements licites dont ils pourront être l'objet en vue de leur bonne fabrication ou de leur conservation ; les caractères qui les rendent impropres à la consommation ; la délimitation des régions pouvant prétendre exclusivement aux appellations de provenance des produits. Cette délimitation sera faite en prenant pour bases les usages locaux constants » ;

Vu le décret du 3 septembre 1907 réglementant l'application de la loi du 1er août 1905, en ce qui concerne les vins, les vins mousseux, les eaux-de-vie et spiritueux et notamment l'article 10 ainsi conçu :

« En vue d'assurer la protection des appellations régionales et de crus particuliers réservées aux vins, vins mousseux, eaux-de-vie et spiritueux qui ont, par leur origine, un droit exclusif à ces appellations, il sera statué ultérieurement, par des règlements d'administration publique, sur la délimitation des régions pouvant prétendre exclusivement aux appellations de provenance des produits » ;

Vu les avis du garde des sceaux, ministre de la justice, et du ministre des finances ;

Le Conseil d'Etat entendu,

Décrète :

Art. 1er. — L'appellation régionale « bordeaux » est exclusivement réservée aux vins récoltés sur les territoires ci-après délimités :

Le département de la Gironde, les communes suivantes exceptées :

Arrondissement de Lesparre.

Canton de Saint-Laurent : Carcans-Hourtin.

Arrondissement de Bordeaux.

Canton d'Arcachon : toutes les communes.
Canton d'Audenge : toutes les communes.
Canton de Belin : toutes les communes.
Canton de la Teste : toutes les communes.
Canton de Castelnau : Brach, Saumos,
Lacanau, le Temple, le Porge.

Arrondissement de Bazas.

Canton de Grignols : Lerm-et-Musset.
Canton de Villandraut : Bourideys, Lucmau,
Cazalis.
Canton de Saint-Symphorien : Hostens,
Saint-Léger, Saint-Symphorien.
Canton de Captieux : toutes les communes.

Art. 2. — Les ministres de la justice, des
finances, de l'agriculture, du commerce et de
l'industrie, sont chargés, chacun en ce qui le
concerne, de l'exécution du présent décret, qui
sera publié au *Journal Officiel* de la République
française et inséré au *Bulletin des Lois.*

Fait à Paris, le 18 février 1911.

Signé : A. FALLIÈRES.

Décret du 7 juin 1911 désignant les territoires qui constituent une région dénommée « Champagne deuxième zone » et entièrement distincte de la région « Champagne » qui a été délimitée par le décret du 17 décembre 1908 et qui est seule soumise au régime de la loi du 10 février 1911.

(Promulgué au *Journal officiel* du 9 juin 1911.)

LE PRÉSIDENT DE LA RÉPUBLIQUE FRANÇAISE,

Sur le rapport des ministres de la justice, des finances, de l'agriculture, du commerce et de l'industrie,

Vu la loi du 1er août 1905 sur la répression des fraudes dans la vente des marchandises et des falsifications des denrées alimentaires et des produits agricoles, modifiée par la loi du 5 août 1908, et notamment l'article 11, ainsi conçu :

« Il sera statué par des règlements d'administration publique sur les mesures à prendre pour assurer l'exécution de la présente loi, notamment en ce qui concerne :

« 1° La vente, la mise en vente, l'exposition et la détention des denrées, boissons, substances et produits qui donneront lieu à l'application de la présente loi ;

« 2° Les inscriptions et marques indiquant soit la composition, soit l'origine des marchandises, soit les appellations régionales et de crus particuliers que les acheteurs pourront exiger sur les factures, sur les emballages ou sur les produits eux-mêmes, à titre de garantie de la part des vendeurs ainsi que les indications

extérieures ou apparentes nécessaires pour
assurer la loyauté de la 'vente et de la mise en
vente, la définition et la dénomination des
boissons, denrées et produits, conformément
aux usages commerciaux ; les traitements
licites dont ils pourront être l'objet en vue de
leur bonne fabrication ou de leur conservation ;
les caractères qui les rendent impropres à la
consommation ; la délimitation des régions
pouvant prétendre exclusivement aux appellations de provenance des produits. Cette délimitation sera faite en prenant pour bases les
usages locaux constants » ;

Vu' le décret du 3 septembre 1907, règlementant l'application de la loi du 1er août 1905,
en ce qui concerne les vins, les vins mousseux,
les eaux-de-vie et spiritueux, et notamment
l'article 10 ainsi conçu :

« 'En vue d'assurer la protection des appellations régionales et de crus particuliers réservées aux vins, vins mousseux, eaux-de-vie et
spiritueux qui ont, par leur origine, un droit
exclusif à ces appellations, il sera statué ultérieurement, par des règlements d'administration
publique, sur la délimitation des régions pouvant prétendre exclusivement aux appellations de provenance des produits ; »

Vu le décret du 17 décembre 1908, délimitant les territoires auxquels est exclusivement
réservée l'appellation régionale « Champagne »
en ce qui concerne les vins récoltés et manipulés sur ces territoires ;

Vu la loi, du 10 février 1911, fixant les
mesures à prendre dans la région délimitée
pour garantir l'origine des vins de Champagne ;

Le Conseil d'Etat entendu,

Décrète :

ART. 1ᵉʳ. — Les territoires ci-après désignés constituent une région dénommée « Champagne deuxième zone » et entièrement distincte de la région « Champagne » qui a été délimitée par le décret du 17 décembre 1908 et qui est seule soumise au régime de la loi du 10 février 1911 :

Département de la Marne

Arrondissement de Vitry-le-François. — Toutes les communes à l'exception de celles comprises dans la région délimitée par le décret du 17 décembre 1908.

Arrondissement de Sainte-Menehould. — Toutes les communes.

Département de l'Aube

Arrondissement d'Arcis-sur-Aube : canton de Chavanges. — Toutes les communes.

Arrondissement de Bar-sur-Aube. — Toutes les communes.

Arrondissement de Bar-sur-Seine. — Toutes les communes.

Arrondissement de Nogent-sur-Seine : canton de Villenauxe. — Toutes les communes.

Département de la Haute-Marne

Arrondissement de Wassy. — Toutes les communes,

Département de Seine-et-Marne

Arrondissement de Meaux : canton de la Ferté-sous-Jouarre. — Les communes de Nanteuil, Citry.

ART. 2. — L'appellation régionale « Champagne deuxième zone » est réservée :

1º Aux vins récoltés dans la « Champagne deuxième zone » et entièrement manipulés dans cette région ou dans celle de la « Champagne ».

2º Aux vins obtenus par le mélange de crus des deux régions « Champagne » et « Champagne deuxième zone » et entièrement manipulés dans l'une ou l'autre de ces régions.

Aucune opération d'emmagasinement, de manipulation et de manutention des vins de la « Champagne deuxième zone » employés seuls ou en mélange avec ceux de la « Champagne », ne pourra être faite, sur les territoires délimités par le décret du 17 décembre 1908, dans les locaux que la loi du 10 février 1911 réserve exclusivement aux vins de ces territoires.

ART. 3. — Sur les étiquettes, factures, papiers de commerce, emballages et récipients portant l'appellation « Champagne deuxième zone », la mention « deuxième zone » devra être inscrite en toutes lettres immédiatement après le mot « Champagne » et en caractères identiques.

ART. 4. — Les ministres de la justice, des finances, de l'agriculture et du commerce et de l'industrie sont chargés, chacun en ce qui le concerne, de l'exécution du présent décret, qui

11.

sera publié au *Journal Officiel* de la République française et inséré au *Bulletin des lois*.

Fait à Paris, le 7 juin 1911.

Signé : A. FALLIÈRES.

Loi du 6 mai 1919 relative à la protection des appellations d'origine

(Promulguée au *Journal officiel* du 8 mai 1919.)

LE SÉNAT ET LA CHAMBRE DES DÉPUTÉS ONT ADOPTÉ,

LE PRÉSIDENT DE LA RÉPUBLIQUE PROMULGUE LA LOI dont la teneur suit :

ACTIONS CIVILES

ART. 1er. — Toute personne qui prétendra qu'une appellation d'origine est appliquée à son préjudice direct ou indirect et contre son droit à un produit naturel ou fabriqué et contrairement à l'origine de ce produit, ou à des usages locaux, loyaux et constants, aura une action en justice pour faire interdire l'usage de cette appellation.

La même action appartiendra aux syndicats et associations régulièrement constitués depuis six mois au moins, quant aux droits qu'ils ont pour objet de défendre.

ART. 2. — L'action sera portée devant le tribunal civil du lieu d'origine du produit dont l'appellation est contestée. La demande sera dispensée du préliminaire de conciliation et instruite et jugée comme en matière sommaire.

ART. 3. — Dans la huitaine de l'assignation, le demandeur devra faire insérer, dans un journal d'annonces légales de l'arrondissement de son domicile, et aussi dans un journal d'annonces légales de l'arrondissement du tribunal saisi, une note succincte indiquant ses noms, prénoms, profession et domicile, les noms, prénoms et domicile de son avoué, ceux du défendeur et de l'avoué de celui-ci, s'il a été constitué, et l'objet de la demande.

Les débats ne pourront commencer que quinze jours après la publication de la note prévue au paragraphe précédent.

ART. 4. — Toute personne, tout syndicat et association remplissant les conditions de durée et d'intérêt prévues à l'article 1er pourra intervenir dans l'instance.

ART. 5. — Dans la huitaine de la notification de l'acte, l'appelant ou les appelants devront faire les insertions prévues à l'article 3 de la présente loi.

Les débats ne pourront commencer devant la cour que quinze jours après ces insertions.

ART. 6. — Les arrêts de la cour d'appel pourront être déférés à la cour de cassation.

En cas de pourvoi devant la cour de cassation, celle-ci sera compétente pour apprécier si les usages invoqués pour l'emploi d'une appellation d'origine possèdent tous les caractères légaux exigés par l'article 1er.

Le pourvoi sera suspensif.

ART. 7. — Les jugements ou arrêts définitifs décideront à l'égard de tous les habitants et propriétaires de la même commune ou, le cas échéant, d'une partie de la même commune.

ACTIONS CORRECTIONNELLES

ART. 8. — Quiconque aura soit apposé, soit fait apparaître, par addition, retranchement ou par une altération quelconque, sur des produits naturels ou fabriqués, mis en vente ou destinés à être mis en vente, des appellations d'origine qu'il savait inexactes sera puni d'un emprisonnement de trois mois au moins, d'un an au plus et d'une amende de cent à deux mille francs (100 à 2.000 fr.) ou de l'une de ces deux peines seulement.

Le tribunal pourra, en outre, ordonner l'affichage du jugement dans les lieux qu'il désignera et son insertion intégrale ou par extrait dans les journaux qu'il indiquera, le tout aux frais du condamné.

Quiconque aura vendu, mis en vente ou en circulation, des produits naturels ou fabriqués portant une appellation d'origine qu'il s'avait inexacte, sera puni des mêmes peines.

ART. 9. — Toute personne qui se prétendra lésée par le délit prévu à l'article précédent, tout syndicat et association réunissant les conditions de durée et d'intérêt prévues à l'article 1er, pourra se constituer partie civile conformément aux dispositions du Code d'instruction criminelle.

DISPOSITIONS SPÉCIALES
AUX APPELLATIONS D'ORIGINE S'APPLIQUANT
AUX VINS ET AUX EAUX-DE-VIE

ART. 10. — Les appellations d'origine des produits vinicoles ne pourront jamais être

considérées comme présentant un caractère
générique et tombées dans le domaine public.

Art. 11. — Tout récoltant qui entend donner
à son produit une appellation d'origine est
tenu de l'indiquer dans sa déclaration de
récolte.

Le service chargé de la protection des appellations d'origine au ministère de l'agriculture
et du ravitaillement procédera à l'enregistrement et à la publicité des déclarations faites
dans les mairies par les récoltants lorsqu'elles
comporteront l'emploi d'une appellation d'origine dont l'usage n'a pas été reconnu au déclarant.

L'enregistrement de ces déclarations, prévu
au deuxième paragraphe du présent article,
ainsi que leur insertion dans un recueil officiel
donneront lieu à la perception de taxes à déterminer par un règlement d'administration
publique.

Art. 12. — A dater du 1er septembre 1919,
toute personne faisant le commerce en gros de
vins, vins doux naturels, vins de liqueurs et eaux-
de-vie ou, plus généralement, toute personne
ou association ayant un compte de gros avec
la régie, sera soumise, pour les produits achetés
ou vendus avec appellation d'origine française, à la tenue d'un compte spécial d'entrées
et de sorties. Ce compte sera arrêté mensuelle-
ment par nature de produits et tenu sur place
à la disposition des employés des contributions
indirectes du grade de contrôleur et au-dessus
et des inspecteurs régionaux et départementaux du service de la répression des fraudes.

Les inscriptions d'entrée et de sortie sur ce

registre seront faites de suite et sans aucun
blanc. Elles indiqueront les quantités de marchandises et d'origine sous l'appellation de
laquelle elles auront été achetées.

A moins que ces marchandises ne soient
revendues sans aucune appellation d'origine
française, elles seront inscrites à la sortie avec
le numéro de la pièce de régie, soit sous la
même appellation qu'à l'entrée, soit sous l'une
des appellations plus générales auxquelles elles
ont droit d'après les usages locaux, loyaux et
constants.

Les quantités, espèces et dénominations des
produits susceptibles d'être vendues avec la
désignation d'origine existant en magasin
seront déclarées par le négociant à l'expiration
du délai fixé au paragraphe 1er du présent
article et inscrites à cette date.

En cas de vente, les factures devront, pour
les produits vendus avec désignation d'origine
française, reproduire l'indication prévue au
paragraphe 3 du présent article, et en ce qui
concerne les eaux-de-vie, porter la mention du
titre de mouvement et sa couleur.

Pour les marchandises destinées à l'exportation, les titres de transport devront porter les
mêmes indications.

La soumission par laquelle tout expéditeur
de vin doux naturel demandera une expédition
de régie mentionnera le nom du cru.

Il n'est apporté aucune modification au
régime des eaux-de-vie, notamment aux dispositions de la loi du 31 mars 1903 les concernant.

Les dispositions prévues au présent article
pourront, par décret, soumis dans le délai d'un

mois à la ratification des Chambres, être rendues applicables aux vins, vins de liqueur et
eaux-de-vie provenant de pays étrangers dans
lesquels des mesures de protection équivalentes
auront été prises.

ART. 13. — L'expédition de régie délivrée à
la sortie des pressoirs, celliers et caves indiquera
l'appellation d'origine, figurant dans la déclaration de récolte ou celle, plus générale, résultant des usages locaux, loyaux et constants.

ART. 14. — Tout distillateur, récoltant ou
non, qui voudra donner une appellation d'origine à des eaux-de-vie ne bénéficiant pas de la
présomption légale inscrite dans l'article 24
ci-dessous, devra en faire la déclaration tant à
la mairie de son domicile qu'à celle du lieu de la
distillation, dans la huitaine qui précédera le
commencement de la distillation. Cette déclaration sera inscrite sur un registre spécial dont
communication sera faite à tout requérant.

Art. 15. — L'appellation d'origine donnée
aux eaux-de-vie dans la déclaration prévue à
l'article 11 sera acquise, si, dans le délai d'un
an, elle n'est pas contestée. Le délai courra à
dater de la publication au recueil officiel prévu
au dit article.

Pendant ce délai, les eaux-de-vie déclarées
sous appellation d'origine, lorsqu'elles pro-
viendront de régions non comprises dans les
décrets de délimitation antérieurement rendus,
devront être logées et manipulées dans des
locaux séparés n'ayant, avec ceux où se trouvent d'autres eaux-de-vie, aucune communication excepté par la voie publique.

Si l'appellation d'origine est contestée avant

l'expiration de ce délai, l'obligation des locaux séparés sera maintenue jusqu'à ce qu'une décision judiciaire définitive soit intervenue.

DISPOSITIONS SPÉCIALES AUX VINS MOUSSEUX

Art. 16. — Les récoltants et fabricants ayant le droit de donner à leurs vins mousseux l'appellation d'origine « champagne » devront, en outre des justifications exigées par l'article 12 de la présente loi, emmagasiner, manipuler et complètement manutentionner leurs vendanges et leurs vins dans des locaux séparés, sans aucune communication, autre que par la voie publique avec tous locaux contenant des vendanges ou vins auxquels ne s'appliquera pas l'appellation d'origine « champagne ».

Art. 17. — L'appellation d'origine « champagne » donnée aux vins mousseux dans la déclaration prévue à l'article 11 sera acquise si, dans le délai d'un an, elle n'est pas contestée. Le délai courra à dater de la publication au recueil officiel prévu au dit article.

Pendant ce délai, et jusqu'au jugement définitif s'il y a contestation, les vins mousseux auxquels l'appellation d'origine « champagne » pourra être contestée, devront être emmagasinés, manipulés et complètement manutentionnés dans des locaux séparés, n'ayant, avec ceux où se trouvent d'autres vins ou vendanges, aucune communication, excepté par la voie publique.

Art. 18. — Un délai de trois mois, à dater de la promulgation de la présente loi, est accordé, pour se conformer aux prescriptions de l'article précédent, aux commerçants qui, détenteurs de vins récoltés en dehors de la région délimitée par le décret du 17 décembre 1908 :

1° Font ou ont fait, depuis le 1ᶜʳ avril 1914, à la fois le commerce des vins, devant recevoir l'appellation d'origine « champagne » et celui des vins sans appellation ;

2° N'ont qu'un seul magasin ou, s'ils en ont plusieurs, ne peuvent avoir qu'un seul accès sur la voie publique.

Dans le même délai de trois mois de la promulgation de la présente loi, les récoltants des régions non délimitées par le décret du 17 décembre 1908 pourront faire la déclaration prévue à l'article 11 ci-dessus.

Art. 19. — Par exception aux dispositions de l'article 16 ci-dessus, pourront être introduits dans les locaux visés par cet article, les vins destinés à la consommation du récoltant ou fabricant et des personnes qu'il emploie, dans les limites et sous les conditions fixées annuellement par le directeur départemental des contributions indirectes.

Art. 20. — Les vins mousseux ayant droit à l'appellation d'origine « champagne » ne pourront sortir des magasins séparés visés aux articles 16 et 17 ci-dessus sans que les bouteilles soient revêtues d'une étiquette portant le mot « champagne » en caractères très apparents ; les caisses ou emballages contenant ces bouteilles devront porter le même mot aussi en caractères très apparents.

Les bouteilles contenant les vins devront être fermées d'un bouchon portant le même mot sur la partie contenue dans le col de la bouteille.

Aʀᴛ. 21. — Les vins mousseux sans appellation d'origine ne pourront être mis en vente
sans que les bouteilles soient revêtues, dans les
trois mois de la promulgation de la présente
loi, d'une étiquette portant les mots « vin mousseux » en caractères très apparents.

De même, les bouteilles des vins dont l'effervescence aura été obtenue, même partielle-
ment, par addition d'acide carbonique ne provenant pas de leur propre fermentation, devront
porter en caractères très apparents, la mention
« vins mousseux gazéifiés ».

Aʀᴛ. 22. — Les infractions aux dispositions
des articles 12, 14, 15, 16, 17, 18, 19, 20 et 21
ci-dessus seront punies d'un emprisonnement
d'un mois au moins et d'un an au plus et d'une
amende de cent francs (100 fr.) au moins et de
cinq mille francs (5 000 fr.) au plus ou de l'une
de ces deux peines seulement.

Pourront aussi les tribunaux ordonner la
publication du jugement de condamnation
intégralement ou par extrait dans tels journaux qu'ils désigneront et son affichage aux
portes du domicile et des magasins du condamné, le tout aux frais de celui-ci.

Sera punie des peines portées au paragraphe
précédent toute fausse déclaration ayant pour
but d'obtenir une des expéditions prévues par
les articles 23 et 24 de la loi du 31 mars 1903, et
par l'article 25 de la loi du 6 août 1905, sans préjudice des sanctions prévues par les lois fiscales.

Aʀᴛ. 23. — L'article 463 du Code pénal est
applicable aux délits prévus par la présente loi.

Aʀᴛ. 24. — Sont et demeurent abrogés :
1º L'article 11 de la loi du 1er août 1905,

mais en tant seulement qu'il a décidé que des règlements d'administration publique statueraient sur les mesures à prendre en ce qui concerne les appellations régionales ;

2º L'article 1er de la loi du 5 août 1908 complétant l'article 11 de la loi de 1905, en ce qu'il a décidé qu'il serait procédé par des règlements d'administration publique à la délimitation des régions pouvant prétendre aux appellations de provenance de produits ;

3º La loi du 10 février 1911 ;

4º Tous règlements d'administration publique rendus en exécution des textes abrogés.

Toutefois, les producteurs, fabricants et négociants des régions délimitées par les décrets des 17 décembre 1908, 1er mai 1909, 25 mai 1909, 18 septembre 1909, 21 avril 1910, 18 février 1911, 7 juin 1911, pourront invoquer, à titre de présomption légale, les dispositions de ces décrets, en tant qu'elles leur donnent le droit d'appliquer une appellation d'origine à leurs produits.

ART. 25. — La présente loi est applicable à l'Algérie et aux colonies.

La présente loi, délibérée et adoptée par le Sénat et par la Chambre des députés, sera exécutée comme loi de l'Etat.

Fait à Paris, le 6 mai 1919.

Signé : R. POINCARÉ.

Le Ministre de l'agriculture et du ravitaillement,
Signé : VICTOR BORET.

Le Ministre des finances,
Signé : L.-L. KLOTZ.

Circulaire du 6 juin 1919 aux préfets pour l'application de la loi sur la protection des appellations d'origine.

(Insérée au *Journal officiel* du 15 juin 1919.)

LE MINISTRE DE L'AGRICULTURE ET DU RAVITAILLEMENT, A MM. LES PRÉFETS

Paris, le 6 juin 1919.

J'ai l'honneur d'appeler tout spécialement votre attention sur les dispositions de la loi du 6 mai 1919 relative à la protection des appellations d'origine.

Aucun règlement d'administration publique n'ayant été prévu pour l'application de cette loi, en dehors de celui qui doit fixer les taxes à établir en vertu de l'article 11, il importe d'autant plus de donner par voie de circulaire toutes les précisions de nature à faciliter l'exécution du nouveau texte.

L'exposé des motifs du projet de loi du 30 juin 1911, qui, après bien des modifications, a donné naissance aux dispositions nouvelles, indiquait en ces termes l'objet de la réforme : « Le but à atteindre est d'assurer, aussi rigoureusement que possible, la protection des appellations d'origine, c'est-à-dire de défendre les producteurs de toute région intéressée contre des usurpations de nom qui les ruinent, et, en même temps, de protéger l'acheteur contre les tromperies concernant l'origine des produits, lorsque l'origine de ceux-ci est la cause principale de la vente, — Au régime des délimitations réglementaires, que l'expérience nous contraint d'abandonner, doit succéder un ensemble de mesures qui tendent aux mêmes fins par des voies différentes et dont le caractère essentiel est de faciliter aux producteurs et négociants, individuellement, ou groupés dans leurs syndicats, la défense de leurs intérêts légitimes concernant la propriété collective des dénominations géographiques de provenance des produits ».

Le texte qui a été finalement voté diffère par sa forme et par son étendue du projet primitif de 1911, mais le but est resté le même.

Tout en maintenant, à titre de présomption légale, aux producteurs des régions délimitées, les droits qui leur avaient été reconnus par décret, les Chambres ont entendu substituer au régime des délimitations administratives résultant de la loi du 1er août 1905 et de la loi du 5 août 1908, un régime nouveau dans lequel les tribunaux seront seuls compétents pour trancher toutes les contestations relatives à l'emploi des appellations d'origine.

La nouvelle loi établit une distinction bien nette entre les actions civiles et les actions correctionnelles qui pourront naître de ces dispositions, suivant que l'appellation d'origine contestée aura été employée de bonne foi ou frauduleusement.

Dans le premier cas, le législateur a spécifié que l'action intentée devra toujours être portée devant le tribunal civil du lieu dans lequel le produit dont l'appellation est contestée a été récolté ou fabriqué.

Cette action pourra être exercée par tous

ceux (notamment syndicats et associations) qui auront un intérêt direct ou indirect dans la cause : elle a pour but de faire interdire l'usage de l'appellation contestée à celui qui l'emploie.

Lorsque la question de propriété de l'appellation d'origine aura été définitivement résolue par la juridiction civile, s'il est passé outre ultérieurement à cette décision, des poursuites correctionnelles pourront être intentées contre les producteurs ou les commerçants visés qui deviendront alors des délinquants et seront passibles des pénalités prévues.

Dans ces instances l'administration n'aura aucunement à intervenir. Elle aura seulement à remplir un rôle d'enregistrement et de publicité.

Aux termes de l'article 11 de la nouvelle loi «tout récoltant en vins qui entend donner à son produit une appellation d'origine, est tenu de l'indiquer dans sa déclaration de récolte ». Suivant l'article 14, tout distillateur qui voudra donner une appellation d'origine à ses eaux-de-vie, devra faire une déclaration identique tant à la mairie de son domicile qu'à celle du lieu de la distillation, dans la huitaine qui précédera le commencement de cette dernière.

L'administration devra procéder à une centralisation et à une publication officielle de ces déclarations lorsqu'elles seront sujettes à contestation, c'est-à-dire lorsque le déclarant utilisant une dénomination autre que le nom même de son département ou de sa commune, ne pourra invoquer à son profit ni la présomption légale établie par l'article 24 de la nouvelle loi, ni une décision de justice reconnaissant formellement son droit.

Particularité fort importante, la publication au recueil officiel des appellations d'origine de vins mousseux vendus comme champagne et d'eaux-de-vie vendues sous une appellation d'origine quelconque, marquera le point de départ d'une prescription d'un an. Si pendant ce délai d'un an, à dater de la publication, l'appellation d'origine n'est pas contestée au déclarant, elle lui est définitivement acquise.

. Aucune prescription semblable n'existe pour les vins, ni pour les vins mousseux vendus sous une autre appellation que celle de champagne. Les déclarations n'en doivent cependant pas moins être enregistrées et publiées, s'il y a lieu, par l'administration centrale.

Pour cette œuvre d'enregistrement et de publicité, la loi du 6 mai 1919 ne jouera pleinement que lors de la prochaine campagne viticole, mais parmi ses dispositions, les unes sont immédiatement applicables, d'autres entreront en application trois mois après sa promulgation, d'autres enfin au 1er septembre prochain.

Afin de répondre aux besoins immédiats et de renseigner tous ceux qui sont intéressés à l'application de la loi nouvelle, je crois devoir vous faire parvenir, dès maintenant, en vous priant de les recommander à l'attention de vos services, les premières instructions pratiques ci-après.

I

DÉCLARATIONS DES APPELLATIONS D'ORIGINE
DE VINS ET D'EAUX-DE-VIE

Epoque et modalités de la déclaration

A. — *Vins en général*. (Mesures à prévoir pour
les prochaines vendanges.)

La déclaration d'appellation d'origine imposée à tous les récoltants en vins par l'article 11
de la loi, sera reçue dans les mairies, en même
temps que la déclaration annuelle de récolte
prescrite par la loi du 29 juin 1907. Elle sera
inscrite, au moins provisoirement, sur le
registre des déclarations de récolte déjà en
usage. Chaque page de ce registre à souche
comporte trois parties :

1. La formule de déclaration qui reste an-
nexée au registre.

2. La copie détachable, destinée à être trans-
mise au receveur buraliste.

3. Le récépissé également détachable destiné
à être remis au déclarant.

Il suffira que le secrétaire de mairie ajoute à
l'encre au bas de la formule de déclaration de
récolte, de la copie et du récépissé la mention :
« Il a déclaré qu'il entend donner aux vins de
sa récolte l'appellation d'origine X... » ou, suivant le cas, la mention : « Il a déclaré qu'il
entend donner aux vins récoltés à (commune
ou partie de commune).... dont la quantité est
de.... litres, l'appellation d'origine X... ».

Cette déclaration devra être renouvelée

chaque année comme la déclaration de récolte
elle-même. Tous les récoltants, aussi bien ceux
des régions précédemment délimitées que ceux
des autres régions devront l'effectuer à l'époque
fixée pour la déclaration de récolte.

B. — *Champagne*
(Mesures d'exécution immédiates.)

Sans attendre les prochaines vendanges et
l'époque des déclarations de récolte, les récoltants des régions non délimitées par le décret
du 17 décembre 1908 pourront dans le délai de
trois mois, c'est-à-dire avant le 9 août 1919,
déclarer s'ils entendent vendre leurs vins
mousseux sous l'appellation d'origine « champagne ». Il s'agit ici, tout spécialement, des
récoltants de la « Champagne deuxième zone »
qui détiennent des stocks de vins mousseux
n'ayant droit, en vertu des anciens décrets
de délimitation, qu'à cette dernière dénomination.

En déclarant, dans un délai de trois mois,
leur intention de vendre ces vins sous l'appellation « champagne », ils acquerront la faculté
d'user de cette appellation sans risquer de
poursuites correctionnelles. L'action civile
seule pourra être engagée pour leur en faire
interdire l'usage.

Les secrétaires des mairies des communes
intéressées doivent donc, dès maintenant, recevoir les déclarations faites dans ces conditions
et les enregistrer ainsi qu'il est dit précédemment, pour les vins en général, c'est-à-dire
comme s'il s'agissait d'une déclaration de

récolte, et en utilisant, par conséquent, un
registre du même modèle (1).

C. — *Eaux-de-vie*
(Mesures d'exécution immédiates)

Les distillateurs d'eaux-de-vie n'étaient pas
tenus, en vertu des lois antérieures, de se présenter dans les mairies pour y effectuer une
déclaration de leur production, analogue à celle
que la loi du 29 juin 1907 avait imposée aux
récoltants en vins. Il s'ensuit que l'article 14
de la loi du 6 mai 1919 crée, pour les distillateurs d'eaux-de-vie des régions non précédemment délimitées, une obligation entièrement
nouvelle, en les assimilant aux récoltants en vins
pour les déclarations à faire dans les mairies.

Mais ce n'est pas, comme pour les viticulteurs, à l'occasion de la déclaration de récolte
et à une époque déterminée, c'est à toute époque
de l'année que la déclaration des distillateurs
devra être accueillie, tant à la mairie de leur
domicile qu'à celle du lieu de la distillation,
dans la huitaine qui précédera le commencement de cette dernière.

Il faut, dès maintenant, assurer l'enregistrement de ces déclarations. A cet effet, le registre
des déclarations de récolte pour les vins sera
utilisé, au moins provisoirement, afin de permettre une application immédiate de la loi. Il
suffira que le secrétaire de mairie rectifie les

----

(1) Il y aura lieu de mentionner dans la déclaration
la provenance (commune ou partie de commune) et les
quantités du vin en cave auquel le déclarant entend
donner l'appellation « Champagne ».

formules du registre actuel, à la main, et ins-
crive après la mention du domicile du déclarant
ces mots : « a déclaré qu'il entend donner
l'appellation d'origine... aux X... litres d'eaux-
de-vie fabriquées avec des vins provenant de
(origine des vins)..., dont il commencera la
distillation à partir du (date de la distillation) ».
Comme pour les champagnes,. l'appellation
d'origine ainsi déclarée sera acquise si elle n'est
pas contestée dans le délai d'un an à partir de
sa publication au recueil officiel.

Transmission pour enregistrement

Pour permettre l'enregistrement et la publication par le service. compétent des déclarations d'appellation d'origine, les secrétaires de
mairie transmettront à la préfecture (service
de la répression des fraudes), *en double exem-
plaire*, un relevé mensuel des déclarations
reçues. A cet effet, ils utiliseront provisoirement les feuilles servant au relevé d'affichage
des déclarations de récolte, en remplaçant à la
main dans l'en-tête, les mots « de récolte » par
ceux « d'appellation d'origine » et en indiquant
dans les quatre dernières colonnes de la feuille
qui sont actuellement intitulées « quantités »
les appellations déclarées.

Les préfectures auxquelles les relevés men-
suels auront été transmis par les secrétaires de
mairies, me les feront parvenir dans la huitaine
sous le timbre « Monsieur le ministre de l'agriculture et du ravitaillement. — Protection des
appellations d'origine. — 42 *bis*, rue de Bourgogne, Paris, VIIe »,

Mon administration procédera à l'enregistrement et à la publication dans un recueil officiel des déclarations comportant l'emploi d'une appellation d'origine dont l'usage n'a pas été précédemment reconnu au déclarant, comme il est indiqué ci-dessus.

Lorsque le droit à une appellation d'origine sera acquis aux habitants d'une commune quelconque pour les produits récoltés dans cette commune, il n'y aura plus lieu que le secrétaire de mairie adresse à la préfecture et que celle-ci transmette au ministère de l'agriculture et du ravitaillement le relevé des déclarations comportant cette appellation.

Mais les secrétaires de mairie ne devront pas prendre sur eux-mêmes la responsabilité de distinguer entre les déclarations à notifier à la préfecture et celles qui ne doivent pas être transmises ; en l'absence d'instructions formelles du préfet, ils doivent lui faire parvenir le relevé de toutes les déclarations comportant l'emploi d'une appellation d'origine.

De même, en l'absence d'instructions spéciales, vous devrez me transmettre, sous le timbre indiqué ci-dessus, tous ces relevés, quelle que soit l'appellation en cause.

Taxes

Les taxes auxquelles donneront lieu l'enregistrement et la publication dans le recueil officiel des déclarations susceptibles d'être contestées seront fixées par un règlement d'administration publique, actuellement à l'étude,

II

OBLIGATION DE L'EMMAGASINAGE
DANS DES LOCAUX SÉPARÉS

L'obligation d'emmagasiner les vins de Champagne dans des locaux séparés « de tous locaux contenant des vendanges ou vins étrangers à la région » avait été établie par la loi du 10 février 1911. Il a paru nécessaire de reprendre les dispositions de cette loi.

En raison des termes plus absolus de l'article 16 de la loi nouvelle (séparation « de tous locaux contenant des vendanges ou vins auxquels ne s'appliquera pas l'appellation d'origine champagne ») on pourrait se demander si les vins mousseux ayant droit à l'appellation « champagne » devront être séparées de tous autres vins (même des vins rouges récoltés en Champagne) ou simplement de ceux qui pourraient être confondus avec les champagnes.

La solution est la suivante : la loi nouvelle ne doit pas aboutir pour les intéressés à une situation plus rigoureuse que la loi du 10 février 1911 ; ce qu'on a voulu à cette époque et ce qu'on veut encore aujourd'hui, c'est empêcher toute fraude possible ; or, aucune fraude n'est à craindre si des vins rouges, par exemple, sont placés dans les mêmes locaux que des vins blancs ayant droit à l'appellation « champagne », de même il n'y a aucun inconvénient à admettre, dans les mêmes locaux, avec les vins mousseux de Champagne, les vins blancs non mousseux de la région champenoise qui, lors-

12

qu'ils auront été rendus mousseux, auront droit à l'appellation « champagne ».

Pour les vins mousseux que les récoltants ou fabricants veulent vendre comme champagne, mais qui n'ont pas encore un droit certain à cette appellation, ils devront être emmagasinés dans des locaux spéciaux, distincts de ceux où sont logés les vins de Champagne et tous autres vins susceptibles d'être confondus avec des vins de Champagne. Sous cette réserve, rien ne s'oppose à ce que, dans ces mêmes locaux spéciaux, soient entreposés des vins rouges, qu'ils soient destinés à la vente ou à la consommation familiale. Ce que la loi a voulu, c'est que les vins pour lesquels l'appellation « champagne » est revendiquée restent isolés pendant le temps où cette appellation pourra leur être contestée. Mais sitôt qu'une décision judiciaire définitive sera intervenue ou lorsque le délai d'un an prévu par l'article 17 sera écoulé, sans contestation, l'obligation du local spécial cessera ; ou bien le droit à l'appellation « champagne » aura été reconnu et les vins mousseux en question pourront être logés dans les mêmes locaux que les champagnes ; ou bien cette appellation aura été reconnue mal fondée, et ces vins, comme les vins ordinaires, n'auront plus besoin d'être placés dans des locaux spéciaux.

Un délai de trois mois est accordé par l'article 18 aux commerçants qui font ou ont fait depuis le 1er avril 1914 le commerce des vins ayant droit à l'appellation « champagne » et celui des vins sans appellation pour emmagasiner dans des locaux séparés les vins mousseux visés au paragraphe précédent. .

Là règle de l'emmagasinage dans des locaux séparés a été étendue par la loi nouvelle aux eaux-de-vie des régions non délimitées vendues sous une appellation d'origine quelconque, mais seulement pendant la période au cours de laquelle l'appellation d'origine pourra leur être contestée, et pendant la période qui précédera la décision judiciaire définitive s'il y a contestation. Aussitôt qu'ils auront fait la déclaration d'appellation d'origine, les intéressés devront donc emmagasiner leurs eaux-de-vie dans des locaux séparés.

C'est à l'administration des contributions indirectes qu'il appartient plus spécialement de veiller à l'exécution de la loi nouvelle en ce qui concerne la question de l'emmagasinage dans des locaux séparés.

Mais, comme les agents de cette administration n'ont pas qualité pour effectuer le contrôle dans les locaux de fabrication des récoltants, c'est aux agents du service de la répression des fraudes, investis par la loi du 28 juillet 1912 des pouvoirs nécessaires à cet égard, qu'il faudra réserver ce soin.

III

COMPTE SPÉCIAL D'ENTRÉES ET DE SORTIES CHEZ LES NÉGOCIANTS EN GROS

A partir du 1ᵉʳ septembre 1919, toute personne faisant le commerce en gros des produits énumérés à l'article 12 et plus généralement toute personne ou association ayant un compte de gros avec la régie, sera astreinte à la tenue d'un registre d'entrées et de sorties pour les produits achetés ou vendus avec appellation d'origine française.

Les stocks de marchandises susceptibles d'être vendus avec appellation d'origine doivent être déclarés par ces personnes ou associations avant le 1er septembre 1919 et inscrits à cette date.

Ici encore, c'est à l'administration des contributions indirectes qu'il appartient plus particulièrement d'assurer l'application de la nouvelle loi.

Je vous signale toutefois que le registre d'entrées et de sorties dont la tenue inquiète beaucoup de commerçants, qui en redoutent les complications possibles, ne comportera pas autant de comptes distincts que d'appellations d'origine différentes. Le compte devra être simplement établi par nature de produits : vins, vins mousseux, vins doux naturels, vins de liqueurs, eaux-de-vie. Le compte spécial a pour but d'empêcher le négociant qui a inscrit à l'entrée 100 hectolitres de vin sous l'appellation Médoc, par exemple, de faire sortir de ses magasins plus de 100 hectolitres de vin sous cette même appellation plus générale de vins de Bordeaux à laquelle ils ont également droit. Il suffit que tous les vins achetés par le négociant en gros sous une appellation d'origine quelconque figurent bien dans le compte d'entrée des vins avec cette appellation, à la date de leur achet, à la suite des autres vins achetés précédemment sous quelque appellation d'origine que ce soit.

La tenue du compte spécial d'entrées et de

sorties n'est imposée qu'aux personnes ayant
un compte de gros avec la régie ; les récoltants
qui n'ont pas un compte de gros avec celle-ci
ne sont pas assujettis à la tenue du compte
spécial, contrairement à ce que pourrait laisser
croire l'article 16 de la loi en ce qui concerne
les récoltants ayant le droit de donner à leurs
vins mousseux l'appellation d'origine « champagne ».

IV

ÉTIQUETAGE DES VINS MOUSSEUX ET GAZÉIFIÉS

Dans un délai de trois mois à dater de la
promulgation de la loi, les vins mousseux sans
appellation d'origine devront être mis en vente
dans des bouteilles portant l'étiquette « Vins
mousseux », en caractère très apparent (art. 21).
De même, les bouteilles contenant des vins dont
l'effervescence aura été obtenue, même partiel-
lement, par une addition d'acide carbonique,
devront porter l'étiquette « Vins mousseux gazéifiés ». Il est nécessaire de signaler ici qu'il
s'agit d'une disposition nouvelle et très importante ; elle a pour but de protéger les vins mousseux ayant une appellation d'origine, telle que
« champagne, saumur, vouvray, etc. », en obligeant les vins sans origine à porter l'indication
« mousseux ou mousseux gazéifiés », suivant
le cas.

Les termes de l'article 21 étant formels, les
mentions prévues ne pourront être remplacées
par aucune autre. C'est ainsi qu'aux mots « vins
mousseux » ne pourra être substituée une
expression réputée synonyme telle que « cré-

mant ». « grand crémant » ; et qu'aux mots « vins mousseux » ne pourra être substituée la mention « vins mousseux fantaisie ».

J'appelle, en terminant, votre attention sur ce point qu'exception faite des dispositions qui intéressent plus spécialement l'administration des contributions indirectes (compte spécial d'entrées et de sorties), le service de la répression des fraudes est chargé des questions relatives à l'application de la loi sur les appellations d'origine.

Il vous appartiendra donc de confier, dans votre préfecture, au service administratif de la répression des fraudes, le soin de traiter toutes les questions qui seront soulevées par la loi nouvelle, afin de maintenir sur tout le territoire l'unité de point de vue nécessaire.

Les inspecteurs divisionnaires et départementaux de ce service, relevant directement de mon administration, vous apporteront un concours utile pour l'application de la loi du 6 mai 1919. Je leur adresse à cet égard les instructions indispensables.

Il est d'autant plus nécessaire d'arriver aussi rapidement que possible à une stricte observation de cette loi qu'elle doit servir de base aux conventions internationales que le Gouvernement s'efforce de faire aboutir, en vue d'assurer à l'étranger une protection efficace des appellations d'origine qui constituent une partie si importante de notre richesse nationale.

Avec le concours des syndicats professionnels, des chambres de commerce, de tous ceux qui, par leur compétence, peuvent aider l'administration de leurs conseils, vous vous efforcerez d'assurer dans votre département l'éxécution paifaite des mesures prévues, afin de permettre aux intéressés l'exercice complet de leurs droits, et aux tribunaux de donner à nos producteurs, en cette matière, les titres de propriété indiscutable qu'ils appellent de leur vœux.

Le Ministre de l'agriculture et du ravitaillement,
Signé : VICTOR BORET.

CHAPITRE IV

Choix et dégustation des Vins

Le vin est l'un des produits de la nature les plus difficiles à juger et à bien choisir ; comme nous l'avons déjà dit, sa qualité et son goût varient non seulement suivant le cépage qui le produit, mais encore suivant le climat, la nature du sol et son exposition, la température de l'année, la manière dont on traite le moût, etc. Il n'est pas, au bout d'un an, ce qu'il était au sortir de la cuve. Enfin, en raison du grand nombre de métamorphoses qu'il subit jusqu'à sa dégénération complète, il présente des caractères tellement variés, que les plus habiles gourmets sont souvent mis en défaut.

Un consommateur peut choisir, parmi plusieurs espèces de vins vieux, celle qui convient à son goût ; mais il ne saurait apprécier des vins nouveaux qu'il aurait intention de laisser vieillir dans sa cave. Les marchands eux-mêmes s'y trompent, et ce n'est que dans les vignobles que l'on rencontre des gourmets assez habiles pour distinguer et apprécier ceux des différents crus du territoire dont ils sont depuis longtemps habitués à comparer les produits. Ces mêmes gourmets ne pourraient pas juger les vins d'un autre pays : car, n'estimant que les qualités propres à ceux de leur canton, ils sont souvent disposés à prendre pour des défauts celles qui font le mérite des autres vins. C'est ainsi que le Bordelais trouve les vins de Bourgogne trop spiritueux ; que le Bourguignon accuse les vins de Bordeaux d'être âpres et froids ; et que l'un et l'autre méprisent les vins du Rhin à cause de leur goût piquant, et ceux d'Espagne et des autres pays méridionaux, parce qu'ils sont doux.

Pour bien juger un vin qu'on ne connaît pas, il faut, après s'être informé des qualités qui le font estimer, oublier toutes celles que l'on aime à rencontrer dans d'autres, et n'y chercher que le goût et le caractère qu'il doit avoir. Les gourmets de chaque vignoble sont réellement seuls capables de bien choisir les vins de leur canton ; mais il n'appartient qu'à l'homme habitué à en goûter de toute espèce, sans prévention, de juger du mérite de ceux de tous les pays.

Toutefois, ce talent de dégustateur universel est excessivement difficile à acquérir, tellement même que personne ne l'a peut-être possédé, en sorte que ceux qui se l'attribuent, ou trompent les autres, ou se trompent eux-mêmes.

Indépendamment de l'étude qu'un marchand doit faire des moyens de distinguer les vins purs de ceux qui sont mélangés, il faut encore qu'il s'assure du goût, du bouquet et du caractère de ceux des différents vignobles, des signes qui indiquent ce qu'ils gagneront en qualité en les gardant plus ou moins longtemps, et des maladies ou altérations auxquelles ils pourront être sujets. Cette dernière partie de l'art du dégustateur est la plus essentielle à connaître ; car, sans elle, il est exposé à une ruine certaine toutes les fois qu'il achète des vins pour les laisser vieillir, au risque de perdre la confiance des personnes auxquelles il en fournit de mal choisis. On rencontre assez souvent des vins qui paraissent excellents, deux mois après la récolte, et qui tournent au bout d'un an ; tandis que d'autres qu'on trouve moins bons, pendant la première année, acquièrent, en vieillissant, des qualités agréables, se conservent longtemps et, pour nous servir de l'expression usitée dans le commerce, *finissent toujours bien*.

La qualité et l'agrément que l'on trouve dans un vin dépendent souvent des aliments qui ont précédé la dégustation. Tout le monde sait que, quelle que soit la qualité de celui que l'on boit après avoir mangé des mets doux ou sucrés, des fruits, et surtout des pommes, il semble toujours acerbe et peu agréable, à moins que ce ne soit un vin de liqueur ; tandis qu'avec les mets épicés, les fromages de haut goût, et surtout celui de Roquefort, que Grimod de la Reynière a fort à propos surnommé le *biscuit des ivrognes*, tous les vins paraissent bons, ou du moins beaucoup meilleurs qu'ils ne le sont réellement. On sait aussi que les vins forts et corsés, lorsqu'on les boit purs, nuisent à la sensibilité du palais ; les personnes qui en usent habituellement finissent par ne trouver aucun goût aux vins fins, délicats et savoureux, qui font les délices des véritables amateurs.

Le dégustateur doit consulter l'état de sa santé ; car, le vin étant soumis au jugement du goût et de l'odorat, on ne peut en connaître les qualités et les défauts qu'autant que ces organes sont libres de toute affection.

Il est impossible de préciser toutes les nuances qui distinguent un vin pur de celui qui est mélangé ; nous nous contenterons de prévenir le consommateur que tous les vins qui n'ont subi aucun mélange d'autres vins conservent un goût qui leur est propre, et qu'à moins d'être parvenus à leur dernier degré de maturité, c'est-à-dire celui au delà duquel ils perdent de leur force, de leur parfum et de leur goût, ils ont une légère âpreté, nommée *grain*, qui déplaît aux personnes habituées à boire les vins doux et coulants que produit le mélange de plusieurs. Ces derniers sont généralement préférés par les consommateurs, surtout à Paris, où l'on n'achète ces liquides qu'à mesure du besoin, et l'on n'y met presque jamais le prix convenable pour les obtenir du cru et de la qualité qu'on désire ; ce qui a fait dire avec raison à un célèbre gastronome, *qu'une bonne cave était presque aussi rare à Paris qu'un bon poème.*

Les personnes qui n'ont pas les connaissances et l'habitude nécessaires pour apprécier les vins, ne peuvent être bien approvisionnées que lorsqu'après avoir choisi la personne qu'elles croient digne de leur confiance, elles consentent à payer ces vins le prix qu'ils valent. La mauvaise qualité des vins que l'on boit à Paris est occasionnée bien plus par le bas prix auquel on veut les obtenir, que par les abus dont on accuse le commerce ; car les marchands qui approvisionnent la capitale font aussi de très grandes affaires en Normandie, en Picardie et en Flandre, et l'on rencontre dans ces provinces, un grand nombre de caves bien approvisionnées en vins naturels et de première qualité ; mais les propriétaires de ces caves n'attendent pas qu'elles soient vides pour faire de nouveaux approvisionnements. Toutes les fois que la température a été favorable à la vigne, ils achètent, dans l'année de la récolte, un certain nombre de pièces de vin qu'ils conservent avec soin jusqu'à l'époque convenable pour les mettre en bouteilles, et leur donnent ensuite le temps d'acquérir toutes leurs qualités avant de les consommer. Il résulte de cette manière d'opérer, que le vin nouveau qu'ils ont acheté ne leur coûte pas plus cher que du vin vieux d'une qualité bien inférieure, et que si les récoltes manquent, ils ne sont pas exposés à payer cette liqueur à des prix trop élevés, ou à boire les vins d'une mauvaise année.

Pour examiner la couleur du vin, il faut observer celui-ci par réflexion de la lumière dans une tasse d'argent, offrant le plus de bosses possible pour que la réflexion soit plus grande, puis dans un verre mousseline.

L'emploi du verre est nécessaire pour déguster les vins fins, parce qu'il permet d'agiter circulairement le vin pour développer le bouquet.

Les dégustateurs jugent le bouquet et la sève avec les fosses nasales. La sève est la saveur aromatique qui frappe le pharynx et ensuite les fosses nasales après l'absorption. Pour la définir, il ne faut donc pas rejeter le vin après avoir dégusté. Cette manière d'opérer se nomme la dégustation à l'anglaise.

Dans la dégustation proprement dite, il faut que la langue mette le vin en contact avec toutes les muqueuses de la bouche. Ce sont les sensations recueillies par chacune de ces muqueuses qui permettent de déterminer les qualités et les défauts du vin. L'avant-bouche décèle la douceur, l'astringence ; l'arrière-bouche dénote les goûts de terroir, de fût, de bouchon, d'amertume. Les nerfs glossopharyngiens de la langue distinguent l'alcalinité ; les nerfs lingaux de la langue perçoivent l'acidité.

Quand on fait des dégustations nombreuses, il faut avoir soin de les interrompre assez souvent par des collations de pain, de fromage et d'amandes. Si on ne prenait pas cette précaution, on finirait par ne plus percevoir aucune qualité du vin. On doit commencer à examiner les vins les plus âgés, les vins les plus communs, les vins rouges, pour finir ensuite par les vins les plus jeunes, les plus fins et les vins blancs.

CHAPITRE V

Expédition et réception des Vins

—

Expédition des vins

Les vins s'expédient en tonneaux ou en bouteilles. Comme ils se conservent mieux dans les bonnes caves que dans les lieux exposés aux variations de la température, il convient donc, pour les faire voyager, de choisir le temps où la température de l'atmosphère approche le plus de celle des caves, c'est-à-dire le printemps ou l'automne, et d'éviter surtout de les mettre en route quand il gèle très fort ou quand la chaleur est excessive. Dans le premier cas, les vins éprouvent une décomposition qui sépare de la liqueur toute l'eau que le froid a coagulée, de manière que si l'on soutire la portion qui reste liquide, elle contient en totalité l'alcool, la couleur, le tartre et les autres parties constituantes du vin dont le tonneau était rempli, tandis que la glace qui reste n'est plus que de l'eau pure sans couleur et sans goût. Lorsqu'on laisse dégeler le tout ensemble, la recomposition ne se fait qu'imparfaitement ; le vin perd de sa qualité, et n'est pas susceptible d'une longue conservation. Les vins qui sont frappés de chaleur pendant une longue route, subissent ordinairement une fermentation plus ou moins forte, par suite de laquelle ils éprouvent une décomposition qui les détériore souvent encore plus que ne le fait la gelée.

Le choix du temps convenable pour l'expédition des vins n'est pas la seule précaution que l'on doive prendre ; il faut encore avoir bien soin de les séparer de toute la lie qui s'est précipitée au fond des tonneaux, ce que l'on fait en les collant, puis en soutirant comme nous le dirons dans le chapitre consacré à ces opérations.

Le conditionnement des vases qui contiennent les vins contribue beaucoup aussi à leur conservation, et évite les accidents qu'ils peuvent essuyer. Les tonneaux doivent être visités pour s'assurer que les douves sont toutes bien saines : ils doivent être garnis de cercles neufs.

A Beaune,. on est dans l'usage de revêtir entièrement le tonneau de cercles, jusque sur la bonde. On nomme cette opération *pantalonner* ou *relier en pantalon*. On verse aussi du plâtre sur les deux fonds, de manière à y former une couche de 18 à 20 millimètres d'épaisseur.

Lorsqu'on expédie des vins fins, il est d'usage de recouvrir le tonneau d'un double fû', soit en bois, soit en osier ; ou bien on le revêt d'un emballage en toile avec de la paille dessous. A Bordeaux, l'on met souvent des doubles fonds aux tonneaux ; par surcroît de précaution, on les garnit de deux ou de quatre cercles en fer, et enfin on les revêt d'une *enchappe* en bois de sapin.

Il est prudent aussi de faire suivre l'envoi d'une boîte cachetée, contenant des échantillons tirés de chaque tonneau en présence du voiturier, et dont on fait mention sur la lettre

de voiture. On peut encore envoyer à l'acheteur un échantillon du vin qu'on lui livre, en en
remplissant une bouteille longue et ayant peu
de diamètre : en y mettant un bon bouchon et
en la suspendant dans l'intérieur du tonneau,
au moyen d'une ficelle passant à travers un
trou percé dans la bonde. On ferme ce trou avec
un fausset ; on coupe le bout de la ficelle ainsi
que le dessus de la bonde, jusqu'au niveau des
douves, et on y trace, avec la rouanne, une
marque qui, avec le cachet en cire, empêche le
voiturier d'enlever la bonde pour changer le
vin de la petite bouteille qui y est suspendue.
Ces précautions n'empêchent pas toujours la
fraude : elles la rendent seulement plus difficile et donnent les moyens de la reconnaître
quand elle a eu lieu.

Le plus sûr moyen d'éviter les avaries est de
choisir des voituriers d'une fidélité éprouvée,
comme on en rencontre dans presque tous les
vignobles : on y gagne toujours beaucoup,
même en les payant plus cher que les autres.

Les vins en bouteilles sont dans des paniers
ou dans des caisses, dont la solidité et la dimension doivent être proportionnées à la quantité
de bouteilles que l'on veut y mettre. L'emballage doit être fait avec le plus grand soin et de
manière qu'il y ait assez de paille où de foin
entre toutes les bouteilles pour qu'elles ne se
touchent par aucun point.

Après avoir choisi le panier ou la caisse que
l'on veut remplir, on met dans le fond un lit de
paille assez épais et dont on fait remonter une
partie sur les côtés du panier, à la hauteur
qu'occupe le premier rang.

Toutes les bouteilles doivent être revêtues jusque près du fond d'un tortillon de paille ou de foin, dont on entoure chaque bouteille en commençant par le bouchon. Elles se rangent l'une à côté de l'autre de manière que le col de la seconde se trouve entre le ventre de la première et celui de la troisième. Lorsque le premier rang est rempli, on enfonce de la paille dans tous les interstices, de manière qu'il ne reste pas de vide et que toutes les bouteilles soient bien serrées ; on met ensuite un fort lit de paille et l'on place le second rang de manière que le fond de chaque bouteille corresponde au col de celle qui se trouve dessous. Quand on a placé le troisième rang et qu'on l'a revêtu d'un lit de paille, on monte sur les bouteilles et on les foule, afin de les bien serrer ; on fait la même opération après avoir mis le cinquième et dernier rang. On recouvre le tout d'autant de paille que l'on peut en mettre, et que l'on amoncelle de manière qu'en fermant le panier, le milieu du couvercle soit très bombé.

Lorsque les paniers sont assez larges pour que l'on élève plusieurs piles de bouteilles à côté l'une de l'autre, après avoir rangé le premier rang d'une pile, on met un fort bourrelet de paille pour former une séparation entre elle et la suivante, et l'on place les bouteilles du premier rang de la seconde pile de manière que les fonds soient opposés aux bouchons de celles de la première : l'on met ensuite un lit de paille sur le tout.

Certains expéditeurs emballent les bouteilles en enfermant chacune d'elles dans un paillon. Ce système est un peu plus coûteux comme prix d'achat, mais il évite la casse et détermine une économie dans la main-d'œuvre. On vend dans le commerce des paillons pour bouteilles, litres, demi-bouteilles et demi-litres. Ce système d'emballage est uniquement employé dans le Bordelais.

Les paniers contiennent ordinairement 12, 25, 50 ou 100 bouteilles. Ceux de cette dernière dimension sont rarement employés pour les expéditions que l'on fait au loin, parce qu'ils sont plus difficiles à manier, et que les bouteilles, étant moins bien serrées, sont plus sujettes à casser. Ceux de 50 bouteilles sont en général préférés pour les grandes expéditions.

Les caisses sont de toutes dimensions. On choisit assez ordinairement celles de 50 bouteilles pour toutes les expéditions, excepté pour les vins qu'on envoie en Angleterre.

Les caisses de 12 bouteilles ont pour dimensions : $0.40 \times 0.49 \times 0.17$. Les caisses de 12 litres : $0,45 \times 0.49 \times 0.19$; les caisses de 25 bouteilles : $0.42 \times 0.66 \times 0.26$; les caisses de 50 bouteilles : $0.42 \times 0.78 \times 0.41$.

Les vins qu'on expédie en bouteilles étant ordinairement d'un prix élevé, on prend de très grandes précautions pour les garantir de l'influence de l'atmosphère et de l'infidélité des voituriers. En Champagne, le fond et les côtés des paniers et des caisses sont garnis intérieurement de feuilles de carton, et chaque bouteille est entourée d'une feuille de papier gris, par-dessus laquelle on met le tortillon de paille.

Dans les emballages de vins fins, et notamment pour les vins de Bordeaux, on enveloppe toujours la bouteille dans du papier de soie

13.

(rouge pour les vins rouges, blanc pour les vins
blancs) avant de la glisser dans le paillon, afin
d'éviter d'abîmer l'étiquette et pour donner un
aspect plus riche à la marchandise. Les bouteilles sont aussi capsulées ou cirées pour assurer la conservation des bouchons et pour constituer un habillage convenable.

Pour augmenter la solidité des caisses et
éviter que l'on puisse les ouvrir pour en retirer
du vin et les refermer ensuite sans qu'elles
paraissent avoir été ouvertes, on fabrique à
l'aide d'un vilebrequin ou d'un ciseau en forme
de gouge, et dans le même alignement que les
clous qui assujettissent le fond et le couvercle
de la caisse, quatre ou six trous d'environ
7 millimètres de profondeur sur 20 à 25 de
diamètre, dans lesquels on enfonce des vis à
bois longues d'environ 50 millimètres, que l'on
recouvre de cire à cacheter sur laquelle on
applique son cachet. Ces vis qui entrent profondément dans les côtés de la caisse, maintiennent le couvercle et le fond ; le cachet qui
les recouvre étant dans une cavité, n'est pas
exposé à être brisé par le frottement, et arrive
toujours intact, à moins qu'on ne l'ait enlevé
exprès pour en retirer les vis et ouvrir la caisse.

On fait aussi usage d'une vis munie d'une
capsule que l'on visse dans une excavation faite
avec une mèche spéciale. On ramène ensuite
les bords de la capsule sur la tête de la vis avec
l'outil sertisseur, puis on achève d'écraser cette
capsule avec le poinçon gravé qui porte la
marque de la maison. Ce système assure l'in-
violabilité et permet d'éviter le cerclage de la
caisse.

Quand on expédie des vins fins et surtout des vins mousseux de Champagne, pour l'Amérique et pour les autres contrées méridionales, on les garantit de l'excessive chaleur en les emballant avec du sel. On met au fond de la caisse un lit de paille et ensuite un lit de sel sur lequel on place le premier rang de bouteilles revêtues de paille, comme nous l'avons dit plus haut, et l'on continue l'emballage de manière que les bouteilles se trouvent entre deux lits de sel, tout en mettant un lit de paille entre chaque rang. On nous a assuré que des vins fins de la Haute-Bourgogne, transportés aux Grandes-Indes dans cet emballage, ont conservé toute leur qualité, et qu'ils n'ont éprouvé que quatorze degrés de chaleur en passant sous l'équateur. Quand on emballe de cette manière, il faut avoir soin que toutes les planches des caisses soient parfaitement jointes, afin que le sel ne puissent pas en sortir.

Le sel marin doit agir ici, comme le font les vases poreux qui servent à rafraîchir l'eau. Dans le climat de Paris, l'action rafraîchissante du sel gris est peu sensible : ce sel n'y marque qu'un degré centigrade de moins que l'air ambiant ; mais la différence doit être plus grande dans les pays où l'air est très chaud pendant le jour et très humide pendant la nuit.

Cet emballage nous paraît susceptible de concourir à la conservation des vins de Bourgogne, dans les pays chauds et dans ceux où l'on n'a pas de bonne cave. On laisserait alors les bouteilles dans les caisses jusqu'au moment de les boire.

Avant d'expédier un vin en fût, il faut que le

fût soit dégusté par le maître ; celui-ci inscrit,
en dégustant, sur le collet de chaque fût, les
marques et numéros que les ouvriers doivent
établir en noir sur les barres et les fonds. Ces
marques et numéros correspondent aux inscriptions des registres. Les inscriptions à la
craie ne sont effacées que lorsque le maître a
constaté que la transcription a été correcte.

Ensuite, on ouille les fûts avec soin pour que
le manquant de route soit le plus faible possible, on garnit la bonde d'un linge neuf, on
bonde serré et on rase la bonde. Les esquives et
les faussets sont aussi rasés.

La bonde, les esquives et les faussets sont
recouverts d'une plaque, après avoir été rasés.
Cette opération a pour but d'éviter les fuites et
les soustractions. Souvent on applique une
garniture sous la plaque. Cette garniture est
constituée avec une couche de colle de pâte
épaisse, avec du suif et du sable, avec de la
mousse. Autrefois, on se servait de plaques
carrées percées de trois trous sur chaque côté ;
on fixait la plaque en
clouant dans chaque
trou un petit clou à sa-
bot, que l'on désignait
sous le nom de semence
ou de guingaçon. Ces
plaques ne sont mainte-
nant employées que par
les petites maisons et les
vignerons mal outillés.
Les grandes maisons font
usage de plaques rondes,

Fig. 2. Plaque ronde à dents,
dite plaque de sûreté.

munies de dents (fig. 2), à leur périphérie, que

l'on fixe au moyen d'un outil spécial (fig. 3),
que l'on nomme refouloir, sur lequel il suffit de
frapper un coup de hasse. Ces plaques sont désignées dans le commerce sous
le nom de plaques de sûreté.
Elles remplacent avec avantage
la cire que l'on avait essayée
sans succès, car elle ne tient pas.

Les expéditions en fûts sont
faites de préférence dans des
futailles rebattues, c'est-à-dire
dans des futailles dont les cercles
sont rechassés, dont les cercles
pourris ou cassés sont changés,
dont les chevilles cassées des
barres sont changées. Les futailles doivent être rebattues
vides, parce qu'en chassant pour
rebattre en plein, on fait détacher, des parois intérieures, des
esquilles de bois et des portions
de tartre qui troublent le vin.

Fig. 3. Refouloir
pour plaque ronde
à dents.

Pour expédier des échantillons en nombre important, on
fait usage de caisses garnies en papier plissé.
Ces caisses peuvent être envoyées en colis postaux ; un colis postal de 10 kilogrammes, peut
contenir au maximum 6 bouteilles de 75 centilitres, 12 bouteilles de 35 centilitres, 20 bouteilles de 23 centilitres, 25 bouteilles de 15 centilitres, 36 bouteilles de 12 centilitres, ou 48 bouteilles de 9 centilitres.

Quand on veut expédier des échantillons
isolés ou par groupes de trois au maximum,
on fait usage de boîtes postales en fer-blanc, de

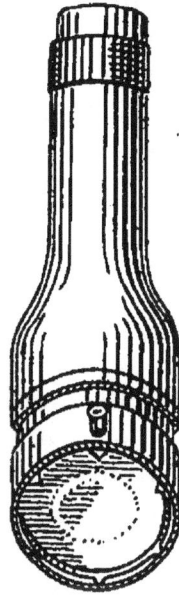

boîtes postales en carton plissé, ou mieux
encore d'étuis postaux en bois perforé. Nous
conseillons d'employer de préférence les étuis
postaux perforés, capitonnés et polis, parce
qu'ils permettent d'obtenir le poids minimum
avec le même volume et d'économiser 0,15 à
0,30 centimes d'affranchissement par étui.
Avec ces étuis, on peut expédier 1 flacon de
15 centilitres ou 2 flacons de 8 centilitres par la
poste, ce qui est impossible avec les autres
boîtes.

Réception des vins

Lorsqu'on reçoit des vins, il faut examiner
soigneusement tous les tonneaux, caisses ou
paniers, afin de reconnaître s'ils ont éprouvé
des avaries, ou si les voituriers ont commis
quelque infidélité.

Lorsque les tonneaux sont entièrement
couverts de cercles et que les fonds sont plâtrés, les voituriers infidèles écartent deux
cercles, percent le tonneau, tirent du vin, remplissent ensuite avec de l'eau, et rapprochent
les cercles ; ce n'est qu'avec beaucoup de peine
qu'on parvient à découvrir cette fraude. Lorsqu'ils sont emballés dans un double fût, les
voituriers trouvent encore quelquefois moyen
de tirer du vin et de remplir ; mais alors le trou
pratiqué dans le double fût, donne la trace du
délit, et il est plus aisé de le constater.

Quant aux vins en bouteilles, il faut examiner si les caisses ou paniers sont bien conditionnés et n'ont pas été ouverts en route. Si, en
les culbutant, on entend sonner des morceaux
de verre qui indiquent la fracture de quelques

bouteilles, on doit les faire porter avec soin dans le lieu où l'on veut les déballer ; car le vide que laisse une bouteille cassée peut en faire casser d'autres.

, A l'entrée des villes où les droits d'octroi sont établis, la plupart des paniers et des caisses sont ouverts pour vérifier s'ils contiennent réellement ce qui est porté sur la lettre de voiture. Ce sont les paniers qu'il faut examiner avec le plus d'attention, parce qu'un voiturier infidèle en retire quelquefois plusieurs bouteilles qu'il remplace par de la paille : dans ce cas, on ne s'aperçoit de la fraude qu'en déballant ou en pesant.

Les vins en paniers sont encore exposés à d'autres inconvénients lorsqu'on les confie à des voituriers infidèles : ceux-ci, sans ouvrir le panier, cassent une bouteille à l'aide d'un morceau de fer pointu qu'ils introduisent entre les brins d'osier, et reçoivent le vin dans un vase. Comme ils ne sont pas responsables des fractures intérieures, lorsque l'enveloppe est intacte, ce moyen leur assure l'impunité ; mais quand l'intérieur des paniers est garni de feuilles de carton qu'il faut traverser pour atteindre les bouteilles, il est aisé de constater le délit en déballant en présence de témoins et du voiturier auquel on fait payer le vin, si la fracture est de son fait.

Il ne suffit pas de constater les avaries, il faut encore déguster le vin afin de s'assurer qu'il est bien de la qualité qu'on a demandée. A ce propos, on ne doit pas oublier que les vins qui viennent de loin ont pu éprouver, soit par les variations de la température, soit par les

secousses dues aux manutentions du chargement et du déchargement, soit enfin par la
trépidation des voitures et surtout des che-
mins de fer, des ébranlements capables d'altérer plus ou moins leur mérite. Il est donc
important de tenir compte de ces diverses
circonstances. Dans tous les cas, il est indispensable de les entourer des soins les plus pres-
sants. S'ils sont louches, on les colle ; s'ils ne
sont que fatigués, on les laisse reposer ; enfin,
après l'une ou l'autre de ces opérations, on les
soutire aussitôt qu'ils ont repris leur limpidité
primitive. Quand les vins ont voyagé pendant
les grandes chaleurs, il est dangereux de les
mettre immédiatement dans une cave fraîche ;
il convient de les laisser une nuit dehors. Si,
au contraire, ils ont voyagé par un temps assez
froid pour congeler une partie de l'eau qu'ils
contiennent, il est utile pour tous, et indispensable pour ceux d'une grande valeur, de les
soutirer immédiatement.

On doit comparer le vin qui arrive à l'échantillon qui a été primitivement expédié. Il faut
ensuite examiner la limpidité du vin, la contenance des fûts, l'état de ces fûts, le creux de
route. Quand il y a contestation sur l'un des
points ci-dessus, la marchandise ne devient la
propriété de l'acheteur que lorsqu'elle est
entrée dans son chai. Dans le cas où le vendeur
et l'acheteur ne peuvent s'entendre sur les
contestations, le vin est déposé chez un tiers
consignataire.

CHAPITRE VI

Les Caves

Les marchands placent leurs vins dans des *magasins* ou dans des *caves*, les particuliers dans des caves seulement.

Les *magasins* sont des locaux établis généralement à fleur de sol. Pour qu'ils conviennent à leur destination, il suffit qu'ils soient frais, peu éclairés, ni humides, ni exposés à de mauvaises émanations, enfin tenus dans une très grande propreté. Au reste, les vins qu'on y renferme ne doivent en général y faire qu'un séjour de courte durée.

Les caves réclament de plus grandes précautions, en raison du temps relativement très considérable que les vins doivent y passer.

C'est la cave qui fait le bon vin, dit avec raison un ancien proverbe. Il est donc nécessaire que nous indiquions sommairement les conditions auxquelles doit satisfaire une bonne cave et qu'en même temps nous fassions connaître les moyens de les obtenir.

La condition la plus importante pour qu'une cave soit bonne, c'est-à-dire parfaitement propre à conserver les vins et les autres liquides susceptibles de fermentation, c'est que la température y soit, autant que possible, constamment la même, et à peu près de dix à onze degrés centigrades, terme que les physiciens

ont appelé *tempéré*, et qui est celui auquel le
thermomètre se soutient à peu près uniformé-
ment dans toutes les excavations naturelles ou
faites de main d'homme, à quelque profondeur
que ce soit, à moins de circonstances particulières.

Le meilleur moyen d'obtenir cette condition
est que la cave soit placée au nord ou au moins
au levant. Cette condition sera sans doute
facile à obtenir lorsqu'il s'agira de la construction d'une cave isolée, et non sous des bâti-
ments dont l'exposition et les dispositions
pourraient être déterminées par d'autres con-
sidérations. Dans ce dernier cas, il sera possible d'employer, comme caves à vin, celles qui
se trouveraient à l'exposition voulue, et de
réserver comme bûchers celles qui ne s'y trouveraient pas.

Les caves sont ordinairement voûtées ; cela
est en effet à peu près indispensable pour la condition dont nous venons de parler, parce qu'une
voûte en maçonnerie s'oppose bien plus effi-
cacement à ce que l'équilibre s'établisse entre
la température intérieure et la température
extérieure, que ne le ferait un plancher, dont
les bois seraient d'ailleurs, en raison du voisinage du sol, exposés à être promptement détériorés par l'humidité.

La profondeur à laquelle la cave est établie
peut encore avoir une grande influence sur la
condition dont nous parlons, et cette profondeur peut varier en raison de différentes circonstances.

Quand une cave est construite sous un bâtiment, le sol du rez-de-chaussée étant alors à

peu près au niveau du sol extérieur, quelquefois même un peu au-dessus, le plus souvent on
place immédiatement au-dessous les matériaux
qui forment la voûte même, dont l'épaisseur,
au droit de la clé, peut varier d'un mètre à un
demi-mètre environ, suivant la nature des
matériaux employés, la grandeur de la voûte,
etc. Dans ce cas, la cave se trouve suffisamment garantie, par le bâtiment même, des
variations · de température. Mais quand une
cave n'est pas recouverte d'un bâtiment, il est
bon qu'entre sa voûte et le sol il y ait, soit en
maçonnerie, soit seulement en terre, une épaisseur que Chaptal fixe à environ 1 mètre 30 centimètres.

A l'égard de la hauteur de la cave, le chimiste que nous venons de nommer demande
qu'elle soit au moins de près de 4 mètres sous
clé. C'est, en effet, celle qu'on admet assez
généralement dans les grands établissements,
par exemple, aux caves qu'on a pratiquées
sous les greniers de réserve, à Paris, à celles de
l'entrepôt des vins, etc. ; mais il est rare qu'on
donne tant de hauteur aux caves des maisons
particulières ; pour ces dernières, on se contente assez ordinairement de 3 mètres et même
moins. Du reste, comme il arrive souvent que
le peu de consistance du sol oblige à descendre
les fondations à une profondeur plus considérable, on fera bien d'en profiter pour donner
plus de hauteur aux caves.

Un des principaux moyens d'assurer à une
cave une température suffisamment constante,
c'est de faire en sorte que la porte qui y donne
entrée ne soit pas en communication directe

avec l'extérieur. On y parviendra facilement, si la cave est placée sous un bâtiment, en plaçant la porte à l'intérieur, et surtout en mettant une porte au bas de la descente qui y communique et une double porte en haut. Cette dernière précaution devra surtout être prise si la cave n'est pas placée sous un bâtiment ; il serait même profitable alors qu'il y eût entre les deux portes une distance assez considérable, 4 à 6 mètres au moins. De plus, dans ce dernier cas, la porte extérieure devra être, autant que possible, au nord, à moins qu'on ne soit dans un pays très élevé ou sous un climat très froid.

Des soupiraux sont nécessaires pour l'aération ; mais il faut se garder de les faire trop grands ou trop multipliés, et il est bon de les garnir de châssis mobiles, afin de les tenir ouverts ou fermés, en tout ou en partie, suivant l'élévation ou l'abaissement de la température. En outre, afin de faciliter le renouvellement de l'air, il est bon qu'ils descendent jusque sur le sol ou au moins à peu de distance, ce qu'on obtient en établissant, dans leur largeur, le parement du mur en talus.

Dans les caves où il y a peu de courants d'air, il peut devenir nécessaire d'en établir artificiellement, soit au moyen d'un mécanisme approprié, soit à l'aide du tirage par le feu.

Une autre condition que doit présenter une bonne cave, c'est de n'être ni trop sèche ni trop humide. Toutefois, il est rare qu'on ait à se garantir de la sécheresse ; quant à l'humidité, on devra s'en préserver avec soin, et l'on y parviendra de la manière la plus complète, si l'on évite, autant que possible, de pratiquer la cave dans un terrain naturellement humide ou sujet à le devenir accidentellement. Si cependant on y était forcé, il faudrait construire les murs en matériaux inattaquables et imperméables à l'eau et en mortier hydraulique, ou au moins les revêtir intérieurement d'un enduit préservateur. Il pourra être nécessaire aussi, dans ce cas, de recouvrir le sol de la cave, soit d'un pavé formé de matériaux semblables, soit d'une épaisse couche d'excellent béton.

La même précaution sera indispensable pour le sol au-dessus des voûtes des caves, toutes les fois que celles-ci ne seront pas placées sous un bâtiment, et cela autant dans l'intérêt de la cave elle-même que pour la conservation de la voûte et des murs. .

Une bonne cave doit encore être éloignée de tout passage de voitures, de tout atelier de forgeron, de chaudronnier, de tonnelier, de batteur d'or, etc., et, en général, de toute industrie bruyante, afin d'éviter des secousses, des trémoussements qui nuisent à la conservation des vins. Cette condition est sans doute assez difficile à observer dans nos habitations, et surtout dans les villes ; il est bon cependant d'y pourvoir autant que possible, et surtout pour les caves destinées à recevoir de grands approvisionnements ou des vins d'une grande valeur.

Enfin, il est absolument indispensable d'éviter la proximité des fosses d'aisances, des égouts, des puisards, des tas de fumier, des dépôts d'immondices, parce que les mauvaises odeurs qui s'en exhalent pourraient pénétrer

dans la cave et nuire au vin. Il faut même fuir
le voisinage des dépôts de bois à brûler encore
verts, dont la fermentation pourrait également
être préjudiciable.

Certaines caves sont sujettes aux inonda-
tions. Quand les eaux les envahissent, les tonneaux tant pleins que vides, s'altèrent plus ou
moins, et en même temps qu'eux, les liquides
qu'ils contiennent ; parfois même, ils sont
déplacés et violemment jetés les uns contre les
autres, ce qui compromet leur solidité et amène
souvent leur rupture. Les bouteilles ne sont pas
épargnées dans ce désordre ; elles donnent même
lieu à des pertes relativement plus considérables
en raison de leur fragilité et de la qualité plus
ou moins précieuse des vins qu'elles contiennent.
Ajoutons l'effet de l'humidité dont les caves et
leur matériel s'imprègnent, et dont les effets
durent longtemps après le départ des eaux.

Il est donc d'une extrême importance de
prendre certaines précautions pour prévenir,
ou du moins pour atténuer, dans la mesure du
possible, les inconvénients dus à l'inondation
des caves. M. H. Machard les a exposées d'une
manière à la fois claire et complète.

« Quand, dit cet habile œnologue, un propriétaire voit sa cave menacée d'un pareil
sinistre, il faut que, sur pied nuit et jour, et
sans attendre que les eaux l'aient gagnée, il en
sorte tous les objets fragiles, tels que les bouteilles pleines et vides, et les transporte en lieu
sûr. Il faut aussi qu'il sorte tous les fûts vides
qu'il peut faire passer par les portes ; qu'il
coupe tous les faussets qui se trouvent après
les fûts pleins ; qu'il rende enfin le déplacement

de ces fûts impossible, au moyen de bois fortement établis sur les pièces et solidement fixés
à la voûte par leur partie supérieure, de manière
à empêcher tout mouvement de leur part. Il
doit faire sortir également les mâts ou chantiers
qui ne sont pas chargés, afin d'empêcher qu'en
flottant sur l'eau, ils ne heurtent violemment
les tonneaux pleins et n'en brisent les fonds.
Il doit aussi consolider les cales de ces tonneaux,
afin que de leur déplacement probable, il ne
résulte pas un dérangement des fûts, surtout ceux de forme ovale qui, privés de leurs
cales, tomberaient sur le flanc et se videraient
infailliblement par la bonde. Il doit aussi, et
tout particulièrement s'assurer si l'eau ne s'est
pas introduite dans leur intérieur, circonstance
qui provoquerait l'altération du vin, et ne
laisserait plus que la ressource de s'en défaire
au plus tôt, quelque prix qu'on pût en obtenir.

« Il peut arriver cependant que, malgré la
vigilance la plus active, le mouvement ascen-
sionnel des eaux devienne tellement rapide que
la cave se trouve envahie sans qu'on ait pu
prendre aucune précaution pour la garantir.
Il faut alors chercher à se tirer du chaos avec
le moins de perte possible. Aussitôt donc que
l'inondation diminue et permet le travail, on
doit sortir tous les objets qui ont séjourné sous
les eaux, en commençant par les plus fragiles,
et les exposer à l'air ou au soleil jusqu'à ce
qu'ils soient tout à fait secs. Il faut mécher
surtout tous les tonneaux vides quels qu'ils
soient, lors même que l'eau ne s'y serait pas
introduite, et les tenir exactement fermés ou
bondés avec le plus grand soin.

« Pour un propriétaire actif et intelligent
qui sait donner à sa cave les soins qu'elle
réclame en pareil moment, qui la soumet ensuite à une ventilation constante et prolongée,
par l'ouverture au grand large des portes et des
soupiraux, dans le but de la sécher parfaitement, dans celui également de sécher tous les
objets qu'elle contient, qui mèche ensuite
énergiquement tous ses tonneaux vides, ainsi
que nous en avons donné le conseil, pour ce
propriétaire, disons-nous, les dommages causés
par les eaux peuvent être notablement amoin-
dris et réduits souvent à peu de chose ; mais,
pour le propriétaire inintelligent et peu soi-
gneux, qui négligera les précautions que nous
venons de signaler comme obligatoires, ou qui
ne se hâtera pas de les mettre promptement
en œuvre, il y aura toujours des pertes considérables à déplorer.

« Un incendie qui, pénétrant dans une cave,
réduirait en cendres tout son matériel, serait
un grand malheur sans doute ; cependant, on
finirait par l'oublier, les tonneaux une fois
brûlés tout serait dit et l'on n'aurait pas de
pertes ultérieures à déplorer ; mais les fûts qu'on
a laissés s'altérer par le séjour des eaux, constituent une altération permanente bien autrement fâcheuse, attendu qu'elle peut faire
perdre indéfiniment des quantités considérables
de vin, et qu'elle n'a de terme assignable que
celui de la durée même des tonneaux. »

Quelques mots sur les *cloisons* qui servent à
former la distribution des caves. On les fait
ordinairement en planches ; mais, même quand
on emploie des bois d'une durée convenable,

comme par exemple, le chêne, ces construc-
tions sont exposées à être assez promptement
altérées par l'humidité. Le meilleur moyen de
prévenir cet inconvénient, consiste à les faire
en briques bien cuites, mais en ayant soin de
laisser ces dernières apparentes, sans quoi la
même cause qui pourrit le bois détruirait à la
longue l'enduit dont on les aurait revêtues.

Les ouvertures doivent être aussi réduites
que possible pour maintenir la température
constante. Les portes ont généralement 1^{m}50 à
1^{m}70 pour que les barriques puissent passer
facilement. Quant le niveau de la cave est inférieur à celui du sol, on établit une rampe ayant
2 mètres de largeur et 0^{m}25 de pente par mètre.
Les fenêtres sont réduites au minimum, fermées par des châssis vitrés et par des volets.

CHAPITRE VII

Matériel de Cave

—

SOMMAIRE. — I. Tonneaux. — II. Chantiers. —
III. Engins pour la descente des tonneaux dans les
caves. — IV. Engins pour mettre les tonneaux sur
chantiers et les engerber. — V. Bouteilles et appareils s'y rattachant. — VI. Ustensiles et appareils de
manutention.

Le matériel de cave comprend les tonneaux,
les bouteilles, les appareils à descendre et à
engerber les fûts, ainsi que les ustensiles qui
servent à exécuter les différentes opérations de
la manipulation des vins.

Il existe un grand choix de ces appareils et
ustensiles ; ceux dont nous donnons la description dans le cours de cet ouvrage nous ont paru
les plus usuels.

I. TONNEAUX

Les *tonneaux* sont trop connus pour qu'il
soit nécessaire de les décrire. Nous dirons
quelques mots :

1° Sur la composition chimique du bois dont
ils sont formés ;

2° Sur les circonstances où il faut employer
de préférence les tonneaux neufs ou les tonneaux vieux, et réciproquement ;

3º Sur la manière de préparer les tonneaux neufs à recevoir le vin ;

4º Sur la manière de conserver les tonneaux vides en bon état ;

5º Sur la manière de préparer les tonneaux vieux et de détruire les mauvais goûts qu'ils ont pu contracter.

Nature des bois de tonneaux.

Le bois dont on fait les tonneaux est le merrain de chêne. Quoiqu'il présente la même composition quant à la nature des substances qui le composent, il possède cependant des qualités différentes suivant que l'une ou l'autre de ces substances s'y trouve en plus forte proportion que les autres. Sous ce rapport, on divise tous les merrains en quatre catégories principales :

1º *Merrains du Nord*. Ils nous arrivent de Dantzig, de Lubeck, de Memel, de Riga et de Stettin ;

2º *Merrins d'Amérique*. Ils proviennent de l'Amérique septentrionale, depuis le golfe du Mexique jusqu'au golfe Saint-Laurent, principalement par les places de Baltimore, de Boston, de New-York, de la Nouvelle-Orléans et de Philadelphie ;

3º *Merrains de Bosnie*. Ils sont fournis par les provinces méridionales de l'empire d'Autriche et par celles du Nord de la Turquie d'Europe ;

4º *Merrains du pays*. Ils sont produits par les forêts de notre propre territoire, plus particulièrement par celles de l'Angoumois, du Périgord, de la Bourgogne, de la Gascogne et du Béarn.

Tous les merrains renferment, mais en proportions différentes, les quatorze matières suivantes : cérine, quercine, quercitrin, tanin, acide gallique, principe extractif amer, mucilage, albumine, ligneux, carbonate de chaux, sulfate de chaux, alumine, oxyde de fer, silice.

Les merrains du Nord occupent le premier rang. Ils sont généralement plus sains que· les autres. Ils conviennent pour loger tous les vins blancs, et, en ce qui concerne les vins rouges, tous ceux de qualité supérieure. C'est avec eux que se confectionnent tous les tonneaux dans les grands crus du Bordelais.

Les merrains d'Amérique possèdent les mêmes propriétés que les précédents, mais à un degré un peu moindre. Ils sont donc propres aux mêmes usages. Néanmoins, dans le Bordelais, on les place après ceux de Bosnie.

Ces merrains étaient autrefois mal débités, étroits, irréguliers, plus épais d'un côté que de l'autre. Maintenant ils sont aussi réguliers que les bois de Bosnie.

Les merrains de Bosnie, qui sont très riches en tanin, conviennent surtout aux vins fortement colorés, et, en général, aux vins de qualité ordinaire.

Ils sont remarquables par leur épaisseur, la régularité de leur coupe, leur largeur, la facilité avec laquelle on les travaille. Ils ont l'inconvénient de résister moins que les autres à l'humidité des caves. On fait aussi usage de merrains d'Odessa, provenant de forêts du Caucase, qui sont plus durs, mais moins bons.

Quant aux merrains du pays, ils ne doivent être employés que pour les vins communs, et tous les œnologues recommandent de n'en point faire usage pour les vins élégants.

Plusieurs auteurs assurent qu'il y aurait avantage à ne se servir, pour la confection des tonneaux, que de bois flotté et dépouillé, par un long séjour dans l'eau, de tous ses principes solubles. Mais ici, comme dans tant d'autres circonstances, « l'expérience nous enseigne que le meilleur merrain est celui qui possède toutes ses qualités virginales. Il cède au vin et il lui emprunte ; il résulte de ce mariage de telles modifications, qu'il est de la dernière évidence que le vin se bonifie dans une barrique neuve. Tout concourt sans doute à cet effet, et il est difficile de démêler l'écheveau des affinités complexes, obscures, lentes, qui s'exercent entre les principes du vin et ceux du bois. »

Le merrain est taillé aux dimensions en forêt. Les pièces qui servent à monter la coque portent le nom de douves, longailles, douelles ; celles qui servent à faire les fonds sont désignées comme fonds, fonçailles, traversins, bois d'enfonçure. Ces pièces sont prises dans le cœur de l'arbre, sans aubier, en suivant le fil du bois ; elles sont détachées au coutre ou à la cognée. Elles sont ainsi plus souples que les planches débitées à la scie et présentent moins de coulage puisque le fil du bois n'est pas coupé.

Les dimensions courantes pour les bois de barrique sont : longueur 0m92, largeur 0m13 à 0m16, épaisseur 0m03 à 0m06. Dans le sud-ouest ce bois est vendu au millier comprenant 1,630 douves dont deux tiers de longailles et un tiers de fonçailles.

Le merrain de bonne qualité doit être sec,

non pourri, non échauffé, non rouge, non per-
tuisé (percé de trous de vers), non vergé, non
artisonné, non gras (couleur pâle), non roulé.

Pour voir si un merrain est de bonne qualité,
on le frappe contre une pierre. S'il se casse de
travers il est de mauvaise qualité ; s'il se
déchire dans le sens de la longueur il est de
bonne qualité.

Emploi des tonneaux neufs et des tonneaux vieux

On a dit quelquefois que les vins se trouvent
compromis quand on les loge dans des tonneaux neufs. C'est le contraire qui est la vérité.
Toutefois, il ne faut agir ainsi que pour les vins
nouveaux. On ne procède pas autrement en
Bourgogne et dans le Bordelais, où une longue
pratique a porté la manutention des produits
de la vigne à un rare degré de perfection. Les
vins rouges peu riches en tanin ont surtout à
gagner à cet envaisselage, parce qu'ils emprun-
tent au bois le tanin, c'est-à-dire le principe
essentiellement conservateur dont ils sont
insuffisamment pourvus. Quant aux vins plus
ou moins vieux, ils veulent être placés dans des
tonneaux envinés, en d'autres termes, ayant
déjà contenu du vin pendant un certain temps.

Préparation des tonneaux neufs

On prépare d'une manière fort simple les
tonneaux neufs à recevoir le vin.

On introduit dans le tonneau 3 ou 4 litres
d'eau bouillante dans laquelle on fait dissoudre
1 kilogramme de sel de cuisine, puis on l'agite

dans tous les sens, et en le dressant tantôt sur
un fond, tantôt sur l'autre. Cela terminé, on
l'abandonne à lui-même, posé sur l'un des
fonds, pendant quelques heures, afin que
toutes ses parties soient bien pénétrées par la
liqueur saline. Au bout de ce temps, on le
retourne sur son flanc, on l'agite de nouveau,
puis on l'égoutte. Enfin, on le lave avec une
décoction bouillante de feuilles de pêcher, on
l'agite encore dans tous les sens et avec force,
et on le fait égoutter. Il est alors prêt à recevoir le vin.

Souvent aussi, on le remplit aux trois quarts
d'eau froide et on le laisse reposer pendant un
jour. Le lendemain, on le roule à plusieurs
reprises, on le vide, puis on y introduit 2 litres
d'eau bouillante et 1/2 kilogramme de chaux
vive, par hectolitre. On le roule fortement, on
le vide, et on le rince à l'eau fraîche.

Au lieu de procéder comme nous venons de
le dire, on se contente parfois de bien rincer les
tonneaux avec 3 ou 4 litres de vin bouillant ;
mais, en agissant ainsi, on perd une certaine
quantité de vin et l'on n'obtient pas de meilleurs résultats.

Préparation des tonneaux vieux

Quand on veut remplir un tonneau vieux, la
première chose à faire consiste à examiner si
le reliage est en bon état. On y verse ensuite
deux ou trois seaux d'eau, et on le relève alternativement sur chaque fond, pour s'assurer que
la sécheresse n'a pas disjoint les douves. Si
l'eau coule par les fonds, il faut le placer debout,

recouvrir d'eau le fond supérieur, la renouveler quand elle a disparu, et continuer ainsi jusqu'à ce que le gonflement du bois ait fait disparaître les fuites. Enfin, quand le tonneau garde parfaitement l'eau, on le renverse, on le rince à plusieurs reprises et on l'égoutte.

Un simple rinçage n'est pas toujours suffisant pour approprier les tonneaux qui ont servi. Pour plus de sécurité, on les défonce d'un bout, puis, à l'aide d'un balai, on les lave avec 10 litres d'eau aiguisée par une très petite quantité d'acide sulfurique. On jette cette eau sale, puis on rince plusieurs fois à l'eau fraîche. Enfin, on replace le fond et on fait brûler une mèche soufrée. (Voir chap. IX.)

Les tonneaux vieux renferment souvent une quantité plus ou moins grande de lie desséchée qui adhère fortement aux douves. Pour détacher cette lie, le rinçage ordinaire ne saurait suffire. On le complète en se servant, pendant qu'on l'effectue, d'un appareil qu'on appelle *chaîne à rincer* (fig. 4) ; c'est une chaîne, longue d'environ 2 mètres, et formée d'anneaux en fer carré, afin que les angles coupants détachent plus facilement la lie. Le premier de ces anneaux est fixé à un long bondon conique de bois, tandis que le dernier porte un bloc de fer à plusieurs pans. Après avoir versé une quinzaine de litres d'eau bouillante dans le tonneau, on le laisse en repos pour que la lie soit ramollie par le liquide, puis on introduit la chaîne par le trou de la bonde et l'on ferme celui-ci avec le bondon de

Fig. 4.
Chaîne à
rincer.

l'instrument. Il n'y a plus alors qu'à agiter le
tonneau en tous sens, afin que le bloc de la
chaîne puisse bien battre toutes les parties auxquelles la lie adhère. On conçoit que, sous les
chocs répétés de ce bloc, la matière étrangère
se détache et s'échappe ensuite par la
bonde, entraînée par l'eau, quand,
après avoir retiré la chaîne, on procède
à l'égouttage. Après cette opération,
qu'on répète, au besoin, une seconde
et même une troisième fois, on rince le
tonneau à la manière ordinaire, et à
plusieurs reprises, jusqu'à ce que l'eau
en sorte parfaitement claire. On s'assure que toute la lie a disparu en introduisant dans le tonneau, par le trou
de la bonde, un appareil qu'on désigne
sous le nom de *visiteur*, et qui n'est
autre chose qu'une tige de fer (fig. 5)
munie, à son extrémité inférieure,
d'un godet disposé pour recevoir un bout de
bougie.

Fig. 5.
Visiteur.

Quand on veut remplir un tonneau laissé
vide pendant quelques jours, il faut toujours
s'assurer qu'il n'a éprouvé aucune altération.
A cet effet, on y descend, soit le visiteur, soit
une mèche soufrée qu'on a préalablement allumée. Si le feu brûle bien, c'est une preuve que
le tonneau est sain. Dans le cas contraire, on
doit en conclure qu'il renferme un gaz délétère,
qu'il est, par conséquent, plus ou moins altéré,
et l'on ne doit y verser du vin qu'après l'avoir
purifié. Cette purification est très facile. Elle
consiste à souffler fortement dans le tonneau au
moyen d'un grand soufflet de cuisine dont on

passe le tuyau dans l'ouverture de la bonde sans la boucher. On peut encore dresser le tonneau sur son fond inférieur, en plein air, après avoir enlevé la broche du fond supérieur et tourné le trou de la bonde, tout ouvert, du côté du vent : il s'établit ainsi entre les deux ouvertures un courant d'une certaine violence qui produit le même effet, que le soufflet. Dans tous les cas, on reconnaît que l'air du tonneau est renouvelé en répétant l'expérience du visiteur ou de la mèche soufrée. Aussitôt que ce résultat est obtenu, on rince avec soin, d'abord avec de l'eau jusqu'à ce qu'elle sorte parfaitement claire, puis avec 2 ou 3 litres de vin, et l'on termine en y faisant brûler deux ou trois mèches soufrées. C'est en agissant comme nous venons de le dire qu'on prépare à recevoir le vin les tonneaux qui ont un goût d'aigre ou qui ont contenu du vin tourné, et ils sont alors dans toutes les conditions désirables de salubrité.

On emploie aussi le procédé suivant pour rendre les tonneaux viciés propres à recevoir du vin. Comme on l'a vu, on y introduit un mélange d'acide sulfurique et d'eau, dans la proportion d'un d'acide pour dix d'eau. On agite dans tous les sens, on ajoute quelques litres d'eau pure, et l'on roule de nouveau. Enfin, on rince à l'eau froide, on passe un lait de chaux, et on lave à l'eau jusqu'à ce que celle-ci sorte bien claire et sans aucune saveur.

Lorsqu'un tonneau a été laissé vide pendant longtemps, il est d'une extrême importance d'examiner, avant tout rinçage, dans quelles conditions se trouve la gravelle, c'est-à-dire le

dépôt de tartre qui tapisse ses parois intérieures.
L'emploi du visiteur sert à faire cet examen.

Si la gravelle est brillante, sans aucune
tache, on peut conclure que le tonneau est en
bon état, et, pour le rendre propre à être employé, il suffit de l'humecter et de le rincer
comme nous l'avons dit en commençant. Si,
au contraire, elle est recouverte d'une mousse
blanche, il faut défoncer le tonneau d'un côté,
afin de le visiter et de le frotter énergiquement
avec une brosse ou un balai très rude. On peut
aussi nettoyer le tonneau en le rinçant avec
6 à 8 litres d'eau dans laquelle on a fait préalablement dissoudre 500 grammes à 1 kilogramme
de chaux vive ; mais la préparation doit être
employée aussitôt que la chaux se trouve dissoute et sans donner à la liqueur le temps de se
refroidir. Quelquefois, on modifie l'opération
de la manière que voici : on met dans chaque
tonneau 3 litres de chaux vive et 6 litres d'eau,
et l'on ferme la bonde. Une heure après, on y
ajoute 12 litres d'eau et on le secoue en tous
sens. Enfin, six heures plus tard, on fait sortir
le lait de chaux, on lave à l'eau froide et à plusieurs reprises, et l'on termine par un rinçage
avec 1 ou 2 litres de vin.

Quand la mousse qui recouvre le tartre a une
teinte jaunâtre, et si, après l'avoir essuyée, elle
laisse une tache noire, la conclusion à tirer de
ce fait, c'est que le tonneau est profondément
gâté et n'est bon qu'à brûler. On peut cependant essayer d'assainir le tonneau en râclant
fortement les parties malades, et y passant
ensuite un fer rouge ; mais ce traitement est
très imparfait et il serait dangereux de laisser

du vin séjourner pendant longtemps dans le tonneau qui l'a subi.

Pour en finir avec les tonneaux vides, il est absolument indispensable qu'ils soient non seulement tout à fait sains, mais encore dans un état de propreté parfaite.

Conservation des tonneaux vides

Quand on a vidé un tonneau, il suffit, pour qu'il n'éprouve aucune altération jusqu'au moment où on l'emploiera de nouveau, de le bien égoutter, d'y brûler une mèche soufrée, de le boucher avec soin, et, enfin, de l'emmagasiner dans un lieu parfaitement sec.

II. CHANTIERS

On sait qu'on appelle *chantiers* les charpentes sur lesquelles on place les tonneaux dans les caves. Elles se composent de deux poutrelles, l'une à l'avant, l'autre à l'arrière, et pour que les fûts ne puissent remuer, on les y assujettit au moyen de cales ou de coins de bois ou de métal. Afin que l'humidité ne puisse les détériorer, il faut les élever à une hauteur d'au moins 50 centimètres, et que le chimiste Chaptal voudrait même de 1 mètre. Au reste, plus ils sont élevés, plus est facile la visite des tonneaux, ainsi que le soutirage.

Comme les bois sont promptement attaqués par l'humidité, il vaudrait mieux faire les chantiers en maçonnerie hydraulique. Dans tous les cas, si l'on préfère les établir d'après la méthode ordinaire, il est utile de les poser, non pas sur le sol même de la cave, mais sur deux petits murs en briques (fig. 6).

Fig. 6. Chantier sur murs en briques.

Depuis quelques années, on a proposé de remplacer les chantiers en bois ou en maçonnerie par des chantiers de fonte ; mais, jusqu'à

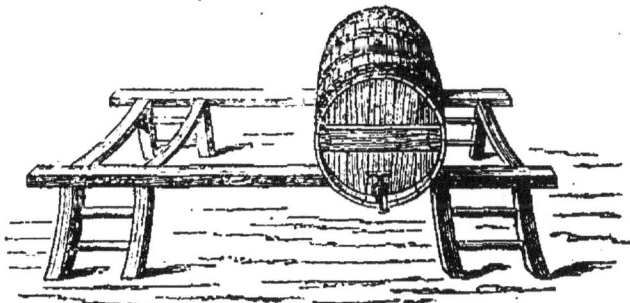

Fig. 7. Chantier de fonte.

présent, cette innovation n'a pas eu un grand succès pratique. Nous donnons ici (fig. 7) un modèle de chantier de ce genre.

Sommelier.   15

III. ENGINS POUR LA DESCENTE DES TONNEAUX DANS LES CAVES

La descente des tonneaux dans les caves ne présente aucune difficulté quand celles-ci sont peu profondes. Dans le cas contraire, elle demande certaines précautions autant dans l'intérêt des personnes chargées de l'opération, que dans celui du vin.

Deux ouvriers au moins, et le plus souvent trois, sont nécessaires pour descendre un tonneau dans une cave profonde. Avant tout, il faut éviter les trop fortes secousses qui pourraient faire rompre les cercles et occasionner la perte du liquide. Nous allons dire comment on s'y prend habituellement pour prévenir cet inconvénient.

Les ouvriers établissent en dehors de la porte de la cave une longue pièce de bois appelée bourde, à laquelle ils ont attaché un ou deux forts cordages, au moyen de boucles dans lesquelles passe la bourde. Deux d'entre eux roulent alors le tonneau, et lorsqu'il est parvenu à la porte de la cave, le troisième garçon se met devant la pièce pour la retenir. L'emploi de ce dernier est de diriger le tonneau le long de l'escalier, tandis que les deux autres prennent la corde qu'ils ont fait passer par-dessus le fût et qui l'entoure, et déterminent un frottement en la faisant couler dans leur tablier, qu'ils retiennent encore avec la main ; ou bien en la tournant autour d'un poteau, s'il s'en trouve un à portée et en faisant frotter le cordage contre le mur. Celui qui descend avec le tonneau le soutient toujours en s'appuyant dessus, et, à l'aide de ses genoux, il le conduit jusqu'à ce qu'il soit parvenu au bas de l'escalier, puis le roule jusqu'à l'endroit qui lui est destiné.

Quand les tonneaux sont d'un très fort diamètre, il faut prendre d'autres précautions. On fait alors usage de deux machines assez simples qu'on nomme *poulains*.

Le *grand poulain* (fig. 8) se compose de deux fortes pièces de bois, arrondies, longues de 4 à 5 mètres, assemblées et jointes ensemble par

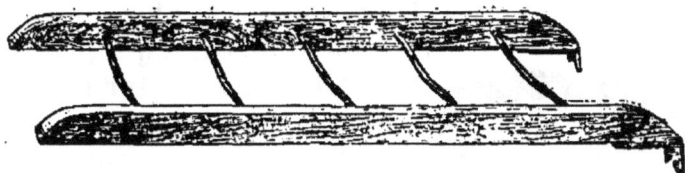

Fig. 8. Grand poulain.

quatre ou cinq traverses, et ayant leurs extrémités relevées. L'une des extrémités de ce bâti doit porter sur le terrain, tandis que l'autre, qui est taillée en biseau, doit appuyer sur la muraille devant l'entrée de la cave.

Le *petit poulain* ou crève-cœur (fig. 9) est une espèce de traîneau formé de deux pièces de bois

Fig. 9. Petit poulain.

équarries, d'un mètre et un tiers de longueur, dont les extrémités sont relevées pour que le poulain puisse mieux couler sur les marches.

On donne du pied au grand poulain, et on
l'appuie le long de la muraille devant la trappe ou
la porte de la cave; on arrête le câble au petit
poulain sur lequel la pièce est solidement fixée ;
on tourne la corde deux ou trois fois autour
d'un des montants du grand poulain, et on la
lâche doucement au fur et à mesure que le
petit poulain descend. Un aide précède la pièce,
la dirige et la conduit jusqu'au bas de la cave.
Arrivée au bas, plusieurs aides surviennent et
la pièce est roulée à l'endroit qu'elle doit définitivement occuper.

Il va de l'intérêt des ouvriers, et particulièrement de celui qui précède
la pièce, de visiter le câble
avant de s'en servir pour
qu'il ne vienne pas à se
rompre pendant la des-
cente.

Fig. 10.   Manière
de rouler le câble.

La figure 10 montre com-
ment il faut rouler le câble
pour qu'il ne se mêle point
et tienne moins de place.

Ce n'est pas tout que de
descendre les tonneaux dans
les caves, il faut souvent les
en extraire pour les envoyer
aux consommateurs.

Pour faire cette opération,
on emploie un bâti à peu près
semblable au grand poulain,
excepté que ses montants
sont équarris et qu'ils portent
au quart de leur hauteur, du
côté qui doit appuyer sur le

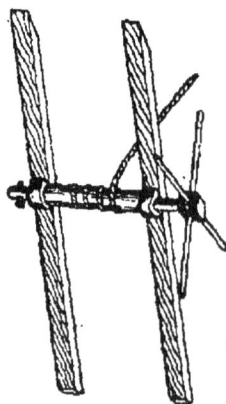

Fig. 11.   Moulinet.

terrain, un treuil ou moulinet, retenu par l'une ou l'autre de ses extrémités dans des encoches ou échancrures. Cet appareil (fig. 11) se nomme *moulinet.* Quand il fonctionne, le câble s'entortille sur le treuil, et plusieurs aides, appuyant sur les leviers, parviennent ainsi à monter par les trappes les tonneaux, préalablement placés et assujettis sur un petit poulain, auquel on a attaché l'autre extrémité du câble.

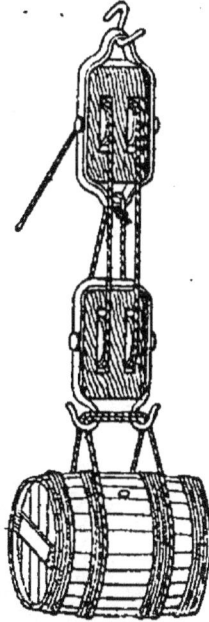

On se sert encore, pour monter les gros tonneaux par la trappe des caves, de *poulies mouflées.* Chaque moufle (fig. 12) porte deux ou trois poulies. L'une des moufles étant fixée au plafond par un crochet, un bout de la corde est attaché au bas de cette première moufle et va passer sur la première poulie de la seconde moufle; de là, elle remonte sur

Fig. 12.
Poulies mouflées.

la première poulie de la moufle suspendue au plafond, puis passe sur la seconde poulie de la moufle d'en bas, et ainsi de suite jusqu'à ce qu'elle embrasse toutes les poulies. Enfin, le bout du câble redescend jusqu'à l'endroit où plusieurs hommes tirent dessus pour faire monter la seconde moufle à laquelle est attaché le tonneau et le faire approcher jusqu'auprès de la première moufle.

Cette extrémité de la corde tient quelquefois au tonneau par le moyen de deux crochets (fig. 13). La corde retient l'un et l'autre de ces crochets en passant dans une ouverture qui est à l'extrémité opposée du crochet. Cette extré-mité de la corde forme une boucle dans laquelle la corde est engagée. Par cet arrangement, elle peut former un triangle plus ou moins grand, suivant la longueur de la pièce qu'on veut monter, et comme la corde forme un nœud coulant, la pesanteur du tonneau oblige les deux crochets à serrer la futaille, qu'ils tiennent par les jables, tandis que des hommes tirent sur l'autre extrémité de la corde quand ils veulent l'élever.

Fig. 13.
Crochet.

Fig. 14. Poulain à treuil mobile.

Enfin, dans les grandes maisons, on fait

usage du *poulain à treuil mobile* (fig. 14). Cet appareil se compose d'un treuil fixé sur deux pieds métalliques et permettant d'actionner les cordes qui retiennent le fût, d'un poulain métallique sur lequel court le fût et relié aux pieds du treuil par une traverse sur laquelle il est boulonné. Le treuil possède un cran d'arrêt, pour arrêter la descente ou la montée du fût en cas d'accident. Un homme peut faire l'opération tranquillement et avec une seule main.

IV. ENGINS POUR METTRE LES TONNEAUX SUR CHANTIERS ET LES ENGERBER

Une fois arrivés dans la cave, les tonneaux doivent être placés sur les chantiers. Quand ceux-ci sont très bas, l'opération est des plus simples et s'exécute en faisant rouler la pièce sur une planche très solide, dont un bout porte

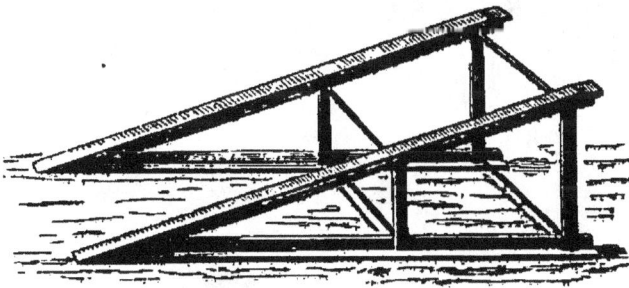

Fig. 15. Rampe ou plan incliné.

sur le sol, et le bout opposé sur le bord du chantier. Lorsque, au contraire, les chantiers ont une certaine hauteur, il est préférable, pour prévenir les accidents, de se servir d'une petite

rampe ou plan incliné, qui peut être indifféremment en bois ou en fer (fig. 15, rampe en fer).

Le placement du premier rang de tonneaux
ne présente aucune difficulté. Il n'en est plus
de même lorsqu'on veut en mettre plusieurs
rangs les uns sur les autres, ce qu'on appelle
gerber ou *engerber*. Ici, en effet, le danger devient
d'autant plus grand que les tonneaux sont plus

Fig. 16.   Gerbeuse.

volumineux, et que la hauteur à laquelle il faut
les élever est plus considérable. On conçoit, sans
que nous ayons besoin de le démontrer, à quels

dangers seraient exposés les ouvriers, si, pour une cause quelconque, un tonneau venait à tomber, et ce qui en pourrait résulter pour le vin lui-même. C'est pour éviter cette sorte d'accidents qu'on a imaginé les *gerbeuses* ou *machines à gerber*.

Ces machines sont assez nombreuses. Une des plus simples est représentée par la figure 16.

Cette gerbeuse se compose d'une espèce de treuil qui prend son point d'appui sur le dernier ou l'un des derniers tonneaux déjà placés et solidement calés, et il suffit de tourner la manivelle pour que la pièce à gerber parcoure toute seule le plan incliné, et vienne se loger juste à l'endroit qui lui est destiné.

A l'Exposition de 1867, M. Vernay avait exposé une gerbeuse d'un autre genre. Dans cette machine, une griffe, composée de deux fortes branches, saisit le tonneau, et la force d'un homme suffit pour l'enlever au moyen d'une manivelle. Quand le fût est arrivé à la hauteur du rang auquel il est destiné, cette griffe tourne sur sa noix et le dépose sans secousse à la place qui doit le recevoir. Ajoutons que la machine, de fixe qu'elle est, est rendue locomobile en pressant légèrement sur un levier.

La figure 17 représente la *pince à gerber* : c'est

Fig. 17. Pince à gerber.

un levier de fer dont les deux extrémités, l'une droite, l'autre légèrement recourbée, sont en

15.

forme de coin très aplati afin de pouvoir être introduites entre ou sous les tonneaux à déplacer.

On fait usage, maintenant, de gerbeuses plus
perfectionnées (fig. 18), qui permettent d'encarrasser les fûts sur cinq rangs, en réalisant une
grande économie de main-d'œuvre et en évitant
les accidents. Il faut avoir soin de choisir, parmi
les nombreux types qui se trouvent dans le commerce, une gerbeuse légère, solide et tenant
peu de place pendant la manœuvre.

L'appareil est construit pour gerber en
second et en troisième ; quand on veut encar-

Fig. 18.   Gerbeuse perfectionnée.

rasser en quatrième, on couche la gerbeuse sur
le sol, on ajoute une rallonge et on descend le
treuil pour qu'il se trouve à la portée de l'ouvrier. Pour gerber en cinquième, on rajoute une
nouvelle rallonge. Cet appareil se compose.

essentiellement d'un poulain métallique, d'un treuil fixé sur le poulain qui permet de lever le fût, d'une plate-forme mobile sur le poulain, sur laquelle on met le fût. Cette plate-forme est montée au moyen de chaînes qui s'enroulent sur le treuil. Un homme seul peut gerber en cinq rangs avec cet instrument.

On fait encore usage, pour gerber les fûts, de *passerelles* permettant de faire passer les fûts au-dessus de ceux qui sont rangés ; ces passerelles peuvent être en bois ou métalliques. Souvent on les remplace par des ponts ou madriers en bois indépendants et de différentes longueurs que l'on désigne dans le Bordelais sous le nom de pipailles.

V. BOUTEILLES ET APPAREILS S'Y RATTACHANT

Les *bouteilles* sont un des ustensiles les plus importants du service des caves. Nous leur avons consacré ailleurs (chap. IX) une notice très complète, nous parlerons surtout ici des appareils employés pour en faciliter le nettoyage, le bouchage et le débouchage.

Appareils à rincer

Les *appareils à rincer* les plus simples sont universellement désignés sous le nom de *goupillons*. Ils peuvent recevoir plusieurs dispositions de détail ; mais ils se composent essentiellement d'un manche en bois ou en fer à l'une des extrémités duquel une brosse en soies de porc ou mieux de sanglier est solidement fixée (fig. 19). Il y en a à simple branche A, B, et

à double branche C. Le plus souvent, ils sont
droits. Quelquefois, cependant, leur brosse a

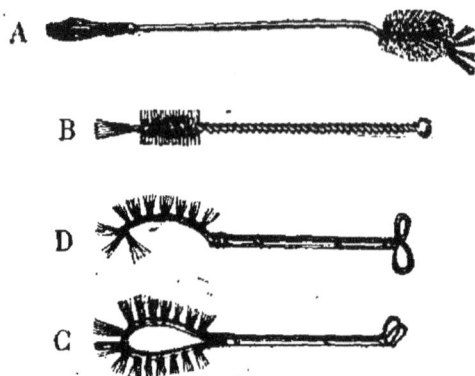

Fig. 19. Goupillons.

une forme courbe D, ce qui est un avantage
dans une foule de circonstances.

Les goupillons ordinaires se manœuvrent à
la main. On conçoit que lorsqu'on a un très
grand nombre de bouteilles à nettoyer, leur
emploi donnerait lieu à une très grande perte
de temps. Pour ce cas particulier, on a eu l'idée
de les placer à l'extrémité d'un arbre tournant
auquel un système de roues dentées, actionnées
par une manivelle, peut imprimer un mouvement de rotation aussi rapide qu'on peut le
désirer. Nous n'avons pas besoin de faire
remarquer que ces *machines à rincer,* comme
on les appelle, peuvent être disposées, quant
aux détails, d'une infinité de manières ; mais
il suffit d'en indiquer le principe et de donner
le dessin des deux plus simples (fig. 20 et 21).

Avec les goupillons, on ne peut détacher que
les matières peu adhérentes aux parois des

bouteilles. Quand ces matières adhèrent fortement au verre, on est obligé d'avoir recours à
l'emploi de la fonte granulée ou à celui du gravier (voy. chap. IX). Pour exécuter cette opé-

Fig. 20 et 21. Machines à rincer.

ration avec une grande économie de temps et
de main-d'œuvre, on a construit en Angleterre
une machine disposée de telle façon qu'à chaque
rotation les bouteilles reçoivent un_ double
mouvement de bascule, ce qui fait qu'elles se
trouvent nettoyées d'un bout à l'autre, la surface frottée étant changée par l'action de
l'engrenage à chaque tour de la manivelle.

Appareils de bouchage

Le bouchage se fait à la main ou par des
moyens mécaniques.

Le bouchage manuel est le plus simple et le
plus ancien. On sait qu'il
consiste à introduire l'extrémité du bouchon dans le
col de la bouteille, après
quoi on achève de l'enfoncer en frappant dessus avec
une espèce de petit battoir
de bois, qu'on appelle
batte ou *tapette* (fig. 22).

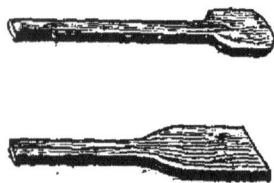

Fig. 22. Batte ou tapette.

En procédant ainsi, on met bien le bouchon,
mais si, par maladresse ou inattention, on
dirige mal l'instrument, la bouteille se brise et
le vin se répand sur le sol, à moins qu'on n'ait
eu la précaution, comme on devrait le faire
toutes les fois que le vin a une certaine valeur,
de placer la bouteille dans un seau ordinaire
ou dans une boîte de cuir spécialement fabriquée pour cela.

Le bouchage mécanique s'effectue avec des
appareils appelés *machines à boucher*. Quoique
le nombre de ces appareils soit très considérable, qu'il augmente même toujours, le principe essentiel de leur construction n'en est pas
changé pour cela. Tous, en effet, réduits à leur
plus simple expression, consistent en une forte
tige métallique, qu'on nomme vulgairement
aiguille, et à laquelle on imprime un mouvement de haut en bas, soit en agissant sur un
levier auquel sa tête est articulée, soit en faisant tourner, au moyen d'une manivelle, une
petite roue dentée qui engrène avec sa partie
supérieure, laquelle est taillée d'un côté en
forme de crémaillère. On conçoit qu'en descendant, cette tige pénètre dans un tube très

court, où elle comprime le bouchon, et d'où
elle le pousse dans le goulot de la bouteille.

Certaines machines ne peuvent recevoir que
des bouteilles d'une hauteur déterminée.
D'autres, au contraire, servent à boucher des
bouteilles de dimensions différentes, et l'on
obtient ce résultat en rendant mobi'e le plateau qui supporte ces vases. Il en est aussi dans

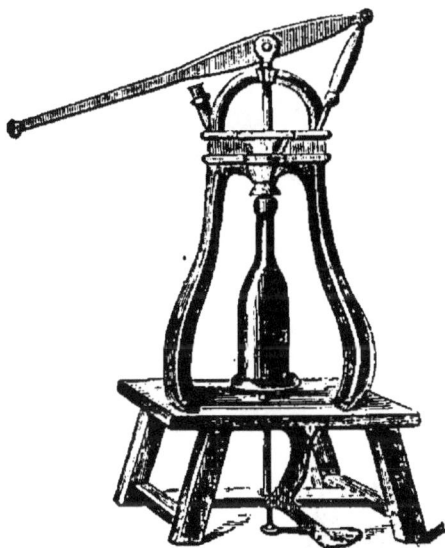

Fig. 23. Machine à boucher,
à levier.

Fig. 24. Machine à boucher,
à manivelle.

lesquelles ce même plateau s'élève ou s'abaisse
au moyen d'une pédale sur laquelle appuie le
pied de l'opérateur. Dans tous les cas, quand
elles sont construites avec soin et employées

avec précaution, elles rendent le bouchage
aussi rapide que facile, et ne déterminent là
casse des bouteilles que lorsque celles-ci sont
de mauvaise qualité.

Nous représentons ici deux machines à boucher : l'une (fig. 23) est à levier et l'autre (fig. 24)
à manivelle.

Voici (fig. 25) le type moderne qui est em-

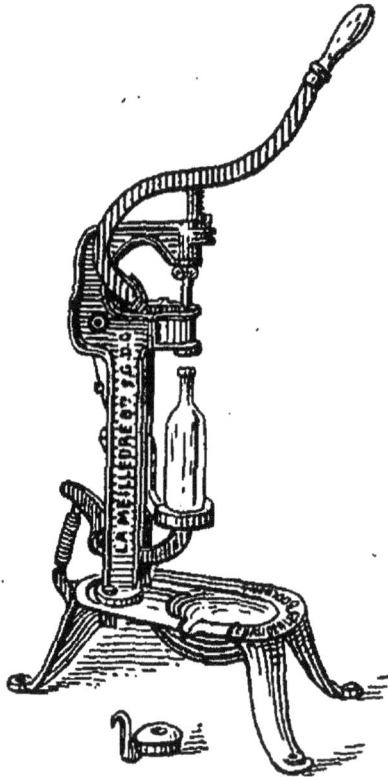

Fig. 25.   Machine à boucher (moderne).

ployé le plus couramment. Dans cette machine,
le levier s'appuie sur un cylindre tournant, ce
qui évite les à-coups. En outre, un ressort le

tient en place et un autre tient la plate-forme
de la bouteille en position. Le bouchon est
pressé dans le sens de la longueur et pénètre
comprimé dans la bouteille sans être rac-
courci ou marqué à la partie supérieure.

La disposition du levier permet de placer le
bouchon entre le .compresseur et la douille
sans l'actionner, ce qui n'existe pas dans tous
les modèles. Ajoutons que pour faire usage des
machines à boucher, il faut toujours échauder
les bouchons à l'eau bouillante.

Appareil et ustensiles divers

Parmi les appareils et ustensiles qui se
rapportent à l'emploi des bouteilles, nous cite-

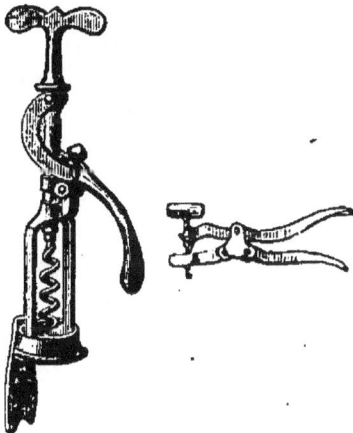

Fig. 28.   Tire-bouchons
à lanterne.

Fig. 26 et 27.   Tire-bouchons
à bascule.

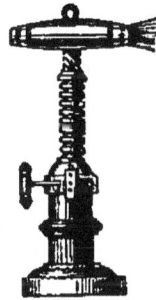

rons d'abord les *tire-bouchons*. La forme de ces
instruments est bien connue, mais ils ne sont
pas tous également bons. Les meilleurs sont

ceux qui permettent d'opérer sans agiter le vin, et dont les uns sont à *bascule* (fig. 26 et 27) et les autres *à lanterne* (fig. 28).

Les bouchons tombent assez souvent dans les bouteilles. Avec un peu de patience on peut les extraire au moyen d'une ficelle munie à l'un de ses bouts d'un gros nœud ou d'une boucle.

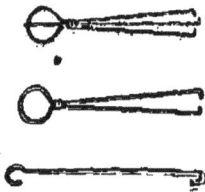

On y parvient plus facilement et en beaucoup moins de temps en se servant d'un *arrache-bou- chons* (fig. 28 bis). Le plus simple de ces instrument se compose d'une tige de fer terminée à l'une de ses extrémités par un anneau dans lequel on passe le doigt, et à l'extrémité opposée par une

Fig. 28 *bis*.
Arrache-bouchons.

petite griffe qui sert à saisir le bouchon. Les autres, et ce sont les plus sûrs, sont formés de deux ou trois tiges semblables, ayant, par con- séquent, un égal nombre de griffes, mais ne présentant qu'un anneau commun.

Nous aurions encore à décrire les *mâche- bouchons* et les *pinces à dégoudronner* ou *dégoudronnoirs* ; mais nous préférons renvoyer ce que nous pourrions en dire au chapitre de ce livre où il est question de leur emploi. Quant aux *machines à capsuler,* nous les étudierons à propos de la mise en bouteilles.

VI. USTENSILES ET APPAREILS DE MANUTENTION

Les ustensiles et appareils employés pour la manutention des vins sont en très grand nombre ; mais quelques-uns seulement méri- tent une mention particulière.

Brocs, baquets, entonnoirs

La forme et les dimensions des *brocs*, des *baquets* et des *entonnoirs* est trop connue pour que nous jugions utile de les décrire. On les fait tantôt en bois, tantôt en métal. Les dessins ci-joints donnent une idée de ces divers ustensiles : figures 29 et 30, brocs en fer-blanc ;

Fig. 29 et 30.
Brocs en fer-blanc.

Fig. 31.
Broc en bois.

figure 31, broc en bois ; figure 32, baquet à égoutter les tonneaux vides ; figure 33, baquet à cœur pour soutirer ; figure 34, baquet à pré-

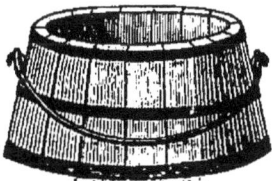

Fig. 32. Baquet
à égoutter les tonneaux.

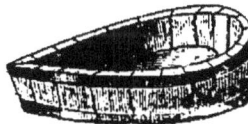

Fig. 33. Baquet
à cœur, pour soutirer.

Fig. 34.
Baquet à
préparer la
colle.

parer la colle ; figure 35, broc de forme décalitre en fer-blanc, avec une tige de mesurage

permettant de savoir à chaque instant la quantité de liquide qu'il renferme ; figure 36, entonnoir dont le dessous est en forme de bateau, ce
qui lui permet de se maintenir sur le tonneau,
sans pouvoir se renverser.

Les vases en bois doivent toujours être préférés ; mais il ne faut jamais oublier de les

Fig. 35. Broc de forme décalitre
en fer-blanc.

Fig 36. Entonnoir.

entretenir avec la propreté la plus absolue.
Quand ils sont neufs, quelques rinçages soignés suffisent pour les mettre en état d'être
employés. Lorsqu'ils ont déjà servi et que, par
négligence ou autrement, ils sont souillés par
des substances étrangères, on parvient à les
assainir en les soumettant aux mêmes opérations que les tonneaux vieux.

Les acides du vin attaquant avec une très
grande énergie le zinc, le cuivre, le plomb, qui
sont les métaux dont on fabrique les vases et les
ustensiles vinaires, et donnant lieu à la formation
de composés éminemment dangereux, la prudence veut qu'on s'abstienne de faire usage de
ces sortes de vases et ustensiles. Si l'on n'en
possède pas d'autres, il est d'une nécessité

stricte de n'y jamais laisser séjourner le vin, ne serait-ce que pendant un temps très court. Ici, encore, la propreté la plus grande est de la dernière rigueur.

Ce qui précède s'applique jusqu'à un certain point aux vases et ustensiles de fer-blanc. Sans doute, ce métal ne communique pas au vin des propriétés nuisibles ; mais si l'on y fait séjourner ce liquide, même seulement pendant quelques heures, il en noircit la couleur et lui donne une saveur métallique des plus désagréables.

Depuis quelques années, on fait usage d'appareils (fig. 37) permettant d'éviter les pertes de liquide dans l'entonnage.

Fig. 37. Entonnoir permettant d'éviter la perte
de liquide.

Dans ces appareils, la douille de l'entonnoir est entourée d'une collerette de caoutchouc qui fait joint hermétique. Cette douille contient une soupape en caoutchouc qui est actionnée

par une tige reliée à un ressort. En abaissant
le ressort on ouvre la soupape. Quand le fût
est plein et que le liquide ne s'écoule plus dans
le fût, celui-ci reste dans l'entonnoir sans danger puisqu'il y a joint hermétique ; pour enlever l'entonnoir et le porter sur un autre fût, on
déclanche le ressort et la soupape se ferme, ce
qui évite toute perte. Un petit tube donne
accès à l'air qui sort du fût.

Le même système existe en plus petit pour
les bouteilles.

En outre, ces entonnoirs sont munis d'une
tige portant des graduations qui permettent de
mesurer la quantité de vin que l'on entonne
dans les fûts.

Il existe d'autres systèmes d'entonnoirs à

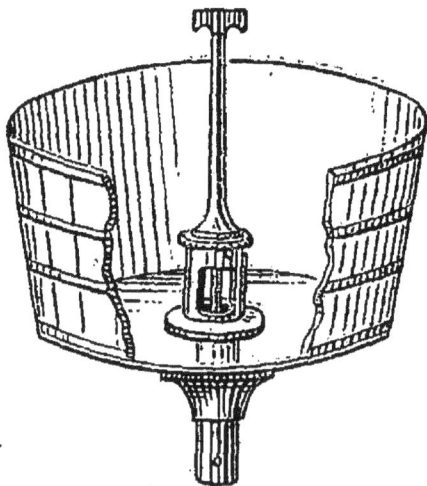

Fig. 39. Douille.

Fig. 38. Entonnoir à fermeture.

fermeture. Dans la figure 38 nous représentons
un entonnoir dont la douille est munie d'une

soupape en caoutchouc que l'on ferme en tournant la tige, ce système fonctionne, en somme,
comme un robinet. Cet appareil présente l'inconvénient de n'avoir pas d'appel d'air et de
système de mesurage.

Le même entonnoir est construit avec une
douille que nous représentons figure 39 et qui
est à fermeture automatique. La soupape de
cette douille se ferme seule quand le fût est
plein. Cet appareil présente l'inconvénient
d'être très coûteux.

Cannelles et robinets

Il y a des *cannelles* et des *robinets* en bois et
en métal. Pour la même raison que ci-dessus,
le bois est la matière qui convient le mieux.
Quant au métal, c'est le cuivre jaune ou laiton
qu'on emploie partout. Si l'on néglige de le
tenir parfaitement propre, il peut en résulter
des accidents fort graves.

Quelle que soit la substance dont ces instrument soient faits, les meilleurs sont ceux
qui se vissent dans le fond du tonneau : on est
ainsi dispensé de les enfoncer à coups de maillet ou de marteau, ce qui pourrait occasionner
l'agitation du vin et surtout de la lie (fig. 40,
modèles de cannelles et de robinets).

Depuis le commencement du siècle dernier,
les robinets métalliques ont été torturés de
mille manières ; mais presqu'aucune des inven-
tions sans nombre dont ils ont été l'objet n'a
eu un succès véritablement pratique.

Dans les établissements où la vente au détail
est très active, on surmonte parfois chaque

robinet d'un appareil indicateur qui fait connaître à chaque instant la situation du tonneau en vidange, et qui, en général, n'est autre
chose qu'un tube de niveau. Tout robinet ainsi
armé se nomme *robinet-contrôle* (fig. 41).

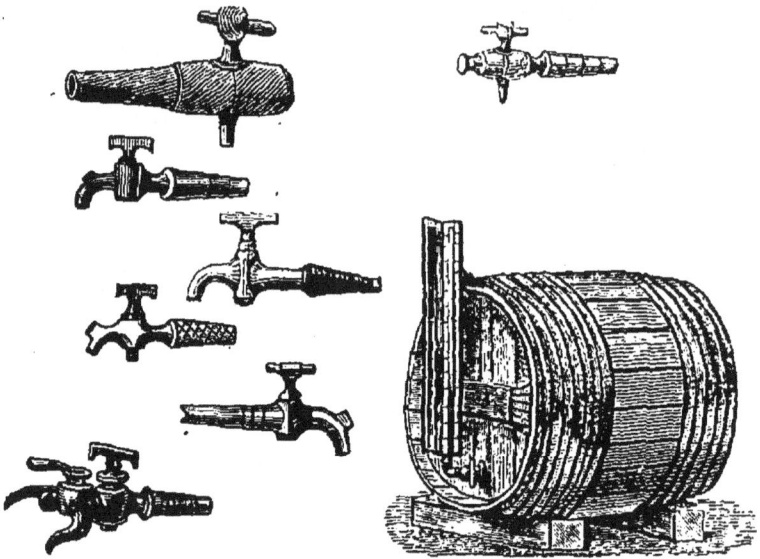

Fig. 40. Cannelles et robinets.   Fig. 41. Robinet-contrôle.

Crics et appareils de levage

Dans l'opération du soutirage et dans celle de
la mise en bouteilles, quand le vin est arrivé au
niveau de la cannelle, on a souvent besoin d'incliner le tonneau en avant, sans quoi on ne pourrait le vider entièrement. On obtient facilement
cet effet avec le *bâton fourchu,* les *crics* et les
porte-fûts.

Bâton fourchu

Le *bâton-fourchu*, comme son nom l'indique
et la figure 42 le montre, consiste en un solide
bâton de bois dont chaque extrémité est munie
d'une petite fourche de fer à deux branches

Fig. 42. Bâton fourchu.

courbées du même côté. On lui donne ordinairement 90 à 95 centimètres de longueur. Il
sert à incliner les tonneaux qui sont adossés
contre le mur. Pour en faire usage, on introduit l'une des fourches entre deux des cercles
de la partie antérieure de la pièce ; appliquant
ensuite l'autre fourche contre le mur, on soulève avec la main la partie postérieure du tonneau jusqu'à la hauteur qu'on désire. Cela fait,
on appuie fortement sur le bâton, afin que les
pointes puissent entrer suffisamment dans le
mur pour ne pas glisser.

Avec le bâton qui précède, il est à peu près
impossible de ne pas agiter plus ou moins le

Fig. 43. Bâton fourchu modifié.

tonneau. Cet accident n'est pas à craindre
quand on emploie cet instrument tel que les
Anglais l'ont modifié. Grâce à cette modifica-

tion (fig. 43), il suffit d'appuyer les deux fourches, l'une contre le mur, l'autre sur la partie
antérieure du tonneau, après quoi on donne à
ce dernier l'inclinaison voulue en faisant tourner avec la main l'écrou à bras que porte le
bâton et qui, lorsque l'instrument est en place,
se trouve sur le devant. On conçoit que, dans
ce cas, le soulèvement du tonneau a lieu d'une
manière tout à fait insensible.

Crics

Le *cric ordinaire* (fig. 44) est trop connu pour
qu'il soit nécessaire d'en faire la description.

C'est l'instrument qu'on emploie
le plus pour incliner les tonneaux
en avant.

Quand la pièce n'est pas adossée
à un mur, on pose par terre, derrière, à 20 ou 25 centimètres du
tonneau, les pointes du cric ; éle-
vant ensuite, par le moyen de la
manivelle, la crémaillère, dont
l'extrémité se place sous le jable.
supérieur, on monte sans secousse
et sans effort la partie postérieure
du vase, à la hauteur nécessaire
pour que le vin clair arrive à la
cannelle sans que la lie soit déplacée. Cela fait, on cesse de
tourner la manivelle, et le cliquet,
qui engrène la roue dentée tenant à la manivelle, maintient la crémaillère dans la position
où on l'a placée. On peut, par ce moyen, relever
le tonneau à plusieurs reprises et obtenir pres-

Fig. 44.
Cric ordinaire.

que toute la liqueur claire sans déranger la lie.

Quand le tonneau est adossé à un mur, on appuie les pointes du cric contre ce mur, à 33 centimètres au-dessus du tonneau, et l'extrémité de la crémaillère se place contre ou entre les cercles du devant de la pièce ; tournant alors la manivelle, l'inclinaison a lieu comme ci-dessus.

Le cric, l'un des plus essentiels instruments des grandes caves, sert encore à placer sur le chantier, sans déranger le dépôt, une pièce de vin que l'on aurait laissée par terre, et à la mettre dans une position convenable pour qu'on puisse la soutirer commodément. Cette opération, que deux ouvriers ne font qu'avec peine, est facilement exécutée par un seul à l'aide d'un cric. Il suffit, après avoir mis des cales de chaque côté de l'une des parties du tonneau, d'élever l'autre partie de manière à pouvoir placer dessous un morceau de bois carré de 14 à 16 centimètres d'équarrissage. Cela fait, et après avoir mis sur le chantier, de chaque côté du tonneau, d'autres cales, on retire le cric pour élever de même la partie qui est encore sur la terre. Il est inutile d'observer que, si le tonneau n'est pas assez élevé à la première opération, on peut, après l'avoir placé comme nous venons de le dire, l'exhausser de nouveau par le même procédé, et placer dessous des morceaux de bois plus épais ou des cales plus fortes.

Le cric sert également pour changer la position d'un tonneau plein, de grandes dimensions, et donne à un seul ouvrier le moyen de faire ce qui nécessiterait l'assistance de plusieurs.

Le cric ordinaire, celui dont nous venons de parler, n'est pas seulement employé pour faciliter la manœuvre des tonneaux ; il est aussi d'un usage général pour soulever les corps lourds à de faibles hauteurs. On a imaginé des appareils analogues, mais tout autrement construits, pour le service des caves. Tel est, entre autres, celui qui porte le nom de M. Beziat, son inventeur.

Le *cric Beziat* (fig. 45 et 46) se compose d'un arc-boutant de fer A A, armé dans le haut d'un

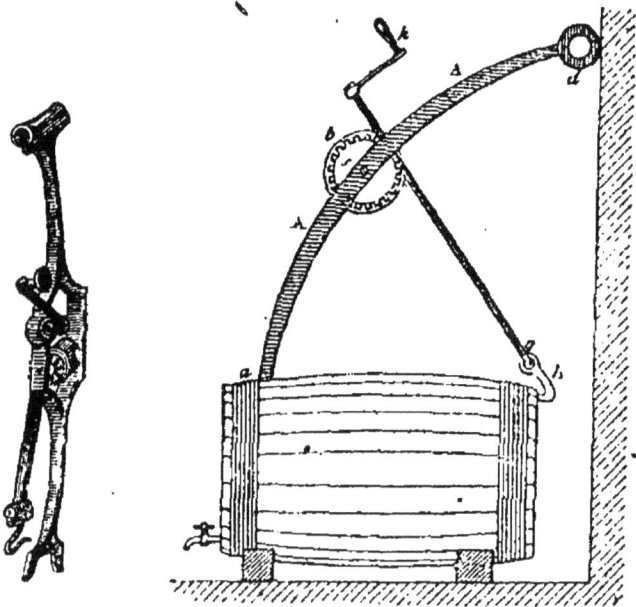

Fig. 45 et 46. Cric Beziat.

galet *d* qui appuie librement sur le mur de la cave, et dans le bas d'une fourchette *a* qui pique dans le bois du tonneau. Le milieu de cet arc-boutant présente une espèce de fenêtre dans laquelle est installée une poulie *b* faisant corps avec une roue dentée *s* que met en mouvement une vis sans fin actionnée par une manivelle *k*. Enfin, sur cette poulie s'enroule, comme sur un treuil, une corde, une chaîne ou une forte courroie dont l'extrémité libre porte un crochet *h* destiné à être inséré sous le jable du tonneau.

Pour se servir du cric Beziat, on met l'arcboutant en place, on déroule la corde, on fixe le crochet sous le jable, puis, lorsque le vin baisse dans le tonneau, un ou deux tours de manivelle suffisent pour le soulever doucement par derrière, et l'on répète la même manœuvre jusqu'à ce que la liqueur claire se trouve épuisée, et sans troubler celle-ci. La figure 46 montre comment se fait l'opération.

Porte-fûts

Les *porte-fûts* sont destinés à recevoir les

Fig. 47. Porte-fûts.

tonneaux qu'on veut soutirer. On les fait en bois (fig. 47) ou en métal. Dans les uns, la partie de derrière est plus élevée que celle de devant, ce qui dispense de remuer les fûts quand le vin en vidange est arrivé au niveau de la cannelle. Les autres sont munis de leviers ou d'autres mécanismes qui permettent de donner aux tonneaux, graduellement et aussi insensiblement que l'on veut, tous les degrés d'inclinaison dont on peut avoir besoin. La fugure 48 représente un appareil de ce dernier genre.

Fig. 48.　Porte-fûts mécanique.

Siphons

Les *siphons* et les *pompes* servent à faire passer le vin d'un tonneau dans un autre sans troubler la liqueur en agitant la lie qui s'est précipitée.

Le *siphon* est un tube de fer-blanc deux fois coudé de manière à présenter deux branches à peu près parallèles réunies par une courbure.

Si, tenant en haut les orifices des deux branches, on remplit entièrement ce tube d'un liquide quelconque, d'eau, par exemple, ce
qu'on appelle *allumer* ou *amorcer*, et qu'ensuite
on le renverse avec précaution, les orifices
tournés en bas, de façon à plonger l'un deux
dans un vase contenant également de l'eau, ce
liquide s'écoulera par l'autre orifice, pourvu
que cet orifice soit plus bas que le niveau du
réservoir. Tant que ce niveau sera élevé au-
dessous de l'orifice de sortie, le liquide montera
dans la branche qui y est plongée, suivra la
courbure, descendra dans l'autre branche et
s'échappera au dehors ; c'est pour cela qu'on
donne à la branche d'écoulement, ou *branche
déférente*, une plus grande longueur qu'à celle
d'ascension ou *branche plongeante*.

Le siphon est d'un très fréquent usage dans
les caves ; mais, comme en raison de ses dimen-

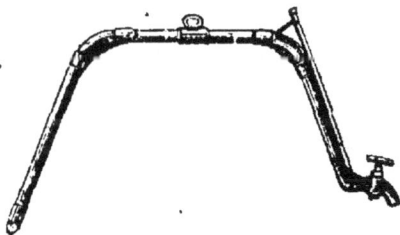

Fig. 49. Siphon (1re disposition).

sions, il serait incommode de l'amorcer en procédant comme nous venons de l'expliquer, on
a imaginé différents procédés pour obtenir le
même effet, ainsi que nous allons le dire.

Pour employer le siphon, on introduit la
branche dans le trou de la bonde, de manière à

la faire plonger aussi bas que possible dans le vin. Cela fait, on aspire par l'orifice de la branche afférente tout l'air contenu dans l'instrument. Cet air est aussitôt remplacé par le

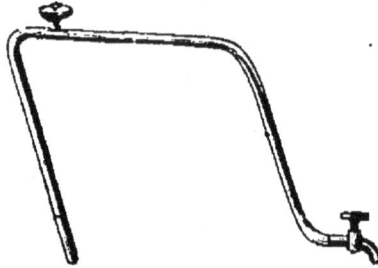

Fig. 50. Siphon (2ᵉ disposition).

vin, qui s'écoule par ce même orifice et tombe dans le vase, tonneau ou baquet, qu'on a disposé pour le recevoir. Ce mode d'aspiration étant très pénible et ayant, en outre, l'inconvénient, si la bouche de l'opérateur était mal-

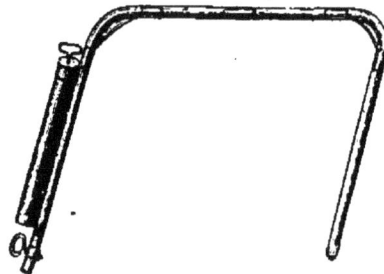

Fig. 51. Siphon (3ᵉ disposition).

saine, de pouvoir donner lieu à des accidents plus ou moins fâcheux, on a imaginé d'adapter une petite pompe aspirante à la branche déférente, et, en outre, pour fermer plus aisément

l'orifice de cette branche, on y a fixé un robinet.
Quelquefois on remplace cette pompe par un
simple tube d'aspiration. On conçoit, sans
qu'il soit nécessaire que nous entrions dans
aucun détail à ce sujet, comment se manœuvrent les siphons ainsi construits.

Les figures 49, 50 et 51 représentent des
siphons disposés comme nous venons de le dire.

A diverses époques, on
a cherché à donner aux
siphons des dispositions
autres que celles dont nous
venons de parler. Nous
mentionnerons seulement
celles qu'a imaginées
M. Escax. Dans le siphon
de cet inventeur, il y a une
soupape à l'orifice d'en-
trée et un robinet à l'orifice de sortie: on ferme
d'abord l'une et l'autre.
A la partie supérieure de
la courbure, se trouve une
autre soupape qu'on ma-
nœuvre en tournant une
virole, laquelle est retenue
par un mouvement de
baïonnette. Quand cette
soupape est ouverte, on
verse dans l'orifice une

Fig. 52. Pompe dite
à babeurre.

quantité de vin assez grande pour remplir
l'instrument, et, à mesure que le liquide entre,
l'air dont il prend la place s'échappe par un
tube latéral. Aussitôt que le siphon est plein,
on ferme la soupape et l'on introduit la branche

plongeante dans le tonneau à vider. Il n'y a plus alors qu'à ouvrir la soupape qui bouche l'orifice de cette branche, ce qu'on fait en poussant une tige disposée pour cela, après quoi on ouvre le robinet qui termine la branche déférente. Notons, en passant, que la soupape supérieure a une forme conique, afin que son fonctionnement ne puisse être arrêté si l'ouverture dans laquelle elle est logée venait à être usée par le frottement.

Il y a aussi des siphons qui s'amorcent au moyen d'une pompe aspirante dite *à babeurre*, qui est placée dans la branche plongeante (fig. 52). Cette pompe amène le vin dans un réservoir disposé à l'extrémité supérieure de la branche déférente, laquelle est réunie à angle droit avec la précédente.

Ajoutons que l'on fait usage de siphons en caoutchouc munis à leur extrémité inférieure d'un robinet. Ces siphons sont utiles pour les fûts placés dans les positions inférieures d'un parti de vin encarrassé sur plusieurs rangs. Il serait impossible d'introduire un siphon métallique dans un fût placé au-dessous d'un autre rang. Le robinet permet d'éviter toute perte de liquide en arrêtant l'écoulement.

Tire-bonde

Comme l'indique son nom, le *tire-bonde* sert à ôter la bonde d'un tonneau. La batte s'emploie à cet usage dans beaucoup de cas, mais il se rencontre des circonstances où elle est insuffisante. On a alors recours à l'instrument dont nous parlons.

Le tire-bonde (fig. 53) est tout en fer, à l'exception de la poignée *a*, qui est en bois tourné. La tige *b* tourne dans une douille située au milieu du fer à cheval *c c*, puis, après avoir traversé cette douille, elle se termine par une vis tire-fond. Le fer à cheval fait office de butoir. Il appuie sur la douve pendant que la vis, pénétrant dans la bonde, force celle-ci à quitter son logement.

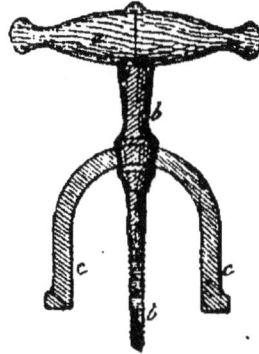

La hauteur du tire-bonde, à partir de la poignée jusqu'à l'extrémité de la vis tire-fond, est de 0^m18, et l'écartement des deux extrémités du fer à cheval-butoir est d'un peu plus de 0^m10.

Fig. 53.   Tire-bonde.

Perçoir

Le *perçoir* n'est autre chose qu'un vilebrequin ordinaire qui sert à faire les trous desti-

Fig. 54 et 55. Mèches.   Fig. 56. Tarière.

nés à recevoir les robinets et les cannelles. Anciennement, la partie courbe était retenue après le champignon au moyen d'une bride en fer ; mais cette disposition est abandonnée depuis longtemps, en sorte que l'instrument actuellement en usage est absolument semblable à celui des menuisiers. Quant aux mèches, on les fait habituellement à trois pointes, et on leur donne l'une des formes représentées par les figures 54 et 55.

On emploie aussi la *larière* (fig. 56), que l'on désigne encore sous les noms de losse, lousset ou de mèche anglaise. Certains de ces instruments sont à rebouge pour enlever les bavures du bois et unir les trous.

Foret et faussets

Le *foret à piquer* (fig. 57), appelé aussi *coup de poing* ou *giblet,* est une espèce de vrille qui sert à percer les tonneaux quand on veut goûter le vin ou lui donner de l'air. Il doit entrer et faire un trou d'un seul coup. La pointe est contournée en vis de vrille, et la saillie ou *bouton* qu'on voit au-dessus s'oppose à ce que l'outil pénètre trop avant. L'on donne cette forme à la pointe, parce que l'expérience a fait reconnaître que si l'on frappait avec une mèche droite, on ferait fendre la planche, tandis que, avec une mèche tordue convenablement, le trou se fait avec netteté.

Fig. 57.
Foret.

Il y a plusieurs espèces de forets ; mais ces instruments ne diffèrent guère que par la forme de la mèche, qui tantôt se fixe dans la tête au moyen d'une soie ou bien y est vissée, et tantôt porte un, deux ou trois boutons. Quelques-uns, cependant, sont disposés de manière à recevoir des mèches de rechange. Dans ce cas, un écrou est encastré dans la partie inférieure de leur tête, et dans cet écrou se vissent successivement les différentes mèches.

On sait que les trous de foret se bouchent avec des petits coins de bois qu'on nomme *faussets*, et pour la confection desquels il faut employer, autant que possible, le bois de noisetier, parce que c'est le meilleur de tous pour cet usage. Quand ces petits obturateurs sont enfoncés au degré convenable, on les coupe au niveau du bois au moyen d'une espèce de tenailles tranchantes qu'on appelle *pinces à faussets*.

Petit matériel de chai

Ce matériel comprend les chantiers et les tins sur lesquels reposent les fûts ; les fûts, les foudres et les cuves ; les grues.

Pour la dégustation, il comprend un dégustoir, des verres, des tasses, des sondes, un tube de dégustation, un foret, des faussets, une pince à faussets, un marteau à dégustation.

Pour les opérations générales, il contient des martinets, des débondoirs, des asces, des arrache-bondes, des bidons ouilleurs, des brocs, des cannes, des pots d'ouillage, des bondes, des esquives, des brosses, des galfaits pour fermer les fuites des fûts, des cercles brisés de sûreté, une chaîne à rincer, une chaudière à étuver, des chandeliers en fer, des tire-esquives, des fouets, des entonnoirs, des bassiots, des cuvettes, des méchoirs, des filtres, des robinets de soutirage,

des cuirs de sole, des têtes de chien, des tuyaux
de soutirage, une pompe, un soufflet de soutirage, des trompes, des bailles à lie, une tarière,
un losset, des ponts, des câbles, des poulains,
une gerbeuse, une pince à encarrasser, des cales.

CHAPITRE VIII

Manière de placer les Vins à la cave

SOMMAIRE. — I. Vins en tonneaux. — II. Vins en
bouteilles.

On conserve les vins tantôt en tonneaux,
tantôt en bouteilles. Nous allons dire comment
il convient de les placer à la cave dans l'un et
l'autre cas.

1. VINS EN TONNEAUX

Les vins en tonneaux se placent, avons-nous
vu, sur des chantiers. Ces derniers, quand on
les fait en bois, doivent être composés de
madriers équarris de 10 à 15 centimètres
d'épaisseur et soutenus par des traverses de
5 à 10 centimètres d'équarrissage, éloignées
entre elles d'environ 1 mètre. Nous avons
indiqué (voir page 236) les précautions qu'il
convient de prendre pour que l'humidité du sol
ne puisse les détériorer. Nous avons vu égale-

ment quelle hauteur il faut leur donner, afin de
pouvoir effectuer sans gêne les diverses opérations qu'on fait subir aux vins. A ces prescriptions, nous ajouterons encore les suivantes :

1º Placer les tonneaux bien horizontalement. Si, dit M. A. Jullien, les tonneaux pen-
chent en avant, la lie se rassemble près du fond
antérieur, et l'on est obligé de poser la cannelle très haut pour que la lie ne sorte pas avec
le vin ; s'ils sont inclinés en arrière, lorsqu'après
les avoir vidés jusqu'au niveau de la cannelle,
on les soulève pour faire couler ce qui reste, la lie
qui s'est rassemblée contre le fond postérieur se
détache et se mêle dans le liquide. Au contraire,
quand un tonneau est placé horizontalement, la
lie se fixe au milieu de la cavité intérieure, et
tout le vin s'écoule sans qu'elle puisse s'y mêler ;

2º Tourner les tonneaux de côté, de manière
que la bonde, se trouvant toujours mouillée
par le vin, se gonfle et ferme exactement. Au
moyen de cette précaution, qui empêche toute
ventilation dans le tonneau, on éprouve moins
de déchet, le vin se conserve mieux et l'on peut
se dispenser de remplir d'un soutirage à l'autre ;

3º Avoir soin de bien assujettir les tonneaux
sur les chantiers, en mettant une cale de chaque
côté ;

4º Ménager entre le mur et les tonneaux
un espace suffisant pour qu'il soit facile d'y
passer une lumière et d'examiner s'il ne coule
pas de liquide ;

5º Quand on a un grand nombre de tonneaux
à placer et qu'on est obligé de les engerber, il
faut avoir soin de choisir les plus solides pour
la rangée inférieure. Remarquons, en passant,

que cette méthode, qui est souvent indispensable, a l'inconvénient de fatiguer les pièces
des rangs inférieurs et d'y déterminer des fuites,
par suite de l'énorme pression de celles des
rangs supérieurs. Elle rend aussi assez difficiles les réparations qu'on peut avoir à y faire,
ainsi que l'opération du remplissage.

Mais ce n'est pas tout de bien placer les
tonneaux, il faut encore les visiter au moins
une fois le jour, afin de remédier aussitôt aux
accidents qui peuvent survenir ; en effet,
quoique les tonneaux soient bien conditionnés
lorsqu'on les met à la cave, le vin peut couler
dès le lendemain, soit par un trou de ver, soit
par suite d'une commotion qu'ils ont éprouvée
en les descendant, et dont l'effet ne s'est pas
manifesté dans le premier moment.

C'est surtout pendant le mois qui précède et
celui qui suit les équinoxes, que les vins en
tonneaux exigent une plus grande surveillance. A ces époques, ils sont sujets à fermenter ; les vins nouveaux, surtout les vins blancs,
ont souvent une fermentation très active ; alors
le liquide se dilate, il presse fortement contre
les parois des tonneaux, et se ferait jour entre
les douves, si l'on ne s'empressait de donner
issue au gaz acide carbonique qui se dégage de
la liqueur. Lorsqu'on s'aperçoit que les vins
fermentent, il faut les traiter comme nous
l'indiquerons plus loin au chapitre de la fermentation secondaire des vins.

C'est aussi à l'approche des équinoxes que
les vapeurs qui sortent de la terre attaquent
les cercles et les pourrissent quelquefois en peu
d'heures. Ces accidents, qu'on nomme *coups*

de feu, sont très fréquents dans les caves peu profondes lorsqu'elles sont humides. Ces vapeurs malfaisantes déposent sur les tonneaux et les chantiers une mousse blanche semblable à celle qu'elles forment sur la terre. Cette mousse attaque les cercles au point de les rendre friables sous les doigts ; elle couvre quelquefois plus de moitié de la longueur du tonneau. Dans ce cas, la perte est inévitable, les cercles se rompent souvent tous ensemble, et l'on ne conserve pas une goutte de vin. Souvent ces coups de feu n'attaquent que quelques cercles qui se rompent sans sortir de leur place, et occasionnent l'écartement des douves ; l'on ne s'aperçoit qu'ils sont brisés qu'en regardant dessous. Cependant, le vin coule goutte à goutte et s'imbibe dans la terre ; si l'on n'y porte pas remède, le tonneau sera vide le lendemain. Les coups de feu attaquent plus fréquemment la partie des tonneaux qui est le plus près des murs ; il faut les visiter avec attention de ce côté.

Quand on s'aperçoit que le vin coule par suite de la rupture de quelques cercles, il faut aussitôt entourer le tonneau du *cercle brisé*. Comme le montre le dessin (fig. 58), cet instrument se compose de deux bandes de fer *e e*, *f f*, qui, au moyen d'un boulon *k*, fixé dans l'une des bandes et entrant dans un trou de l'autre bande, se croisent plus ou moins et sont retenues, par les brides *g h i*, dans la position qu'on leur a donnée. Après avoir dévissé l'écrou *k*, et s'être assuré que le cercle embrasse bien la partie du tonneau qu'on veut serrer, on le remet en place, puis, à l'aide de la clef C, on revisse l'écrou *k* et l'on serre jusqu'à ce que les douves se trouvent suffisamment maintenues pour ne pas laisser couler le vin. Alors, on a le temps de se procurer un autre tonneau dans lequel on soutire le vin. A défaut de cercle de fer, on peut employer une forte corde que l'on

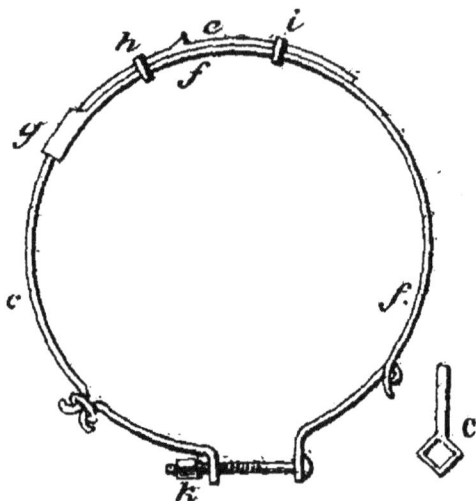

Fig. 58.   Cercle brisé.

serre avec un garrot. Si l'on ne parvient pas à empêcher le vin de couler, on relève le tonneau et on le met debout sur le fond le plus solide.

Si le vin coule entre les cercles par un trou de ver, il faut le soutirer dans un autre vase, si l'on croit qu'il y a de la lie au fond du tonneau. Dans le cas contraire, il suffit de détourner la pièce et de couper un cercle ou deux pour découvrir le trou ; on élargit celui-ci avec un foret ou une vrille, et on le bouche avec un fausset.

Si le vin se perd par un éclat de douve ou un nœud, on y remédie avec un peu de suif, que l'on applique fortement avec le doigt. Si cela ne suffit pas, après avoir assuré la bonde, on retourne le tonneau de manière que le défaut se trouve en dessus. Alors on essuie et on gratte bien la place ; on bouche la fente avec un peu de papier qu'on enfonce avec la pointe d'un couteau, et l'on coule dessus un peu de suif ou bien un mastic composé de craie ou de blanc d'Espagne en poudre et de suif fondu. Ce mastic doit être appliqué chaud. Quand il est refroidi, on peut retourner le tonneau, mais il faut le visiter souvent. Si l'on était dans le cas de le faire voyager, on appliquerait sur le mastic un peu de papier, et par-dessus une plaque de tôle que l'on fixerait avec de petits clous.

Il faut aussi goûter de temps en temps les vins en tonneaux, afin de s'assurer de leur état, et de remédier aux altérations qu'ils peuvent contracter.

II. VINS EN BOUTEILLES

Les vins de liqueur, de Malaga, d'Alicante et autres de même espèce, ainsi que les vins secs de Madère, de Xérès, etc., se placent dans l'appartement, et les bouteilles peuvent être tenues debout ; mais les vins non liquoreux de France doivent être tenus à la cave, et les bouteilles doivent être couchées.

, Les bouteilles pleines se rangent les unes sur les autres au moyen de fortes lattes de cœur de chêne placées entre chaque rang. On les couche souvent dans du sable, mais cette méthode, qui peut avoir quelques avantages, en ce qu'elle maintient le vin plus frais, n'est pas praticable pour de grandes quantités.

Les bouteilles doivent être placées bien horizontalement. Si, en effet, le col était plus élevé que le fond, le bouchon ne serait plus humecté et cesserait de bien boucher. S'il était plus bas, le dépôt qui pourrait se former se fixerait en partie près du bouchon et se mêlerait tout de suite au liquide quand on voudrait boire celui-ci. Quand, au contraire, la bouteille est placée horizontalement, le dépôt se rassemble au milieu de la cavité inférieure du ventre, et, en transvasant avec soin, on obtiendra la totalité du vin parfaitement limpide.

En prenant chaque bouteille pour la ranger sur la pile, il faut avoir soin de la renverser, afin d'humecter la surface intérieure du bouchon, et d'empêcher qu'il y reste une bulle d'air, ce qui en laisserait une portion à sec et occasionnerait à la longue l'évaporation du vin.

C'est de la position des premières bouteilles que dépend la solidité de toute la pile. Il faut donc avoir soin que cette base de l'édifice soit bien assise. Pour y parvenir, on commence par niveler la terre ou le sable qui garnissent la case destinée à les recevoir, puis on fait au fond une petite élévation formée de cinq à six lattes les unes sur les autres, pour supporter les cols du premier rang de bouteilles, et l'on met une latte sur le devant, à l'endroit où sera placé le fond de ces bouteilles, afin que le ventre, qui est la partie la plus faible, ne supporte pas la charge de toute la pile. On range alors le premier rang, en ayant soin de laisser un vide d'environ 35 millimètres entre chacune d'elles, afin que les rangs de dessus ne soient pas trop serrés, et l'on coupe de vieux bouchons er. petits morceaux, dont on met un de chaque côté des bouteilles du premier rang pour les empêcher de se déranger. On met ensuite sur le premier rang une latte placée sur les ventres des bouteilles, à 27 millimètres des fonds, pour recevoir les cols de celles du second rang. Les fonds de ces dernières appuient sur les lattes, entre les cols du premier rang, et ainsi de suite jusqu'à ce que la pile soit à la hauteur qu'on veut lui donner, qui est ordinairement de 1 à 2 mètres. A cette dernière élévation, les bouteilles doivent être toutes de même forme, de la même grosseur et rangées avec soin, autrement il pourrait s'en casser beaucoup. Lorsqu'on n'est pas gêné pour l'espace, il est plus prudent de ne pas excéder un mètre.

Suivant la forme des bouteilles, il faut employer des lattes plus épaisses, quelquefois même les mettre doubles, afin que les ventres de celles que l'on va placer ne portent pas sur la rangée inférieure.

Quand on a des bouteilles de différentes formes et dimensions, il faut, après les avoir séparées, ranger d'abord les plus grosses et mettre les plus petites dessus.

A Paris, on est dans l'usage de former des cases en maçonnerie ou en planches, dans lesquelles on range chaque espèce de vin ; mais en Champagne, où l'on a d'immenses quantités de bouteilles, on ne fait pas de cases ; les lattes qu'on met entre chaque rang sont entaillés par les deux bouts, et reçoivent d'autres lattes qui,

17.

placées verticalement, tiennent lieu de mur
latéral. Par ce moyen, on fait des piles au mi-

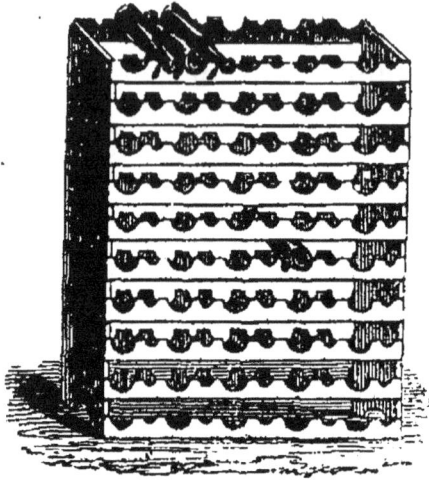

Fig. 59. Casier en bois.

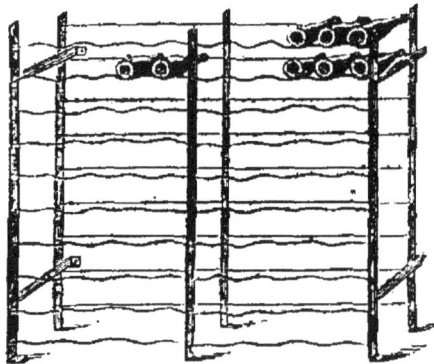

Fig. 60. Casier en fer.

lieu d'une cave sans craindre qu'elles se déran-
gent.

Mentionnons, en terminant, les *casiers* ou

porte-bouteilles en bois ou en fer, mais mieux tout en fer, dont l'usage s'est très répandu et qui sont si commodes aussi bien pour le classement des vins que pour la visite et l'extraction des bouteilles. La figure 59 représente un casier en bois, et la figure 60 un casier en fer.

Les casiers en fer sont préférables parce qu'ils tiennent moins de place, ne coûtent pas plus cher, durent plus longtemps et sont moins sujets aux réparations et aux accidents. On fait usage de casiers simples ou de casiers doubles ; dans ces derniers, on met deux rangs de bouteilles en les croisant à chaque étage. Les casiers peuvent être ouverts ou fermés. Ceux-ci sont employés surtout dans les caves bourgeoises pour loger les vins fins et de prix.

CHAPITRE IX

Manutention des Vins

—

SOMMAIRE. — I. Ouillage. — II. Soufrage ou méchage.
— III. Collage. — IV. Soutirage. — V. La Pasteurisation. — VI. Filtrage. — VII. Opérations complé-
mentaires. — VIII. Mise en bouteilles. — IX. Décantation des vins en bouteilles.

La manutention des vins comprend les opérations suivantes : l'*ouillage* ou *remplissage des
tonneaux*, le *collage*, le *soufrage* ou *méchage*, le
soutirage ou *tirage en tonneaux*, la *mise en bouteilles* et la *décantation des vins en bouteilles*.
Nous allons les passer successivement en revue.

I. OUILLAGE

Ouiller le vin, c'est tenir toujours plein le
tonneau qui le renferme. Quand on néglige
cette opération, l'air contenu dans le vide qui
se forme peu à peu au-dessous de la bonde,
détermine un commencement d'altération, à la
suite de laquelle la surface du liquide se recouvre
d'une espèce de mousse blanche, qu'on appelle
fleur et qui précède constamment la dégénération acide du vin. On sait que cette dégénération est à craindre aux époques où la vigne
travaille, surtout pendant les équinoxes.

L'ouillage doit être fait plus ou moins souvent, suivant que les tonneaux sont placés dans

une cave sèche ou dans une cave humide, l'évaporation étant plus considérable dans le premier cas que dans le second. Toutefois, quand la cave est ce qu'on appelle bonne, il suffit d'ouiller une fois chaque semaine. Les vins nouveaux sont même ouillés d'abord tous les deux jours, puis tous les trois, quatre, cinq et six jours. Lorsque, pour une cause quelconque, on ne le fait pas, non seulement le vin peut se gâter, mais encore on éprouve une perte notable, parce que l'évaporation est d'autant plus active que le vide devient plus grand au-dessous de la bonde. Ainsi, par exemple, un tonneau dont l'ouillage n'exigerait qu'un demi-litre si on le pratiquait régulièrement chaque mois, en demanderait un et demi au moins si l'on n'opérait que tous les deux mois.

Une recommandation qu'il ne faut pas perdre de vue, c'est de n'ouiller les tonneaux, du moins autant que la chose est possible, qu'avec du vin du même cru que celui qu'ils contiennent, ou qui est d'une qualité analogue. Autrement on ne manquerait pas de dénaturer ce dernier.

Une autre précaution non moins importante consiste à ne pas laisser en vidange le vin destiné à l'ouillage. En négligeant ce soin, on s'exposerait à faire une très mauvaise opération, parce que le vin en vidange ne peut jamais se conserver sain ; il finit toujours par tourner à l'aigre ou à l'évent, et souvent par contracter les deux altérations. On préviendrait cet inconvénient en distribuant le vin d'ouillage dans de très petits fûts, dont chacun contiendrait exactement la quantité strictement nécessaire pour chaque opération.

Enfin, chaque fois qu'on ouille un tonneau, il convient de renouveler la toile qui garnit le bondon, parce qu'elle prend un goût acide quand elle cesse d'être humectée par le vin.

On a imaginé plusieurs ustensiles pour faciliter le travail. Nous citerons, parmi les plus commodes, le *bidon gradué* (fig. 61) et l'*ouilloir à long bec* (fig. 62), l'un et l'autre en fer-blanc.

Fig. 61. Bidon gradué.   Fig. 62. Ouilloir à long bec.

Quand on a négligé d'ouiller un tonneau et qu'il s'est formé de la fleur sur le vin, on doit faire sortir l'air qui remplit le vide situé au-dessous de la bonde. On obtient ce résultat à l'aide d'un soufflet ordinaire dont on introduit la douille par la bonde sans qu'elle touche au liquide, et en soufflant de chaque côté jusqu'à ce qu'un petit morceau de papier allumé puisse y être introduit sans s'éteindre. Si le vide est considérable, il est bon d'y faire pénétrer une mèche soufrée et de l'y laisser brûler en bouchant la bonde. Si, au contraire, l'espace est trop petit pour permettre l'emploi de la mèche, on peut y introduire la vapeur sulfureuse en soufflant avec un chalumeau sur une mèche enflammée que l'on tient dans l'orifice de la

· bonde. On remplit ensuite le tonneau et on frappe dessus, tant pour faire sortir par la bonde les bulles d'air qui se seraient arrêtées dans les cavités, que pour y amener le plus possible les fleurs qui se sont formées sur le vin. Après avoir laissé reposer pendant quelques minutes sans bonder on · presse des deux genoux le fond du tonneau, ce qui fait déborder le liquide ; on souffle dessus, et la petite portion qui s'en répand entraîne les fleurs amoncelées à la surface. On remplit et on répète la même opération jusqu'à ce qu'on n'aperçoive plus de fleurs.

Si l'on avait intention de garder longtemps ce vin en tonneau, il serait prudent de le soutirer, en ayant soin de garnir la cannelle d'un peu de gaze ou de crêpe, pour retenir les fleurs, qui, sans cela, suivraient la liqueur. Si le vin était altéré, il faudrait le traiter comme nous l'indiquerons au chapitre des altérations et dégénérations.

Quand on est forcé de laisser un tonneau sans être tout à fait plein, il faut avoir soin de brûler, tous les quatre ou cinq jours, un morceau de mèche soufrée dans le vide. Si l'on s'aperçoit que, pendant cet espace de temps, l'air intérieur s'est vicié au point d'éteindre la mèche, on doit le renouveler à l'aide d'un soufflet, comme nous venons de le dire, et l'on répète l'opération du soufrage à des époques plus ou moins rapprochées. A défaut du soufflet pour renouveler l'air, on peut introduire la vapeur sulfureuse dans le vide, en pratiquant un trou de foret à côté de la bonde, qui doit être bien fermée. La mèche enflammée se

place sur cet orifice, et en faisant couler le vin
par un trou pratiqué dans le fond du tonneau,
l'air qui vient le remplacer, traversant la
flamme, entraîne avec lui la vapeur du soufre.
Lorsque la mèche est brûlée, on remet le vin
dans la pièce, et l'on allume une seconde mèche
que l'on introduit par la bonde. Si elle s'éteint
encore, on renouvelle la même opération 'jusqu'à ce. qu'enfin. l'on puisse faire brûler une
mèche dans le tonneau.

Lorsqu'un grand nombre de tonneaux sont
engerbés, c'est-à-dire placés les uns sur les
autres, l'ouillage est difficile, car on ne peut
approcher de la bonde aussi aisément. On fait
alors usage du *bidon ouilleur à douille longue et*
recourbée (fig. 63), pour que cette douille puisse

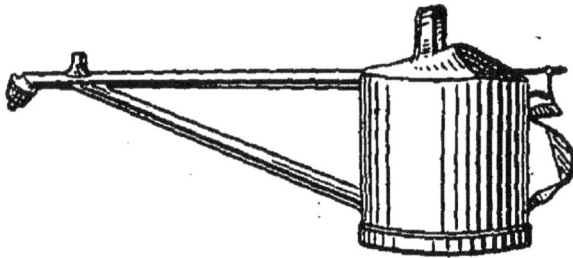

Fig. 63.   Bidon ouilleur à douille longue et recourbée.

entrer dans le trou jusqu'au vin, ce qui permet
à toutes les particules surnageantes de sortir
sans être divisées ou plongées.

Quand on veut ouiller des vins encarrassés
dont la surface est propre, on peut faire usage
du bidon ouilleur à fermeture automatique.
L'extrémité de la douille est entourée d'une
bague en caoutchouc qui fait joint hermétique.

Cette douille possède une soupape que l'on ferme dès que le tonneau est plein en appuyant sur un ressort qui se trouve à portée de l'anse du bidon. Cette douille porte comme tous les autres bidons un chandelier pour une bougie.

Au lieu de se servir de vin pour ouiller les tonneaux, on emploie quelquefois des petites pierres. Toutefois, ce procédé, qu'on désigne sous le nom d'*ouillage artificiel*, est généralement peu en usage.

Pour opérer, on choisit des petits cailloux ou, si l'on ne peut s'en procurer, des pierres de même nature, c'est-à-dire siliceuses ; on les lave avec soin, on les fait sécher, puis on les introduit dans le tonneau par le trou de la bonde, et en quantité assez grande pour faire monter le liquide jusqu'au niveau de cette dernière. Cette opération est défectueuse, car les cailloux en tombant au fond du fût troublent le vin.

II. SOUFRAGE OU MÉCHAGE

Considérations préliminaires

Le *soufrage* ou *méchage* est une des opérations qui contribuent le plus à la conservation des vins. Elle consiste à les imprégner de gaz acide sulfureux qu'on obtient en faisant brûler des *mèches soufrées*. Ces mèches ne sont autre chose que des bandes de grosse toile ou de coton, longues d'environ 22 centimètres et larges de 5 centimètres, qu'on a plongées à plusieurs reprises dans du soufre fondu. Dans certains pays, on ajoute au soufre, pour l'aromatiser, de la poudre de girofle, de cannelle, de gingembre, d'iris de Florence, de fleurs de vio-lette, de lavande, de thym, de marjolaine, etc.

On trouve dans le commerce deux sortes de mèches soufrées : les mèches dites *ordinaires*, qui sont uniquement enduites de soufre, par conséquent de couleur jaune, et les mèches dites de *Strasbourg*, qui sont à la violette, c'est-à-dire mélangées et saupoudrées de violettes pulvérisées.

Les mèches ordinaires ont le défaut de brû-ler beaucoup trop vite et de ne fournir qu'une très petite quantité de vapeur sulfureuse. Celles de Strasbourg, au contraire, à cause de la manière dont elles sont faites, se consument très lentement et produisent une fumée épaisse qui pénètre peu à peu le bois des tonneaux et toutes les parties du liquide qu'ils contiennent.

On soufre les tonneaux quand ils sont vides et qu'ils doivent rester plus ou moins long-temps dans cet état, ou bien lorsqu'ils doivent être immédiatement remplis. Dans le premier cas, l'opération a spécialement pour but de préserver les tonneaux de toute altération jusqu'au moment de l'emploi, tandis qu., dans le second, elle est particulièrement destinée à assurer la conservation du vin. On peut donc considérer le soufrage sous deux points de vue.

Soufrage des tonneaux

Pour soufrer ou mécher un tonneau, on se sert d'un instrument fort simple qu'on appelle *méchoir* ou *porte-mèche*. C'est une tige de fer (fig. 64), dont l'extrémité inférieure forme un crochet, tandis que l'extrémité supérieure passe au centre d'un bouchon de bois assez grand pour remplir la bondonnière. On fixe une mèche au crochet, on l'alluma, puis on l'introduit dans le tonneau par le trou de la bonde, et on l'enfonce jusqu'à ce que le bouchon ferme bien ce trou. On ne retire le méchoir que lorsque la mèche est entièrement brûlée. Pendant la combustion, l'air intérieur se dilate et s'échappe, en sifflant, par les moindres issues. Si le méchoir bouche parfaitement la bondonnière, et que l'air ne sorte pas avec force quand on l'enlève, c'est une preuve que le tonneau a des fuites et qu'il faut le visiter, avant de s'en servir, pour y faire les réparations nécessaires. Une mèche entière suffit ordinairement. Quand elle est consumée, et qu'on a extrait le méchoir, on met la bonde en place et tout est fini. Lorsque l'emploi d'une seconde mèche est nécessaire, il est bon d'attendre quelques jours avant de faire la nouvelle opération, parce que cette seconde mèche brûlerait mal ou ne brûlerait pas du tout dans un milieu encore rempli du gaz produit par la première.

Quelquefois, le méchoir laisse tomber la mèche ou des portions de mèche dans le tonneau. Quand cela arrive, il est indispensable de rincer le tonneau à plusieurs reprises, jusqu'à ce que la mèche ou toutes les portions de la mèche soient sorties par la bonde avec l'eau. Sans cette précaution, le corps étranger ne manquerait pas de donner un mauvais

Fig. 64. Méchoir ou porte-mèche.

goût au vin, lors même que tout le soufre serait brûlé. Mais on peut prévenir cet inconvénient en se servant du méchoir perfectionné par M. Maumené. Cet instrument (fig. 65) se compose d'un dé, percé de trous, et suspendu au bouchon par trois fils de fer. On place la mèche dans ce dé, on l'enflamme et on descend l'appareil dans le tonneau ; le soufre brûle, l'acide sulfureux passe par les trous, et les débris de la toile restent dans le dé.

On conçoit que le soufre ne peut brûler qu'en absorbant l'oxygène de l'air du tonneau. Il se change donc en gaz acide sulfureux qui est en très grande partie retenu par les surfaces plus ou moins humides du bois, et empêche ainsi la fermentation de s'y établir ou l'arrête si elle est déjà commencée. C'est pour cela qu'il faut mécher les tonneaux qu'on vient de vider afin de les maintenir sains jusqu'au moment de l'emploi. C'est pour cela aussi que les négociants doivent soumettre à la même opération, surtout si l'on est à l'époque des fortes chaleurs, les tonneaux vides qu'ils envoient dans les pays de production pour les faire remplir de nouveau. Quand on néglige ce soin, les particules vineuses qui restent attachées au bois des tonneaux s'altèrent promptement et communiquent plus tard cette altération au vin qu'on y renferme.

Il est très important, dit à ce propos M. de Vergnette-Lamotte, que les tonneaux dans lesquels on loge le vin aient un goût très franc,

Fig 65.
Méchoir
Maumené.

Or, si lorsqu'ils viennent d'être vidés, on néglige de les laver et de brûler un peu de mèche soufrée dans l'atmosphère du fût, leurs parois couvertes de substances très avides d'oxygène, sont promptement envahies par des végétations microscopiques, et elles prennent soit un goût de moisi, si les fûts ont contenu des vins fades et plats, soit un goût d'acide acétique, si ces vins étaient riches en alcool. .

L'acide sulfureux jouissant de la propriété d'arrêter les fermentations, on conçoit qu'en remplissant les tonneaux de ce gaz, on remédie à l'inconvénient que nous venons de signaler.

Disons maintenant comment on doit s'y prendre dans une cave pour savoir si les tonneaux se conservent sains ou bien ont besoin d'être soufrés. Il suffit de présenter une mèche allumée à l'orifice de la bonde qu'on a déplacée en partie. Si cette mèche brûle bien, c'est signe que le tonneau n'a aucune altération. Si, au contraire, elle s'éteint, c'est que l'air contenu dans le tonneau est vicié, par conséquent ce dernier n'est pas sain et demande à être soufré. On enlève alors la bonde et le bouchon de liège, puis, à l'aide d'un fort soufflet, dont on enfonce le tuyau dans le trou de la bonde, on renouvelle l'air du tonneau. Enfin, quand on juge cet air suffisamment pur, on replace le bouchon de liège, on mèche comme à l'ordinaire, après quoi on remet la bonde dans son trou et on l'y assujettit.

Quand le tonneau sur lequel on opère doit être rempli immédiatement, on peut le débarrasser, sans se servir du soufflet, de l'air altéré qu'il renferme. Il suffit de le laver à grande

eau en l'agitant fortement, la bonde ouverte.
A la faveur de cette agitation, les mouvements
imprimés à l'eau se communiquent à l'air, et il
en résulte un renouvellement complet de celui-
ci. Enfin, on égoutte et l'on mèche. Si, après
un premier lavage, la mèche ne brûlait pas
bien dans le tonneau, on en effectuerait un
second. Dans tous les cas, il ne faut procéder
ainsi que lorsque les tonneaux doivent être
employés tout de suite ; s'il en était autrement
l'eau qu'on y mettrait ne pourrait qu'y déterminer une altération plus ou moins complète.

Aussi simple que soit le méchage, il réclame
cependant certaines précautions, que l'on peut
résumer comme il suit :

1° Quand on a introduit la mèche dans le
tonneau, enfoncer très légèrement la bonde
dans son trou, ou même l'y placer seulement
à la main ;

2° Quand on se sert du méchoir ordinaire,
si un fragment de mèche tombe dans le tonneau, l'en extraire complètement ; si on ne le
faisait pas, le vin pourrait contracter une odeur
plus ou moins désagréable qui le rendrait
impropre à servir de boisson : c'est pour prévenir cet inconvénient que M. Maumené a
inventé le méchoir perfectionné dont nous
avons parlé ;

3° Il ne faut jamais mécher un tonneau qui
n'a contenu que de l'alcool ou de l'eau-de-vie,
ou qui en a contenu récemment, car il prendrait
feu immédiatement ;

4° Quand, pour nettoyer un tonneau, on y
brûle de l'alcool ou de l'eau-de-vie, il faut se
garder d'y faire brûler en même temps une

mèche soufrée, parce que les gaz produits
prendraient feu aussitôt et donneraient lieu à
une explosion qui mettrait le fût en pièces et
exposerait les personnes présentes à un très
grave danger ;

5° Pour la même raison, il faut absolument
s'abstenir de verser la moindre quantité d'alcool ou d'eau-de-vie dans un tonneau qu'on se
propose de mécher, et surtout, si on l'a fait, de
mécher immédiatement ;

6° L'action du soufre n'est que momenta-
née, parce que l'acide sulfureux est transformé
en acide sulfurique sous l'action de l'oxygène
qui pénètre dans le tonneau à travers le bois.
Il faut donc renouveler le soufrage au moins
tous les trois mois ;

7° Il faut avoir soin de ne mécher que des
fûts bien secs et bien égouttés s'ils viennent
d'être lavés. Si les fûts renfermaient encore de
l'eau, on formerait un liquide nauséabond qui
donnerait un dégoût au fût.

Soufrage du vin

Le soufrage appliqué au vin lui-même, ou
soufrage sur vin, c'est l'expression consacrée,
se fait chez le propriétaire aussi bien que chez
les marchands, et lorsqu'il a été pratiqué avec
intelligence, il produit toujours d'excellents
résultats. Aussi, la plupart des œnologues le
regardent-ils comme le meilleur moyen qu'on
possède pour maintenir les vins qui ont des
dispositions à fermenter, et pour rendre le calme
à ceux que travaille déjà la fermentation.

Dans le *Manuel du Vigneron*, qui fait partie

de cette collection, il a été question de l'utilité
du soufrage pour les propriétaires de vignobles.
Nous n'avons donc pas à nous en occuper ici ;
nous parlerons seulement de. son importance
pour les commerçants, ainsi que pour les som-
meliers des maisons particulières et des établissements qui ont des caves abondamment
pourvues.

. Dans les grandes caves, soit à leur arrivée de
chez le producteur, soit après, les vins sont
soumis à des transvasements plus ou moins
nombreux, ce qui les met chaque fois en contact avec l'air atmosphérique, c'est-à-dire avec
l'agent qui leur est le plus nuisible, et dont
l'influence les dispose à s'aigrir ou à s'éventer.
On ne peut les soustraire à cet inconvénient que
par le méchage. Cette opération est également indispensable, et, pour la même raison,
quand le négociant fait ce qu'on appelle des
cuvées, en d'autres termes, quand il mélange
des vins provenant de crus différents, afin
d'obtenir un vin homogène qui réunisse les
qualités qu'exigent certains consommateurs.
Elle l'est encore quand on met un tonneau ou
une cuvée en vidange, et qu'on doit laisser
plus ou moins longtemps en cet état.

Il arrive souvent qu'on veut conserver au
vin blanc toute sa douceur. On ne peut y réussir qu'en le méchant, parce que, comme nous
le savons, le gaz acide sulfureux produit par la
combustion du soufre détruit l'action du ferment et l'empêche ainsi d'agir sur la matière
sucrée. Le vin qu'on a soumis à cette opération
s'appelle *vin muet* ou *vin muté*, parce qu'il ne
peut plus fermenter, et l'opération elle-même

reçoit le nom de *mutage*. Dans les pays de vignobles, on mute le moût au sortir du pressoir avant qu'il ait eu le temps d'entrer en fermentation, et l'on se sert du produit obtenu pour donner de la douceur aux vins blancs dont le goût est acerbe.

Quelquefois aussi, on veut conserver au vin blanc toute sa blancheur ou plutôt le maintenir incolore. Ici encore le soufrage permet d'obtenir l'effet voulu, parce que les liquides de cette sorte jaunissent assez rapidement et que le gaz sulfureux empêche cette altération de se produire.

Nous venons de passer en revue les cas où le soufrage est indispensable. Il est cependant des circonstances où il serait nuisible, et où, par conséquent, il faut s'en abstenir. C'est ce qui arrive, par exemple, pour les vins atteints de ce qu'on appelle la *graisse*, pour les vins de paille, pour certains vins blancs et, en général, pour tous les vins qui ont besoin d'être entretenus dans un léger état d'effervescence afin d'acquérir toute leur qualité.

Il serait également nuisible s'il était répété trop souvent sur les vins faibles en couleur, attendu qu'il possède un pouvoir décolorant très énergique.

Le soufrage sur vin se fait comme nous l'avons dit en parlant des tonneaux : il réclame cependant quelques petites précautions.

Quand le tonneau est en vidange, c'est-à-dire contient une quantité plus ou moins grande de vin il faut évidemment employer un méchoir assez court pour que la mèche ne touche pas la liqueur, et ici le méchoir de

M. Maumené présente un avantage incontestable sur tous les autres. Si la mèche ne brûle pas dans le vide qui existe entre la surface du vin et de la bonde, il faut renouveler l'air renfermé dans ce vide en faisant usage du soufflet. Toutefois, quand ce cas se présente, on doit en conclure que le vin est déjà notablement altéré, et alors un soutirage est à peu près indispensable.

Lorsque le tonneau est vide, on le soufre comme ci-dessus ; puis, aussitôt que la mèche est brûlée et retirée, l'on verse immédiatement le vin. Alors celui-ci, en traversant la vapeur sulfureuse, en absorbe la quantité suffisante pour en éprouver l'effet salutaire, qui est de le soutenir en diminuant l'action du principe fermentatif, tandis que si, après avoir soufré le tonneau, on le bouche pour, le remplir quelque temps après, la fumée du soufre, qui se condense en se refroidissant, s'attache aux parois et donne au vin un goût de soufre désagréable. Après avoir parfaitement rempli le tonneau, il faut laisser la bonde ouverte pendant environ une heure.

Au lieu d'opérer ainsi, beaucoup de personnes s'imaginent mécher leur vin en ne l'introduisant dans les tonneaux que plusieurs jours après avoir soufré ces derniers.

Le méchage du tonneau n'aurait-il été fait que quelques heures avant le remplissage, que le gaz sulfureux manquerait son effet et produirait celui que nous venons de signaler. On doit donc se garder de soufrer les futailles d'avance ; l'essentiel est d'y verser le vin au moment où l'on vient d'en retirer la mèche brûlée.

Quand on veut soufrer le vin d'un tonneau plein, on ferme bien la bonde ; puis, avec un foret ou une vrille, on pratique deux petits trous dans la partie inférieure du tonneau, l'un à 10 centimètres du jable, l'autre à 10 ou 12 centimètres plus haut. Il est clair que le vin coule par le premier orifice, et que l'air rentre par le second pour le remplacer. Mais, avant de laisser couler le vin, il faut allumer un morceau carré de mèche soufrée, de 5 à 6 centimètres de côté, que l'on tient enfilé dans un morceau de fil de fer ou dans le crochet du méchoir. On débouche les deux trous et on place la mèche allumée contre l'orifice supérieur. Alors, tandis que le vin coule par l'orifice inférieur, la flamme entraînée par l'air s'introduit dans la pièce par le supérieur, et, en traversant le vin pour monter à sa surface, la vapeur sulfureuse se dissout dans la liqueur. Dès que la mèche est usée, on ferme les deux orifices, on ouvre la bonde pour verser le vin que l'on a tiré, et l'on rebouche le tonneau.

Nous avons parlé du *vin muet*. Pour le préparer, on brûle un morceau carré de mèche soufrée, ayant environ 4 centimètres de côté, pour une feuillette de 150 litres, et 5 centimètres pour une pièce de 250. On verse aussitôt dans le tonneau 24 ou 30 litres de vin, on bouche bien et on l'agite en tous sens pendant 4 ou 5 minutes ; on retire le bondon en ayant soin de ne pas se pencher sur la pièce, car comme il est chassé avec beaucoup de force par le gaz que l'agitation a fait dilater, il serait dans le cas de blesser. On brûle une seconde

mèche soufrée (1), on verse de nouveau 24 ou
30 litres de vin, et l'on agite comme précédemment. On continue ainsi jusqu'à ce que la pièce
soit assez pleine pour qu'on ne puisse plus
agiter le liquide. Alors, après avoir brûlé une
dernière mèche soufrée, on remplit le tonneau avec du vin qu'on a muté dans une autre
pièce. Il est inutile de faire observer qu'à
mesure que la pièce se remplit, il faut raccour-
cir le fil de fer auquel la mèche est attachée ;
autrement elle baignerait dans le liquide et
s'éteindrait. On le raccourcit en le courbant
plus ou moins suivant le besoin. Le vin ainsi
traité conserve sa douceur très longtemps et
ne fermente plus, surtout si l'on a soin de le
bien éclaircir et de brûler, à chaque soutirage,
une forte mèche soufrée dans le tonneau que
l'on remplit.

Le temps qui s'écoule entre le pressurage du
vin et son arrivée à Paris, suffit pour qu'il
soit en pleine fermentation lorsqu'on le reçoit ;
par conséquent, on ne peut pas en faire du vin
muet, mais, comme nous le savons, on peut
lui conserver sa douceur pendant quelque
temps en le soufrant plus ou moins, suivant la
force de la fermentation. Dans ce cas, il suffit
de faire l'opération que nous venons d'indiquer, sur 48 ou 72 litres de vin pour chaque
feuillette et de remplir avec du vin non muté.

_____

(1) Cette seconde mèche s'éteint, ainsi que les suivantes, en entrant dans le tonneau ; mais, afin de l'y
faire brûler, il faut prendre un soufflet de cuisine, en
introduire la douille dans la bonde, et souffler jusqu'à
ce que l'air soit renouvelé et que la mèche soufrée y
entre sans s'éteindre.

L'odeur du soufre est beaucoup moins forte et se dissipe promptement. On colle ce vin et on le soutire aussitôt qu'il est éclairci. Lorsqu'on s'aperçoit qu'il fermente de nouveau, on le soufre dans un tonneau fortement imprégné de mèche soufrée, et l'on en mute même encore une partie si on le juge nécessaire.

Le méchage d'une barrique de 225 litres se fait avec le quart d'une mèche si le vin est sain et léger, avec une demi-mèche si le vin est coloré, avec une demi-mèche s'il s'agit d'un soutirage, avec une mèche entière si le vin a une tendance à fermenter.

Souvent, il faut mécher des fûts pleins pour traiter les vins par l'acide sulfureux si ceux-ci sont malades. Dans ce cas, on sort 10 litres de vin du fût, on mèche et on ouille à nouveau.

Il faut toujours préférer les mèches dont la couche de soufre est épaisse. Celles dont la couche est mince peuvent donner un dégoût au vin, car la combustion de la toile est trop rapide.

III. COLLAGE

Considérations préliminaires

La limpidité est l'une des qualités essentielles que l'on recherche dans les vins. Quand elle n'existe point ou qu'elle est imparfaite, ces boissons n'inspirent que du dégoût, d'un côté, parce qu'elles ont un aspect qui ne satisfait pas l'œil, d'un autre côté, parce que les substances qui les troublent et qu'elles tiennent en suspension dénaturent et masquent leur saveur, et, de plus, en les rendant épaisses, font éprouver au palais une sensation désagréable.

Les vins, dit M. A. Jullien, s'éclaircissent bien par le repos ; mais, à mesure que les particules de lie devenues solides se précipitent au fond du tonneau, les parties colorantes, tartreuses, mucilagineuses qui, bien qu'en dissolution dans la liqueur, ont éprouvé un commencement de décomposition, altèrent plus ou moins sensiblement sa transparence : d'où il résulte·que, pour donner au vin une limpidité parfaite, et le mettre à même de conserver cette qualité pendant un certain temps, il faut, avant de le tirer en bouteilles, le dégager non seulement des particules de lie qui y sont en suspension, mais encore des substances qui sont prêtes à se décomposer pour en former de nouvelles.

C'est ce qu'on obtient à l'aide d'une opération qu'on appelle indifféremment *clarification, collage* ou *fouettage*. Cette opération débarrasse le vin de toutes les matières qui nuisent à sa limpidité et à l'agrément de son goût, et détruit ou suspend, pour un temps plus ou moins long, la fermentation insensible que ces substances y entretiennent. En effet, le vin que l'on tire en bouteilles, après l'avoir bien clarifié à l'aide du collage, ne dépose que très longtemps après, tandis que celui que l'on tire sans le coller dépose beaucoup plus tôt et forme une lie bien plus volumineuse.

Il est souvent nécessaire de coller les vins que l'on conserve en tonneaux. Cette précaution est indispensable pour ceux qui ne sont pas éclaircis naturellement avant le premier soutirage, et pour ceux qui n'ont pas été sou-

tirés avec assez de précaution pour qu'ils
soient bien clairs.

On colle aussi les vins que l'on expédie à de
grandes distances, parce que le mouvement
et le changement de température, auxquels ils
sont exposés, occasionnent la décomposition
des parties les moins bien combinées, et favo-
risent le développement du principe fermentatif. La colle, dans cette circonstance, se combine avec les substances qui sont disposées à se
séparer du vin, et, bien que le mouvement
s'oppose à leur complète précipitation, elles ne
peuvent plus exciter la fermentation, attendu
que leur combinaison avec la colle les a rendues
insolubles. Lors même que la colle n'est pas en
assez grande abondance pour absorber toutes
les matières qui se séparent du vin, leur action
est neutralisée ou du moins très affaiblie par
les particules de colle et de lie combinées et
devenues insolubles, qui, répandues dans toute
la masse de la liqueur, par suite du mouvement,
y forment un réseau qui les divise et les entraîne
au fond du tonneau sitôt que le mouvement cesse.

Il est encore nécessaire de coller les vins en
tonneaux toutes les fois qu'ils éprouvent des
altérations, parce que ces accidents sont toujours la suite de la décomposition d'une partie
des substances qu'ils contiennent, et que le seul
moyen d'arrêter le progrès du mal, ou de rétablir la liqueur consiste à la débarrasser de ces
substances.

Enfin, en collant des vins qui sont placés
dans un endroit chaud, on les empêche de fermenter ou l'on diminue au moins de beaucoup
la force et les effets de la fermentation.

La conclusion à tirer de ce qui précède, c'est que le collage concourt :

1° A établir l'équilibre entre toutes les parties constituantes du vin ;

2° A maintenir cet équilibre lorsqu'il est menacé d'être rompu ;

.3° A le rétablir lorsque les vins sont détériorés ou naturellement défectueux ;

4° A vieillir les vins en précipitant artificiellement des matières qui, naturellement, ne tomberaient dans la lie qu'avec le temps.

Les vins se clarifient plus ou moins facilement et plus ou moins promptement :

1° Suivant leur nature et leur état au moment du collage ;

2° Suivant l'état de l'atmosphère et la température du lieu dans lequel les tonneaux sont placés ;

3° Suivant la nature des substances employées et la quantité qu'on en introduit dans la liqueur.

Un temps frais et serein et le vent du nord sont indispensables pour procéder au collage. Quand on opère par un temps pluvieux ou par un vent du sud, et surtout aux époques où la vigne travaille, on ne réussit que très imparfaitement, parce que dans ces diverses circonstances, la lie a une grande tendance à remonter dans le liquide. Il en est de même quand la température est trop chaude ou que le roulement des voitures ou le bruit d'une usine se font sentir dans le lieu où sont placés les tonneaux.

Enfin, on ne doit jamais oublier que, lorsque le collage a produit son effet, c'est-à-dire quand

le vin est parfaitement clair, il est d'une absolue nécessité de le soutirer. Si, négligeant cette
précaution, on laissait le vin séjourner trop
longtemps sur la colle, on s'exposerait à le
perdre, parce que, à diverses époques de l'année, la lie que la colle accumule au fond des
tonneaux, donne naissance à des mouvements
fermentatifs qui finissent toujours par altérer
la constitution de la liqueur.

Le vin doit être soutiré quinze à vingt-cinq
jours après le collage.

On ne doit pas oublier que les vins récoltés
dans des terrains marécageux ou qui proviennent d'années dont la température a été froide
et pluvieuse, sont peu riches en alcool, et quelquefois aussi en tanin. Le principe végéto-ani-
mal y surabonde ; et les parties colorantes,
mal dissoutes, sont plutôt suspendues que combinées dans la liqueur. Ces vins sont presque
toujours troubles, et l'on parvient difficilement
à les rendre parfaitement limpides, même à
l'aide du collage, parce que, ne contenant pas
en assez grande quantité les substances propres
à se combiner avec la colle et à la coaguler, elle
y reste, suivant sa nature, ou en dissolution ou
en suspension : on les épaissit au lieu de les
clarifier.

Les vins qu'on a négligé de soutirer à propos
ou qui, par suite d'un accident quelconque,
éprouvent une fermentation intempestive,
résistent souvent au collage ordinaire ; mais
ceux qui ont été fournis par une bonne année
et un bon cru, et qui ont été bien soignés, se
clarifient facilement.

Quand le vin que l'on désire coller est faible

en tanin, il est nécessaire de le taniser deux jours avant de le collef, afin d'éviter le surcollage, et de maintenir au vin une constitution normale. Ceci est surtout important pour les vins blancs qui sont généralement pauvres en tanin.

Il ne faut pas oublier, en effet, que le collage détermine toujours la précipitation d'une quantité importante de tanin.

Le collage diminue le titre alcoolique d'un dixième de degré, la coloration d'un cinquième et la teneur en extrait sec de 0 gr. 35.

Matières propres au collage

Suivant les matières qu'on emploie, la clarification est le résultat, soit d'une action d'abord chimique, puis mécanique, soit d'une action seulement mécanique. L'action est d'abord mécanique, puis chimique, quand les substances introduites dans le vin sont susceptibles de se combiner avec un ou plusieurs de ses principes ou d'être dénaturées par leur contact avec ces derniers. Dans ce cas, les substances introduites et les principes du vin qui se combinent avec elles, éprouvent une réaction qui les rend insolubles et leur donne une densité assez grande pour qu'elles se précipitent au fond du tonneau. Au contraire, l'action est simplement mécanique, quand les matières introduites dans le vin y sont insolubles et se précipitent par leur propre poids.

Matières insolubles

Les matières qui, en raison de leur insolubilité dans le vin, n'exercent sur la liqueur qu'une action mécanique, sont les suivantes :

Les *cailloux* calcinés et réduits en poudre, l'*albâtre gypseux* (1) non calciné, mais pulvérisé, le *sable*, le *kaolin*, le *papier gris*, la *pâte à papier*, l'*ocre* et l'*amiante*.

Si l'on verse 1 litre environ de *cailloux* ou d'*albâtre*, dans un tonneau de 210 à 230 litres, et qu'ensuite on agite bien avec un *fouet*, que l'on introduit par la bonde et que l'on fait mouvoir rapidement, ces matières entraînent, en se précipitant, toutes les impuretés qui obscurcissent la transparence du vin ; mais, comme elles ne forment aucune combinaison avec les parties de la liqueur qui, bien que disposées à se séparer de celle-ci, y sont encore en dissolution, elles produisent rarement une limpidité parfaite, et les vins clarifiés par ce moyen ne tardent pas à déposer dans les bouteilles.

Le *sable* est indiqué par plusieurs savants comme susceptible de produire le même effet ; mais cette substance se précipite trop promptement pour pouvoir produire une limpidité convenable.

------

(1) L'albâtre est *gypseux* ou *calcaire* ; le premier, employé à l'état de cristallisation, se précipite dans le vin comme le caillou ; mais quand il est calciné, il absorbe une quantité d'eau égale à 0,21 de son poids, et tombe au fond du tonneau à l'état de plâtre cristallisé ; dans ces deux cas, le vin retient du plâtre en dissolution. L'albâtre calcaire agit comme la craie : si le vin contient de l'acide, ce qui a presque toujours lieu, il y occasionne une effervescence spontanée, et la partie non attaquée par l'acide se précipite, tandis que l'autre reste en dissolution dans la liqueur, à l'état d'acétate de chaux, et s'oppose à sa clarification.

Le *kaolin* donne de bons résultats et ne modifie pas la composition chimique des vins. Son action mécanique est énergique, grâce à la division et à la densité de ses éléments. On a soin de le conserver proprement pour qu'il ne donne aucun dégoût au vin. On fait usage d'une pâte que l'on forme avec 500 grammes de kaolin et 1 litre d'eau. Ce procédé possède cependant un inconvénient : la clarification est très lente et dure souvent plus d'un mois.

Le *papier gris* s'emploie en feuilles entières. On les plisse afin de pouvoir les introduire par la bonde, de manière qu'elles se développent et s'étendent ensuite sur la surface du liquide. On ne met la seconde feuille que lorsque la première s'est dépliée, et ainsi de suite. Ces feuilles, ainsi disposées, ne descendent qu'à mesure que la liqueur sur laquelle elles sont placées les traverse, comme cela a lieu quand on la filtre. Ce moyen produirait une limpidité parfaite si l'on pouvait être sûr de ne pas laisser à découvert quelques parties de la liqueur, ce qui est très difficile à obtenir dans un tonneau. Il est d'ailleurs reconnu que la filtration fatigue les vins et leur enlève une partie de leur corps.

Le papier est souvent employé à l'état de *pâte*. Celle-ci se prépare en triturant du papier à filtrer dans de l'eau avec un fouet d'osier, en lavant la pulpe obtenue à l'eau bouillante salée, en la rinçant à l'eau fraîche et en l'égouttant. Cette substance présente les mêmes inconvénients que le papier en feuilles, mais elle a l'avantage d'être d'un emploi plus pratique.

L'*ocre* est employée bien lavée. Elle contient

de la silice et de l'oxyde de fer qui lui permettent d'aider à la clarification ; mais elle ne possède pås le pouvoir de clarifier seule. Sa grande densité, qui est de 2,25, lui donne un pouvoir de précipitation assez élevé ; c'est pourquoi on la fait entrer dans les mélanges que l'on forme pour fabriquer les colles de commerce.

L'*amiante* est un silicate de magnésie, inattaquable par les acides et toujours fibreux. On vend l'amiante dans le commerce sous forme de poudre obtenue en étirant les fibres, en les ébouillantant, en les lavant, en les séchant et en les calcinant. Sous cette forme, l'amiante ne peut donner aucun dégoût au vin. C'est le produit qui donne les meilleurs résultats pour clarifier les vins blancs riches en pectines.

Matières solubles

Pour les raisons qui précèdent, on préfère ordinairement se servir des matières solubles.

Les matières de cette espèce, pour constituer une bonne colle, doivent réunir les propriétés suivantes :

1º Donner à la liqueur une limpidité parfaite, sans altérer son goût ni sa qualité ;

2º Précipiter complètement la lie au fond du tonneau, de manière qu'elle occupe le moins d'espace possible et qu'aucune de ses parties ne flotte dans le vin ;

3º Se combiner assez fortement avec toutes♦ les parties de la lie pour qu'elles ne puissent pas se séparer d'elles ;

4º Etre assez pesantes pour maintenir cette lie au fond du tonneau et pour l'empêcher de

remonter dans le vin quand il subit un mouvement de fermentation, ou de s'y mêler quand
on incline le tonneau pour achever de le vider ;

5° Dénaturer assez complètement la portion
du principe fermentatif qu'elles ont précipité,
pour que ce principe ne puisse plus exercer son
action sur les autres parties de la lie et sur la
liqueur ;

6° Quand même on les emploie à haute dose,
se combiner en totalité avec les principes du
vin et les convertir en lie qui se précipite, de
manière qu'il n'en reste pas dans la liqueur.

Les matières qui produisent ces divers effets
sont la *colle de poisson* ou *ichtyocolle*, le *blanc
d'œuf*, le *sang*, le *lait*, la *crème*, la *colle de Flandre*
ou *colle forte*, la *gélatine d'os* ou *colle d'os*, les
colles de commerce.

Quelle que soit celle de ces substances qu'on
emploie de préférence, la manière de s'en servir est à peu près la même. On extrait du tonneau à coller une quantité de vin assez grande
pour ménager dans ce dernier un vide suffisant
pour contenir la colle et pouvoir y agiter fortement en tous sens la masse du liquide sans
en répandre une seule goutte. On produit l'agitation en introduisant par le trou de la bonde
l'un de ces instruments qu'on appelle *fouets à
coller.* Le plus simple n'est autre chose qu'un
bâton d'un mètre de longueur et d'environ
30 millimètres de diamètre, et dont l'un des
bouts est divisé en quatre brins évidés intérieurement (fig. 66). On l'appelle *bâton fendu*, et
on le fait ordinairement en frêne ou en tout
autre bois peu sujet à se briser. Un autre fouet
qu'on nomme *bordelais* parce qu'il est préféré

à Bordeaux (fig. 67), consiste en une tige de fer
ronde ayant 65 centimètres de longueur et
environ 10 millimètres de diamètre, terminée
à l'une de ses extrémités par un anneau servant de poignée, et percée à l'autre de huit

Fig. 66.
Fouet à coller
le bâton fendu.

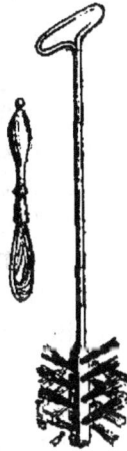

Fig. 67.
Fouet à coller
le Bordelais.

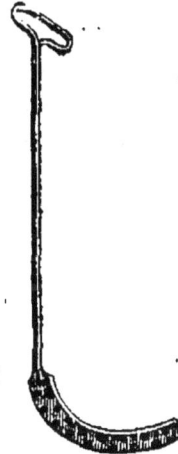

Fig. 68.
Fouet à coller
le Parisien.

trous dans chacun desquels est assujetti un
loquet ou faisceau de poils de sanglier. Ces
faisceaux présentant une plus grande surface
que les brins du bâton fendu, divisent et
mêlent plus promptement la colle avec le vin.
Un autre fouet, qui offre le même avantage

que le précédent, est celui qu'on désigne sous le nom de *parisien*. Comme on le voit par le dessin (fig. 68), c'est aussi une tige de fer ronde pourvue d'une poignée, mais qui, à la place des loquets de sanglier, présente une espèce de longue spatule plate, légèrement recourbée à angle droit et criblée de petits trous. On passe donc l'instrument dans le trou de la bonde après qu'on y a introduit la colle, et on l'agite dans tous les sens pendant quelques instants. On le retire alors et l'on achève de remplir le tonneau avec le vin qu'on en a retiré, en ayant soin de frapper les parois extérieures des douves afin d'abattre la mousse qui se forme avec abondance, et d'expulser l'air qui a pu pénétrer dans la masse du liquide. On continue ainsi jusqu'à ce que le fût soit entièrement plein et qu'il ne se montre plus de mousse. Quand on opère sur un vin vieux et qui ne paraît pas devoir fermenter, il n'y a aucun inconvénient à fermer la bonde. Dans le cas contraire, il est utile de n'enfoncer la bonde que légèrement pour que la pression de l'air extérieur puisse aider à précipiter la colle et à neutraliser les dispositions à travailler que le vin annonce.

Donnons maintenant quelques détails sur l'emploi des diverses colles.

Colle de poisson

La *colle de poisson* ou *ichtyocolle* n'est autre chose que la membrane interne de la vessie natatoire de plusieurs espèces d'esturgeons, poissons très communs dans le Volga et les autres fleuves qui se jettent dans la mer Noire et la mer Caspienne. Elle nous arrive de Russie. Pour l'employer, on la coupe en petits morceaux, on la fait tremper dans une quantité suffisante de vin, à raison de 25 grammes pour une barrique bordelaise, et lorsqu'elle forme une masse gluante, on la verse dans le tonneau. On agite alors fortement le vin avec le bâton fendu ou l'un des autres fouets. En général, 8 à 10 grammes suffisent par hectolitre.

Cette matière s'emploie aussi bien pour les vins rouges que pour les vins blancs, mais surtout pour ces derniers, et l'on sait qu'elle est presque entièrement composée de gélatine. Elle se combine principalement avec le tanin et le principe fermentatif ; elle acquiert par cette combinaison une pesanteur suffisante pour se précipiter et former un réseau qui entraîne au fond du tonneau les corps étrangers qu'il rencontre et les parties colorantes, tartreuses et mucilagineuses, qui se sont séparées de la liqueur. Sa précipitation est assez prompte quand le temps est sec et frais ; mais, lorsqu'il est pluvieux ou orageux, elle reste souvent en suspension dans le vin.

On fait plusieurs reproches à la colle de poisson.

En premier lieu, elle se combine incomplètement avec les matières qu'elle précipite ; la lie qu'elle forme est volumineuse, peu épaisse et très légère ; la moindre commotion ou un changement de température suffisent pour la faire remonter dans la liqueur et occasionner un mouvement de fermentation.

En second lieu, lors même que le vin est devenu parfaitement limpide, la colle y laisse quelquefois des esquilles fibreuses, infiniment ténues, qui se combinent plus tard avec quelques parties du vin, l'obscurcissent et forment un dépôt.

Enfin, l'alcool agit sur la colle de poisson et occasionne la formation d'un réseau ; mais son action n'est pas suffisante pour la coaguler assez complètement, pour qu'elle se précipite au fond du tonneau ; d'où il résulte que, quand le vin ne contient pas assez de tanin et de ferment, elle y reste en dissolution et l'épaissit au lieu de le clarifier. Toutefois cet accident a très rarement lieu ; mais lorsqu'il arrive, on provoque la précipitation de la colle en soutirant le vin dans un tonneau neuf, ou en y mettant des copeaux de bois de chêne. La préparation dont nous parlerons plus loin, opère plus sûrement encore ; elle n'est pas plutôt mêlée dans le vin qu'on voit le réseau se former, et, au bout de vingt-quatre heures, la liqueur est parfaitement limpide.

On voit que, pour éclaircir les vins au moyen du collage, il faut produire un réseau. La théorie indique, et quelques expériences ont prouvé qu'on peut obtenir ce résultat sur des vins dépourvus de tanin, en ajoutant à la colle des substances alcalines, telles que la soude, le carbonate de soude, la chaux, la potasse, les cendres de bois ; mais comme ces matières sont susceptibles d'altérer le goût et la qualité du vin, et que leur emploi n'est jamais indispensable pour le clarifier, nous n'entrerons dans aucun détail sur la manière dont elles opèrent.

Pour terminer ce qui concerne le collage à la colle de poisson, nous allons décrire, d'après

M. A. Jullien, une opération complète sur les vins blancs.

Pour faire 3 litres de colle, prenez 8 grammes de colle de poisson la plus blanche et la plus transparente ; battez-la bien avec un marteau sur une bûche placée debout ou sur un billot bien propre, afin de pouvoir l'effeuiller plus facilement. Déchirez ces feuilles en morceaux le plus petits possible, pour qu'ils se délaient plus promptement ; mettez-les dans un vase de faïence ou de terre vernissée avec environ 1 décilitre de vin blanc, de manière qu'ils baignent dans le liquide. Au bout de sept à huit heures, la colle ayant absorbé le vin, on en remet une égale quantité de celui-ci.

Après vingt-quatre heures d'infusion, la colle est suffisamment détrempée et forme une gelée. Il faut alors y ajouter 3 décilitres d'eau tiède, la bien pétrir dans les mains, afin d'écraser les petits morceaux qui ne sont pas entièrement délayés ; on la passe ensuite dans un linge propre, en ayant soin de bien presser pour en séparer la liqueur. On reprend cette colle sur le linge et on la bat avec quelques brins de balai pendant environ un quart-d'heure, en y ajoutant à mesure du vin blanc jusqu'à concurrence de 3 litres. Lorsqu'elle est refroidie, on la met dans des bouteilles que l'on a soin de bien boucher, et qu'on place à la cave pour s'en servir au besoin.

Cette colle se conserve plusieurs mois sans s'altérer. Si le vin blanc qu'on a employé est faible, on peut y ajouter 1 décilitre d'eau-de-vie.

La colle de poisson peut aussi être préparée avec de l'eau seule ; mais, dans ce cas, il faut

s'en servir promptement, car elle ne tarderait pas
à se corrompre, surtout dans les temps chauds.

Pour coller une pièce de vin blanc contenant
240 à 260 litres, après avoir retiré 6 à 7 litres
de vin, prenez 1 litre de colle de poisson préparée comme nous venons de le dire ; versez-la
dans un vase de triple contenance avec 1 litre
du vin que vous avez retiré, et battez bien le
tout avec un fouet ; introduisez un bâton
fendu dans la pièce et agitez le liquide ; versez
la colle et agitez de nouveau pendant deux ou
trois minutes ; remplissez le tonneau et bou-
chez-le comme nous l'avons indiqué.

Quelques personnes sont dans l'usage de ne
pas appuyer la bonde ou de pratiquer un trou
de foret à côté, et de ne fermer cet orifice que
vingt-quatre heures après l'opération du collage. Nous croyons cette méthode vicieuse ; le
contact de l'air peut mettre la liqueur en fermentation, et alors elle ne s'éclaircit que quand
cette fermentation est apaisée. La colle tombe
au fond du tonneau par suite de la pesanteur
qu'elle acquiert en se contractant dans la
liqueur par l'action du ferment, et entraîne
avec elle les molécules de lie qui y sont suspendues. Son poids ne peut pas être augmenté
par le contact de l'air ; elle n'en a donc pas
besoin pour se précipiter. Cependant, lorsqu'on
colle les vins nouveaux qui fermentent encore,
l'orifice pratiqué sur la pièce peut servir à
donner issue au gaz acide carbonique qui se
dégage avec force pendant cette fermentation.
Mais quand on veut éclaircir des vins vieux
qui ne fermentent plus et qu'on tient depuis
longtemps fermés, que peut produire le contact

de l'air sur ces liquides, si ce n'est le développement des principes de fermentation qui existent dans tous les vins ? La preuve que nous pouvons en donner, c'est que, si au lieu de laisser la bonde ou le trou de foret ouverts pendant vingt-quatre heures seulement, on les laissait plus longtemps, la surface du liquide se couvrirait de fleurs et le vin finirait par tourner à l'aigre ou à l'évent. La première de ces altérations est la suite de la fermentation, et la seconde celle de l'évaporation des parties spiritueuses. Par conséquent, si le vin est détérioré au bout de huit ou quinze jours, suivant la température, le principe de cette détérioration peut commencer à se développer plus ou moins sensiblement dans vingt-quatre heures.

Maupin recommande de bien boucher les vins de France et de laisser ouverts ceux d'Espagne.

Les vins muscats de Lunel et de Frontignan, ceux de Malaga, et les autres vins de liqueur, peuvent être collés avec la colle de poisson ; mais ces vins s'éclaircissent plus difficilement que les vins secs, et l'on est souvent obligé de les soutirer pour les coller une seconde fois.

Quand le vin est gras, on ajoute à la colle de la crème de tartre en poudre très fine, qu'on fait dissoudre en même temps. Si le vin est très gras, on en met 16 grammes ; s'il ne fait que commencer à filer, 8 grammes suffisent.

On vend, dans le commerce, de la colle de poisson très inférieure, fabriquée avec des vessies de poissons quelconques, avec des intestins de morues, ou avec de la chair de poisson gélatinisée. La bonne colle faite avec les vessies d'esturgeon doit renfermer 90 0/0 de gélatine pure.

19.

Colle au blanc d'œuf

Le *blanc d'œuf* agit par l'albumine qu'il renferme et qui s'y trouve dans la proportion de 12 1/2 0/0. Son emploi est des plus faciles. Pour une pièce de 225 litres, un peu plus, un peu moins, on prend six œufs *bien frais*, et l'on jette les blancs dans une terrine parfaitement propre, avec un verre d'eau et une petite poignée de sel de cuisine ; puis on les fouette avec un petit balai ou avec une fourchette pour les mettre en mousse. Ce résultat obtenu, on ajoute à la masse environ 1 litre de vin, on bat bien le tout, puis on introduit le mélange dans le tonneau, et l'on agite, pendant quelques minutes, le contenu de celui-ci, avec le fouet, comme ci-dessus. Nous venons de voir que les œufs doivent être très frais, car s'ils ne l'étaient pas, ils donneraient un mauvais goût au vin. Quant au sel, il rend plus rapide la préparation de la colle et la formation du réseau.

Pour vérifier la fraîcheur des œufs, on place chacun d'eux successivement entre deux doigts devant une lumière artificielle ; si le blanc est clair et le jaune bien rond, l'œuf est frais. En cassant le premier œuf, on doit constater que le blanc sort bien transparent. En cassant les œufs, il faut avoir soin de ne pas laisser tomber de jaune, car le jaune est nuisible au vin.

Le blanc d'œuf clarifie parfaitement les vins rouges ; seulement il produit une lie assez volumineuse, et le principe fermentatif qui en fait partie n'a rien perdu de son activité. Il arrive aussi quelquefois qu'il se dissout dans les vins rouges qui manquent de spiritueux ; quand cela arrive, il suffit, pour le précipiter, d'introduire dans le tonneau un litre d'eau-de-vie, ou un demi-litre d'esprit-de-vin, par hectolitre de liquide.

Beaucoup de personnes emploient le blanc d'œuf pour clarifier les vins blancs ; mais il est sujet à s'y concréter sous la forme d'esquilles très ténues qui obscurcissent la liqueur. Lorsque le fait se présente, on réussit très simplement à précipiter ces esquilles au moyen de l'une des colles Jullien, la poudre n° 3, qu'on doit employer à la dose de 50 grammes par pièce de 210 à 230 litres.

Comme nous l'avons fait pour la colle de poisson, nous allons donner, d'après le même auteur, la description du collage en grand, au moyen du blanc d'œuf.

« Pour coller une pièce de vin rouge, contenant 210 à 230 litres, il faut en retirer 8 ou 10 litres de liqueur, mêler ensuite les blancs de quatre œufs frais avec un demi-litre de ce vin ou d'eau, et battre bien le tout au moyen d'un faisceau de brins d'osier ou d'un petit balai. La colle étant préparée, on introduit dans la pièce, par la bonde, le bâton fendu, le fouet bordelais ou le fouet parisien, et l'on agite le liquide en lui donnant un mouvement circulaire ; puis on retire le bâton, on verse la colle au moyen d'un entonnoir, et l'on rince le vase qui la contenait, avec un peu de vin, pour enlever le blanc d'œuf qui s'est attaché aux parois. Après avoir versé ce vin, on enfonce de nouveau le bâton fendu, et l'on agite le liquide en tous sens pendant une ou deux minutes. Cette opération achevée, on remplit la pièce, en ayant soin de frapper autoŭr de la bonde pour faire tomber la mousse et chasser au dehors les bulles d'air qui peuvent rester dans le tonneau ; ensuite on replace le bondon garni d'une nouvelle toile ou bande de papier. Après quatre à cinq jours de repos, le vin est éclairci. Mais quand on veut le conserver longtemps en bouteilles, sans qu'il dépose, il est à propos de le laisser reposer pendant douze ou quinze jours. .

Trois blancs d'œufs suffisent pour coller une feuillette de 160 litres ou une demi-pièce de 120.

Beaucoup de personnes ont l'habitude de battre les blancs d'œufs dans de l'eau de puits ou de source, comme étant plus pesante que l'eau de rivière. Nous avons souvent employé ce moyen, surtout pour les vins ordinaires, et nous n'y avons reconnu aucun inconvénient. On ajoute quelquefois à la colle une poignée de sel marin : nous en avons fait usage avec succès sur des vins nouveaux difficiles à clarifier ; mais nous ne conseillons pas d'en mettre quand on colle des vins vieux.

Lorsque les vins sont très colorés, on met six blancs d'œufs par pièce au lieu de quatre. A Bordeaux, l'on en emploie jusqu'à douze.

Lorsque la clarification n'a pas lieu après un premier collage, il est indispensable de soutirer le vin avant de le coller une seconde fois (1). »

_____

(1) Un vin qui n'a pu être collé par le blanc d'œuf, ne le sera certainement pas mieux en opérant une seconde fois de la même manière. Tout le blanc d'œuf qui y aura été mis y restera en dissolution ou en suspension : il faut faire usage de la poudre Jullien n° 3 pour remédier à cet inconvénient et pour coller ce vin, ou du lait.

Sang

Le *sang* est un agent de clarification d'une extrême énergie, et l'on connaît l'usage qu'en font les raffineurs de sucre. Comme le blanc d'œuf, il doit son action à la présence de l'albumine, dont il contient une très forte dose.

On emploie habituellement le sang de porc, de mouton ou celui de bœuf : mais les premiers passent pour les meilleurs. Deux verres ordinaires suffisent pour une pièce de 100 litres. Pour une bordelaise, on emploie un litre. On bat la matière avec un litre de vin, puis, quand on a obtenu un mélange bien homogène, on verse le tout dans le tonneau, et, pendant quelques minutes, on agite bien la liqueur avec e bâton fendu ou le fouet.

Nous venons de dire que le sang est un agent de clarification très énergique. A cause de cela même, il ne doit être employé qu'avec une extrême réserve et uniquement pour les vins nouveaux, les vins durs et trop colorés, et en général pour les vins d'une valeur peu élevée. Il a d'ailleurs des inconvénients qu'il ne faut pas perdre de vue. Ainsi, il affadit le vin et lui enlève une partie de sa couleur. Il produit un dépôt très abondant, et les lies qu'il fournit ne peuvent être utilisées que pour la distillation. Enfin, il se corrompt avec une extrême rapidité, en sorte que s'il n'était pas dans un état de fraîcheur parfaite, il communiquerait au vin une saveur détestable et le rendrait tout à fait non potable : il faut l'employer tout chaud.

On vend, dans le commerce, du sang desséché à 55 degrés dans un courant d'air chaud.

Cette substance se présente sous forme d'une poudre rouilleuse ; elle se dissout en quelques heures dans l'eau. Pour améliorer sa teinte et diminuer le volume des lies qu'elle précipite, on l'additionne d'ocre ou de noir animal.

Lait et crème

Le *lait* et la *crème* ont une action sur le vin, qui approche de celle des blancs d'œufs. La clarification est prompte ; mais le petit-lait qui s'est formé reste, s'il n'est pas frais, dans le vin et peut y déterminer une fermentation acétique. On les emploie quelquefois, mêlés avec la colle, pour décolorer les vins blancs qui ont contracté une teinte jaune. On emploie le lait à raison d'un litre par barrique. Il donne d'excellents résultats quand il est bien frais.

Dans le commerce, on extrait la caséine que renferme le lait naturellement, et on la vend sous différentes marques. Cette caséine donne de meilleurs résultats encore que le lait, car elle se conserve longtemps et on n'a pas à craindre le petit-lait. On emploie 25 grammes par barrique bordelaise de 225 litres.

La lie n'est pas très abondante avec le lait comme avec la caséine.

Colle forte

La *colle forte* ou *colle de Flandre* est une espèce · de gélatine qu'on obtient en faisant bouillir dans l'eau les rognures de peau, de parchemin, de cuir blanc, ainsi que les peaux d'anguille, de cheval, de lièvre, de lapin, etc. On l'emploie à la dose de 18 à 20 grammes par hectolitre. A cet effet, on la fait dissoudre dans de l'eau pure ; on bat la dissolution avec un litre de vin, en la chauffant graduellement et en la remuant sans cesse ; puis on introduit le tout dans le tonneau, et l'on agite comme ci-dessus.

La colle forte est aussi énergique que le sang. C'est pourquoi elle ne doit être employée qu'avec précaution. Elle ne convient même que pour les vins nouveaux et les vins communs, et pour ceux qui sont sur le point de se perdre. Elle fournit une lie encore plus volumineuse que l'ichtyocolle et le blanc d'œuf. En outre, elle fatigue beaucoup plus le vin que les autres matières dont nous avons parlé. Enfin, elle laisse toujours un peu de son goût à la liqueur, et elle n'opère bien que sur les vins très riches en tanin.

Au lieu de la colle forte ordinaire, qui est la *colle de Flandre* proprement dite, il vaut mieux employer la variété dite *grenétine*, qui est blanche et de qualité tout à fait supérieure.

Colle d'os

La *colle d'os* est une variété de gélatine qu'on extrait des os. Elle a les mêmes propriétés et les mêmes défauts que la précédente, et s'emploie de la même manière.

Elle donne une lie très volumineuse. Elle n'est employée que pour les vins nouveaux ou les vins très astringents à la dose de 15 à 20 grammes par hectolitre.

Farine de froment

La farine de *froment* clarifie vite les vins et d'une façon énergique. On la délaie dans l'eau froide et on jette dans le vin la bouillie ainsi formée. Il faut 100 grammes de farine pour coller un hectolitre.

La farine est composée de trois sortes d'éléments : gluten, à raison de 10 0/0 ; amidon, à raison de 75 0/0, et substances grasses, à raison de 15 0/0.

Le gluten se combine avec le tanin et se divise bien dans le vin, ce qui donne une clarification semblable à celle de la colle de poisson. L'amidon, en raison de sa grande densité, favorise la précipitation des éléments en suspension.

Il faut préférer les farines de blé dur parce qu'elles renferment plus de gluten que les farines de blé tendre.

Farine de légumineuses

On a essayé la *farine de légumineuses*, et surtout de *pois*, en ayant soin de prendre une farine formée avec des pois débarrassés de leur peau.

Cette farine présente l'inconvénient de contenir une grande proportion de légumine, qui est soluble dans le vin et peut donner un dégoût. Il faut donc la faire macérer dans l'eau pendant plusieurs heures avant d'en faire usage. Il est important aussi de n'employer que de la farine bien fraîche. Elle ne paraît avantageuse que pour les vins très faibles en tanin et en acides.

Colles de commerce

Les *colles* ou *poudres Jullien* sont ainsi appelées du nom de l'habile œnologue qui les a inventées.

Vers 1817, des expériences nombreuses, qu'il poursuivit pendant plusieurs années, lui ayant démontré que les matières employées habituellement, soit seules, soit mélangées en différentes proportions, ne peuvent servir à clarifier avec un succès convenable tous les liquides spiritueux, que, par exemple, celles qui opèrent sur les vins rouges opèrent moins bien sur les vins blancs, et, dans chaque catégorie, réussissent inégalement sur les diverses sortes, ce savant eut l'idée de composer des colles dont les éléments fussent en rapport avec les substances de tout genre qui obscurcissent la transparence des liquides troubles, et dont la réussite fût aussi assurée que possible. De là l'origine des colles dont nous parlons.

Les colles Jullien datent de 1818. Dès le 30 juillet 1822, une déclaration des principaux commerçants de Paris déclara qu'elles opèrent la clarification en peu de temps, donnent au vin une limpidité parfaite et produisent une lie lourde, épaisse et peu volumineuse.

Les colles Jullien sont à l'état pulvérulent. Il y en a trois sortes différentes, qu'on désigne sous les noms de *poudre n° 1*, *poudre n° 2* et *poudre n° 3*, chacune destinée à un usage spécial. La poudre n° 1 sert au collage des vins rouges, la poudre n° 2 au collage des vins blancs. Quant à la poudre n° 3, elle a tout à la fois la propriété de clarifier et de décolorer les vins

trop chargés en couleur, ainsi que les liqueurs
distillées.

Aussitôt ces poudres introduites dans le vin,
chacun de ses éléments se combine avec celui
qui lui correspond, savoir, avec le tanin, dont la
présence a été reconnue dans presque tous les
vins, et à l'excès duquel on attribue l'âpreté des
vins de Bordeaux ; avec le principe fermentatif
qui y est presque toujours trop abondant et qui
occasionne souvent leur dégénération ; enfin,
avec le tartre, les acides et les parties colorantes
prêtes à se séparer de la liqueur, pour former
un dépôt. Leur combinaison avec ces substances est complète, les rend insolubles comme
elles-mêmes le deviennent, de manière que la
lie qu'elles forment ne peut plus exercer
aucune action sur le vin, qui, dégagé de toutes
les matières qui pouvaient concourir à le faire
dégénérer, est bien susceptible de conservation.

Les deux poudres 1 et 2 s'emploient ordinairement sur les vins non liquoreux, à la dose
de 10 grammes par pièce ou barrique contenant de 210 à 230 litres, et de 6 grammes 1/2
par feuillette de 130 à 140 litres.

La dose de 10 grammes de la poudre n° 1
produit sur les vins rouges le même effet que
quatre blancs d'œufs, et la même dose de la
poudre n° 2 agit sur les vins blancs comme
1 litre de colle de poisson bien préparée.

Les vins collés à la dose de 10 grammes par
pièce, avec les poudres n°s 1 et 2, sont limpides
après quatre ou six jours de repos ; mais si l'on
y met une double dose de poudre, ils sont clairs
au bout de douze ou quinze heures, et bien limpides au bout de trente-six ou quarante-huit

heures. Toutefois, quand on a l'intention de les garder longtemps en bouteilles, il est bon de les laisser reposer pendant dix à douze jours. Ce repos est également nécessaire quand on emploie les blancs d'œufs ou la colle de poisson : la précipitation de la lie est plus complète, et le vin est moins sujet à déposer.

La poudre nº 3 destinée d'abord à la décoloration des vins, a reçu depuis un grand nombre d'applications, et en proportionnant les doses à l'état de la liqueur et à l'effet que l'on veut produire, elle peut être employée avec un succès presque égal pour toutes les opérations de collage, surtout pour les vins blancs, qu'elle clarifie beaucoup mieux que les vins rouges.

Mise à la dose de 25 grammes dans une pièce de vin blanc vieux contenant 210 à 230 litres, elle le clarifie parfaitement en quatre ou six jours. Si l'on en met 50 grammes, la clarification est parfaite au bout de deux jours. Il faut presque toujours en mettre 50 grammes sur les vins blancs nouveaux, attendu que, n'ayant pas complété leur fermentation, ils sont, pendant la première année de leur récolte, dans une agitation continuelle.

Elle décolore et clarifie parfaitement les vins blancs qui ont contracté une teinte jaune ou plombée, et leur ôte en même temps le mauvais goût qui accompagne ces dégénérations. La dose que l'on doit employer pour produire ces effets varie suivant la nature des vins sur lesquels on opère, et suivant la quantité de parties colorantes que l'on veut précipiter. Les vins blancs de Bourgogne, et en général tous ceux qui contractent une teinte jaune par suite d'accident, et pour lesquels cette teinte est une dégénération qui altère leur goût en même temps que leur couleur, sont promptement décolorés et redressés de goût avec 100 grammes de la poudre n° 3 par pièce de 210 à 230 litres, et avec 50 grammes par feuillette des vins blancs de la Basse-Bourgogne.

Notons en passant que la poudre n° 3 s'emploie aussi avec avantage, et à la dose de 100 grammes, pour décolorer le kirschwasser, le genièvre et toutes les autres liqueurs spiritueuses non sucrées que l'on veut blanchir.

Elle enlève aux vins rouges très colorés, grossiers, lourds et pâteux, un quart, un tiers, et même moitié de leur couleur sans les altérer ; elle diminue leur âpreté et les rend plus agréables. La dose de poudre nécessaire pour cette opération ne peut être fixée que d'après l'expérience que l'on en fait sur une bouteille du vin que l'on veut décolorer, attendu qu'il y a des vins rouges dans lesquels les parties colorantes sont parfaitement combinées et se séparent très difficilement de la liqueur, tandis que, dans d'autres, elles ne sont que suspendues et se précipitent facilement. On peut toujours commencer par coller ces vins avec 100 grammes de poudre, et agir ensuite comme nous venons de le dire pour les vins blancs.

Les colles de commerce, en dehors des colles Jullien, sont très nombreuses. Nous ne ferons que donner leur liste avec la dose par hectolitre pour quelques-unes :

Conservateur Martin Pagis,
Gélatine,

Gélatine Lainé.
Albumine d'œufs en poudre (15 grammes).
Ostéocolle Coignet.
Pulvérine Appert.
Poudre française.
Colle rapide.
Œnoclarificateur (15 grammes).
Philœtanin (10 grammes).

Nous ajouterons qu'il convient de se montrer très prudent dans l'emploi des colles de commerce, qui sont généralement constituées par des mélanges plus ou moins judicieux et qui peuvent être l'objet de falsifications. Nous recommandons l'usage des produits naturels et surtout du blanc d'œuf et du lait.

IV. SOUTIRAGE

Considérations préliminaires

Le *soutirage*, qu'on appelle aussi *tirage*, a pour but de débarrasser le vin de la lie. Il consiste à l'extraire des tonneaux où il a été primitivement logé et à le distribuer dans d'autres tonneaux convenablement préparés à le recevoir.

On sait que le vin, au sortir de la cuve, est trouble et fermente encore plus ou moins longtemps dans les tonneaux. A mesure que l'effervescence diminue, les matières étrangères qui obscurcissent sa limpidité se précipitent au fond du tonneau et y forment ce qu'on nomme la *lie*.

Toutefois, ces matières peuvent, dans plusieurs circonstances, se mêler de nouveau à la

liqueur : c'est ce qui arrive quand on agite les
tonneaux, quand le temps est orageux, quand
la température devient très chaude, mais surtout aux époques où la vigne est en mouvement, c'est-à-dire au moment de la pousse des
premiers bourgeons, de la floraison et de la
veraison. Dans toutes ces circonstances, la lie
éprouve une certaine fermentation qu'elle communique à la liqueur, au grand détriment de
celle-ci, qui, si l'on n'y prenait garde, ne manquerait pas d'en être altérée. Il est donc d'une
grande importance de séparer le vin de sa lie.

Le soutirage se fait de trois manières différentes : au siphon, à la cannelle ou au boyau.

Soutirage au siphon

Le *soutirage au siphon* est excessivement
simple. On introduit avec précaution la branche
plongeante de l'instrument dans le tonneau à
vider, puis on aspire vivement à l'extrémité de
la branche déférente. Aussitôt, le vin monte
dans la première, d'où il passe dans la seconde,
qui le dirige dans un baquet placé au-dessous.
Quand ce baquet est plein, on le remplace par
un baquet vide, et l'on en verse le contenu
dans le tonneau préparé pour cela.

Au lieu du siphon ordinaire, on emploie
souvent, et c'est infiniment préférable, des
siphons un peu plus compliqués, mais qui permettent d'effectuer l'aspiration d'une manière
beaucoup plus facile. Tel est celui que représente le dessin ci-contre (fig. 69),

L'emploi du siphon permet, quand les tonneaux à vider sont placés sur des chantiers un

peu élevés, d'établir les tonneaux à remplir de façon à pouvoir faire entrer dans leur bonde la branche déférente de l'instrument. Le soutirage s'opère alors avec une grande rapidité et, de plus, sans exposer le vin au contact de l'air extérieur, ce qui est un avantage considérable.

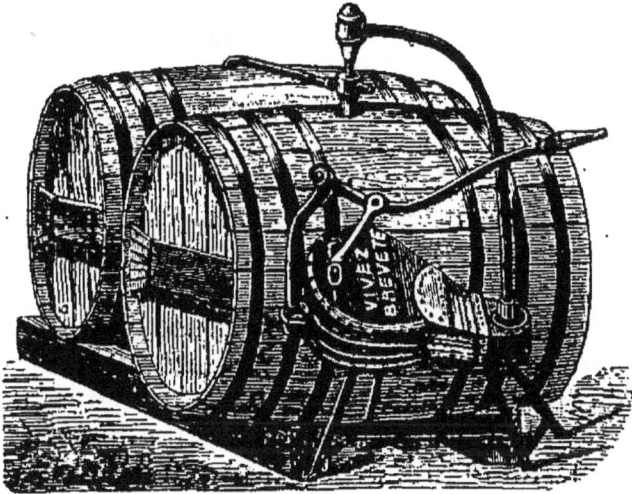

Fig. 69. Siphon pour soutirage.

Toutefois, cette manière de soutirer obligeant à laisser une certaine quantité de liqueur claire dans le tonneau qu'on vide, afin de ne pas déranger la lie, beaucoup de personnes pensent qu'elle n'est réellement avantageuse que lorsqu'il s'agit de changer de tonneau un vin qui n'a formé aucun dépôt.

Soutirage à la cannelle

Le *soutirage à la cannelle* n'est pas plus compliqué que le précédent.

Dans le fond du tonneau et à environ 5 centimètres de la douve inférieure, on pratique, avec un vilebrequin, une ouverture assez grande pour recevoir une grosse cannelle, qu'on enfonce à petits coups, avec un maillet de bois, afin d'agiter la lie le moins possible, ou, ce qui vaut mieux, qu'on visse dans le trou.

En posant la cannelle, il faut avoir soin d'en entr'ouvrir le robinet pour que l'air qu'elle contient soit chassé au dehors. : sans cela, cet air, se trouvant refoulé dans le tonneau, y produirait une agitation qui, quoique légère, serait cependant assez grande pour remuer la lie. On ferme le robinet aussitôt que le vin commence à se montrer.

La cannelle étant mise en place, on enlève la bonde avec précaution et, si faire se peut, sans frapper sur le tonneau, ou bien on perce quatre ou cinq trous de foret ou de vrille dans la partie supérieure du fond, afin que l'air puisse pénétrer dans la pièce à mesure qu'elle se videra. Si l'on se sert du foret, il faut avoir soin de l'enfoncer en le tournant comme une vrille, et non en le frappant, parce que le contre-coup serait capable de produire le déplacement de la lie.

Ces diverses opérations terminées, il n'y a plus qu'à ouvrir la cannelle et à recevoir le vin dans un baquet ou dans un broc, d'où on le verse ensuite dans le tonneau qui a été disposé à cet effet.

Quand le vin est arrivé au niveau de la cannelle, il cesse naturellement de couler. On soulève alors le derrière du tonneau à force de bras, et on le maintient dans cette position;

soit avec des cales de bois, soit avec un bâton
fourchu. Cette opération réclame les plus minutieuses précautions, afin qu'aucune agitation ne
puisse être imprimée à la lie. On l'effectue avec
la plus grande facilité, en se servant d'un cric
ordinaire ou d'un des crics spéciaux qu'on a
inventés depuis quelques années, tels que le
cric Beziat et le cric bordelais (fig. 70), ou

Fig. 70. Cric bordelais.

encore en posant le tonneau sur un porte-fût à
levier ou à vis.

Avec ces appareils, le soulèvement du fût se
fait d'une manière très lente, presque insensible, ce qui prévient les inconvénients produits
par l'agitation. En outre, aucun accident n'est
à craindre pour les ouvriers, et l'on n'a pas
besoin de cales.

Dans tous les cas, à mesure que le vin s'écoule,
on l'examine, la tasse d'argent ou un verre à la
main, et l'on ferme le robinet aussitôt qu'on
aperçoit le moindre trouble ou la moindre fleur.

Sommelier.   **20**

Le soutirage à la cannelle est très expéditif, mais il n'est pas sans inconvénients, surtout pour les vins élégants dont le bouquet est précieux à conserver. Si l'on examine, en effet, comment il se pratique, on ne peut s'empêcher de reconnaître que le vin est doublement frappé et battu par l'air extérieur, d'abord quand il tombe dans le broc ou dans le baquet, ensuite lorsqu'on le verse dans l'entonnoir qui le conduit dans le tonneau.

Soutirage au boyau

Le *soutirage au boyau* est ainsi appelé parce que le tonneau à vider est mis en communication avec celui qu'on veut remplir, au moyen d'un tube ou boyau de cuir ou de caoutchouc dont la longueur est généralement d'environ 1m30. Ce tube se termine à chacune de ses extrémités par une douille de bois.

Pour opérer, on commence par fixer, de la même manière que ci-dessus, une cannelle au tonneau plein, puis on ajuste à cette cannelle l'une des douilles du boyau et l'on introduit l'autre douille dans la bonde du tonneau vide, lequel est placé sur le côté devant celui à soutirer (fig. 71). De plus, comme cette dernière douille ferme exactement le trou de la bonde dans lequel elle est logée, on donne deux ou trois coups de foret dans le haut de l'un des fonds du tonneau, afin de livrer passage à l'air qu'il contient.

Après ces petits préparatifs, on ouvre le robinet et le vin passe d'une pièce dans l'autre jusqu'à ce qu'il se trouve au même

niveau dans les deux. Pour faire passer le vin
qui reste dans le premier tonneau, on comprime
de l'air dans ce dernier au moyen d'un gros
soufflet dont la buse bouche hermétiquement
le trou de la bonde. Cet air comprimé chasse

Fig. 71. Soutirage au boyau.

toute la portion de vin qui restait au-dessus de
la cannelle. On reconnaît que l'opération est
terminée lorsqu'on entend un léger sifflement :
il est produit par l'air qui, refoulé par le soufflet,
s'échappe par les points de jonction de la cannelle et du boyau. On ferme alors la cannelle,

on bouche avec des faussets les trous de foret pratiqués dans le second tonneau, et l'on enlève le boyau. Si ce dernier tonneau n'est pas entièrement plein, on achève de le remplir avec du vin du même cru ou de la même qualité.

Au lieu de soufflet pour comprimer l'air, on se sert souvent de pompes diversement disposées.

Le soutirage au boyau est le plus parfait. C'est celui qu'on emploie de préférence pour les vins vieux et les vins à bouquet. Il bat moins le vin que les autres, ne le fatigue pas, le préserve du contact de l'air extérieur et ne l'expose pas à perdre une partie de son arome. Dans les grands celliers, on l'accélère considérablement en mettant le tuyau en rapport avec une pompe aspirante plus ou moins énergique. La figure 72 donne une idée de cette disposition. Dans notre dessin, le tuyau forme deux tronçons, dont les deux extrémités pénètrent, d'une part, dans les deux tonneaux, d'autre part, dans la chambre d'une pompe rotative du système Stolz. Cette pompe aspire indistinctement des deux côtés ; le changement de place de l'un des tuyaux suffit pour changer la direction de l'écoulement du liquide.

Observations

Nous ne saurions trop insister sur l'importance du soutirage, car la lie, qu'il a pour objet d'éliminer, est un agent certain de désorganisation. Il est utile pour tous les vins et indispensable pour tous ceux qui sont communs ou qui proviennent de mauvaises récoltes.

Tous les vins doivent être soutirés avant

Fig. 72. Soutirage au bojau avec pompe aspirante.

l'équinoxe du printemps qui suit la vendange.
Il faut ensuite répéter régulièrement l'opération avant chaque équinoxe, tant qu'on les

20.

conserve en tonneau. Le premier tirage, qui est
de beaucoup le plus important, se fait ordinairement en janvier, le second en avril, le
troisième en septembre.

Cependant, dit A. Jullien, « un négociant
très recommandable de la Côte-d'Or nous a
assuré qu'il convient beaucoup mieux de faire
le troisième au mois de juillet, avant l'époque
où le raisin commence à *tourner*, c'est-à-dire
où il commence à devenir rouge, que d'attendre
jusqu'au mois de septembre. De nombreuses
expériences qu'il a faites depuis plusieurs
années, lui ont prouvé que les vins qu'il soutirait au mois de juillet étaient moins sujets à
fermenter, et se soutenaient beaucoup mieux
que ceux qu'il soutirait plus tard. En effet,
bien que la température soit toujours très
élevée pendant le mois de juillet, les vins que
l'on conserve dans de bonnes caves, et que l'on
ne déplace pas, sont très calmes, tandis qu'au
mois d'août ils éprouvent un mouvement de
fermentation plus ou moins sensible, suivant
que le principe fermentatif est plus ou moins
abondant ; et, comme ce principe entre pour
beaucoup dans les lies, la fermentation doit
être moins forte quand on les a soutirés quelque
temps avant l'époque de ce travail.

Si on est dans le cas de déplacer les vins deux
ou trois mois après le soutirage, il est prudent
de les soutirer encore, car ils peuvent avoir fait
un nouveau dépôt qui, mêlé avec la liqueur,
altèrerait sa limpidité et son goût.

Les vins qui ne sont pas clairs après le soutirage, doivent être collés aussitôt et soutirés
de nouveau dès qu'ils sont éclaircis, surtout

quand on a employé au collage des blancs
d'œufs ou la colle de poisson.

Quand le vin se trouble, soit par suite d'une
fermentation accidentelle, soit parce qu'on a
négligé de le soutirer avant l'équinoxe, il faut
d'abord le soutirer pour le débarrasser de la
portion de lie qui peut se trouver au fond du
tonneau et le coller ensuite. S'il a contracté un
mauvais goût, on opère comme nous le dirons
plus loin au chapitre des *altérations*. »

Mais ce n'est pas tout que de soutirer le vin, il
faut encore que l'opération soit faite d'une façon
convenable, sans quoi elle pourrait produire
des effets contraires à ceux qu'on en attend.

Pour qu'un soutirage réussisse parfaitement,
il est nécessaire de ne point perdre de vue les
précautions suivantes :

Choisir un temps sec, clair, et, autant que
possible, quand le vent soufle du nord, parce
que c'est uniquement dans ces circonstances que
la précipitation de la lie peut être complète;

Ne jamais opérer, soit par un temps humide
ou pluvieux, soit lorsque le vent souffle du sud,
soit encore aux époques où la vigne travaille,
c'est-à-dire, comme nous l'avons déjà dit, au
moment de la pousse des premiers bourgeons,
de la pousse des fleurs ou de la veraison du raisin ;

Agir toujours pendant la fraîcheur du matin
et, en aucun cas, pendant la chaleur du jour,
comme aussi en temps d'orage ;

Coller le vin avant de le transvaser, et prendre
les précautions les plus minutieuses pour n'y
laisser aucune partie de la lie, ce qui obligerait
à un second soutirage ;

Ne pas faire tomber le vin de trop haut afin

de le moins fatiguer, ce qu'on obtient, quand
on soutire à la cannelle, en plaçant immédiatement au-dessous de celle-ci le broc ou le
baquet destiné à le recevoir ;

Procéder avec la plus grande célérité, plus
particulièrement quand on emploie la cannelle,
afin que le vin soit soumis au contact de l'air
extérieur pendant le moins de temps possible ;

Ne loger les vins soutirés que dans des tonneaux d'une salubrité parfaite et, de plus,
méchés au moment même du remplissage.

Quand tout le vin clair a été extrait des
tonneaux, les lies qui restent au fond de ceux-
ci sont recueillies, mises à part et abandonnées
à elles-mêmes. Lorsque, par le repos, elles se
sont éclaircies, on soutire le vin qui est monté
à leur surface. Comme ce vin renferme encore
une quantité notable de lie folle, on le colle de
nouveau, on le laisse reposer une quinzaine de
jours, et enfin on le soutire une seconde fois.
Quant aux lies qui restent après ces divers
soutirages, on les vend aux distillateurs ou
aux vinaigriers.

V. LA PASTEURISATION

C'est Appert qui a, le premier, conseillé de
pasteuriser les vins malades pour assurer leur
conservation. Gervais et Vergnette-Lamotte ont
appuyé cette opinion. Pasteur a étudié les causes
et les effets de cette méthode et a, le premier,
énoncé une méthode pratique de traitement.

La pasteurisation est un procédé violent et
très actif. Il convient donc de ne l'employer que
lorsqu'on n'a pas d'autre moyen pour assurer

la conservation du vin. Il ne doit être adopté qu'en dernier ressort.

On pasteurise les vins en les chauffant à 60 degrés, température qui tue les ferments de maladie et entrave toutes les fermentations. La constitution chimique du vin n'est pas modifiée, mais le bouquet des vins très fins peut être légèrement altéré.

Echange des températures dans le pasteurisateur

En général, l'échange de la chaleur s'effectue, entre deux corps, de quatre manières différentes : 1° par conductibilité, grâce à la vibration directe de molécule à molécule ; ce mode de transmission s'applique aux corps solides et sans que les positions relatives des molécules soient modifiées ; 2° par mélange, dans le cas de deux liquides, grâce au contact direct des molécules qui changent de positions relatives ; 3° par convection, grâce au déplacement des molécules d'un liquide à la surface d'un solide ; 4° par radiation, grâce à la puissance des rayons calorifiques émis par les corps chauds et transmis par la vibration de l'éther.

Dans les appareils continus de pasteurisation, on se trouve toujours en présence de deux veines liquides, de températures différentes, circulant en sens inverse au contact de surfaces métalliques dont la disposition et la forme varient avec les divers types. La transmission de la chaleur se fait par conductibilité, parce que la chaleur se transmet d'une veine à l'autre par l'intermédiaire de la paroi métallique. Cette transmission s'exécute aussi par double convection, parce que le liquide chaud échauffe un côté de la paroi métallique, qui représente de l'autre côté la surface de chauffe sur laquelle s'échauffe le liquide froid. L'échange de températures se réalise donc dans ces appareils sous l'influence combinée de la conductibilité et de la double convection.

Le poids du liquide qui entre dans l'appareil est égal, dans un temps donné, au poids du liquide qui sort. En outre, les parois non en contact sont isolées pour qu'il n'y ait pas de pertes de chaleur par l'extérieur. Si on tient compte de ces conditions dans l'établissement de la formule de deux fluides circulant en sens inverse au contact d'une surface intermédiaire, on constate que le débit horaire de l'appareil est proportionnel : 1° au coefficient de convection, qui augmente avec la vitesse de circulation du liquide ; 2° à la surface d'échange ; 3° à l'excès de température de sortie et d'entrée du vin.

Pour un débit fixe et une surface constante, si l'on augmente la vitesse de circulation des deux liquides, l'écart des températures diminue. L'appareil qui donnera la plus grande vitesse à la veine liquide fournira le maximum d'effet utile d'échange de température, à la condition que cette vitesse soit sensiblement la même dans les deux veines en présence. D'autre part, la pratique montre que la vitesse donnée à la veine liquide doit être aussi petite que possible. En exagérant cette vitesse, on augmente le dégagement des gaz que le vin renferme en dissolution. Ce fait est d'autant plus grave que le vin dégage, dès son entrée dans l'appareil, des éléments volatils, en raison de la modification moléculaire que produit l'éléva-tion de la température. Ce dégagement aug-mente considérablement dès que le vin est soumis à l'émulsion que cause l'accélération de la vitesse d'écoulement.

Il importe donc, dans le choix d'un pasteuri-sateur, de ne pas chercher l'appareil le plus par-fait au point de vue calorique seulement. Il faut s'assurer que la vitesse des veines liquides reste dans des termes qui permettent de con-server la constitution normale du vin.

Les Pasteurisateurs

Nous décrirons quelques appareils pour exposer la marche de l'opération.

L'appareil de M. Houdart (fig. 73) comprend deux parties : un calorisateur et un réfrigérant. Les vins circulent à l'intérieur des tubes du calorisateur entre lesquels passe un courant d'eau chaude venant d'une chaudière D. L'eau, après avoir circulé dans le calorisateur C, se rend dans la chaudière où elle est chauffée par des becs Bunsen avant de retourner dans le calorisateur. Le vin chauffé arrive dans le réfrigérant où il est refroidi par le vin froid qui va au calorisateur.

Le vin que l'on veut pasteuriser est placé dans un réservoir A à niveau constant, situé au-dessus du réfrigérant. Il se rend par un tube vertical H, muni d'un robinet, à la base du réfri-gérant où il entre pour circuler extérieurement aux tubes et sortir en K, afin de se rendre par le tuyau I à la base du calorisateur C. Il entre

dans le calorisateur où il circule intérieurement
aux tubes ; il sort du chauffe-vin en E pour
aller dans le réfrigérant B où il circule intérieure-

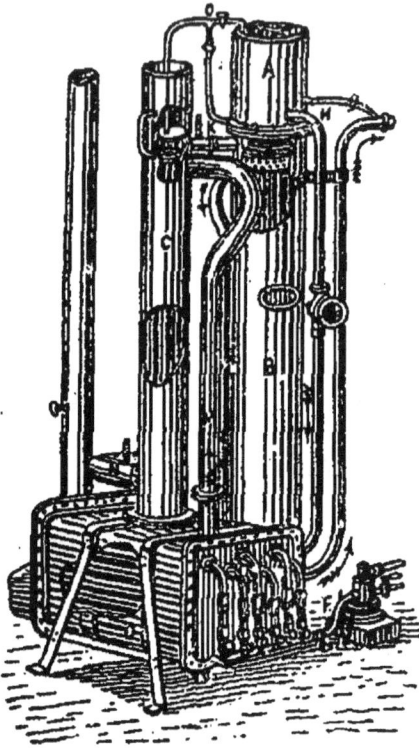

Fig. 73. Appareil Houdart.

ment aux tubes, et s'échappe par le tuyau G
après avoir été refroidi. Le vin est chauffé avec
cet appareil à une température de 60 degrés et
ne sort qu'avec une température supérieure
de 3 degrés à la température initiale.

Dans l'appareil de M. de Ricaumont, le vin
est pasteurisé en présence d'acide sulfureux.

Il arrive par un gros tuyau dans l'œnotheune où il suit un serpentin en étain, chauffé à l'aide de la vapeur. Ce serpentin, après être monté à la partie supérieure de l'œnotheune, redescend à la partie inférieure. Le vin, après avoir parcouru ce double serpentin, où il s'est élevé à la température de 65 degrés, remonte par un tuyau, qui entre dans le tuyau d'arrivée. Le vin froid qui vient à l'œnotheune refroidit donc le vin chaud en l'entourant dans un manchon en présence de l'acide sulfureux.

L'appareil Gasquet comprend un double cylindre en acier, un caléfacteur, un échangeur, un pont.

Le cylindre est ouvert à ses extrémités ; son diamètre est de 1^m18, tandis que sa hauteur varie, suivant le numéro de l'appareil, de 0^m70 à 2 mètres. Ce cylindre est constitué en tôle d'acier et renferme un second cylindre de même nature. Les parois sont reliées et limitées par des couronnes en fonte. Entre les parois des deux cylindres se trouve la canalisation, qui est noyée dans un lit de liège pulvérisé, pour la protéger contre les chocs et pour éviter les pertes de calorique.

La partie de la canalisation où le vin prend la température de pasteurisation au contact de l'eau chaude se nomme le caléfacteur. C'est un serpentin en cuivre rouge où circule le vin et dont les tuyaux sont enveloppés par ceux d'un autre serpentin où circule l'eau chaude.

La partie de la canalisation où le vin chaud se refroidit au contact du vin froid qu'il échauffe en revenant à la température initiale se nomme l'échangeur. C'est un serpentin en cuivre où

circule le vin à chauffer et dont les tuyaux
sont enveloppés par ceux d'un autre serpentin
où circule le vin traité en cédant son calorique au vin qui se rend au caléfacteur.

Le vin sortant du caléfacteur se rend à l'échangeur par le pont, qui est un tuyau de raccord,
faisant communiquer le petit tuyau interne de
la canalisation inférieure avec le grand tuyau
externe de la canalisation supérieure.

Cet appareil est à débit continu ; ses organes
sont simples et d'un nettoyage facile. Aucune
molécule de vin, entrée dans l'appareil, ne peut
sortir sans avoir été portée lentement à la
température de pasteurisation et y être restée
au moins une minute. Le maximum de chauf-
fage correspond au maximum de pression de la
veine liquide. Les vapeurs qui pourraient être
dégagées par la chaleur sont entraînées, par
les molécules qui leur ont donné naissance, vers
des régions de plus en plus froides où elles se
condensent dans le milieu qui les avait formées.

Il existe également un pasteurisateur Gasquet pour la pasteurisation des vins en bouteilles (fig. 74).

Cet appareil est composé de bacs dans lesquels on introduit une circulation méthodique
de l'eau, de façon à amener lentement et pro-
gressivement le liquide à la température choisie pour la pasteurisation et à le refroidir dans
les mêmes conditions. Les bouteilles peuvent
rester jusqu'à vingt minutes à la température
de pasteurisation. Le plus grand numéro de cet
appareil permet de traiter 20,000 bouteilles par
jour, ce qui réduit le prix du traitement pour
chaque bouteille à une valeur infinitésimale.

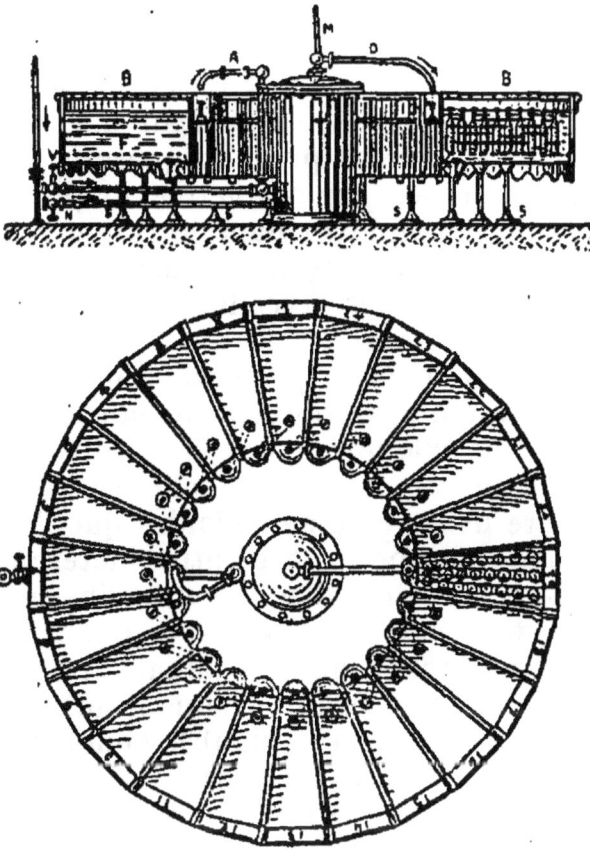

Fig. 74. Pasteurisateur à bouteilles (Elévation et plan).

VI. LE FILTRAGE

Le filtrage est un traitement mécanique qui a
pour effet de séparer les liquides des corps solides
qu'ils ont en suspension, grâce au principe phy-
sique de l'adhérence. Il est employé pour clarifier les vins louches, pour priver les vins
malades de leurs ferments de maladie, pour

purifier les vins avant de les pasteuriser, pour séparer le liquide fin qui reste dans les lies.

Cette opération ne doit pas se faire au contact de l'air, parce qu'on aurait une perte de bouquet, et parce qu'on risquerait de faire envahir le milieu par des germes impurs.

Les filtres employés dans le commerce peuvent être classés en trois catégories : les filtres à tissus, les filtres à cellulose, les filtres à matière filtrante minérale.

Les *filtres à tissus* présentent des inconvénients : ils donnent souvent au vin le goût de manche ; ils n'assurent une limpidité parfaite que si l'on ajoute au vin des colloïdes ; or on ne peut faire usage comme colloïdes que de gélatine ou de charbon ; la gélatine détermine le surcollage des vins vieux et des vins blancs ; elle ne doit être employée que pour les lies rouges ; le charbon ne doit jamais être utilisé, car c'est un décolorant et un absorbant qui assimile les éthers constituant le bouquet.

Les filtres à tissus appartiennent à deux types : les filtres dérivant des filtres-presses de sucrerie, formés par des disques sur lesquels est tendue la toile de filtration, tels que les filtres Leclaire et Simoneton ; les filtres à manches, tels que les filtres Caizergues, Vivez, Rouhette, Philippe, Gasquet, Delsol.

Les premiers marchent toujours sous pression. Dans les seconds, cette condition n'est pas nécessaire. On associe souvent plusieurs éléments pour constituer des batteries.

Les *filtres à cellulose* comprennent les filtres à feuilles de papier et les filtres à pâte de cellulose. Les premiers sont des filtres-presses dans lesquels en augmentant ou en diminuant l'épaisseur du papier, on obtient une filtration plus ou moins grande. Les seconds sont aussi des filtres presses d'origine allemande.

Les filtres à cellulose ne peuvent être employés pour les lies. Ils ne conviennent que pour les vins dégrossis.

Les *filtres à matière filtrante minérale* sont très nombreux. Nous citerons notamment :

Le filtre à bougies de porcelaine, qui n'est pas pratique, car il exige un trop grand nombre de bougies ;

Le filtre en faïence, qui donne un liquide très limpide ;

Le filtre à gelée de silice hydratée renversée sur une manche de coton, qui est lent et peu pratique ;

Le filtre à perles de cristal ;

Le filtre à toiles métalliques avec amiante.

Nous conseillons d'employer le filtrage surtout pour les lies que l'on veut débourber, mais de limpidifier toujours les vins par le collage de préférence au filtrage.

VII. LES OPÉRATIONS COMPLÉMENTAIRES

L'oxydation du vin

C'est Pasteur qui a montré le premier que le vin s'oxyde en présence de l'oxygène de l'air. Il a prouvé ce fait d'une façon très élégante : il a mis dans un tube fermé un égal volume de vin et d'air, et il a constaté après plusieurs mois que l'air avait perdu complètement son oxygène.

L'oxydation est favorisée par l'élévation de la température, par l'augmentation de l'intensité lumineuse, par le logement en fûts de contenance supérieure au volume du vin, par le logement en petits fûts, car elle est proportionnelle à la surface des parois, par les transports, et surtout par les transports maritimes en pays chauds.

L'oxydation modifie la coloration en précipitant une partie de la matière colorante ; elle peut même décolorer complètement un vin lorsqu'elle est faite avec assez d'intensité. Elle madérise les vins en leur donnant une saveur spéciale généralement très recherchée. Elle diminue la teneur en acide, ce qui contribue au vieillissement.

Tous les effets de l'oxydation ont pour résultat final, quand cette opération est conduite avec soin, de vieillir le vin.

L'oxydation donne au vin la couleur de vin vieux, enlève l'acidité et la verdeur, transforme le reste du sucre en alcool et les acides en éthers, fait déposer l'excès des sels et l'excès de tanin.

Elle peut donc rendre de grands services si elle est conduite avec précaution.

Dans la pratique, on l'exécute en aérant les vins dans des cuvettes découvertes à température élevée.

L'électrisation des vins

M. Audibert a électrisé des vins en plaçant les pôles dans une enveloppe de charbon et en les entourant de flanelle. Il n'observa aucun changement de constitution dans les vins ainsi électrisés,

M. Mengarino a renouvelé ces expériences et a cru constater que la saveur et le bouquet étaient développés par le traitement. Il a remarqué, en outre, que l'électrisation assure la conservation du vin.

M. Méritens a traité des vins par un courant électrique obtenu par une machine dynamo et alternant de sens quinze mille fois par minute. Il a remarqué que les ferments étaient détruits.

Nous ne possédons aucun appareil vraiment pratique pour tuer les ferments et assurer ainsi la conservation du vin par l'électrisation, mais il y a lieu de croire que cette découverte se fera avant longtemps et qu'elle rendra de grands services à l'œnologie.

Le refroidissement du vin

Le refroidissement du vin détermine, à 6 degrés au-dessous de zéro, la formation de glaçons constitués par un mélange d'eau et d'alcool. Il importe de ne pas pousser l'opération aussi loin, car il faut alors sortir les glaçons pour assurer la conservation, ce qui détermine une perte d'alcool et d'éléments utiles.

Le refroidissement a surtout pour effet d'améliorer les vins ardents, d'arrêter les fermentations, de limpidifier les vins en déterminant la précipitation du tartre et des matières solides en suspension, d'aumenter le bouquet.

Pratiquement, on réalise le refroidissement en ouvrant les portes et les fenêtres des chais pendant la nuit, et en ne plaçant à ces ouvertures que des grilles cadenassées. A la première heure du matin, on ferme les ouvertures, on maintient les chais fermés jusqu'au soir. Cette méthode est surtout employée à l'automne pour activer le débourbage des vins nouveaux.

VIII. MISE EN BOUTEILLES

Considérations préliminaires

Les vins se conservent et s'améliorent dans les tonneaux ; il est même nécessaire qu'ils y séjournent pendant un certain temps ; mais ce n'est que dans les bouteilles que ces liquides acquièrent leur plus haut degré de qualité.

La mise des vins en bouteilles, dit avec raison M. Machard, est une opération à laquelle on est loin d'attacher toute l'importance qu'elle mérite. Cependant le vin mis en verre, non seulement ne fait pas de déchet si longtemps qu'en dure la consommation, mais il éprouve un surcroît de qualité qu'il n'éprouverait jamais si on le laisseit en tonneau. Plus longtemps, en effet, le vin demeure en fût, soumis à la vidange qui résulte du tirage quodition, plus il perd en qualité. Plus, au contraire, il vieillit en bouteilles, lorsqu'il provient de bons plants, d'un bon sol, et quand on ne dépasse pas l'époque convenable pour sa consommation, plus les effets qu'il exerce sur la santé sont favorables. Un vin nouveau est rarement sain ; fermentant encore dans les tonneaux, il produit le même effet dans l'estomac. Un vin vieux, au contraire, dont la fermentation est accomplie, ne peut agir que d'une manière favorable sur cet organe, conséquemment sur l'économie tout entière,

Quand on n'a pas à fournir à une trop forte consommation, il est bon de ne s'abreuver que de vins en bouteilles.

Le vin tiré à la longue fait beaucoup de déchet, est toujours mauvais, et rien n'est malsain comme l'usage de ce *petit-lait* éventé, fleuri, décoloré, qu'on veut appeler *vin*, malgré la fâcheuse transformation que lui a fait subir la vidange à laquelle on l'a soumis. Indépendamment de ces avantages, la mise en bouteilles en présente encore qui ne sont pas sans mérite. Ainsi, elle peut faire apprécier des vins dont on n'aurait pu juger la qualité en les laissant en tonneaux, et cette raison, peu importante en apparence, a cependant bien sa valeur. Elle peut aussi donner lieu à la réalisation de notables bénéfices, puisqu'on vend toujours facilement, même avec profit, les vins qu'on a mis en bouteilles dans des conditions convenables de qualité et de conservation.

Le matériel de caveau pour la mise en bouteilles comprend des égouttoirs, des hérissons, des casiers égouttoirs, des casiers fixes, des casiers mobiles, des perles de cristal, une machine à rincer, une chaîne à rincer, des robinets, des machines tireuses, un crapaud, des battoirs, des mâcheurs mécaniques, des fourneaux pour estampage des bouchons, des machines à boucher, de la cire à cacheter, des machines à capsuler, des planches pour encoller les étiquettes, des boîtes pour étiqueter les bouteilles, des pinceaux à colle, un pot à colle, des casiers-caisses mobiles, des lattes et liteaux pour arrimer les bouteilles, des ardoises pour marquer les partis de vins, du feuillard pour cercler les caisses, un arrache-clous, des pinces, de la toile d'emballage, du papier de soie, des bouchons, des capsules, des paillons, des caisses et des pointes.

Tirer une pièce de vin *en bouteilles* est une opération simple et facile que tout le monde peut faire ; cependant elle exige des soins et des précautions dont dépendent la conservation et l'amélioration de la liqueur. Nous donnerons plus loin les détails de cette manipulation, que beaucoup de personnes font avec une telle négligence, que de très bons vins se détériorent souvent au lieu de gagner en qualité.

La conservation et l'amélioration des vins que l'on met en bouteilles dépendent :

1° De la maturité qu'ils ont acquis dans le tonneau ;

2° De leur limpidité lorsqu'on les tire ;

3° Du choix d'un temps convenable à cette opération ;

4° Des bouteilles qu'on emploie ;

5° De la qualité des bouchons ;

6° Du soin que l'on doit mettre à bien conduire l'opération du tirage ;

7° Du bouchage des bouteilles ;

8° De la préparation du goudron destiné à garantir les bouchons de l'humidité et des insectes ;

9° Du capsulage ;

10° De l'habillage ;

11° Du placement des bouteilles.

Maturité des vins propres à être mis en bouteilles

Pour qu'un vin soit bon à mettre en bouteilles, il ne suffit pas qu'il ait été débarrassé

de sa grosse lie, ni même qu'après cette opération on soit parvenu à l'éclaircir parfaitement
à l'aide du collage, il faut encore qu'il ait mûri
dans le tonneau, ce qu'on ne peut obtenir
qu'en l'y conservant plus ou moins longtemps. Lorsqu'on met en bouteilles des vins
encore verts, ils ne gagnent pas en qualité ; ils
fermentent souvent et toujours ils conservent
leur âpreté.

Les vins mûrissent plus tôt dans les celliers
que dans les caves, et plus promptement dans
ces dernières, suivant qu'elles sont plus chaudes
ou plus fraîches. Il serait difficile de fixer posi-
tivement le temps que chaque espèce de vin
doit séjourner dans les tonneaux pour parvenir
à sa maturité. Cela dépend d'une foule de circonstances, telles que l'action des caves ou des
celliers où le vin a été déposé, la nature du
cépage qui l'a produit, celle du sol où ce dernier a été élevé, la température de la saison
pendant laquelle le raisin s'est développé et a
mûri, le procédé de fabrication employé, etc.
On ne peut donner à cet égard que des règles
générales sujettes à beaucoup d'exceptions.

Les vins légers et fins, tels que ceux de Volnay (Côte-d'Or), et les autres vins délicats, sont
quelquefois bons à mettre en bouteilles un an
après la récolte. Les vins de Pommard, de Vosne,
de Chambertin, de Corton, d'Alox, beaucoup
plus généreux et plus colorés que ceux de Volnay, demandent souvent à être gardés en pièces
trois, quatre et même cinq ans. Ceux de Bordeaux et de la côte du Rhône se soutiennent
parfaitement en pièces pendant huit à dix ans.
Les vins de Mâcon (sous cette dénomination,

on comprend aussi ceux du Beaujolais), quoique,
en général, assez colorés, mûrissent plus prompt-
tement que ceux de la Côte-d'Or : il en est peu
qui ne soient bons à mettre en bouteilles au
bout de deux ans. Cependant, ceux qui ont été
récoltés dans la partie supérieure des vignobles
sont plus durs et se conservent plus longtemps.

Notons aussi que les vins blancs sont plus
précoces que les rouges : on peut ordinairement
les mettre en bouteilles au bout d'un an ou de
dix-huit mois. Il en est cependant qui conservent plus longtemps le goût sucré qu'ils ont
en sortant du pressoir : il faut attendre qu'ils
aient perdu cette douceur, sans quoi ils fermenteraient, chasserait le bouchon ou casseraient les bouteilles. Les vins muscats et les
autres vins liquoreux font exception à cette
règle : on peut les mettre en bouteilles un an
ou dix-huit mois après la récolte ; il en est
quelques-uns qui perdraient leur agrément, si
on les conservait plus longtemps en tonneaux.

Le goût seul fait juger de la maturité des
vins. Dans tous les cas, ils ne doivent être mis
en bouteilles que lorsqu'ils ont perdu leur
âpreté et qu'ils ne sont plus susceptibles de
fermenter sensiblement. Dans les vins fins,
la présence du bouquet indique leur maturité.

Limpidité des vins au moment de la mise en bouteilles

Plus les vins sont limpides quand on les met
en bouteilles, moins ils sont sujets à y former de
dépôt. Or, quelle que soit la limpidité, en tonneau, d'un vin que l'on veut mettre en verre,

jamais cette limpidité n'est assez grande pour dispenser du collage.

Quand on veut mettre un tonneau en bouteilles, on commence par l'incliner légèrement en avant, soit à force de bras, soit, ce qui vaut infiniment mieux, à l'aide d'un des crics dont nous avons parlé, puis, dans le fond antérieur, à 3 ou 4 centimètres au-dessus du jable, on pratique un petit trou auquel on adapte un fausset, et qui servira plus tard à donner du jour quand on distribuera le vin dans les bouteilles. Cela fait, on colle, après quoi, on pose la cannelle ; il faut l'enfoncer à la main, et non en frappant, ce qui pourrait occasionner le déplacement de la lie et troubler la liqueur.

Ces opérations terminées, on examine avec soin s'il reste encore de la lie suspendue dans le vin, surtout quand on veut le garder longtemps. Le vin paraît quelquefois bien clair, et cependant il est encore chargé de particules de lie infiniment ténues, qui se précipitent au fond de la bouteille après quelques jours de repos.

Pour s'assurer de la parfaite limpidité du vin, on en tire dans un petit verre, et on l'examine avec attention, en plaçant une lumière de l'autre côté du vase.

Il y a des vins qui s'éclaircissent en quatre ou cinq jours ; d'autres, au contraire, exigent un temps beaucoup plus long. Dans tous les cas, si, après avoir collé du vin, ce liquide n'est pas parfaitement limpide au bout de quinze jours ou trois semaines, on rince à la chaîne un tonneau de même capacité que celui qui le contient, on y passe de l'eau à plusieurs reprises jusqu'à ce qu'elle en sorte claire, on

le laisse égoutter pendant environ une heure,
puis on y brûle une petite mèche soufrée, l'on
y transvase immédiatement le vin, et on le
bouche. Enfin, on laisse reposer le vin pendant
quelques jours, après quoi, si sa transparence
est parfaite, on procède à sa mise en bouteilles.
Si la clarification laissait à désirer, il faudrait
coller de nouveau.

Nous conseillons d'agir ainsi que nous venons
de le dire pour tous les vins précieux qu'on veut
garder longtemps en bouteilles, lors même
qu'ils sont parfaitement limpides par suite du
collage fait avec les œufs ou la colle de poisson.
Elle a très bien réussi sur des vins rouges et des
vins blancs de différentes qualités : ceux qu'on
a la précaution de soutirer ainsi déposent
beaucoup plus tard que ceux que l'on met tout
de suite en bouteilles. Nous avons remarqué
que, bien que le tonneau ait été rincé avec
soin et qu'on n'y ait versé que du vin parfaitement clair, il existait encore au fond un léger
dépôt qui eût été réparti dans toutes les bouteilles si le vin n'avait pas été soutiré. Cette
précaution remédie en outre à un inconvénient
dont il est très difficile de se garantir. Les parties les plus lourdes de la lie que forment ces
colles tombent les premières au fond du tonneau ; les plus légères descendent ensuite, et
souvent elle flottent dans une portion du
liquide ; la moindre commotion les soulève et
les mêle avec le vin. L'action d'ouvrir et de fermer la cannelle à chaque bouteille qu'on remplit suffit pour occasionner cet accident, dont
on ne peut se garantir qu'en laissant la cannelle ouverte pendant toute l'opération.

Faisons remarquer, en terminant, qu'avant d'être mis en bouteilles, les vins très couverts, c'est-à-dire d'une couleur très foncée, doivent être collés et soutirés deux fois, d'abord au mois de décembre ou au commencement de janvier, puis dans les derniers jours de mars. De cette manière, on les débarrasse de toute la lie qu'ils peuvent contenir, on rend leur coloration plus belle, enfin, on les empêche de faire du dépôt dans les bouteilles.

Temps le plus convenable pour la mise en bouteilles

La limpidité du vin, nous le savons, est la conséquence de la précipitation de toutes les particules de lie et de tartre qui, suspendues dans la liqueur, en obscurcissent la transparence. Cette précipitation ne peut avoir lieu quand le liquide est agité par un mouvement de fermentation : celui-ci est même susceptible de redissoudre de nouveau les parties qui s'étaient précipitées. La chaleur de l'atmosphère étant l'une des causes qui déterminent ce phénomène, il est constant que les vins doivent s'éclaircir beaucoup moins bien lorsqu'il fait chaud que lorsqu'il fait froid. C'est pour cette raison que ceux qu'on tire par un temps clair, sec et frais, et un vent du nord, sont limpides et moins sujets à déposer en bouteilles que ceux que l'on tire par des temps humides et un vent du midi.

Il faut aussi se garder de mettre le vin en bouteilles quand le temps est à l'orage, parce que, dans cette condition atmosphérique, la lie précipitée par la colle peut remonter dans

le liquide et y porter la perturbation. Cette
précaution est de rigueur, le vin serait-il d'une
limpidité parfaite.

Les époques de la pousse de la vigne, de sa
floraison et de la maturité du raisin sont également des époques très peu convenables pour la
mise en bouteilles, parce que ces phénomènes
ont toujours lieu par des temps chauds et
d'orage, qui produisent sur le vin le même effet
que sur le cep de vigne et sur les autres végé-
taux, c'est-à-dire qu'ils mettent en mouvement
toutes les parties fermentatives et végétatives.

En général, la mise en bouteilles ne doit
être jamais faite quand, pour une cause quelconque, le vin est en fermentation. En conséquence, l'époque la plus favorable est l'hiver,
surtout lorsque le temps est clair, et que souffle
le vent du nord. Toutefois, le mois et l'époque
du mois ne peuvent être indiqués d'une manière très précise. Sous ce rapport, l'état de
l'atmosphère est tout ; car il arrive qu'un vin
parfaitement limpide se trouble en peu d'heures
lorque le temps change subitement et devient
orageux.

La pleine lune de mars est l'époque que l'on
choisit en Champagne pour tirer les vins qui
sont destinés à mousser, et l'on choisit le déclin
de la lune pour les vins vieux qui ne doivent
pas mousser. Le mois de février et de mars sont,
en général, préférés dans les grands vignobles
pour cette opération, non parce que le vin est
alors plus clair qu'il ne l'eût été en décembre et
en janvier, mais parce que cette époque étant
celle où l'on peut commencer les expéditions,
on emballe à mesure du tirage, ce qui évite la

peine de ranger les bouteilles pour les déplacer plus tard. Une autre cause de cette préférence, c'est que les vins mis en bouteilles et reposés sont plus susceptibles de déposer lorsqu'on les dérange que s'ils avaient été expédiés aussitôt après le tirage.

Choix des bouteilles

On sait que le verre des bouteilles est composé de silice, de chaux, de potasse ou de soude, d'alumine et d'oxyde de fer. Le meilleur est celui qui contient le moins de soude ou de potasse et le moins de chaux. Quand le verre est trop alcalin ou trop calcaire, il est attaqué par les acides, par la crème de tartre, par l'acide tartrique du vin, et il en résulte la formation de tartrates de chaux, d'alumine, de potasse ou de soude qui précipitent le principe colorant de la liqueur, et ont, en outre, l'inconvénient de dénaturer complètement celle-ci. De plus, si le verrier a employé de la soude brute, de la soude de varech, cette matière fournit des sulfures alcalins qui communiquent au vin une odeur et un goût d'hydrogène sulfuré des plus détestables. Tout récemment, un négociant de Bordeaux s'est aperçu que le verre d'un assez grand nombre de bouteilles était devenu opaque. Ces bouteilles contenaient des vins d'une très grande valeur, qui étaient devenus tout à fait impropres à la consommation. Des experts chimistes ont reconnu que l'altération du vin provenait du vice de fabrication des bouteilles ; le vin avait été neutralisé par les alcalis du verre.

On sait aussi que, parmi les bouteilles, les unes
sont cuites au bois et les autres à la houille. Ces
dernières présentent presque toujours des taches
noires et grasses, dues à du carbone très divisé .
et imprégné de matières goudronneuses : elles
communiquent un mauvais goût aux boissons
fermentées qu'on y renferme.

On voit donc que le choix des bouteilles
n'est pas indifférent. Celles qui proviennent
des usines où l'on ne travaille qu'au charbon
de bois méritent à tous égards la préférence;
et si l'on ne peut en faire analyser la composition par un chimiste, il est bon de ne s'approvisionner que dans les magasins dont la bonne
fabrication des produits a été mise hors de
doute par des expériences antérieures. Il faut
aussi les choisir de même forme et de même
dimension, parce qu'elles se rangent mieux et
sont moins faciles à se casser dans la pile.

Avant d'employer les bouteilles neuves, il
ne faut jamais manquer de les tenir, pendant
plusieurs jours, dans des cuviers remplis d'eau.
On les soumet ensuite à des lavages répétés et
énergiques, pour lesquels on peut employer
des brosses à main ou des brosses mécaniques,
afin de les bien débarrasser des moindres particules de poussière qui peuvent adhérer à leur
intérieur, et dont la présence serait capable de
déterminer l'altération du vin ou tout au moins
d'y former du dépôt.

Les bouteilles qui ont servi réclament des
soins beaucoup plus minutieux, parce qu'elles
peuvent avoir pris un mauvais goût à la cave,
surtout si elles y ont séjourné pendant longtemps et bouchées, ou si elles contiennent

encore des portions de lie, de tartre décomposé ou de vieux bouchons. Pour les bien nettoyer, il faut d'abord en extraire les substances étrangères, et l'on obtient ce résultat en y passant à plusieurs reprises et renouvelant l'eau chaque fois, la *chaîne à rincer* (fig. 75) d'abord, puis la brosse. On ne doit jamais faire cette opération avec du plomb de chasse, parce que si, comme cela est quelquefois arrivé, des grains de ce métal venaient à y être oubliés, il pourrait en résulter de très graves accidents.

Fig. 75.
Chaîne
à rincer.

En 1840, une douzaine de jeunes gens du collège des jésuites à Dôle, ayant quitté la ville sous la surveillance d'un directeur, se rendirent en promenade à une maison de campagne appartenant à l'institution. Là, pour les rafraîchir, un domestique apporta une bouteille de vin. Huit, parmi ceux qui burent de ce vin, ne tardèrent pas à être pris d'affreuses coliques ; l'un d'eux succomba, et les autres ne purent être sauvés qu'avec beaucoup de peine. On reconnut que cet empoisonnement devait être attribué à des grains de plomb qui étaient restés, lors du rinçage, au fond de la bouteille. Il est donc prudent de ne pas se servir de plomb pour rincer les bouteilles. Quand on n'a point de chaînette, il faut employer des grains de fonte ou même des grains de gravier qui tous sont sans danger.

Pour rincer rapidement les bouteilles, on fait usage de machines (fig. 76) qui peuvent traiter jusqu'à 5,000 bouteilles journellement et sans usure. Ces machines sont essentielle-

ment constituées par une brosse que l'on introduit dans la bouteille et qui est actionnée par
un levier, par une manivelle ou par une pédale.
Cette action détermine une rotation pendant
laquelle l'eau pénètre dans la bouteille soit
sous pression naturelle, soit sous pression d'une
pompe. Les brosses tournent généralement·à

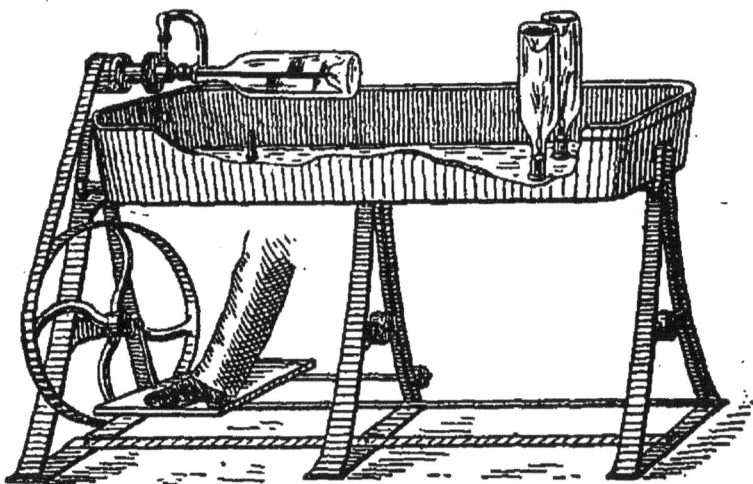

Fig. 76. Machine à rincer les bouteilles.

2,000 tours par minute. Dès qu'elles sont en
mouvement, l'eau entre automatiquement.
Quand la bouteille est ainsi nettoyée, elle est
placée sur un jet qui s'ouvre sous le simple
poids et qui enlève les résidus laissés par la
brosse. Ces machines peuvent être conduites
par une femme ou un enfant.

Comme les moindres parcelles de lie cor-
rompue suffisent pour occasionner l'altération
du vin, il faut, après le nettoyage, visiter les
bouteilles l'une après l'autre, au jour ou à la

lumière, et mettre de côté toutes celles dont la propreté ne serait pas parfaite. Il est également indispensable de rebutter toutes celles qui seraient étoilées ou fêlées, et toutes celles qui auraient des soufflures qui seraient trop minces, parce qu'elles se casseraient, soit en les bouchant, soit dans le tas, lorsqu'elles seraient chargées d'un grand nombre d'autres. Quand on est forcé d'employer des bouteilles étoilées ou d'un verre très mince, ce qu'on ne doit faire qu'à la dernière extrémité, il faut les remplir les dernières, les boucher moins fortement et les placer les dernières sur la pile.

Après le rinçage, avant de remplir les bouteilles, il est d'une extrême importance de les faire parfaitement égoutter. On les range à cet effet, pendant au moins vingt-quatre heures et le goulot en bas, soit dans les cases d'un *égouttoir* en fer (fig. 77 et 78), soit sur des planches percées de trous. Ces planches doivent être

Fig. 77. Egouttoir en fer.

placées dans un lieu sec et aéré, et non dans une cave, parce que les émanations nitreuses et l'humidité plus ou moins grande qui existent dans cette dernière feraient obstacle à leur dessiccation et pourraient même leur communiquer un mauvais goût. Les personnes qui, oubliant cette précaution, se contentent de renverser les bouteilles pendant deux ou trois secondes pour les égoutter, n'ont qu'à les remettre debout, les laisser reposer quelques heures et les renverser ensuite, elles s'apercevront bientôt que ces bouteilles contiennent encore de l'eau. De pareilles négligences causent souvent l'altération d'un bon vin : s'il est faible, le peu d'eau qu'on y introduit occasionne la formation de cette mousse qu'on nomme fleur, qui annonce et précède la dégénération acétique. On vend maintenant dans le commerce des égouttoirs mobiles.

Fig. 78. Égouttoir forme échelle double.

Au lieu de planches percées, on emploie souvent, pour faire égoutter les bouteilles, des instruments nommés *hérissons*. Ces instruments (fig. 79, 80 et 81) se composent d'un ou de plusieurs poteaux armés de haut en bas de chevilles inclinées convenablement et dont chacune est destinée à pénétrer dans le col d'une bouteille. Ces instruments sont d'un bon usage, mais sous la condition expresse d'être tenus avec une très grande propreté et dans un lieu aussi sec et aussi sain que possible. — Bien que les bouteilles paraissent parfaitement égouttées, il y reste presque toujours un peu d'humidité qui s'est attachée

à leurs parois, et cela peut suffire pour provoquer la formation d'un dépôt. On enlève cette

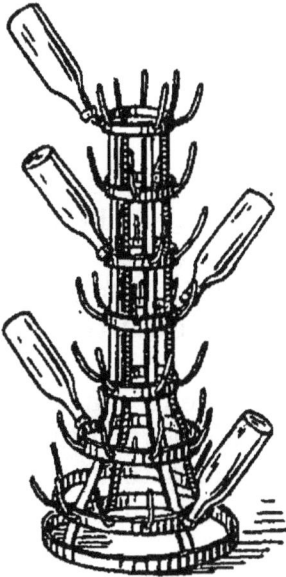

Fig. 79. Hérisson en fer galvanisé,
pied circulaire.

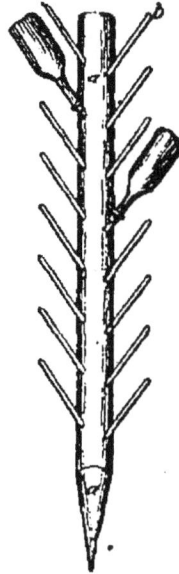

Fig. 80.
Hérisson à poteau.

humidité en passant un peu de vin dans chacune d'elles, que l'on
remplit aussitôt après
l'avoir égouttée.

Quand on tire des vins
jeunes que ˙ l'on veut
garder longtemps, il faut
passer dans les bouteilles
un peu d'esprit-de-vin
de la meilleure qualité,
puis laisser égoutter ces
dernières pendant une
heure ou deux. De nom-
breuses expériences ont

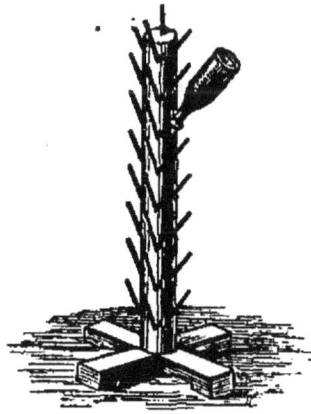

Fig. 81. Hérisson en bois, à pied.

prouvé que les vins mis dans des bouteilles ainsi
préparées, conservent beaucoup plus longtemps
leur limpidité. Cette précaution est surtout
nécessaire quand on transvase des vins qui sont
depuis longtemps en bouteilles, et que l'on veut
conserver encore pendant un certain temps
avant de les boire.

Si le vin que l'on tire n'est pas très riche et
pourvu de bouquet, et surtout si l'on veut le
garder longtemps avant de le boire, on peut
remplir les bouteilles aussitôt après y avoir
passé l'esprit de-vin ; la petite quantité de cette
liqueur qui en tapisse la paroi, ne peut qu'augmenter le spiritueux du vin. et le
rendre susceptible d'une plus longue
conservation, sans altérer son goût.

Si les bouteilles vides sont garnies de goudron, il est bon de les
en débarrasser, surtout si l'on a
intention de les goudronner de nouveau. On fait cette opération avec
une lame de couteau, mais' bien
plus promptement avec l'un de ces instruments
qu'on appelle *dégoudronnoirs* ou *pinces à dégoudronner* (fig. 82).

Fig. 82.
Dégoudronnoir.

Choix des bouchons

Le choix des *bouchons* n'est pas moins important que celui des bouteilles : ils doivent être
souples, unis et le moins poreux possible. De
ces conditions dépendent la facilité de les
enfoncer et leur imperméabilité, qui est le seul
garant de la conservation du vin.

Un liège dur casse quelquefois le col de la

bouteille et la bouche toujours mal ; lorsqu'il est poreux, il laisse échapper le liquide. C'est pour ces motifs qu'en Champagne, où l'on fait une consommation très considérable de bouchons, on n'emploie que ceux de première qualité, bien qu'ils coûtent six fois plus que les bouchons communs.

Il faut surtout se garder d'acheter de vieux bouchons retaillés, dont on a enlevé l'épiderme

Fig. 83. Corbeille à bouchons.

pour les faire paraître neufs : ils sont le rebut des maisons qui en consomment beaucoup, et ont souvent moisi dans les caves, ou été ramassés dans les ordures. Il est aisé de les reconnaître à la teinte noire foncée de leurs pores, qui sont remplis de malpropreté.

On l'a dit bien souvent, et l'on ne saurait trop le répéter, il y a de l'économie à acheter de bons bouchons ; car la perte d'une bouteille de vin est plus importante que le prix de cent bouchons. Si l'on en emploie de très bons pour boucher le vin d'ordinaire qu'on boit promptement, ils peuvent servir plusieurs fois ; tandis que les mauvais se cassent en les retirant.

Pour les vins fins, on ne fait usage que de bouchons estampés. L'estampage se fait au moyen d'un fourneau à pétrole. Une lampe à pétrole chauffe la matrice qui dépasse de quelques millimètres le plateau de l'appareil, et sur laquelle on roule les bouchons pour les marquer. Il faut, pour obtenir de bons résultats, ne commencer l'opération que lorsque la matrice est bien chaude. Une ouvrière ayant l'habitude de ce travail peut facilement traiter 10,000 bouchons par jour.

Dans les grandes maisons de commerce où cette quantité ne suffit pas, on emploie des machines à estamper chauffées au gaz, qui permettent de doubler le débit et de marquer le bouchon à la fois sur sa longueur et sur le bout.

Lorsqu'on veut employer plusieurs fois les mêmes bouchons, il faut avoir soin : 1º d'éviter de les percer de part en part avec le tire-bouchon, autrement ils laisseraient échapper le vin ; 2º de les conserver dans un endroit sec ; 3º de ne les employer de nouveau que pour des vins qu'on ne veut pas garder très longtemps en bouteilles.

Les bouchons sont vendus dans le commerce sous deux formes : les bouchons coniques, qui sont utilisés dans les ménages où l'on n'a pas de machines à boucher ; les bouchons cylindriques, qui ont un diamètre plus grand que le col de la bouteille, pour que la machine puisse les comprimer.

Les bouchons doivent être assouplis par un échaudage avant d'être employés à la machine.

Le liège avec lequel on fait les bouchons vient surtout sur le littoral de la Méditerranée, en Espagne, en Portugal, en Sardaigne. Il est d'autant plus fin que les arbres sont plus âgés.

La valeur des bouchons dépend surtout de la façon dont ils sont triés chez les marchands. Il importe donc de s'adresser à un marchand consciencieux.

Manière de conduire l'opération du tirage

Nous avons dit plus haut comment il convient de s'y prendre pour placer la cannelle. Nous ajouterons qu'en la posant, il faut entr'ouvrir le robinet, afin que la portion d'air qui remplit le vide de la cannelle soit chassée au dehors par le vin qui s'y introduit. Aussitôt que le vin coule, on ferme le robinet. Sans cette précaution, la même pièce donnerait alternativement des bouteilles de vin trouble et d'autres de vin clair. Toutefois, comme, quelque soin que l'on prenne pour poser la cannelle, la portion la plus légère du dépôt peut être agitée, nous conseillons de la placer quelques heures avant de remplir les bouteilles.

Pour tirer commodément une pièce de vin, on se munit d'un petit baquet dont le bord n'a pas plus de 12 centimètres de haut, et qu'on place sous le tonneau aussitôt qu'on a percé la pièce, en ayant soin d'enlever sur le jable les petits copeaux produits par l'action du perçoir, afin que le vin qui tombe n'en soit pas sali. Ce baquet doit être assez large pour qu'on puisse placer la bouteille sous la cannelle, et la retirer sans le déranger. On pratique deux ou trois trous de foret ou de vrille à côté de la bonde pour donner entrée à l'air : on ouvre ensuite la cannelle, et on laisse tomber dans le baquet quelques gouttes de vin qui entraînent les esquilles de bois qu'on a pu introduire dans le tonneau.

Tout étant ainsi disposé, on place la bouteille à remplir sous la cannelle, de manière que le bec de celle-ci entre un peu dans le col de la bouteille, qui doit être inclinée pour que la liqueur coule contre la paroi ; si on la posait droite, le vin serait battu et il se formerait de la mousse qui empêcherait la bouteille de se bien remplir.

En commençant à tirer, il faut laisser couler dans le baquet le vin qui remplit la cannelle ; en outre, il ne faut pas tourner la cannelle tout à fait, afin d'avoir le temps de boucher une bouteille pendant que l'autre se remplit ; enfin, il faut ouvrir doucement et sans saccade le robinet, pour ne pas déranger la lie. Il est des ouvriers bien exercés qui ne ferment pas la cannelle et changent les bouteilles adroitement, sans répandre le vin. Cette méthode est très bonne, mais elle demande beaucoup d'habitude.

Les bouteilles doivent être remplies jusqu'à 3 centimètres de leur orifice, afin qu'étant bouchées il ne reste pas de vide entre le vin et le bouchon.

Quand le vin ne coule plus que très doucement, il faut incliner la pièce en avant, ce qui se fait, comme nous l'avons dit plusieurs fois, soit en la relevant avec un cric, soit en posant sous la partie postérieure, et de chaque côté, des pierres qu'on rapproche du centre, à mesure qu'on veut augmenter l'inclinaison, soit enfin à l'aide d'un bâton fourchu.

Cette opération doit être faite avec beaucoup de précaution, pour ne pas troubler le vin qui reste en pièce. De plus, il ne faut pas que la cannelle soit fermée quand on incline la pièce ; autrement, le vin, s'y introduisant, déplacerait une bulle d'air qui, en remontant à la surface, agiterait la liqueur et dérangerait le dépôt.

Pour remédier à cet inconvénient et ne pas répandre de vin, on doit placer la bouteille de manière que la cannelle n'entre dans le col qu'autant qu'il faut pour l'empêcher de tomber. On incline alors la pièce très doucement ; et on cesse lorsqu'on sent que la cannelle porte contre la bouteille : si l'on est deux, l'un tient la bouteille, tandis que l'autre incline la pièce, ce qui est beaucoup plus commode.

Quelques personnes cessent de tirer lorsqu'il ne reste plus qu'une douzaine de bouteilles ; elles inclinent ensuite la pièce et laissent reposer pendant deux ou trois jours. Cette méthode nous paraît vicieuse : douze bouteilles de vin ne peuvent pas séjourner trois jours dans un grand vase sans s'altérer plus ou moins sensiblement, selon la saison et la température de la cave. Ce qui prouve cette assertion, c'est que si, au bout de quelque temps, on introduit dans le tonneau une mèche soufrée bien allumée, elle s'éteint aussitôt : l'air qu'il contient est par conséquent vicié, d'où il suit que le vin est altéré au moins à sa surface. On pare à cet inconvénient en brûlant une mèche dans la pièce lorsqu'on cesse de tirer ; mais il en résulte un autre. La fumée du soufre dépose sur la surface du liquide une espèce de crème blanchâtre ; et aussitôt que le vin est baissé au niveau de la cannelle, cette crème le suit et lui communique un goût de soufre très prononcé.

22.

Nous pensons donc qu'il faut incliner le tonneau le plus doucement possible, à plusieurs reprises, et tirer jusqu'à la fin. Si l'on a quelques bouteilles troubles, on les laisse reposer debout pendant un jour ou deux, puis on les couche, et, quand la lie se précipite, on les transvase.

Dans les mises en bouteilles de vin fin, on met de côté les bouteilles provenant du levage pour les vendre à un prix inférieur.

Quand on veut que le tirage en bouteilles se fasse très rapidement, on se sert d'appareils

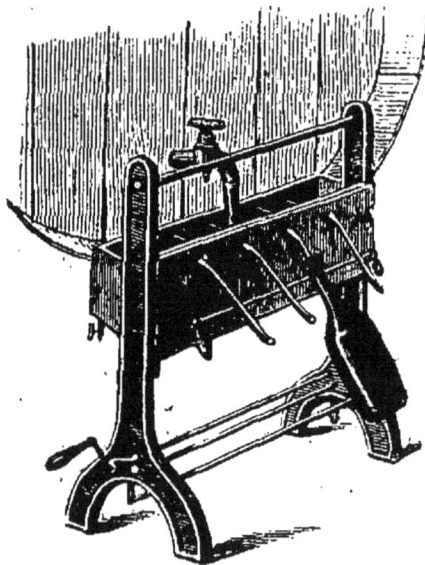

Fig. 84.   Machine à tirer ou.tireuse.

spéciaux appelés *machines à tirer* ou *tireuses*. Ces appareils se composent essentiellement (fig. 84) d'un réservoir plus ou moins long, qui se place sous la cannelle et qui est muni, du

côté extérieur, d'autant de tubulures qu'on
veut remplir de bouteilles à la fois. Ordinairement ce réservoir est disposé de telle sorte que
le niveau du vin y est maintenu constamment
au même point, et que le liquide coule assez
doucement dans les bouteilles sans qu'il se
forme de mousse.

Ces machines sont généralement très robus-
tes. Elles présentent des avantages multiples.
Le travail se trouve accéléré puisqu'on remplit
jusqu'à dix bouteilles dans le même temps qu'il
faudrait pour une seule sans machine. Elles
remplissent les bouteilles avec précision jusqu'à
la hauteur exacte que l'on désire, grâce à
l'emploi d'un flotteur ; ceci est surtout important pour les bouteilles en verre foncé. L'opération se faisant automatiquement, l'écoulement s'arrête dès que l'une des bouteilles est
pleine ; on évite ainsi toute perte de liquide,
même si l'ouvrier s'absente. Le robinet reste
toujours ouvert, ce qui fait que l'on évite la
mise en mouvement des lies, que cause toujours, par reflux l'ouverture et la fermeture
incessantes de la cannelle.

Nous terminons par quelques recommanda-
tions non moins importantes que les précédentes.

1° Il ne faut jamais employer des personnes
malsaines au tirage des bouteilles. On a vu
souvent des vins contracter une acidité très
prompte, uniquement parce qu'on n'avait pas
pris cette précaution.

2° Quand on a commencé la mise en bouteilles, il est indispensable de l'effectuer sans
interruption, c'est-à-dire jusqu'à ce que le tonneau se trouve entièrement vide. Autrement, le

vin pourrait en éprouver quelque altération. Les vins de liqueur seuls ne réclament pas absolument ce soin ; encore même ne faudrait-il pas séparer par de trop grands intervalles le remplissage des différentes bouteilles.

3° Il ne faut pas mettre en bouteilles les vins fins avec les tireuses parce que le tirage pourrait aller plus vite que le bouchage et le vin serait exposé au contact de l'air. D'ailleurs un bon tireur peut mettre en bouteilles une barrique en une heure et demie ; l'économie de temps est donc minime si la quantité à mettre en bouteilles est minime, et c'est ce qui arrive pour les vins fins.

Bouchage des bouteilles

Le bouchage des bouteilles doit se faire aussitôt après le remplissage, afin que le vin reste exposé le moins de temps possible au contact de l'air extérieur.

Pour bien boucher une bouteille, il faut que le bout le plus mince du bouchon entre à peine dans l'orifice en le posant. Pour en faciliter l'entrée, on le trempe dans un peu de vin, puis on le frappe avec la *batte,* ou bien on l'enfonce avec une machine à boucher.

Quand on se sert de la batte pour enfoncer le bouchon, si celui-ci est trop gros, on le comprime généralement avec l'un de ces nombreux appareils qu'on appelle *mâche-bouchons* (fig. 85 et 86) et cette petite opération simplifie beaucoup le bouchage.

Quelques personnes sont dans l'usage de plonger les bouchons dans de l'eau-de-vie, d'autres les mettent tremper dans du vin pendant vingt-quatre heures avant de les employer. Cette dernière méthode nous paraît avoir quelques, inconvénients : le vin dont on se sert peut tourner à l'aigre et les bouchons contracter ce mauvais goût, et comme ils renflent, ils semblent mieux boucher en les posant ; mais

Fig. 85 et 86.   Mâche-bouchons.

aussitôt qu'ils sont enfoncés, la partie extérieure n'étant plus en contact avec le liquide, sèche et se resserre, tandis qu'un bouchon sec se gonfle dans le col de la bouteille et bouche d'autant mieux. D'ailleurs, on serait obligé de laisser sécher la partie extérieure des bouchons lorsqu'on voudrait les goudronner, car le goudron ne prendrait pas sur la partie mouillée. Il s'ensuivrait, en outre, qu'étant obligé de mettre tremper plus de bouchons qu'on n'a de bouteilles à boucher, tous ceux qui ne serviraient pas se durciraient en séchant et perdraient de leur élasticité.

En Champagne, on n'enfonce que le tiers du bouchon, le surplus est écrasé et forme sur l'orifice du col un large bourrelet qui est maintenu par la ficelle et le fil de fer qui se croisent en dessus. Ces bouchons, très faciles à retirer, bouchent parfaitement,

Goudronnage des bouchons

Si l'on veut garder longtemps des vins en bouteilles, il convient de goudronner les bouchons pour les garantir de l'humidité et des insectes. Les cloportes surtout les rongent dans certaines caves, au point de pénétrer jusqu'au vin. Le goudron sert aussi à empêcher le coulage qui pourrait se produire, quand on n'a pu se procurer des bouchons fins et d'excellente qualité.

On prépare un excellent goudron, pour 300 bouteilles, avec 1 kilog. de poix résine, 1/2 kilog de poix de Bourgogne, 250 grammes de cire jaune et 125 grammes de mastic rouge, qu'on fait fondre dans un vase de terre, ou de préférence dans une marmite de fonte. On a soin de retirer le goudron du feu lorsqu'il monte, et de le remuer avec une spatule ; ensuite on le remet sur le feu jusqu'à ce que le tout soit bien fondu. A défaut de cire, on peut employer un peu de suif : 90 grammes suffisent pour la quantité ci-dessus indiquée. Si l'on en mettait trop, le goudron ne durcirait point assez et fondrait dans les mains quand on prendrait les bouteilles. Lorsqu'on n'ajoute au mélange ni cire, ni suif, le goudron est trop sec et se détache.

1 kilogramme de galipot, 500 grammes de résine et 125 grammes de cire jaune, fondus comme ci-dessus, forment un goudron qui coiffe très bien les bouteilles.

On fait aussi un fort bon goudron avec 2 kilogrammes de poix de Bourgogne, 1 kilogramme de poix résine et un peu de suif.

Lorsqu'on ne veut pas prendre la peine de préparer le goudron, on l'achète tout fait en pains d'un demi-kilogramme. Chaque pain fournit de quoi goudronner 100 bouteilles ; il faut avoir soin d'y ajouter un peu de suif quand on le fait fondre.

Quand on est dans le cas de faire chauffer à plusieurs reprises le même goudron, on met un ou deux verres d'eau au fond de la marmite pour empêcher que l'action du feu ne le fasse noircir.

Pour bien goudronner, on trempe la partie saillante du bouchon et environ 13 millimètres du col de la bouteille dans la préparation, et l'on remet la bouteille debout. Lorsque le goudron se refroidit, il devient épais ; on le réchauffe pour éviter qu'il s'en attache trop. Le goudron doit être transparent, et ne pas former sur le bouchon une épaisseur de plus d'un demi-millimètre.

On conçoit aisément que quand on veut goudronner des bouteilles dont le col est déjà garni de goudron, il convient d'ôter celui-ci pour qu'il ne fasse pas épaisseur sous la nouvelle couche que l'on va appliquer.

On donne souvent des teintes artificielles aux divers goudrons. Il suffit pour cela d'ajouter aux matières qui les constituent, quand elles sont fondues, une quantité convenable de la substance colorante qu'on a choisie, puis de remuer bien le tout avec une stapule. Ainsi, on obtient un rouge très brillant avec le vermillon fin, un rouge moins beau avec l'ocre rouge, du noir avec le noir animal, du jaune avec de l'orpin, du bleu avec du bleu de Prusse. De plus, en mélangeant ces substances deux à deux, on produit de nouvelles teintes que l'on peut faire

plus ou moins foncées, suivant la proportion
qu'on emploie de chacune des substances.

La coloration des divers goudrons est uniquement destinée à donner un moyen facile
de reconnaître à première vue les différentes
sortes de vins qu'on a en cave ; mais elle donne
souvent lieu à de plaisants quiproquos, quand
les caves ne réunissent pas les bonnes conditions
que nous avons indiquées ailleurs. Alors, en
effet, la teinte du goudron se trouve dénaturée
par l'action de l'humidité, en sorte que, si l'on
n'y prend garde, surtout à l'époque des démé-
nagements, on s'expose à envoyer à la cuisine
les vins destinés à la table des maîtres, et réciproquement.

Capsulage

Le capsulage a pour but de préserver le bouchon, d'assurer la bonne conservation du vin
et de commencer l'habillage de la bouteille. Il
est beaucoup plus avantageux que le goudron-
nage, parce qu'il laisse le col de la bouteille net
après l'enlèvement de la capsule, parce qu'il est
plus rapide et plus gracieux, parce que la capsule ne peut pas être atteinte comme la cire.

Généralement on capsule avec capsules
ordinaires pour garder les vins en caveau. Au
moment de l'expédition on enlève ces capsules
communes pour les remplacer par des capsules
satinées portant les armes du château ou la
raison sociale du négociant.

Pour capsuler une bouteille, on peut employer le vieux procédé bordelais qui ne demande aucun outillage :

On attache une corde à l'extrémité d'une

planchette que l'on fixe à une table horizontalement. Cette planchette porte à sa partie
inférieure une échancrure ronde. La corde est
attachée, à la partie inférieure, à une pédale.
On coiffe la bouteille de la capsule, on la prend
dans la main droite et on présente le goulot
dans un œillet que l'on forme de la main gauche
avec la corde. On place le goulot sous l'échancrure de la planchette, on appuie le pied sur la
pédale et on avance la bouteille en la tenant
horizontalement et en lui imprimant un mouvement de rotation à droite. La capsule se
trouve ainsi successivement étranglée sur
toute sa longueur. On enduit la corde de suif
pour éviter de déchirer ou de décolorer la capsule. Ce procédé est très simple et très écono-
mique.

Il est très rapide quand l'ouvrier est habitué
à la manœuvre.

On vend maintenant dans le commerce des
machines à capsuler que l'on désigne sous le nom
de capsulateurs. Ces instruments permettent
d'opérer avec plus de rapidité et n'exigent pas
tant d'habileté de la part de l'ouvrier.

Dans quelques-uns de ces instruments, la
corde dont nous venons de parler est l'organe
essentiel. Elle est actionnée suivant les machines
par une pédale ou par un ressort à boudin et
une manivelle. Nous citerons comme type de
ces instruments le capsulateur à hélice (fig. 87)
qui peut s'adapter sur toutes les tables au
moyen d'une griffe à vis, se vissant à la partie
inférieure. Cette machine fait réaliser une économie de 50 0/0 sur la main-d'œuvre.

Dans les capsulateurs plus récents, le goulot

Sommelier. 23

de la bouteille est l'objet d'une pression laté-
rale sur toute sa longueur, qui fait adhérer la
capsule instantanément en formant deux ou
quatre plis selon les types. Cette pression est
exercée par des organes en caoutchouc.

Elle est obtenue en faisant rapprocher plusieurs segments de cercle portant des bandes en
caoutchouc, grâce à l'action d'un excentrique.

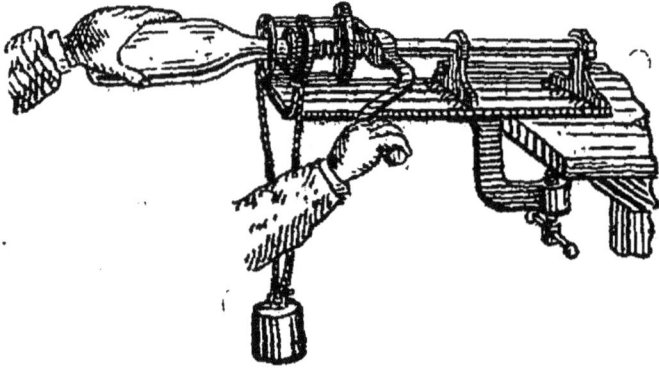

Fig. 87. Capsulateur à hélice.

Elle est réalisée dans d'autres types par la com-
pression de la glycérine ou de l'eau au moyen
d'un piston que l'on actionne par un levier.

Les capsulateurs ainsi constitués sont généralement désignés sous le nom de capsulateurs
hydrauliques. Ils sont portatifs et peuvent
être fixés sur toutes les tables. Ils présentent
le grand avantage de ne faire que deux plis sur
la capsule et de ne pas altérer les inscriptions
qui sont faites sur les côtés de la capsule.

Dès que le goulot est entré dans la douille
en caoutchouc, on abat le levier, ce qui fait
adhérer la capsule au goulot ; on exerce ensuite

une pression sur le levier, ce qui fait faire un quart de tour au goulot et rabattre les plis.

Ces machines font un très joli travail et très rapidement. Elles doivent être seules em-

Fig. 88. Capsulateur hydraulique.

ployées, pour les capsules de luxe. Malheureusement les capsulateurs hydrauliques coûtent deux fois plus cher que les capsulateurs à corde ou que les capsulateurs à segments de cercle.

Nous représentons, figure 88, un capsulateur hydraulique.

Habillage

Quand les capsules sont mises, l'habillage de la bouteille comporte encore : la pose de l'étiquette, la pose de l'enveloppe métallique, l'enveloppement dans du papier de soie et dans un paillon de paille.

L'étiquette porte généralement le nom du cru et l'année de la récolte. Les négociants ajoutent quelquefois leur raison sociale. L'étiquette est de préférence en papier de luxe et imprimée avec soin. Les grands crus ont, en général, un cliché qu'ils ne confient à l'imprimeur que pour le tirage du nombre d'exemplaires nécessaire.

On a essayé de faire des étiquettes avec du liège ; celles-ci ne souffraient pas de l'humidité dans les chais. Cet usage ne s'est pas beaucoup répandu.

On colle les étiquettes avec de la colle faite avec de la farine délayée ; on étend au pinceau cette colle sur une planche ; on pose les étiquettes sur la planche du côté non imprimé ; on met une feuille de papier sur le tout et on passe la main fortement ; il suffit ensuite de lever vivement les étiquettes pour qu'elles ne puissent adhérer à la planche, et de les fixer sur chaque bouteille en les appuyant avec la paume de chaque main.

Les étiquettes peuvent être mises en place au moyen d'une machine (fig. 89) très ingénieuse. Les étiquettes sont placées sur la table B et retenues par le galet F au moyen d'un ressort. La bouteille est placée sur le chariot mobile A.

La colle est mise dans le baquet dans lequel
tourne le cylindre C ; ce cylindre épouse, à la
base du baquet, un autre cylindre qui a pour
mission d'enlever la colle en trop qu'emporte le
cylindre C.

Pour mettre en marche, on prend une étiquette en F, on la glisse sur le cylindre C qui est

Fig. 89. Machine à coller les étiquettes.

imprégné de colle, on la fait courir sur la plate-
forme D pour l'égoutter et on la laisse tomber
sur la bouteille.

Quand les étiquettes sont collées, il faut les
laisser sécher avant de continuer l'habillage,
afin d'éviter de les déchirer.

Cet habillage se continue en enveloppant la
bouteille avec des enveloppes métalliques en fil
de fer ou en fil de laiton fermées par un plomb
portant le cachet de la maison ; ces enveloppes

sont mises en place au moyen de pinces héli-
coïdales.

Ensuite les bouteilles sont placées sur une
table portant des papiers de soie rouges et
jaunes, puis roulées dans l'un de ces papiers de
couleur correspondante à celui du vin et
enfoncées dans un paillon ou enveloppe de
paille. Elles sont ainsi prêtes pour l'expédition.

Il faut avoir soin, en mettant la bouteille
dans le paillon, de ne pas pousser pour ne pas
déchirer le papier de soie. On présente le paillon la tête en bas, on y place la bouteille la tête
en bas et on la laisse entrer par son propre poids.

Placement des bouteilles

Quand les bouteilles sont bien goudronnées,
on les range avec soin dans le lieu qu'on a préparé à l'avance pour les recevoir, en prenant les
précautions que nous avons décrites dans le
chapitre VIII. Il est absolument indispensable
qu'elles soient couchées horizontalement, afin
que les bouchons soient constamment mouillés
par le vin. Si, en effet, elles restaient dressées,
ne serait-ce que pendant quelques jours, le vin
ne manquerait pas de se couvrir de fleurs, et il
cesserait d'être présentable.

Lorsque, pour une raison ou pour une autre,
on a laissé les bouteilles dressées, il est à peu
près indispensable de faire disparaître les
fleurs dont le liquide est couvert. On peut y
parvenir de plusieurs manières.

Le moyen le plus simple consiste à fixer, à
l'extrémité d'une baguette, un petit tampon de
mousseline très fine qu'on serre légèrement;

afin qu'il soit très absorbant. On introduit ensuite ce tampon dans le col de la bouteille, et on le promène avec précaution et très lentement le long des parois du goulot et sur la surface du vin. En effectuant cette manœuvre à plusieurs reprises, on extrait peu à peu toutes les fleurs.

Au lieu d'agir ainsi, on se contente quelquefois de remplir entièrement la bouteille avec du vin, de façon à faire monter le liquide jusqu'au niveau du goulot, afin d'y rassembler la fleur, après quoi on expulse cette dernière en soufflant avec force, ou bien on l'enlève avec un linge ; mais on obtient rarement un résultat tout à fait satisfaisant, car il reste presque toujours des particules de la matière étrangère, et ces particules refoulées dans la liqueur, soit par le souffle, soit par le contact du linge, s'y incorporent au point de ne pouvoir plus en être retirées.

Quel que soit le procédé employé, il ne faut pas oublier de coucher les bouteilles qu'on a soumises à l'opération, sans quoi il s'y formerait de nouvelles fleurs.

IX. DÉCANTATION DES VINS EN BOUTEILLES

Quelque clairs que soient les vins, lorsqu'on les met en bouteilles, ils déposent presque toujours au bout d'un certain temps. Les rouges font ordinairement des dépôts plus volumineux que les blancs, et leur couleur se précipite constamment jusqu'à ce qu'ils en soient totalement dépouillés.

Les dépôts varient de formes et de densité,

suivant les crus et les années qui ont produit le vin. Les uns sont gras, les autres bourbeux, d'autres adhèrent à la paroi de la bouteille. Il en est de très légers que le moindre mouvement mêle avec la liqueur. Souvent un même vin dépose sous deux formes différentes dans la même bouteille ; le premier dépôt adhère à la paroi, ou se réunit en masse au fond du vase, tandis que l'autre flotte dans une portion de la liqueur.

Il y a une espèce de dépôt dont la présence effraie quelquefois le consommateur, parce qu'il a quelque ressemblance avec la litharge. Nous voulons parler de celui qu'on nomme en Champagne, *dépôt-pierre* ; il se précipite sous la forme d'un sable très fin, ou de petits cristaux écailleux, qui ne sont autre chose que du tartre cristallisé naturellement. Tous les dépôts contiennent une plus ou moins grande quantité de cette substance ; mais elle est souvent enveloppée de parties grasses ou bourbeuses qui empêchent qu'elle ne soit apparente. Le dépôt-pierre est plus lourd que les autres ; lorsqu'on le mêle avec le vin, il ne lui communique aucun mauvais goût et n'altère que très peu sa limpidité. Aussitôt qu'on cesse d'agiter la liqueur, il se précipite au fond du vase. On le trouve dans les meilleurs vins. Ceux qui déposent ainsi se conservent ordinairement plus longtemps, et sont sujets à moins de maladies que ceux qui font des dépôts gras ou flottants dans la liqueur.

Pour s'assurer de la nature des dépôts-pierre, il suffit, après les avoir fait dessécher, de les placer sur un charbon ardent. Ils brûlent en répandant une vapeur épaisse qui a l'odeur du tartre brûlé, et, si l'on continue le feu, ils laissent un résidu blanc, qui n'est autre chose que de la potasse.

Les vins les plus précieux sont ordinairement ceux qu'on garde le plus longtemps en bouteilles. C'est dans ces vases qu'ils acquièrent toute la qualité dont ils sont susceptibles ; mais ils forment des dépôts qui, mêlés de nouveau avec la liqueur, en altèrent la limpidité et le goût. Si l'on veut boire des vins vieux très limpides, il faut les transvaser avec soin avant de les mettre sur la table.

Or, le mélange du dépôt au vin ayant pour effet d'altérer le goût de ce dernier, il importe d'éviter ce mélange ; par conséquent, lorsqu'on veut mettre un vin vieux sur la table, il faut tâcher de le servir dans toute sa limpidité. Pour obtenir ce résultat, on se sert, pour monter le vin de la cave, de paniers spéciaux dans lesquels les bouteilles conservent à peu près la même position qu'elles avaient dans cette dernière (fig. 90). Souvent aussi, on les

Fig. 90.   Panier à bouteilles pour vins vieux.

couche dans ce qu'on appelle un *panier lillois* (fig. 91) et dont la figure ci-jointe représente l'un des innombrables modèles. On sert le vin à

23.

table dans ce panier pour ne pas remuer la
bouteille, mais le débouchage est délicat.
D'autres fois, on préfère recourir à la *décantation.* Alors, pour monter les bouteilles, on

Fig. 91. Panier lillois.

emploie indifféremment l'un quelconque des
paniers ordinaires, en osier ou en fer, avec ou
sans anse (fig. 92, 93, 94).

Décanter une bouteille de vin, c'est la débou-
cher avec précaution, et en verser doucement
le contenu dans une bouteille propre, en ayant
soin d'arrêter l'écoulement quand on s'aperçoit

Fig. 92. Panier   Fig. 93. Panier   Fig. 94. Panier
en osier, sans anse.   en osier, avec anse.   en fer.

que le dépôt se mêle avec la liqueur. Cette
manière d'opérer exige une certaine adresse, et
cause une perte notable quand on a beaucoup
de vin à transvaser. En effet, le mouvement
occasionné dans la liqueur par chaque bulle
d'air qui s'introduit dans la bouteille, à mesure
que le vin s'écoule, déplace le dépôt qui ne

tarde pas à se mêler avec le liquide et en altère la transparence.

Pour faire plus facilement l'opération, on a imaginé de petits siphons en verre ou fer-blanc ; mais ces instruments présentent encore de plus grands inconvénients. Pour en faire usage, il faut que la bouteille soit debout. On est donc obligé de prévoir quelques jours d'avance le nombre de bouteilles dont on aura besoin, et de les relever afin de donner au dépôt le temps de se précipiter. Or, on sait que, lorsque les bouteilles restent un certain temps dans cette position, le vin se couvre de fleurs et finit par tourner à l'aigre, ce qui indique que quelques jours suffisent pour qu'il éprouve un commencement d'altération.

Un autre inconvénient des siphons est de donner lieu à beaucoup de déchet. Ces instruments, par l'action qui leur est propre, n'enlèvent que les parties du liquide placées sous l'orifice de la branche plongeante. Le dépôt tombé au fond du vase se trouve naturellement dans la direction du siphon, qui l'aspire lorsqu'il en est encore éloigné de 15 à 20 millimètres, tandis qu'il laisse la liqueur claire qui surmonte et entoure son orifice.

Les siphons modernes dont on fait usage maintenant pour décanter (fig. 95) sont munis d'une boule en caoutchouc qui permet d'établir une pression intérieure variable dans la bouteille à décanter et d'un robinet qui permet d'arrêter l'opération tout en maintenant la pression ou de décanter par deux demi-bouteilles.

En Angleterre, on emploie de petits entonnoirs garnis de tamis de crêpe ou de gaze qui

retiennent les parties les plus grossières du
dépôt ; mais le reste passe et trouble la liqueur.

On a essayé aussi de filtrer les vins troubles :

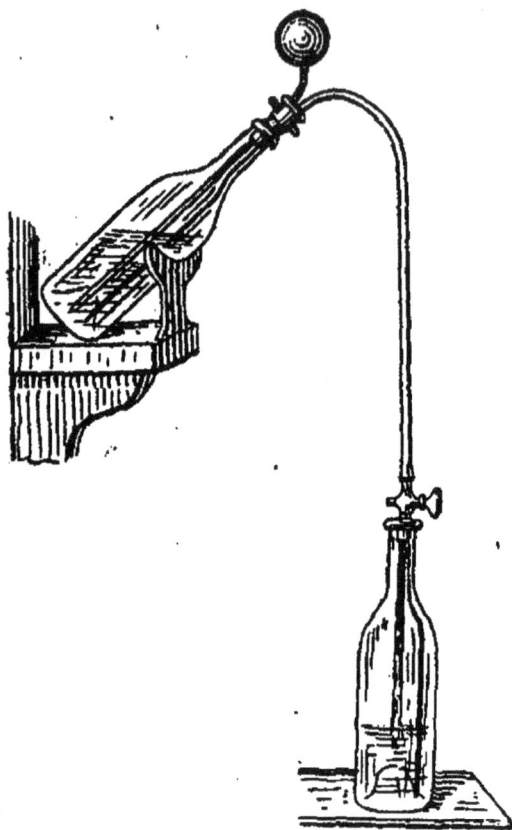

Fig. 95. Siphon à décanter.

on les obtient parfaitement clairs ; mais leur passage à travers le filtre les fatigue et les affaiblit.

Parmi les autres instruments ou appareils
qu'on a proposés, nous citerons pour mémoire
la *cannelle aérifère* de M. A. Jullien, dont l'usage
n'a pas été adopté ; mais nous signalerons tout

particulièrement le *dépotoir* Grillet, que beaucoup de praticiens instruits recommandent comme étant d'un excellent service. Cet appareil (fig. 96) se compose de deux plans inclinés sur lesquels les deux bouteilles se placent et trouvent un point d'appui très solide. Le plan qui porte la bouteille pleine peut exécuter un

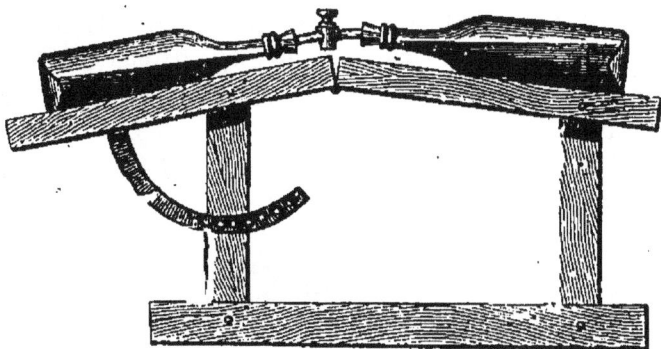

Fig. 96. Dépotoir Grillet.

mouvement de bascule, dont l'opérateur est toujours libre de régler l'intensité, et qui, dans tous les cas, a lieu sans qu'on ait à craindre une secousse tant soit peu brusque. Les bouteilles communiquent au moyen d'un tube aérifère.

Nous avons conseillé de passer du vin ou de l'esprit-de-vin dans les bouteilles qu'on veut remplir, afin d'enlever l'humidité qui reste attachée aux parois. Cette précaution est encore plus nécessaire lorsqu'on transvase des vins fins, et surtout des vins étrangers qui sont depuis longtemps en bouteilles.

Il est presque superflu de faire remarquer que tant qu'on ne déplace pas les vins en bouteilles, il est inutile de les transvaser, si ce n'est dans

les cas indiqués au chapitre des *Altérations* ;·
car il est probable que, six mois ou un an après
leur avoir fait subir cette opération, ils forme-
raient un nouveau dépôt dont il faudrait
encore les séparer avant de les boire. · Mais,
lorsqu'on veut transporter les vins qui ont
déposé, il est indispensable de les transvaser
auparavant, tant pour conserver leur transparence, qu'ils ne reprendraient qu'après un long
repos, que pour éviter qu'ils contractent un
mauvais goût.

Le décanteur représenté figure 97, permet de
placer dans le caveau même la bouteille dans sa

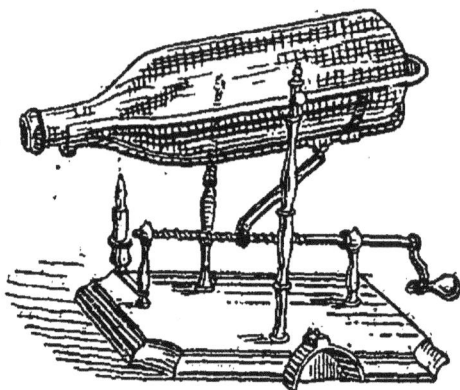

Fig. 97. Décanteur.

position horizontale et par conséquent· sans
remuer la couche de lie. Ensuite, au moyen
d'une manivelle qui actionne une tige filetée, on
fait descendre graduellement le goulot de la
bouteille, car le support de celle-ci n'est soutenu
que par une tige qui épouse le pas de vis de la
tige filetée. Un porte-bougie placé sous le·
goulot permet d'arrêter l'opération dès que les

premières traces de lie se mettent en mouvement. Pour exécuter cet arrêt, il suffit de remonter le goulot en tournant la manivelle en sens contraire.

———

CHAPITRE X

Défauts et Maladies des vins

—

SOMMAIRE. — I. Défauts naturels des vins. — II. Maladies des vins.

Sous le nom de *maladies des vins*, on comprend certains défauts naturels et différentes altérations spontanées qui dénaturent les vins au point de les rendre parfois impropres à servir de boisson, si l'on ne parvient pas à corriger ces défauts, à prévenir ou arrêter ces altérations en temps utile.

I. DÉFAUTS NATURELS DES VINS

Les défauts naturels des vins sont :
1º L'absence ou l'insuffisance d'une ou de plusieurs des qualités nécessaires ;
2º L'excès d'une ou de plusieurs de ces mêmes qualités ;
3º Le goût de terroir ou de fumier ;
4º L'âpreté et la verdeur ;
5º Le goût de cuve ou de grappe.

Vins qui manquent de qualité

Une couleur convenable et franche, du corps et un certain degré de spirituosité, sont des qualités sans lesquelles un vin ne saurait être ni bon ni susceptible de conservation.

L'absence ou l'insuffisance de spirituosité entraîne nécessairement la non franchise de la couleur, parce que la matière colorante se trouvant incomplètement dissoute, reste suspendue dans la liqueur pendant un certain temps et finit par se précipiter avec la lie. On remédie à ce défaut en donnant au vin la force qui lui manque, c'est-à-dire en y introduisant une portion convenable de bonne eau-de-vie de vin, qu'on ne doit jamais remplacer par de l'eau-de-vie de grains ou de fécule, ni par du trois-six (Voy. le chap. suivant). C'est ainsi que plusieurs vins du Midi, qui ont une couleur très foncée au moment de la récolte, perdent cette qualité si on les expédie purs, tandis que, quand on a versé 12 à 15 litres d'eau-de-vie dans chaque barrique, ils ont, en arrivant à leur destination, un meilleur goût et une couleur aussi foncée et plus transparente qu'avant leur chargement. Quand des vins faibles n'ont pas de mauvais goût, on les améliore en y mêlant des vins corsés et spiritueux.

Le vinage étant maintenant interdit, il est préférable d'améliorer les vins faibles en alcool en les coupant avec des vins très alcooliques, tels que des vins de Roussillon. On obtient ainsi le même résultat sans commettre d'illégalité.

Qualités surabondantes

Les vins pourvus d'une couleur très foncée sont ordinairement âpres et lourds : ceux qui ont beaucoup de corps, de grain et ce qu'on appelle de la *mâche*, affectent désagréablement le palais. On rend les uns et les autres plus agréables en les mêlant avec des vins légers et surtout avec des vins blancs.

Quelques vins communs du midi de la France, la plupart de ceux d'Espagne et d'Italie, sont épais et chargés d'une grande quantité de *muqueux* qui les rend fades et nuit à leur conservation ; ceux d'Alsace et d'une partie de l'Allemagne sont, au contraire, secs et piquants: les premiers peuvent être rendus meilleurs par le mélange de vins légers et un peu secs ; mais il est plus difficile de corriger le piquant des seconds, parce que ce défaut est ordinairement accompagné d'un *mordant* qui les rend peu propres à entrer dans les mélanges. On les adoucit en y mêlant un peu de bonne eau-de-vie.

Goûts de terroir et de fumier

Parmi les différents goûts de terroir, il en est que l'on trouve agréables, lorsqu'ils ne sont pas trop prononcés. Tel est celui dit de *pierre à fusil* dans les vins de Chablis (Yonne), de Périguières et de quelques autres crus du département des Hautes-Pyrénées. Tels encore ceux de *framboise* et de *violette*, dans quelques vins du Bordelais et du Dauphiné, etc. Mais les vignes plantées dans des terrains gras ou marécageux,

celles que l'on fume trop ou dans lesquelles on
met des engrais susceptibles de communiquer
aux plantes leur saveur désagréable, comme la
poudrette et la gadoue, employées dans les
environs de Paris, et les plantes nommées
varechs, dont on se sert à l'île de Ré et dans
plusieurs vignobles des pays voisins de la mer,
donnent des vins dont le goût terreux ou sau-
mâtre est très déplaisant, surtout pour les personnes qui n'y sont pas habituées.

Le mélange avec des vins plus francs est le
meilleur moyen de corriger ces défauts : il
réussit complètement sur le plus grand nombre
et contribue toujours à rendre les autres moins
mauvais.

On peut aussi ôter ou au moins diminuer beaucoup ces mauvais goûts, en collant les vins.

Apreté et verdeur des vins

Beaucoup de vins qui, en vieillissant,
acquièrent de la qualité et de l'agrément, sont
âpres, lourds et même grossiers, pendant plus
ou moins de temps. Lorsqu'on est pressé de les
boire, on peut rendre leur goût fort agréable en
les mêlant avec des vins vieux faibles et de bon
goût, et surtout avec des vins blancs ; mais il
vaut beaucoup mieux les attendre, car cette
maturité accélérée ne fait que tempérer leurs
défauts sans développer aucune des qualités
qu'ils sont susceptibles d'acquérir quand on les
conserve purs.

Tous les vins qui proviennent de mauvais
cépages et de vignobles plantés dans les terrains froids ou mal exposés, sont âpres, verts,

et en même temps peu spiritueux. Comme ils ne sont pas susceptibles d'acquérir, en vieillissant, les qualités dont ils sont dépourvus, et que la plupart dégénèrent promptement, ou ne perdent leur âpreté que pour devenir plats et presque sans goût, il est à propos de chercher à en tirer parti pendant qu'ils ont encore quelque vigueur. Suivant leur état, ils peuvent être adoucis et rendus meilleurs en les mêlant avec des vins vieux. Les vins blancs communs, mais pourvus de spirituosité, tels que ceux de l'Anjou, sont très propres à cet usage.

À défaut de vin vieux, on peut tempérer l'âpreté et la verdeur avec de la bonne eau-de-vie de vin. Un litre de cette liqueur, mis avec la colle dans une pièce de vin, suffit souvent pour l'adoucir ; mais, lorsque l'âpreté est très forte, et que le vin manque de spiritueux, il n'y a nul inconvénient à en mettre six ou huit litres. Ce mélange ne peut pas être malfaisant, attendu que l'eau-de-vie est une des parties constituantes du vin, qui, quoique extraite par la distillation, n'a pas changé de nature, et qui, introduite de nouveau dans un vin faible, ne fait qu'être rendue à sa première destination. Cette addition contribue non seulement à diminuer la verdeur des vins et à les rendre meilleurs, mais encore elle les rend plus susceptibles de conservation. Comme nous l'avons vu, les vins du Languedoc et du Roussillon sont rarement expédiés sans avoir subi ce mélange à différents degrés.

Un négociant nous a dit avoir employé avec succès la recette suivante pour ôter la verdeur à une barrique de vin de Bergerac qui sortait

de la cuve. Faites éteindre 150 à 180 grammes
de chaux dans un litre d'eau, ajoutez-y plein un
verre à liqueur de bonne eau-de-vie à 20 degrés,
versez dans le vin et mêlez bien le tout. Nous
pensons qu'il conviendrait mieux de laisser
reposer la chaux et de n'employer que l'eau de
chaux clarifiée. Le même moyen a réussi pour
désaciduler une pièce de vin de Bordeaux.

Goût de cuve et de grappe

Lorsqu'on laisse trop longtemps les vins
dans la cuve, ou qu'on n'a pas soin de fouler la
vendange en temps convenable, il arrive que la
fermentation, devenant trop forte, donne à la
liqueur un goût d'échauffé assez déplaisant, et
quelquefois acide, mais qui, s'il n'est pas trop
fort, se dissipe à mesure que le vin vieillit, surtout si l'on a soin de soutirer de temps en
temps et brûler chaque fois une forte mèche
soufrée dans le tonneau. Lorsque le goût acide
a une certaine force, il faut traiter le vin comme
nous l'avons dit plus haut.

Le goût de cuve se corrige aussi par le mélange avec du vin bien franc, et par le collage.

Le trop long séjour du vin sur le marc lui fait
contracter une âpreté très pénétrante et désagréable, que l'on rencontre aussi dans les vins
dits *de pressurage* ou *vins de presse* ; elle se
nomme *goût de grappe*, et se corrige de même à
l'aide de soutirages répétés ou de collage à
haute dose avec des poudres Jullien,

II. MALADIES DES VINS

Les maladies des vins sont très nombreuses. Nous allons les passer en revue en indiquant, autant que possible, pour chacune d'elles, les moyens que l'on regarde comme les plus propres, soit à les prévenir, soit à les arrêter une fois qu'elles se sont déclarées.

Graisse

La *graisse* se manifeste principalement dans les vins pauvres en tanin. Elle leur fait perdre leur fluidité, et quand on les verse, ils filent comme de l'huile ou du blanc d'œuf, circonstance qui les a fait appeler *huileux* ou *filants*. Ils renferment de l'acide butyrique.

Cette maladie est commune aux vins blancs, parce que leur première fermentation n'ayant pas lieu en présence de la râfle, ils n'ont pu emprunter à cette dernière le tanin qu'elle renferme. Les vins rouges y sont peu sujets, et quand le cas se présente, c'est qu'ils proviennent de mauvaises années ou qu'ils ont été fabriqués avec des raisins plus ou moins gâtés. La nature du sol paraît aussi n'y être pas tout à fait étrangère. On prévient cette maladie, qui est due à un ferment anaérobie par le vinage, le tanisage, la pasteurisation.

Les vins gras se guérissent quelquefois tout seuls par un long séjour dans une cave fraîche. Quelquefois aussi on peut les rétablir en les faisant tomber d'un peu haut et à plusieurs reprises dans un vase quelconque, un baquet par exemple.

Beaucoup d'autres moyens ont été indiqués pour guérir la graisse. Plusieurs œnologues ont proposé l'*alun* comme agent de guérison ; mais, ainsi que nous le verrons plus loin, l'emploi de cette substance doit être absolument rejeté parce que le vin pourrait en acquérir des propriétés nuisibles à la santé.

On peut accélérer le rétablissement des vins gras en y ajoutant un vingtième de lie fraîche ; on agite bien le tout et on laisse reposer. Lorsque le vin est éclairci, on le soutire et on le colle, si on veut le mettre en bouteilles. La lie fraîche d'un bon vin nouveau est celle qu'il faut employer. Le principe fermentatif, le tartre et les autres substances qu'elle contient ne tardent pas à entrer en dissolution et produisent un mouvement de fermentation plus ou moins sensible, qui met en activité toutes les molécules de la liqueur. Quand ce mouvement cesse, les particules non dissoutes et celles qui sont sorties de la dissolution se précipitent et entraînent avec elles les matières étrangères qui altéraient le goût du vin. La lie du vin blanc produit encore plus d'effet que celle du vin rouge. L'une et l'autre donnent au vin une partie du spiritueux qu'elles contiennent, et elles ne le dénaturent pas comme le ferait le mélange d'un autre vin.

Un autre moyen dont l'efficacité paraît démontrée, du moins dans certains cas, peut être décrit de la manière suivante : pour une pièce de 220 à 230 litres, prenez 125 grammes de sel marin bien sec et en poudre, mêlez-les avec 60 ou 80 grammes de cendre de sarment ; mettez le tout dans un sachet de toile que vous fixerez au bout d'un bâton ; descendez le sachet dans le tonneau et agitez le vin jusqu'à ce que le tout soit fondu ; collez ensuite ce dernier à double dose.

Mais le préservatif le plus efficace est le *tanin*. Toutefois, il est indispensable d'employer exclusivement celui de raisin. Si, pour se le procurer, on avait recours au cachou, à la noix de galle ou à quelque autre des diverses substances qui en contiennent, il en résulterait des inconvénients pour le vin lui-même et pour la santé des consommateurs.

Rien de plus simple que de donner aux vins malades le tanin qui leur manque. On introduit dans un tonneau rempli de 10 à 12 kilogr. de pépins de raisins, et on les y laisse séjourner pendant un mois. Au bout de ce temps, le vin se trouve suffisamment chargé de tanin. Il n'y a plus alors qu'à le filtrer à la chausse, après quoi on le distribue dans les tonneaux qui en ont besoin.

Si l'on n'a qu'un tonneau à soigner, on peut se contenter d'y introduire 100 grammes environ de pépins de raisins préalablement réduits en poudre.

Quand on emploie le tanin liquide, tel qu'on le trouve loyalement préparé dans les bonnes maisons qui s'occupent du commerce des articles de cave, il faut en ajouter 15 à 20 grammes dans chaque tonneau.

Dans les pays où les sorbes ou cormes sont très abondantes, on les emploie au même usage que les pépins ; mais on ne doit y recourir que lorsqu'on ne peut se procurer ni pépins de raisins, ni tanin liquide. Elle sont très riches en tanin, surtout avant que leur maturité soit complète. On les récolte donc à ce moment, on les broie et l'on en met 400 à 500 grammes dans chaque tonneau. Enfin, on agite le tout comme si l'on collait ; on laisse reposer quinze jours à un mois, et l'on tire au clair.

Il est préférable encore d'employer le tanin en poudre que l'on vend dans le commerce. On en fait usage à raison de 30 grammes par hecto-litre. Deux jours après le tanisage, on colle.

On peut encore guérir les vins malades de la graisse par l'agitation dans l'air ou dans l'acide carbonique, par le tanisage à 5 grammes par hectolitre suivi d'un collage, d'un filtrage et d'une pasteurisation.

Aigre, acidité ou acescence

On appelle *aigre*, *acidité* ou *acescence* une maladie qui transforme le vin en un vinaigre dont la force est en raison directe de la richesse alcoolique de ce liquide. Les vins faibles y sont beaucoup plus sujets que les vins très corsés et très spiritueux ; mais ils ne donnent jamais que de très mauvais vinaigres. Par contre, elle attaque rarement les vins de liqueur.

La maladie commence par les parties supé-rieures du vin, c'est-à-dire par celles qui sont les plus voisines de l'air extérieur ; elle se répand ensuite dans le reste de la masse. Quand elle est peu développée, elle communique à la liqueur une saveur aigrelette, qui lui fait appliquer l'épithète de *piquée*. Le vin dit *piqué* n'est donc autre chose que du vin dont l'acidification est à son début ou du moins en est peu éloignée.

L'acescence se reconnaît à plusieurs signes, sans qu'il soit nécessaire de recourir à la dégustation. Ainsi, quand un tonneau est en vidange, si sa surface se recouvre de plus ou moins de fleurs peu plissées, on doit en conclure que le vin est aigri ou en train de le devenir. Ainsi encore, lorsqu'on enlève la bonde d'un tonneau ou le fausset placé à la partie supérieure de ce même tonneau, s'il se produit un sifflement, une violente aspiration, par le trou qu'on vient d'ouvrir, on doit en conclure que le vin contenu dans le fût est atteint de la maladie. Il faut tirer la même conclusion si une matière grisâtre, d'apparence charnue, se montre autour des faussets et sur tous les points où il y a des fuites, comme lorsqu'on voit voltiger des moucherons de couleur brunâtre sur les tonneaux, plus particulièrement sur la bonde et les faussets.

Quant aux causes déterminantes de l'acidité des vins, la plus importante provient du cuvage trop prolongé du vin. Ce sont, en effet, les cuvages qu'on fait durer outre mesure qui préparent non seulement la transformation du vin en vinaigre, mais encore la plupart des autres altérations que cette liqueur éprouve plus tard soit en tonneaux, soit en bouteilles.

Parmi les autres causes, nous citerons l'emploi des tonneaux viciés, surtout aigris ; la température trop élevée des caves ; le séjour dans des caves contenant des matières en fermentation ou susceptibles de fermenter, telles que le pain chaud, le laitage, les bois et les légumes verts, etc. ; les soutirages exécutés sans les précautions nécessaires, particulièrement pendant les chaleurs de l'été, ou en temps d'orage, ou sans se servir de la mèche, ou enfin quand le vin est laissé trop longtemps dans les seaux ou baquets, exposé à l'action de l'air extérieur ; enfin, le remplissage ou la vidange, lorsque ces opérations ne sont pas faites avec le soin qu'elles réclament.

On peut facilement prévenir et arrêter la fermentation acétique ; mais il est impossible de la faire rétrograder, c'est-à-dire de convertir de nouveau en alcool les parties de ce principe qui ont été changées en acide : d'où il résulte que, lorsqu'on parvient à désaciduler les vins qui ont subi cette altération, le spiritueux dont ils étaient pourvus avant la fermentation est diminué de toutes celles de ses parties qui ont été converties en acide.

On prévient la dégénération acétique des vins en les dépouillant, au moyen du collage et du soutirage, de toutes les particules de lie et de tartre qui, condensées dans le liquide, sont susceptibles de le mettre en fermentation.

On doit entretenir les tonneaux bien pleins ; car autrement l'air qui occupe le vide réagirait sur le vin, la liqueur se couvrirait de fleurs et ne tarderait pas à contracter un goût acide.

Lorsque le vin s'aigrit par suite de la négligence que l'on a mise à remplir les tonneaux, il arrive quelquefois que toute la masse du liquide ne dégénère pas au même degré, et que le vin qu'on tire du fond du tonneau n'est pas altéré, tandis que celui de la surface est acide.

On peut corriger ce défaut par un moyen très simple. Il faut d'abord, avec un soufflet de cuisine dont on introduit la douille par la bonde, souffler dans le tonneau pour en chasser l'air

altéré : on reconnaît que cet air n'existe plus
lorsqu'on peut introduire dans le tonneau, sans
qu'elle s'éteigne, un morceau de mèche soufrée
allumée. Cela fait, on prend la mie d'un pain
d'un demi-kilogramme sortant du four, et on
l'applique sur la bonde, de manière qu'elle la
ferme bien. Quand elle est refroidie, on la
retire, et l'on soutire le vin dans un tonneau
nouvellement vidé et bien soufré, en ayant soin
de garnir la cannelle d'un peu de crêpe ou de
gaze pour empêcher les fleurs de suivre le vin.
On observe alors que la mie de pain a absorbé
beaucoup de parties acides. Il faut répéter
l'opération jusqu'à ce que la liqueur en soit
entièrement débarrassée.

Avant de déplacer les vins, surtout pendant
les chaleurs, il est prudent de les soutirer ; car,
quelque faible que soit la quantité de lie dépo-
sée au fond du tonneau, son mélange avec le
liquide peut mettre celui-ci en fermentation et
lui donner un mauvais goût.

Le transport par un temps chaud suffit quelquefois pour faire fermenter les vins les mieux
soutirés avant l'expédition. L'on prévient cet
accident ou l'on en diminue beaucoup la force,
en les collant.

Ce collage s'empare du principe fermentatif,
qu'il rend indissoluble, et restant suspendu
entre les molécules de la liqueur, les empêche
d'agir les unes sur les autres. Enfin, lorsque le
vin est arrivé et mis en place, la lie qui se préci-.
pite entraîne avec elle les parties colorantes,
tartreuses et mucilagineuses, dont la chaleur
ou le froid ont occasionné la séparation.

Lorsqu'on reçoit des vins qui ont été mis en

fermentation par l'excessive chaleur, il faut les
placer tout de suite dans une cave, et les laisser
reposer pendant sept à huit jours, en ayant soin,
si la fermentation est forte, de pratiquer un trou
de foret sur la douve de bonde, pour donner
issue au gaz qui se dégage. On ferme ensuite ce
trou avec un fausset, et on visite matin et soir,
jusqu'à ce que la fermentation soit apaisée ; ce
qu'on reconnaît lorsqu'en retirant le fausset, le
gaz ne sort plus avec sifflement.

Si, après quelques jours de repos, le vin se
trouve éclairci, on le soutire avec soin dans un
tonneau frais vide, dans lequel on a brûlé une
mèche soufrée. On peut ensuite le coller et le
mettre en bouteilles.

Quand le vin a contracté un léger goût
d'aigre, il faut le soutirer dans un tonneau fortement imprégné de mèche soufrée, et le coller
en même temps. Cinq à six jours après, on le
soutire encore dans un tonneau plus ou moins
soufré, suivant que le vin s'est éclairci et a
perdu son goût acide. S'il est clair, il faut le
laisser reposer, et il y a lieu d'espérer qu'il se
rétablira entièrement : dans tous les cas, la
fermentation est au moins suspendue, et
l'accescence ne fera plus de progrès. Si, au contraire, le vin ne s'est pas éclairci, et continue à
dégénérer, il faut avoir recours au soufrage, qui,
dans ce cas, a une action très favorable ; mais,
comme il précipite en même temps beaucoup de
parties colorantes et tartreuses, on doit en
modérer la force, suivant l'état de la liqueur.

Le soufrage suffit souvent pour rétablir la
liqueur. Mais, quand la maladie est très avan-
cée, et que le temps est chaud, il arrive que la

fermentation recommence au bout de quelques jours ; il faut alors *muter* le vin plus ou moins fortement, et quelquefois même répéter plusieurs fois cette opération.

En opérant ainsi sur des vins complètement dégénérés, nous sommes parvenus à les dégager de toute la partie acide qui s'y était formée.

Les vins imprégnés de vapeurs sulfureuses, par le procédé que nous venons d'indiquer, conservent assez longtemps un goût de soufre très prononcé et désagréable. Comme ils ont été dépouillés d'une partie de leur couleur et de leur spiritueux, on parvient rarement à en faire une boisson convenable sans les mêler avec des vins corsés, généreux et fermes.

Lorsque les vins ont contracté un goût aigre, même assez prononcé, on peut encore les rétablir complètement par le procédé suivant :

Prenez quarante noix pour une pièce de 250 litres, ou vingt-six pour une feuillette de 150 ; cassez-les, et, après avoir séparé l'amande de chacune d'elles en quatre morceaux, faites-les griller comme du café et au même point ; jetez-les ensuite toutes brûlantes dans le tonneau, dont vous aurez retiré 5 à 6 litres de vin ; collez en même temps avec 20 grammes de la poudre Jullien n° 1 pour le vin rouge, et 50 grammes de la poudre n° 3 pour le vin blanc ; agitez fortement la liqueur, remplissez et bouchez bien le tonneau : six heures après, soutirez le vin, en ayant soin, lorsque la liqueur cessera de couler, d'incliner la pièce avec beaucoup de précaution : laissez ensuite reposer jusqu'à ce que le vin soit parfaitement limpide. Si l'acidité était très forte, il faudrait faire la même opération une seconde fois.

125 grammes de froment grillé produisent à peu près le même effet que les noix.

On nous a assuré avoir ôté l'aigre à une barrique de vin de Bordeaux, avec 160 à 180 grammes de chaux éteinte dans un litre d'eau et un demi-décilitre de bonne eau-de-vie. Nous ne conseillons pas ce moyen, attendu qu'il se forme un acétate de chaux, très soluble dans le vin, qui a un goût désagréable et peut, à la longue, être nuisible à la santé.

On corrige aussi le goût acide des vins en les mêlant soit avec du bon vin nouveau, soit avec de la lie fraîche, ou, mieux encore, en les versant sur le marc d'une cuve que l'on vient de vider ; mais, comme ces mélanges ne peuvent que masquer la dégénérescence sans en détruire le principe, il faut boire promptement les vins ainsi rétablis.

Les vins peuvent paraître tourner à l'aigre quand la fermentation s'y établit au moyen de la matière sucrée et du ferment qui y reste ; mais cette seconde fermentation les améliore souvent au lieu de les aigrir. Il ne faut donc pas se hâter de vendre un vin qui paraît tourner à l'aigre ; on ne doit l'envoyer au vinaigrier, que quand il ne reste plus de doute sur sa dégénérescence acétique.

Un autre procédé pour enlever l'acidité aux vins a été indiqué par le chimiste Berzelius. Il consiste à appliquer un bon soufflet à long tuyau plongeant jusqu'au fond du tonneau, et à souffler avec force. L'acide acétique, étant volatil, est entraîné par l'air, et si l'on continue assez longtemps cette opération, le vin en est tout à fait dépouillé ; mais il est bon de faire observer que l'air entraîne aussi un peu d'alcool. Le vin ainsi traité est faible, et, pour le rétablir, on doit y ajouter un peu d'eau-de-vie.

Un moyen qu'on peut encore employer pour rétablir les vins aigres ou durs est fondé sur l'emploi d'une poudre ainsi composée :

Marbre blanc	6 kilog.
Sucre.	9 —
Charbon animal lavé à l'eau bouillante.	175 gram.

On prend 1 kilogramme et demi à 2 kilogrammes de cette poudre par pièce de 130 litres, selon le degré d'acidité du vin. On la délaie dans trois ou quatre litres de vin, et on la verse dans la barrique ; on agite et l'on continue de remuer de temps en temps pendant vingt-quatre ou trente-six heures, jusqu'à ce que le vin ait perdu son acidité, en ayant soin, pendant ce temps, de laisser la bonde ouverte, afin de donner issue au gaz acide carbonique du carbonate calcaire, qui se dégage. Au bout de ce temps, on y ajoute, crème de tartre en poudre, moitié dose de la poudre employée ; on agite de temps en temps, et au bout de cinq à six heures, on soutire le vin et on le colle. Si, au bout de vingt-quatre à trente-six heures, le vin conservait encore de l'acidité, on y ajouterait un peu plus de poudre avant de faire usage de la crème de tartre.

La théorie de cette opération est facile à comprendre. L'acide qui se produit aux dépens du vin est l'acide acétique qui, se portant sur le carbonate calcaire, en dégage l'acide carboni-

que, et forme un acétate de chaux soluble, et le
carbonate non décomposé se précipite ; le tartrate acidule de potasse qu'on y ajoute, décompose l'acétate de chaux pour former un tartrate
calcaire qui se précipite, et l'acide acétique,
s'unissant à la potasse, constitue un acétate de
cet alcali qui reste en dissolution dans le vin.
Le sucre tend à corriger ce que le vin aigri a.
d'acerbe, et à lui donner du corps. Quant au
charbon animal, il sert à le clarifier.

On fait deux reproches à ce procédé. En premier lieu, le charbon décolore un peu le vin et
détruit une partie de son bouquet. En second
lieu, l'acétate de potasse nuit à la qualité de la
liqueur. Relativement au charbon, il est vrai
qu'il affaiblit la couleur du vin, mais cette
décoloration, indifférente pour les vins blancs,
est peu sensible pour les vins rouges. Quant au
bouquet, il ne peut disparaître, car les vins
aigris l'ont déjà perdu. L'inconvénient attribué
à l'acétate de potasse n'est guère plus sérieux.
Ce sel n'a d'ailleurs aucune action nuisible sur
la santé.

Au lieu de la poudre qui précède, on peut
employer la suivante :

Marbre blanc en poudre très fine . .   6 kilog.
Charbon animal pour les vins ordi-
    naires . . . .   125 gram.
Charbon animal pour les vins fins . .   62   —
Sucre.   500   —

On en met d'un kilogramme et demi à
2 kilogrammes pour un tonneau de 300 litres et
l'on y ajoute moitié du poids de crème de tartre
en poudre fine. L'on opère comme ci-dessus.

Les meilleurs traitements sont encore, à notre avis, les suivants :

La pasteurisation à 60 degrés ;

Le tartrage avec 3 gr. 7 de tartrate neutre de potasse pour 1 gr. d'acide par litre, suivi d'un collage et d'un vinage dans les pays où ce traitement est autorisé ;

L'addition d'un gramme de potasse monohydratée pour 1 gramme d'acide par litre suivi d'un collage et d'un vinage dans les pays où ce traitement est autorisé.

Lorsque le vin renferme plus d'un gramme d'acide par litre il est impossible de le guérir ; il est alors préférable d'achever sa transformation en vinaigre.

Amertume ou amer

L'*amertume* ou *amer* est une altération que contractent les vins gardés trop longtemps. Ceux de la Haute-Bourgogne y sont surtout très sujets. La liqueur reste souvent claire pendant le cours de cette maladie. Seulement nous avons remarqué, dans les vins en bouteilles qui étaient attaqués, que le dépôt n'était qu'en partie fixé à la paroi inférieure du ventre de la bouteille, tandis qu'une proportion plus légère flottait dans le liquide.

Lorsque des vins ont pris l'amertume en tonneau, on peut les rétablir en les renouvelant avec du vin plus jeune du même cru : un vin nouveau ne produirait pas l'effet voulu. Toutefois, il est très rare qu'ils reprennent leur qualité primitive ; ils perdent presque toujours leur bouquet. En outre, cette méthode est meilleure pour les vins ordinaires que pour les vins fins.

Si un tonneau de vin fin prend un goût amer, nous conseillons de le coller avec huit blancs d'œufs, et de le laisser reposer pendant un mois ou plus. Quand il est parfaitement éclairci, on le soutire dans un tonneau frais vide de bon vin, légèrement imprégné de soufre. Si cette opération a diminué l'amertume, une seconde colle et du repos pourront l'enlever tout à fait. Si l'on avait un tonneau frais vide de bon vin nouveau, on le remplirait avec le vin amer : le tartre attaché aux parois de ce vase contribuerait à le rétablir. Si, après avoir essayé ce moyen, l'amertume augmente au lieu de diminuer, le meilleur moyen de tirer un parti avantageux de ce vin est de l'employer à bonifier des vins ordinaires bien francs et plus jeunes ; il leur donne la qualité et perd son amertume, autant néanmoins qu'il n'entrera dans le mélange que pour un sixième au plus ; il vaut même mieux qu'il n'y entre que pour un dixième.

On peut modifier ainsi qu'il suit le procédé qui précède. Après avoir collé le vin, on le laisse reposer jusqu'à complète clarification, puis on brûle dans un tonneau bien préparé le tiers ou la moitié d'une mèche soufrée, et l'on verse immédiatement le vin malade sur la fumée de cette mèche, en y ajoutant par litre 1 gramme environ d'acide tartrique dissous dans de l'eau tiède. Il faut avoir soin de ne remplir le tonneau qu'aux deux tiers ou aux trois quarts, et l'on achève le remplissage avec du vin vieux parfaitement conservé.

On peut encore guérir les vins amers en les faisant refermenter après les avoir additionnés de 30 grammes d'acide citrique, de 15 grammes d'œnotanin et en les collant.

Lorsque les vins en bouteilles tournent à l'amertume, ils se remettent presque toujours d'eux-mêmes en les attendant plus ou moins longtemps sans les déplacer.

Des vins précieux des premiers crus de la Haute-Bourgogne ayant contracté cette altération, M. A. Jullien, ne voulant pas les mêler avec d'autres, les conserva sans les déranger, se contentant de les goûter tous les six mois. Les uns cessèrent d'être amers au bout de deux ans, d'autres au bout de trois. Ils avaient perdu beaucoup de leur couleur, le bouquet de quelques-uns était sensiblement affaibli ; mais ils étaient tous pleins de finesse, très agréables à boire et chauds à l'estomac ; ils furent bus en partie par des malades et des valétudinaires, qui, tous, en furent très satisfaits. Il était indispensable de les transvaser avec soin avant de les transporter : lorsque le dépôt était mêlé dans le liquide, celui-ci contractait de nouveau un goût d'amertume insupportable.

D'après cette expérience, dit l'œnologue que nous venons de nommer, nous sommes déterminés à suivre la même méthode toutes les fois que nous rencontrerons des vins ayant contracté le même goût.

Cependant, des négociants très expérimentés nous ayant assuré que ce moyen ne leur avait réussi que très rarement, nous n'osons pas le proposer comme certain ; néanmoins, si, comme on le croit, cette maladie est sans remède, il sera temps de sacrifier ces vins lorsqu'on aura attendu assez longtemps pour être sûr qu'ils ne se remettront pas. On sera toujours à portée de les mêler avec des vins plus jeunes pour en faire des vins ordinaires.

Comme il est rare que des vins contractent l'amertume en bouteilles sans avoir fait un dépôt, on pourrait accélérer leur rétablissement en les transvasant avec soin, et en renouvelant cette opération toutes les fois qu'un nouveau dépôt se serait formé. Ces transvasements réitérés affaiblissent la liqueur : mais qu'un vin corsé et généreux qui a contracté un goût amer perde son corps et sa couleur avec ce mauvais goût, qu'il devienne léger, même faible, il aura encore le mérite d'être vieux et franc, et sera préférable au mélange qu'on en aurait fait avec des vins nouveaux.

Nous ajouterons que quelques expériences donnent lieu de croire que l'on peut empêcher des vins en bouteilles de tourner à l'amertume, en les transvasant, avant l'équinoxe du printemps ou de l'automne, quand ils ont formé un dépôt.

Nous n'avons pas besoin de faire remarquer que tous les vins amers ne le sont pas au même degré. Les uns sont d'une amertume à peine supportable, les autres le sont beaucoup moins ; d'autres le sont insensiblement ; quelques-uns même, parmi ceux-ci, semblent avoir été améliorés par la maladie. Il est évident qu'il ne faut pas chercher à guérir les vins qui se trouvent dans ce dernier cas. Quant à ceux dont l'amertume est arrivée à son point le plus élevé, il est inutile d'essayer de les rétablir ; ils ne sont bons qu'à entrer, en petite proportion, dans les mélanges, ou à être vendus aux vinaigriers.

Pousse

La *pousse* est une altération des plus graves qui se manifeste aux époques où la vigne travaille, et qui attaque particulièrement les vins des mauvaises années, ceux des plaines basses, ceux qui proviennent des cépages communs, ceux qui sont mal soignés et surtout qui n'ont pas été soutirés. A la différence de l'amer, qui débute à la partie supérieure des tonneaux, elle commence à la partie inférieure, c'est-à-dire là où se trouve la lie. Les vins qui en sont atteints sont dits *poussés, montés, tournés, tarés* ou *l'échaud*. Elle est causée par un ferment anaérobie. Elle est caractérisée par la présence d'acide propionique. Le liquide suinte à travers les tonneaux et contient des bulles de gaz en suspension : il a une saveur piquante, et présente dans sa masse après une exposition à l'air des ondes soyeuses.

Deux moyens peuvent être employés pour prévenir la pousse : l'un, qui n'est applicable que dans les pays de production, consiste à faire cuver le vin avec la grappe ; l'autre, qui est le complément du premier et qui est possible partout, aussi bien chez les producteurs que dans les caves des commerçants et des consommateurs, consiste à le tenir toujours exempt de lie, en d'autres termes, à le soutirer avec soin.

Beaucoup de procédés ont été indiqués pour guérir la pousse une fois qu'elle est déclarée ; mais la plupart n'ont produit aucun effet, parce qu'on a voulu en généraliser l'emploi d'une manière trop absolue. Ici, comme dans tant d'autres circonstances, le remède doit varier suivant les degrés de la maladie.

Quand l'altération commence, le vin se trouble, mais il ne noircit pas encore quand on l'expose à l'action de l'air ; de plus, il ne pétille pas quand on le conserve dans la bouche. On reconnaît à ces signes que la maladie est au moment de se déclarer. Pour l'arrêter, on prend un tonneau d'une propreté parfaite, on le mèche, on y verse un demi-litre de vieille eau-de-vie, et l'on y introduit immédiatement le vin. On colle alors la liqueur avec six ou huit blancs d'œufs, on la laisse reposer jusqu'à clarification complète, puis on la soutire de nouveau dans un second tonneau préalablement et légèrement méché, et l'on place ce dernier dans une cave fraîche, en ayant soin de le tenir constamment plein au moyen de l'opération de l'ouillage.

Si l'on néglige la précaution qui précède, le vin entre en fermentation, il se trouble davantage. Quand on le conserve dans la bouche, il fait éprouver un certain pétillement. Enfin, si on l'expose à l'air, il prend une teinte légèrement noirâtre. Il est alors en voie de se perdre. Ces divers symptômes augmentent peu à peu d'intensité, et le liquide ne tarde pas à être entièrement monté. Alors il fait sentir au palais une effervescence subite et très vive, il pétille avec force et noircit rapidement à l'air. Dans ces deux cas, le remède souverain consiste à repasser le vin sur le marc, mais il est indispensable que ce marc ait été cuvé peu de temps, qu'il soit sain et bien frais. Si l'on ne peut exécuter ce repassage immédiatement, il faut, en attendant, soutirer le vin, le mécher, et tenir toujours pleins les nouveaux tonneaux qui le renferment.

On a proposé l'*alun* pour guérir les vins poussés ; mais cette substance est à rejeter absolument, parce qu'elle leur.communiquerait des propriétés excessivement nuisibles (Voir chap. XII). L'*acide tartrique*, dont on a aussi vanté les bons effets, n'a pas cet inconvénient. Néanmoins, employé seul, ce sel ne peut faire disparaître tous les genres de modifications que les principes constituants du vin ont éprouvées, et c'est ce qui explique le succès incomplet qu'ont obtenu les expérimentateurs.

On obtient de bons résultats en ajoutant 20 gr. d'acide tartrique par hectolitre en même temps que 20 gr. de crème de tartre et 4 gr. de tanin, en collant et en soutirant.

On peut encore guérir les vins par la pasteurisation. Et quand ceux-ci sont définitivement perdus, il est possible d'en tirer parti à la distillation.

Fleur

La maladie de la fleur est due à un ferment aérobie qui recouvre le liquide de fleurs blanches, plissées, ridées et grasses. Elle est causée par le *mycoderma vini*. Pour l'éviter, il suffit de ne pas laisser les fûts en vidange, d'ouiller et de soutirer régulièrement.

Les vins atteints de cette affection peuvent être guéris facilement par un soutirage, un vinage et un collage. Il faut avoir soin de ne jamais employer les vins atteints de fleur pour l'ouillage, car ils communiqueraient cette maladie aux vins qui seraient ouillés.

Tourne

La tourne est une maladie qui est due à un ferment anaérobie. Elle est caractérisée par la présence d'acide propionique, d'acide lactique et d'acide tartronique. Elle est surtout remarquée dans les vins fabriqués avec des raisins provenant de vignes mildiousées. Les vins altérés finissent par prendre une coloration brune et perdent une partie de leur matière colorante par précipitation.

Il est facile d'éviter la contamination des vins par cette maladie. Il suffit, pour cela, de pratiquer des soutirages assez fréquents.

Quand le vin est définitivement atteint, on le pasteurise à 60 degrés, si la maladie a un réel caractère de gravité. Dans le cas contraire, on l'additionne de 50 grammes d'acide tartrique et de 20 grammes d'acide citrique par hectolitre, puis huit jours après ce traitement, on incorpore encore 4 grammes de tanin et on colle.

Maladie du mildiou

Les vins atteints de cette maladie sont généralement très plats. Il n'existe pas d'autre moyen de les guérir que la pasteurisation. Néanmoins, il est possible de prévenir cette affection en prenant certaines précautions. Il faut trier la vendange pour enlever les graines mildiousées, pourries, séchées ; il faut, en outre, examiner les moûts avec attention, les améliorer s'il y a lieu, les soigner spécialement, les soutirer trois fois avant le printemps en ajou-

tant au premier soutirage 50 grammes d'acide
citrique par hectolitre, au second soutirage
5 grammes de tanin et au troisième soutirage
une colle énergique.

Mannite

La mannite est une maladie qui est due à un
ferment anaérobie. Elle est caractérisée par la
formation de mannite, d'acide lactique et
d'acide propionique. Le vin possède un aspect
louche et une saveur aigre-douce.

Il est facile de prévenir cette maladie en sa-
chant qu'elle n'atteint pas les vins qui contiennent 6 gr. 50 d'acides fixes. Il suffit donc de
donner cette teneur à tous les vins qui ne l'ont
pas naturellement. Il est bon également d'éviter que les fermentations des moûts se fassent
à des températures trop élevées. La température de 30° ne doit pas être dépassée.

Quand les vins sont attaqués et contiennent
déjà de la mannite, il est indispensable de les
pasteuriser à 60 degrés.

Goût d'évent

Quand on néglige de boucher exactement un
tonneau ou qu'on le laisse longtemps en vidange,
le contact de l'air extérieur produit, suivant la
constitution du vin, soit la fermentation acétique, origine de l'amer, soit l'évaporation des
parties spiritueuses. Dans ce dernier cas, le vin
s'appauvrit, perd son bouquet et contracte un
goût désagréable nommé *goût d'évent.*

Il existe un moyen infaillible de prévenir

cette maladie : c'est de tenir les tonneaux qui
contiennent le vin constamment pleins.

Quand la maladie est déclarée, on la guérit en
repassant le vin sur le marc, comme nous
l'avons dit en parlant de la pousse. Si l'on ne
peut employer ce moyen, il faut coller, soutirer,
mécher le vin éventé, puis le mélanger avec une
quantité convenable de vin bien franc, dans
lequel on introduit un litre de bonne eau-de-
vie. Si, malgré ce traitement, le goût d'évent
n'avait pas complètement disparu, il suffirait,
pour s'en débarrasser, de suspendre dans le
tonneau, pendant quarante-huit heures au
moins, plusieurs gros morceaux de charbon de
bois bien secs, et attachés avec des ficelles afin
de pouvoir les extraire facilement. Toutefois,
si le vin éventé était, en même temps, un peu
acide, le charbon ne produirait pas l'effet
attendu.

M. A. Jullien recommande d'autres procédés.
« Lorsque, dit-il, l'altération ne fait que commencer, et que le vin a du corps et de la force,
on peut espérer le rétablir en le soutirant dans
un tonneau récemment vidé de bon vin et
imprégné des vapeurs d'une mèche soufrée,
dans lequel on verse un demi-litre ou un litre
d'esprit-de-vin, suivant l'état de la liqueur. Il
faut avoir soin de remplir entièrement le tonneau et de le bien boucher. Si le vin est jeune et
coloré, on peut le coller avec 20 grammes de
notre poudre n° 1, puis le soutirer après avoir
laissé reposer pendant une quinzaine de jours ;
mais il ne faut le mettre en bouteilles que lorsqu'il est tout à fait rétabli.

« Si le vin a contracté un fort goût d'évent, il

est probable qu'on ne pourra en tirer parti qu'en le mêlant avec une quantité au moins double ou triple de vin plus jeune et surtout très spiritueux. Si cet accident arrive quelque temps après la récolte et qu'on puisse se procurer de la lie fraîche de bon vin, on en met 30 à 40 litres par pièce de 240 litres, en ayant soin de bien mêler, à plusieurs reprises, cette lie avec le vin, c'est-à-dire une fois par jour pendant trois ou quatre jours, afin qu'étant mise en contact avec toutes les parties du liquide, elle lui communique de sa force, et qu'en se précipitant elle entraîne toutes les impuretés. Il faut ensuite le laisser reposer pendant vingt ou trente jours et le soutirer. Si le vin n'est pas bien éclairci, on le colle, et, lorsqu'il est rétabli, on le met en bouteilles.

« Dans toutes les occasions où le vin ne peut pas se rétablir sans mélange, il est préférable d'employer la lie fraîche de bon vin ; elle dénature moins le vin malade que ne le ferait un vin vert et grossier, et son effet est souvent plus prompt. Nous entendons par une lie fraîche celle que l'on obtient au soutirage des vins nouveaux.

« Le goût d'évent, provenant de l'évaporation des parties spiritueuses, peut être corrigé par l'addition d'un ou deux litres d'esprit-de-vin que l'on introduit dans le tonneau avant d'y mettre la colle. Ce moyen nous paraît d'autant meilleur que, tout en restituant à la liqueur les parties spiritueuses qu'elle a perdues, il n'altère pas sa qualité. Le goût de l'esprit-de-vin se fait sentir au moment où on le met ; mais il se dissipe au bout de quelques jours.

« Nous pensons aussi que la combustion d'une certaine quantité d'esprit-de-vin dans le tonneau destiné à recevoir le vin éventé, serait susceptible de produire un très bon effet ».

Goût de poux ou de pourri

Quand les vins sont à l'évent, si on les laisse longtemps dans cet état, ils finissent par perdre toutes leurs parties spiritueuses, et passent à ce qu'on appelle le *poux* ou le *pourri*. Ils sont alors transformés en une liqueur fétide qui ne conserve presque aucun des caractères du vin.

On conçoit aisément que, lorsque la dégénération est complète, il n'est plus possible de rétablir les vins malades ; mais on a des moyens de prévenir cette altération et d'en arrêter le progrès quand elle se manifeste.

A l'aide du soutirage et du soufrage, on prévient et l'on suspend la fermentation des vins qui ont encore quelques principes vineux ; mais il faut les boire promptement, car la même altération ne tarderait pas à se manifester de nouveau. Si l'on veut les rendre meilleurs, et les mettre en état de se conserver pendant un certain temps, il est indispensable de leur donner une partie des qualités dont ils sont dépourvus, soit en les mêlant avec des vins corsés et spiritueux, soit en y introduisant une quantité suffisante de bonne eau-de-vie, soit, quand cela est possible, en les repassant sur le marc.

Goût de vieux

En vieillissant, les vins acquièrent de la qualité, et la conservent pendant un certain temps ; mais ensuite ils déchoient, et plusieurs prennent un goût assez désagréable, nommé *goût de vieux* ou de *vin passé*.

Lorsqu'un vin est trop vieux, on le rétablit promptement en le mêlant avec d'autre plus jeune ayant du corps et du mordant : la dose de celui-ci varie suivant l'état du premier et le temps qu'on veut le garder. D'après cela, si l'on a plusieurs pièces de vin nouveau destinées à être bues l'une après l'autre, il faut répartir le vin vieux par inégale portion sur chacune d'elles, de manière que celle qui doit être bue la dernière en reçoive beaucoup moins que celle destinée à être bue la première.

Dégradation de la couleur

Tous les vins rouges se dépouillent de leur couleur en vieillissant : les plus colorés deviennent très pâles et n'en sont que meilleurs. Mais il est des accidents qui accélèrent et dénaturent ce dépouillement : les vins perdent alors leur transparence, et, quand on les expose à l'air, leur couleur devient brune.

Cette maladie attaque surtout les vins inférieurs et ceux des mauvaises années. Comme elle est un simple diminutif de celle de la pousse, on peut la prévenir et la traiter comme nous l'avons dit en parlant de cette dernière. Quand un vin rouge a perdu sa couleur, on peut encore la lui rendre aisément en le mêlant avec du vin

25.

plus jeune et plus coloré. La quantité qu'on
doit mettre de ce dernier varie suivant la fai-
blesse du premier.

La couleur du vin blanc s'altère souvent, par
suite d'une fermentation accidentelle. Ce vin
perd alors sa limpidité et sa blancheur ; il
prend une teinte jaune qui tourne quelquefois
au noir : son goût se détériore en même temps ;
il a ce qu'on appelle le *goût de jaune*.

Il y a des vins blancs qui, en vieillissant,
deviennent jaunes, sans perdre leur limpidité
ni leur bon goût. Ce n'est pas alors une altération, et cette couleur n'a rien de désagréable à
l'œil ; il est même des vins précieux que l'on
n'estimerait pas s'ils restaient tout à fait
blancs.

Lorsqu'un vin blanc nouveau, qui est encore
sur sa lie, se tache de jaune et que son goût
n'est pas altéré, on le rétablit en retournant le
tonneau la bonde en dessous, de manière que la
lie traverse la liqueur en tombant. Quelques
jours après, on renouvelle cette opération et on
laisse reposer ; quand le vin est bien éclairci, on
le soutire dans un tonneau vide de vin de même
couleur et imprégné de vapeur sulfureuse.

. Si du vin blanc de bon goût est légèrement
taché de jaune, prenez, pour une feuillette de
150 bouteilles, un litre de bon lait, et pareille
quantité de colle de poisson préparée ; mêlez et
battez-les bien dans deux litres de vin que vous
aurez retiré de la pièce ; versez le tout dans le
tonneau, et agitez avec le bâton fendu : quelques jours après, la liqueur aura recouvré sa
blancheur et sa limpidité ; alors vous la souti-
rerez ou la mettrez en bouteilles. Il faut boire

promptement le vin rétabli de cette manière, attendu que le petit-lait qui reste peut le faire tourner à l'aigre. Le sang décolore et clarifie aussi les vins tachés ; mais il leur donne un goût fade, et y laisse un principe qui peut les faire dégénérer si on les garde longtemps.

Le même moyen peut suffire pour rétablir les vins jaunis et noircis ; mais avant de les coller, il faut les soutirer dans un tonneau bien soufré.

Lorsque le vin a contracté un mauvais goût, et qu'il paraît disposé à tourner à la graisse, il faut verser 25 ou 30 litres de bonne lie fraîche dans un tonneau vide de vin blanc et bien soufré ; on y met ensuite le vin défectueux ; on mêle bien le tout avec le bâton fendu, et on laisse reposer. Aussitôt que la liqueur est éclaircie, et que le mauvais goût est corrigé, on soutire et on colle avec 50 grammes ou quatre petites mesures de la poudre n° 3.

Pour corriger la couleur altérée d'un vin d'Espagne, Maupin a indiqué le procédé suivant : prenez 1 kilogramme d'amidon et 8 litres de lait, faites-les bouillir ensemble pendant une heure. Lorsque le mélange sera refroidi, mettez-y une poignée de sel blanc ; battez bien le tout et versez-le dans le tonneau ; agitez fortement le vin avec un bâton fendu ; remplissez et bouchez.

Vins gelés

Les vins qu'on fait voyager l'hiver sont exposés à geler en route. Lorsqu'ils arrivent dans cet état, le moyen le plus sûr pour les boire bons, est de soutirer tout de suite, dans d'autres tonneaux, tout ce qui reste de liquide. Le vin qu'on obtient est beaucoup plus spiritueux qu'il n'était avant d'éprouver cet accident, et, s'il est nouveau, il perd beaucoup de sa verdeur. Ce qu'on laisse dans le premier vase n'est plus que de l'eau sans goût ni couleur de vin.

Les vins des pays humides sont chargés d'une quantité d'eau trop abondante relativement aux parties spiritueuses qu'ils contiennent, et sont, par cette raison, peu susceptibles d'être conservés longtemps ; on les dépouille d'une partie de cette eau en les concentrant par la gelée. Ce procédé, dont Stahl passe pour être l'inventeur, mais qui était connu avant lui, donne au vin, ainsi qu'au vinaigre, une odeur très pénétrante, une saveur très forte, et les rend susceptibles d'être conservés pendant un grand nombre d'années.

Lorsque les vins rouges ont été frappés de la gelée, et qu'ils ont dégelé dans le même tonneau, ils sont troubles ; leur couleur est sensiblement diminuée et prend une teinte livide. Il faut les soutirer dans des tonneaux fortement soufrés, dans chacun desquels on verse un demi-litre d'esprit-de-vin s'ils contiennent 150 litres, et à proportion s'ils contiennent plus ou moins. On bouche bien les tonneaux, et, après quelques jours de repos, si les vins sont bien rétablis, on les colle pour les mettre en bouteilles. On peut aussi fortifier ceux qui sont affaiblis, en les mêlant avec un vin plus corsé et plus spiritueux.

Goût de fût et de moisi

Les *goûts de fût* et *de moisi* sont communiqués au vin par les tonneaux dont le bois est vicié.

Cette altération est causée par le mauvais entretien des fûts, par la mauvaise nature du merrain avec lequel sont constitués les fûts, par le mauvais échaudage des fûts neufs. Le vin qui possède cette altération est désigné sous le nom de vin affuté. C'est surtout le mauvais entretien des fûts qui détermine cette affection.

Après avoir soutiré le vin dans un tonneau récemment vide, prenez, pour une pièce de 210 à 230 litres, 6 kilogrammes de sucre blanc ou de cassonade blanche ; faites-les fondre sur le feu dans 12 ou 15 litres du vin altéré, et versez ce mélange tout chaud dans le tonneau, sans le boucher : la liqueur ne tardera pas à subir un mouvement de fermentation, dont la durée sera plus ou moins longue. Quand il sera apaisé, soutirez le vin et collez-le à forte dose, soit avec des blancs d'œufs ou de la colle de poisson, suivant la couleur.

On obtiendrait le même résultat en mêlant le vin gâté avec une égale quantité de jus de raisin fraîchement exprimé, et en laissant fermenter le tout avec les grumes et les grappes. Nous pensons aussi que le marc de raisin sortant du pressoir, et mis en quantité suffisante pour exciter une nouvelle fermentation, produirait le même effet. A défaut de raisin frais, on pourrait employer des raisins secs.

Un autre procédé, dont l'efficacité paraît aussi assurée que possible, est basé sur l'emploi de l'huile d'olive. Après avoir transvasé le vin altéré dans un tonneau très propre, franc de goût et méché, on le colle, et, lorsqu'il est éclairci, on le soutire dans un autre tonneau, on y ajoute 500 grammes d'huile d'olive de l'année, et l'on agite le mélange avec un fouet, pendant une huitaine de jours, deux ou trois minutes chaque fois. Au bout de ce temps, le vin se trouve débarrassé de son mauvais goût ; mais on ne doit pas oublier que, pour que l'opération réussisse bien, il faut que l'huile soit mise en contact répété avec la masse du vin, et c'est pour cela qu'il est nécessaire de soumettre, à de courts intervalles, le mélange à une agitation soignée. Il faut aussi que l'huile soit parfaitement fraîche, inodore, de très bonne qualité, et, comme nous l'avons dit, de la dernière récolte, du moins autant que possible. On a proposé de remplacer cette huile par celle d'amandes douces ; mais cette substitution n'a pas paru avantageuse.

L'huile remonte ensuite à la surface emportant la matière odorante. On facilite sa sortie en ouillant avec prudence.

Plusieurs autres procédés ont été indiqués pour rétablir les vins qui ont le goût de fût. Nous en mentionnerons quelques-uns.

1° On fait cuire sous la cendre une grosse carotte, et on la suspend dans le tonneau à l'aide d'une ficelle ; on suspend de même un petit chapelet de la plante nommée *glaît* en Champagne, et l'on bouche bien le tonneau. Le vin ainsi traité est, dit-on, ordinairement rétabli au bout de six à sept jours.

2° Après avoir soutiré le vin défectueux, on

prend, pour un tonneau de 250 bouteilles, 750 grammes de froment qu'on fait torréfier dans un brûloir à café ou une poêle. On introduit, par la bonde du tonneau, un petit sac pouvant contenir le froment grillé qu'on y verse tout chaud ; on noue ensuite le sac, et on met le bondon, en ayant soin de retenir dans la bonde un petit morceau de la ficelle qui le noue, afin qu'il ne tombe pas au fond du tonneau. Si la bonde était trop étroite, il faudrait l'élargir pour faciliter l'introduction du sac et du froment. Six heures après, on soutire de nouveau le vin dans un tonneau bien soufré, et dans lequel on verse d'abord 30 ou 40 litres de bonne lie aussi fraîche que possible. Il ne faut pas laisser plus de six ou huit heures le froment grillé, autrement le vin prendrait un goût de brûlé très désagréable. A défaut de lie fraîche, soutirez le vin et laissez-le reposer pendant au moins quinze jours ; vous le goûterez alors, et vous pourrez essayer de le mêler en plus ou moins grande quantité avec d'autre. Les noix brûlées employées comme nous l'avons indiqué page 425, pour ôter le goût d'aigre, sont aussi très bonnes pour corriger le goût de fût ; nous les préférons au froment grillé, parce qu'elles sont moins sujettes à donner mauvais goût au vin, lors même qu'on les y laisse un peu plus longtemps.

3° Après avoir soutiré un vin moisi, on peut y ajouter 62 grammes de noyaux de pêches pilés et les y laisser infuser pendant quinze jours.

4° On peut aussi corriger le goût de moisi, soit en appliquant sur la bonde ouverte la mie d'un pain chaud, soit en suspendant, dans le vide du tonneau dont on aura retiré 12 litres et élargi la bonde, un pain au lait à moitié cuit. On répète l'opération trois ou quatre jours de suite.

5º Citons enfin le procédé du chimiste Roard : « Après avoir soutiré le vin fûté dans un bon tonneau, il faut y ajouter de l'eau de chaux faite avec 31 grammes de chaux pour un demi-kilogr. de vin, ou 9 kilogr. environ pour une feuillette de 150 litres. On obtient cette eau en faisant fuser de la chaux vive dans l'eau ; on remue bien, on laisse reposer, et la liqueur claire qui surnage est l'eau de chaux qu'on doit employer. Lorsqu'elle est mise dans le tonneau avec le vin gâté, il faut avoir soin de le rouler tous les jours, pendant dix à douze jours. Cette eau de chaux en petite quantité, loin de nuire aux vins, en corrige la verdeur, l'âpreté, les rend potables beaucoup plus tôt et ne détruit en eux aucun des principes spiritueux ou des éléments utiles à leur conservation. »

Nous ferons observer que ce moyen est défec-.tueux ; car, outre que l'eau de chaux affaiblit le vin, la chaux décompose le tartrate acidule de potasse (crème de tartre) pour former un tartrate de chaux, qui se précipite en partie, et le vin prend alors une saveur comme fade.

Goûts d'œuf gâté, de brûlé et de fumée

Le *goût d'œuf gâté* que présentent parfois les vins provient de la mauvaise qualité des œufs employés pour le collage.

Quant au *goût de brûlé* et à celui *de fumée*, on

ne les rencontre que dans les vins qui se trouvent accidentellement au milieu d'objets en combustion, par exemple dans un magasin incendié.

Ces altérations se traitent comme celles du paragraphe précédent ; mais il est souvent fort difficile de faire disparaître le goût d'œuf gâté. Il est heureusement très facile de le prévenir, puisqu'il suffit de n'employer pour le collage que des œufs d'une extrême fraîcheur.

Goût de soufre

Dans plusieurs circonstances, le vin contracte un *goût de soufre* fort désagréable. C'est ce qui arrive quand on l'a placé dans des tonneaux méchés quelque temps à l'avance sans avoir eu la précaution de les rincer à plusieurs eaux ; quand le méchage a été poussé trop loin ; quand on a laissé tomber la mèche brûlée dans le tonneau et qu'on a négligé de la retirer, quand on a soufré tardivement la vigne.

Le goût de soufre est excessivement désagréable ; mais il disparaît assez promptement, et, de plus, il n'est pas difficile de s'en débarrasser.

Quand ce goût n'est pas très prononcé, un ou plusieurs soutirages dans un autre tonneau suffisent généralement pour le faire disparaître.

Lorsque, au contraire, il est très prononcé, il faut soumettre le vin à l'action désinfectante du charbon. Pour cela, ainsi que nous l'avons déjà dit pour le traitement d'une autre maladie, on introduit dans le tonneau plusieurs gros morceaux de charbon de bois bien propres et bien secs, et on les suspend dans le vin au moyen de ficelles qui permettent, en outre, de les retirer aisément quand ils ont produit leur action. Quarante-huit heures suffisent ordinairement pour que le vin soit guéri. S'il ne l'est pas complètement, on répète l'opération autant de fois qu'on le juge nécessaire, et, chaque fois, on ne manque pas de changer les charbons. Ce procédé doit être employé avec précaution pour les vins rouges, car le charbon est un décolorant puissant.

Quand on agit sur des vins blancs, comme on n'a pas à craindre de les décolorer, on peut employer le charbon à très haute dose, sans qu'il puisse en résulter aucun inconvénient.

De nos jours les maladies des vins ont été, de la part de plusieurs savants, l'objet d'études extrêmement remarquables ; mais le cadre de ce livre s'oppose à ce que nous entrions dans aucun détail à ce sujet. Nous renvoyons sur ce point au *Manuel du Vigneron,* qui fait partie de la même collection que cet ouvrage.

CHAPITRE XI

Coupage des Vins

—

SOMMAIRE. — I. Manière de faire les coupages. — II. Calculs relatifs au mélange des vins.

Considérations générales

On sait que, sur cent vins fournis par le commerce, il n'en est peut-être pas dix qui ne soient dus au mélange de plusieurs vins. Sans doute, il faut, autant que possible, conserver les produits de la vigne tels qu'elle les donne ; mais il arrive une foule de cas, où il est absolument impossible de les rendre potables sans les mêler, ou, comme on dit, les *couper*, avec d'autres vins.

Dans les bonnes années, presque tous les vins peuvent se boire en nature, c'est-à-dire dans l'état où ils sortent de la cuve ; mais, lorsque les raisins n'ont pu atteindre une maturité convenable, les vins, même ceux des bons crus, manquent de qualité et conservent longtemps une âpreté plus ou moins prononcée, et toujours désagréable. Force est donc alors de mélanger les vins provenant de ces années, surtout les vins communs, avec des vins meilleurs, pour en rendre le goût supportable. Il n'est même pas nécessaire que l'année ait été mauvaise pour que les coupages soient utiles.

En effet, les vins en nature ont, pendant un
certain temps, un goût de terroir et une verdeur
qui déplaisent, et qui ne disparaissent que par
le mélange. C'est ce qui explique pourquoi des
vins ordinaires et d'un prix peu élevé, mais
ayant été coupés, sont préférés par un grand
nombre de consommateurs à d'autres vins
beaucoup plus chers, mais laissés tels que la
cuve les a fournis. Ainsi, par exemple, un vin
nouveau très coloré, quoique d'un bon cru,
n'est pas une boisson agréable ; qu'on y ajoute
du vin blanc vieux d'un cru inférieur, mais
franc de goût et bien fondu, et il se fera boire
avec plaisir.

Le mélange des vins est dans la nature même
du fruit qui les produit. A leur sortie de la cuve,
ces boissons se manifestent avec les qualités et
les défauts que la vendange leur a communiqués, qualités et défauts dont l'exaltation
varie suivant une foule de circonstances, telles
que la nature du sol, le choix des cépages, la
température de l'année, etc.

Les vins doués de propriétés suffisantes pour
qu'on puisse les garder sans qu'ils s'altèrent
sont laissés en nature. Ceux, au contraire, et
c'est le plus grand nombre, qui sont trop ou
trop peu colorés, faibles, plats, grossiers, verts,
pâteux, âpres, dépourvus de bouquet, trop
forts ou trop légers, ne peuvent guère être mis
dans le commerce qu'après avoir été coupés
avec d'autres vins capables de leur donner la
qualité qui leur manque et de les débarrasser
du défaut qu'ils possèdent. On comprend, en
effet, que le mélange d'un vin faible avec un
vin fort, d'un vin pas assez coloré avec un vin

trop foncé en couleur, d'un vin léger avec un vin généreux, d'un vin dur avec un vin plat, etc., peut fournir un vin supérieur en qualité à l'un quelconque de ses composés.

On connaît la réputation des excellents vins du hameau de Thorins, dans le Mâconnais. Quoique pourvus de beaucoup de spiritueux et d'agrément, ces vins durent beaucoup moins longtemps et n'acquièrent pas autant de qualité quand on les conserve purs que lorsqu'on les mêle avec ceux de Romanèche ou de Chénas.

Dans les Landes, le pays appelé la Chalosse fournit des vins légers et d'un goût agréable qui sont très estimés dans le nord de l'Europe. Eh bien ! ils ne supportent pas le voyage sans se détériorer, quand on néglige de les fortifier en y ajoutant une certaine quantité de vin de Madiran, dans les Hautes-Pyrénées, qui, se trouvant plus corsé et plus généreux, leur donne la force dont ils manquent.

Les vins mousseux de Champagne eux-mêmes réunissent rarement toutes les qualités qu'on désire y rencontrer, lorsqu'ils proviennent d'une seule vigne : ils sont ou trop mousseux et cassent toutes les bouteilles, ou ils ne le sont pas assez, ou bien encore ils sont trop verts ou trop doux, trop spiritueux ou trop faibles, trop corsés ou trop légers ; mais, pour les amener au point convenable, il suffit de mélanger ensemble les produits de vignes différentes.

« L'avantage des coupages, dit M. Cazalis-Allut, l'un des viticulteurs les plus distingués du Languedoc, est démontré par la bonne qualité et la solidité des vins provenant de vignes

complantées de différentes espèces, ce qui constitue le coupage naturel ; il est également
démontré par la qualité supérieure qu'avaient
autrefois les *vins de la dîme* (1), par la bonne
conservation des vins dits *de cargaison*, qui sont
faits habituellement avec des crus secondaires.

« Je n'hésite pas à engager les propriétaires,
ceux surtout qui cultivent plusieurs espèces de
cépages dans des sols de diverse nature et dont
les vendanges durent longtemps, je n'hésite pas,
dis-je, à leur recommander de faire un coupage
général de tous leurs vins, avant même que
leur clarification soit complète, pourvu, toutefois, qu'il n'existe pas dans les foudres des vins
où toute fermentation aurait cessé et d'autres
qui fermenteraient encore. En pareil cas, il vaut
mieux faire à part le coupage des vins clarifiés
et celui des vins encore en fermentation, ou
attendre, pour les couper tous ensemble, que
tous aient fini de fermenter.

« Un coupage général présente des difficultés
qui, cependant, ne sont pas insurmontables.
Pour se trouver dans les meilleures conditions
possibles, il faut avoir des foudres placés au
même niveau et qui communiquent ensemble.
Cet arrangement nécessite une dépense assez
considérable, mais il y a moyen de l'éviter par
des coupages partiels qui atteindront le même

---

(1) « Dans certaines communes, les habitants remplis-
saient habituellement, à la récolte, le tonneau de leur
curé avec du vin nouveau. Ce vin, qui représentait l'ensemble des produits de la commune, avait la réputation
d'être supérieur en qualité à tous les autres. Voilà qui
prouverait une fois de plus que le coupage des vins est
une bonne opération. »

but. Après avoir classé tous les vins d'une récolte par catégories, on prendra sur chacune d'elles une quantité proportionnée à son importance pour composer le coupage à faire, et l'on emploiera à cet usage les cuves qui servent à recevoir la vendange. Une pompe puissante, qui activerait l'opération autant que possible, serait indispensable.

« Des vins, que l'on disait tournés, auraient pu être presque tous rétablis et vendus pour la boisson, en les traitant comme je vais l'indiquer Il faut, dès que la fermentation se manifeste, les transvaser dans de petites futailles fortement et nouvellement soufrées, les soutirer après leur clarification, mélanger ceux dont la saveur n'est pas altérée avec d'autres vins à couleur très brillante et aussi verts que possible. Dans le cas où l'on n'aurait pas de vins verts, on ajouterait au mélange 1 gramme environ d'acide tartrique par litre de vin. Un essai sur une petite quantité déterminée montrera si cette dose est suffisante ou s'il faut l'augmenter. Un second essai indiquera dans quelle proportion le mélange doit s'opérer. A l'aide de ce traitement si simple et si peu coûteux, tous les vins tournés qui se seraient clarifiés sans que leur saveur fût encore altérée, auraient pu certainement être vendus pour la consommation ».

Les coupages sont donc utiles, nous ajouterons même indispensables dans un grand nombre de cas. Par conséquent, les vins composés de plusieurs autres vins ne peuvent pas être réputés comme falsifiés, pourvu, toutefois, qu'on n'y ait ajouté ni eau, ni quelque autre substance.

Cette opinion, qui a rencontré des contradic-
teurs à diverses époques, a été développée au
XVIIIe siècle, dans un rapport lu à l'Académie
de médecine, par le docteur Buquet :

« Je regarde, dit cet habile praticien, comme
une correction utile le mélange d'un vin généreux avec un vin faible, d'un vin trop léger avec
un vin qui a plus de corps et qui nourrit davantage, d'un vin tartreux avec un vin qui graisse,
et dont l'altération est très prochaine, puisque,
dans ces cas, l'avantage est égal pour les deux
vins mélangés, qui, pris séparément, seraient
tous deux de médiocre qualité ».

Cette opération, en réalité fort naturelle, soulève cependant des objections de tout genre et
suscite une méfiance en quelque sorte générale,
parce que, faite par des mains déloyales, et il
n'y en a malheureusement que trop, elle favorise à tel point la fraude qu'il est à peu près
impossible de fixer les limites où la bonne foi
s'arrête et où commence la tromperie.

« Le consommateur, dit à ce sujet M. Maurial, est toujours ou absolument confiant ou
soupçonneux sans cause. Lorsqu'il a besoin de
s'approvisionner, son impuissance à distinguer
la valeur ou la nature des vins qu'on lui livre
l'oblige à les accepter sans discussion ou à se
révolter sans cesse contre leur mérite, sans qu'il
puisse toutefois opposer des arguments vala-
bles. Il exige ce liquide avec, sinon la réalité, au
moins avec les apparences d'un vin moelleux,
corsé, agréable de goût, avec le plus de bouquet
possible et une robe brillante dont la couleur
ne tache pas son linge. Cet état de choses est
surabondamment prouvé par la pratique. Le

fournisseur a-t-il le devoir de prévenir son client que tel vin qu'il trouve bon n'est que le résultat d'un mélange de plusieurs vins ? En principe, il en devrait être ainsi ; mais, en pratique, il arrive que le consommateur repousse la boisson que tout d'abord il trouvait à son goût, si le marchand avoue qu'elle est le produit d'un mélange, et s'il offre dans la proportion du prix un vin parfaitement en nature, son client le trouvera vert, violacé, dur ou trop nouveau ; et pour ne pas avouer son insuffisance, il s'adressera à un autre vendeur qui n'aura pas autant de scrupule que le premier. Cette situation fait naître la double obligation, de la part du consommateur, de repousser le préjugé qu'un vin mélangé ne saurait être une excellente boisson, et de celle du fournisseur que tout vin doit être livré pour ce qu'il est et pour ce qu'il vaut, car hors de ces deux termes il n'y a que confusion et impuissance ».

I. MANIÈRE DE FAIRE LES COUPAGES

Quelques mots maintenant sur la manière de faire les coupages.

Cette opération n'est pas aussi simple qu'on serait tenté de le croire. Elle exige, au contraire, des soins minutieux et une habileté qu'une longue pratique peut seule apprendre. Entre autres choses, il est indispensable d'avoir une connaissance approfondie de la nature des différents vins, afin de n'employer que ceux qui se marient le mieux ensemble et suivant les doses les plus convenables pour chacun d'eux ; car le but à atteindre n'est pas seulement de produire une mixtion plus ou moins homogène, mais encore de donner à cette mixtion un goût franc qui la rapproche des qualités d'un vin de même nature.

On peut affirmer qu'une opération de ce genre, quand elle est faite d'une manière convenable, donne un produit presque toujours préféré par le consommateur lui-même à un vin, en parfaite nature, d'un prix relativement plus élevé que celui auquel revient le mélange.

Voici le motif des avantages que présente un coupage sur le vin en nature. Le contact des vins d'origine différente donne lieu à une fermentation dont le résultat est un liquide nouveau qui s'est débarrassé de portions de matières non dissoutes qui masquaient sa transparence et son goût ; chacun des composés s'est assimilé une partie des qualités, dont il était dépourvu, de son coparticipant à la masse. Quand celle-ci a terminé sa fermentation, on soutire dans un autre fût, on colle plus ou moins fortement, et on répète le soutirage et le collage, si besoin est, pour dépouiller ce produit nouveau de la lie que pourrait provoquer une fermentation prolongée.

Ce procédé a pour effet de faciliter la combinaison intime de toutes les molécules constituantes de chacun des vins employés, et d'en faire un liquide homogène dans toutes ses parties, qui est franc de goût, mais qui a perdu tout caractère original bon ou mauvais. Ce mélange ainsi traité a toutes les apparences d'un vin de deux ou trois ans, selon le nombre de soutirages et de collages auxquels on l'a soumis.

Il faut un choix de vins fait avec intelligence

parmi ceux *qui se marient bien*, pour obtenir un bon résultat.

Souvent, un vin pur conserve un goût de terroir, une verdeur qui attaque le palais, ou bien sa couleur trop foncée le rend désagréable ; ajoutez-y du vin blanc d'un cru inférieur, mais franc de goût et bien fondu, vous en ferez une liqueur excellente.

Les Bordelais corrigent la légère âpreté de leurs vins rouges en les mêlant, sur leur première lie, avec ceux de l'Ermitage, de Cahors, ou des meilleurs vignobles du Roussillon. Une fermentation très vive s'établit entre eux, et se termine par une fusion complète. Nous devons faire observer ici que tout vin de l'Ermitage ayant un parfum prononcé de framboise, est un vin frelaté. L'Ermitage n'a aucun goût de terroir ; et quand on a dit que son vin rouge exhalait la framboise, on a avancé une erreur et donné motif à une foule de supercheries.

En général, tous les vins de Roquemaure, de Saint-Gilles-les-Boucheries, de Bagnols (Gard), de Saint-Georges, d'Orques, de Vérargues, de Saint-Christol, de Saint-Drézery, de Saint-Géniès, de Castries (Hérault) ; de Cunac, de Caisàgnet, de Saint-Juéry, de Saint-Amarans, de Gaillac (Tarn) ; de Narbonne (Aude), de Rivesaltes, de Baixas, de Corneilla, de la Ribera, de Saint-Jean-Lasseille, de Banyuls-des-Aspres, d'Argelès et de Sorrède (Pyrénées-Orientales), sont ordinairement employés pour donner du corps, de la couleur et un bon goût aux vins des autres départements.

Ce qui a singulièrement contribué à susciter des préventions contre les vins mélangés, c'est l'habitude que l'on a de les livrer tout de suite à la consommation. Si l'on attendait que toutes les parties fussent amalgamées, que toutes les saveurs fussent confondues en une seule, on fournirait un vin pur, corsé.

Le nombre des coupages qu'on peut faire est très considérable, nous pourrions ajouter presque infini. Nous donnerons, à titre d'exemple, et d'après M. Maurial, quelques-uns de ceux qu'on effectue le plus généralement.

1º Les vins de la côte mâconnaise, de la côte beaujolaise et de la côte chalonnaise, coupés avec un tiers ou un quart de bon vin de Saint-Georges (Hérault), qui communique sa générosité et son bon goût sans altérer le bouquet du bourgogne, sont toujours préférés aux vins même un peu supérieurs en nature de ces pays, surtout lorsque l'année n'a pas été favorable.

2º Un vin de bas Médoc, coupé avec ceux de l'Ermitage ou du bon Cahors, gagne en corps et en spiritueux sans perdre bien sensiblement sa finesse et son bouquet.

3º Comme vins ordinaires de table, les petits vins neutres du Midi, coupés avec les vins du Cher, vins blancs d'Anjou et quantité suffisante de Roussillon ou de bon Narbonne, forment un très bon vin de table parfaitement sain, et qui peut se garder avec avantage pendant au moins trois ans.

4º La grosse cuvée du broc de Paris emploie les gros vins de tous les pays : les petits vins blancs ou rouges du Bordelais, du midi et du centre de la France, entrent surtout dans ce mélange, dont le détail de Paris consomme une si énorme quantité,

II. CALCULS RELATIFS AU MÉLANGE DES VINS

Pour effectuer le mélange des vins, les commerçants ont souvent besoin de faire des opérations numériques dont il nous semble utile de
donner une idée. Nous extrayons nos exemples
des *Eléments d'arithmétique théorique et pratique*
de M. A. Guilmin, l'un des meilleurs livres
qu'on ait publiés sur la matière.

Premier exemple

*On a mélangé 84 litres de vin à 0 fr. 50 le litre,
108 litres de vin à 0 fr. 70, 64 litres à 0 fr. 75.
A combien revient le litre du mélange ?*

$$84 \text{ lit. à } 0 \text{ f. } 50 \text{ coûtent } 0 \text{ f. } 50 \times 84 = 42 \text{ f. } 00$$
$$108 \text{ lit. à } 0 \text{ f. } 70 \quad — \quad 0 \text{ f. } 70 \times 108 = 75 \text{ f. } 60$$
$$64 \text{ lit. à } 0 \text{ f. } 65 \quad — \quad 0 \text{ f. } 65 \times 64 = 41 \text{ f. } 60$$

Les 256 lit. du mélange coûtent . . . . . 159 f. 20

$$1 \text{ litre du mélange coûte } \frac{159 \text{ f. } 20}{256} = 0 \text{ f. } 62$$

Ce quotient est évalué à 1 centime près.
Le raisonnement conduit à la règle pratique
que voici :

RÈGLE. — *Pour connaître le prix de l'unité
d'un certain mélange, on multiplie chaque nombre d'unités d'une espèce par le prix de l'unité de
cette espèce ; on fait la somme de toutes les valeurs
ainsi obtenues, et on divise cette somme par le
total des nombres d'unités des diverses espèces. Le
quotient de cette division est le prix demandé.*

26.

Deuxième exemple

*Dans quelle proportion faut-il mélanger du vin
à 0 fr. 85 et du vin à 0 fr. 65, pour obtenir du vin
à 0 fr. 73 le litre ?*
Voici le calcul :

			Proportion.
85ᶜ		8	8 lit. à 85ᶜ
	73		
65ᶜ		12	pour 12 lit. à 65ᶜ

On fait la différence entre le prix moyen, 73,
et chacun des nombres donnés. En retranchant
73 de 85, on écrit le reste *vis-à-vis de* 65 ; puis,
quand on retranche 65 de 73, on écrit le reste
vis-à-vis de 85. Les restes indiquent dans cet
ordre la proportion cherchée.

Il faut mélanger dans la proportion de 8 litres à 0 fr. 85 pour 12 litres à 0 fr. 65, c'est-à-
dire qu'on doit verser dans le mélange autant
de fois 8 litres à 0 fr. 85 qu'on versera de fois
12 litres à 0 fr. 65 ; pour chaque fraction de
8 litres à 0 fr. 85, on versera la même fraction
de 12 litres à 0 fr. 65.

DÉMONSTRATION. — Pour chaque litre à
0 fr. 85 versé, il y a perte de 12 centimes ; pour
8 litres, on perd 12ᶜ × 8.

Pour 1 litre à 0 fr. 65, il y a gain de 8 centimes ; pour 12 litres, on gagne 8ᶜ × 12.

Or 12ᶜ × 8 = 8ᶜ × 12. La perte compense le
gain.

Si le nombre des litres à 0 fr. 85 devient 2, 3,
4,... *m* fois plus grand ou plus petit que 8, et le
nombre des litres à 0 fr. 65 le même nombre de
fois plus grand ou plus petit que 12, la perte et

le gain dont nous venons de parler ($12^c \times 8$ et $8^c \times 12$), étant rendus le même nombre de fois plus grands ou plus petits, sont toujours égaux et se compensent.

Il est évident qu'il n'y aurait plus compensation si on changeait le nombre des litres en multipliant 8 et 12 par des nombres différents.

Troisième exemple

Un marchand possède 64 litres de vin à 0 fr. 72 le litre, qu'il voudrait mélanger avec du vin à 0 fr. 60, de manière que le litre du mélange revînt à 0 fr. 65 le litre. Combien doit-il ajouter de litres à 0 fr. 60 ?

On détermine d'abord par la méthode précédente la proportion des vins à mélanger.

			Proportion.
72^c		7	7 lit. à 72^c
	67		
60^c		5	pour 5 lit. à 60^c.

Puis on continue ainsi :

Avec 7 lit. à 72^c on mêle 5 lit.   à 60^c.

Avec 1 lit. à 72^c on mêlera $\dfrac{5 \text{ lit.}}{7}$ à 60^c.

Avec 64 lit. à 72^c on mêlera $\dfrac{5 \text{ lit.} \times 64}{7}$ à 60^c.

$$\frac{5 \times 64}{7} = \frac{320}{7} = 45 \text{ lit. } \frac{5}{7.}$$

Quatrième exemple

On veut faire un mélange de 300 litres de vin à 0 fr. 80 et à 0 fr. 64 le litre, qui revienne à 0 fr. 73 le litre. Combien mettra-t-on de litres de chaque sorte ?

On détermine d'abord la proportion générale comme au second exemple.

Proportion.

80ᶜ	9	9 lit. à 80ᶜ
73		
64ᶜ	7	pour 7 lit. à 64ᶜ.

Puis on additionne : 9 et 7 font 16.

Dans un mélange de :

16 lit., on met 9 lit. à 80ᶜ et 7 lit. à 64ᶜ.

1 lit., — $\dfrac{9 \text{ lit.}}{16}$ à 80ᶜ et $\dfrac{7 \text{ lit.}}{16}$ à 64ᶜ.

300 lit., — $\dfrac{9 \times 300}{16}$ à 80ᶜ et $\dfrac{7 \times 300}{16}$ à 64ᶜ.

$$\frac{9 \times 300}{16} = 168\ 3/4 \ ; \quad \frac{7 \times 300}{16} = 131\ 1/4.$$

Cinquième exemple

On propose de mélanger du vin à 0 fr. 84, à 0 fr. 78, à 0 fr. 67 et à 0 fr. 60 le litre, de manière que le litre du mélange revienne à 0 fr. 74 le litre. Dans quelle proportion doit se faire le mélange ?

On associe un à un les prix inférieurs et les prix supérieurs pour les comparer par soustraction au prix moyen comme dans le premier cas.

84ᶜ		7	78ᶜ.		14
	74			74	
67ᶜ		10	60ᶜ		4

Proportion. — 7 litres à 0 fr. 84 pour 10 litres à 0 fr. 67, 14 litres à 0 fr. 78 et 4 litres à 0 fr. 60.

Nous avons soustrait en croisant les restes comme dans le premier cas. Il y. a évidemment compensation de la perte et du gain : 1° entre le vin à 0 fr. 84 et le vin à 0 fr. 67 ($10^c \times 7 = 7^c \times 10$) : 2° entre le vin à 0 fr. 78 et le vin à 0 fr. 60 ($4^c \times 14 = 14^c \times 4$).

La compensation aura également lieu si l'on rend ces nombres de litres le même nombre de fois plus grands ou plus petits.

La proportion trouvée n'est pas ici obligatoire. Il est évident qu'on peut associer autrement les prix inférieurs aux prix supérieurs.

84ᶜ		14	78ᶜ		7
	74			74	
60ᶜ		10	67ᶜ		4

Autre proportion. — 14 litres à 0 fr. 84, pour 10 litres à 0 fr. 60, 7 litres à 0 fr. 78 et 4 litres à 0 fr. 67.

Ces proportions ne sont pas les seules possibles. Mais nous ne croyons pas utile d'en chercher d'autres.

Sixième exemple

On a du vin à 0 fr. 85, à 0 fr. 78, à 0 fr. 76, à 0 fr. 65 et 0 fr. 58 ; on veut les mélanger de manière que le litre du mélange revienne à 0 fr. 70 le litre.

On associe les prix donnés comme il suit pour les comparer au prix moyen.

85ᵉ		5		78ᶜ		12		76ᶜ		5
	70				70				70	
65ᶜ		15		58ᶜ		8		65ᶜ		6

Il y a plus de prix supérieurs que dé prix infé-rieurs au prix moyen. — On associe le même prix inférieur 0 fr. 65 successivement à deux prix supérieurs ; on pourrait au besoin l'asso-cier à un plus grand nombre. On ajoute les deux nombres de litres trouvés à 0 fr. 65 ; 15 et 6 font 21.

Le mélange peut se faire dans la proportion de 5 litres à 0 fr. 85 pour 12 litres à 0 fr. 78, 5 litres à 0 fr. 76, 21 litres à 0 fr. 65 et 8 litres à 0 fr. 58.

Il résulte du tableau ci-dessus que les pertes et les gains se compenseront évidemment 1 à 1 (car 1°, $15^c \times 5 = 5^c \times 15$; 2°, $8^c \times 12 = 12^c \times 8$, etc.).

1ʳᵉ *Remarque.* — Il est évident que l'associa-tion des prix inférieurs et des prix supérieurs peut se faire différemment ; il y a donc d'autres proportions possibles. Il y a d'ailleurs d'autres moyens d'obtenir des proportions convenables ; mais nous ne nous y arrêterons pas.

Remarque. — Ayant trouvé une proportion convenable, on opèrera comme nous l'avons fait (2ᵉ et 3ᵉ problèmes), si le nombre des litres d'un des vins à mélanger ou le nombre des litres du mélange lui-même était fixé à l'avance.

Observations

1° Tout le monde sait que, lorsque, dans le même repas, on boit des vins de plusieurs espèces, il en résulte quelquefois une indisposition plus ou moins légère. Le même fait se produirait si on livrait un vin de coupage à la consommation aussitôt après le mélange des différents vins, parce que le travail de décomposition et de recomposition qui s'opère dans le tonneau aurait lieu dans l'estomac. Les boissons de cette sorte ne doivent être bues que quelque temps après leur fabrication, et si alors elles ont été clarifiées par le collage et traitées comme nous l'avons dit, elles sont tout aussi salubres que les vins en nature.

2° C'est une croyance assez répandue, que les vins de coupage ne se conservent pas et ne s'améliorent pas en bouteille. La vérité est que les manipulations auxquelles on les a soumis les ont fatigués beaucoup plus que ne se fatigue un vin pur qu'on laisse accomplir naturellement toutes ses phases d'amélioration. Malgré cela, ces vins peuvent fort bien être gardés deux ou trois ans sans rien perdre de leurs qualités.

3° Il est presque superflu de faire remarquer qu'un vin de mélange n'a jamais le goût et le parfum d'un vin en nature, et, quand même chacun des vins dont on l'a composé aurait eu un bouquet naturel très prononcé, il n'en conserverait lui-même aucun. C'est donc à tort, comme nous l'avons déjà dit, qu'on suppose que les marchands imitent des vins en réputation à l'aide du mélange, car ce moyen ne peut produire aucune similitude. Les gens qui veulent tromper n'emploient d'autre recette que celle de donner des vins de seconde ou de troisième classe pour ceux de la première, ou un vin *coupé* pour un vin pur ; mais, dans ce der-

nier cas, la liqueur qu'on livre n'a que très peu
d'analogie avec le vin sous le nom duquel elle
est vendue.

4º Les différentes espèces de vins se distinguent entre elles par tant de nuances, et celles-
ci sont sujettes à tant de variations, suivant les
années et les accidents qui contribuent à
l'amélioration ou à l'altération des vins, qu'il
est impossible de soumettre le mélange de
cette liqueur à des règles fixes. Le goût seul
peut indiquer l'état du vin qui a besoin d'être
rétabli ou amélioré, ainsi que la qualité et la
quantité de celui ou de ceux qu'il convient d'y
joindre pour le rendre tel qu'on désire qu'il soit.
Les qualités nécessaires pour constituer un bon
vin ordinaire rouge sont : une couleur convenable, du corps, du spiritueux, et surtout un bon
goût. Lorsque les vins sont plus ou moins dénués de l'une ou de plusieurs de ces qualités, il
faut les mêler avec d'autres dans lesquels ces
qualités surabondent, et, pour s'assurer de la
quantité que l'on doit ajouter de ces derniers,
on essaie le mélange, à diverses proportions,
dans de petites bouteilles qu'on laisse débou-
chées pendant vingt-quatre heures, temps qui
suffit ordinairement pour compléter le mélange
intime. On peut introduire un peu de colle
dans chaque bouteille, qu'il faut alors boucher
et laisser reposer pendant plusieurs jours.
Cette colle, en précipitant toutes les particules
de lie et de tartre, dont le mélange occasionne
toujours la séparation, met à portée de juger
plus sûrement du résultat que l'on peut attendre de chaque opération.

5º Les vins qui, avec un bon goût, ont une

âpreté qui les caractérise, tels que ceux de plusieurs crus du Bordelais, ceux qui sont vifs ou piquants et participent en cela du genre des vins *secs*, tels que les vins ordinaires des environs des Riceys, département de l'Aube, font toujours un mauvais effet dans les mélanges. Ceux qui ont une pointe acide, ne sont pas susceptibles d'être rendus meilleurs par addition de bons vins, à moins que ce ne soit pour être consommés tout de suite ; car, au bout de quelques jours, leur acide perce de nouveau, et plus on les garde, moins on s'aperçoit de la présence du vin qu'on a sacrifié pour les améliorer.

6° Les vins faibles et dénués de spiritueux, même fades, ceux qui sont très colorés, lourds, grossiers et pâteux, peuvent toujours être améliorés lorsqu'ils n'ont pas un mauvais goût très prononcé, les premiers avec des vins corsés et généreux, les seconds avec des vins blancs.

7° Les vins blancs entrent très souvent dans les mélanges avec les vins rouges ; mais on les mêle rarement, entre eux. Cependant, pour la vente au détail, on ajoute quelquefois un peu de vin nouveau au vin vieux qui paraît affaibli, et l'on emploie le picardan blanc pour donner du spiritueux et un bon goût à ceux qui en manquent ; mais plus généralement on les vend tels qu'on les récolte.

CHAPITRE XII

Sophistications

—

Les sophistications que l'on fait subir aux vins ne sont pas aussi nombreuses qu'on le croit vulgairement ; mais, quelles qu'elles soient, elles sont toujours condamnables et la justice fait strictement son devoir en punissant avec sévérité ceux qui s'en rendent coupables. Nous allons passer en revue celles qu'on fait le plus habituellement.

Coupages

Nous avons dit que les *mélanges* ou *coupages* sont une chose licite pourvu qu'on n'ajoute aucune substance étrangère au vin, cette substance serait-elle d'ailleurs absolument inoffensive. Nombre de chimistes et d'hygiénistes veulent aussi que leur richesse alcoolique ne soit pas inférieure à 10 0/0 d'alcool en volume, et que leur teneur en extrait sec ne descende pas au-dessous de 20 grammes par litre.

Mouillages

Personne n'ignore que *mouiller* le vin, c'est y ajouter une certaine quantité d'eau, ce qui constitue une fraude bien caractérisée.

De l'aveu d'Orfila, les mouillages échappent à l'expertise de la chimie. Il est vrai que la proportion de crème de tartre contenue dans le vin se trouve diminuée, mais les falsificateurs habiles savent fort bien y en ajouter.

Cependant, dit Bouchardat, on peut arriver, sinon directement, au moins par voie détournée, à découvrir la vérité. Voici les moyens que j'ai mis en usage pour atteindre ce but. Il faut avant tout connaître le cru et l'année du vin que l'on examine. Chaque marchand est tenu de fournir ces renseignements commerciaux qu'il ne doit pas ignorer. On sait que les vins donnent une quantité d'extrait qui est, à très peu de chose près, la même pour les vins bien faits du même cru et de la même année. Supposons, par exemple, qu'il s'agisse d'un vieux vin de Bourgogne. Il doit donner 22 grammes environ de matières fixes par évaporation d'un litre de vin ; si l'on n'en obtient que 12 grammes, on peut être à peu près assuré qu'il a été étendu de son poids d'eau, car les eaux potables, au lieu de 22 grammes, ne contiennent que 2 grammes au plus de matières fixes par litre.

Dans des cas rares, l'eau porte le cachet de son origine : telle est, entre autres, celle des puits, laquelle est généralement chargée de sels calcaires. Si alors, après avoir décoloré par le chlore le vin à essayer, on y verse une dissolution d'oxalate d'ammoniaque, il se produira, s'il y a fraude, un précipité d'oxalate de chaux si abondant que le liquide en deviendra presque opaque. Le même phénomène n'aura pas lieu si le vin n'a pas été falsifié.

Quelques personnes prétendent reconnaître par la dégustation qu'un vin a été additionné d'eau ; mais ce moyen ne peut donner que des indications inexactes, parce que la force des produits vinaires varie d'année en année pour le même cru.

Il existe des essais populaires qui, sans avoir une bien grande portée, peuvent mettre sur la voie de la fraude. Ils sont au nombre de trois :

1° Après avoir rempli un verre ordinaire avec le vin suspect, on examine le cercle blanchâtre qui se forme toujours quand on donne au verre une position légèrement inclinée, et d'après le degré de l'étendue de ce cercle, on se prononce sur la falsification du vin. En outre, on laisse tomber quelques gouttes de vin sur un linge, et l'on observe l'étendue du cercle qui se forme autour de la tache. L'expérience est beaucoup plus concluante si l'on peut agir comparativement sur un vin de même âge, de même climat et d'une pureté reconnue.

2° On remplit le creux d'une assiette avec le vin suspect, et l'on jette au milieu un charbon enflammé, qu'on recouvre aussitôt avec un verre à boire. Sous l'influence de la chaleur, l'air contenu dans le récipient se dilate, et le liquide s'y précipite avec force. Les parties colorées du vin s'y introduisent les premières, tandis qu'il se forme autour du verre un cercle des parties incolores qui n'y pénètrent que les dernières et persistent quelquefois après l'opération. Le degré d'étendue du cercle sert aussi à prononcer sur l'existence de la fraude.

3° Sur un verre rempli d'eau, on met une planchette percée d'un trou par lequel passe et plonge le col d'une fiole renversée, pleine de vin à essayer. Si celui-ci est naturel, il n'en tombe pas dans l'eau ; si, au contraire, il a été frelaté, il se mêle à celle-ci et monte plus ou moins dans la fiole.

Vins additionnés d'acide sulfurique

On a quelquefois ajouté de *l'acide sulfurique* ou *huile de vitriol*, au vin additionné d'eau, afin de dissimuler la fraude et de suppléer au défaut d'alcool, en donnant au liquide une saveur factice analogue à celle des vins naturels du pays.

Pour reconnaître cette falsification, on fait, avec le vin suspect, une ou plusieurs taches sur un morceau de papier blanc à lettre, puis on dessèche ce papier à une douce chaleur. Si le vin est pur, les parties couvertes par les taches ne présentent aucune altération. Dans le cas contraire, elles roussissent et deviennent très cassantes.

Un autre procédé consiste à tacher deux morceaux de papier, l'un avec du vin naturel, l'autre avec du vin contenant de l'acide sulfurique, puis à les soumettre tous les deux à l'évaporation spontanée. Le vin pur produit sur le papier une tache d'un bleu violacé, tandis que le vin fraudé y laisse une tache rose-hortensia.

Nous n'avons pas besoin de faire remarquer que l'acide sulfurique communique à la liqueur, dans laquelle on l'a introduit, des propriétés éminemment nuisibles à la santé.

Vins alunés

On ajoute quelquefois de *l'alun* au vin : 1º pour en exalter la couleur ; 2º pour lui donner ce qu'on appelle du *nif*, c'est-à-dire le

clarifier, et, en même temps assurer sa conservation, s'il doit être exporté ; 3° pour lui communiquer une saveur styptique analogue à celle
du vin de Bordeaux, ou lui rendre celle dont il a
été dépouillé par une addition d'eau.

Le plus souvent la proportion d'alun ne
dépasse pas 85 centigrammes par litre ; mais il
s'est trouvé des commerçants qui l'ont portée
jusqu'à 5 grammes.

Les vins alunés ne sont pas moins délétères
que ceux qu'on a sophistiqués avec l'acide sulfurique, et ils le sont nécessairement d'autant
plus que la substance étrangère s'y trouve en
plus forte quantité.

Plusieurs moyens ont été indiqués pour
reconnaître les vins ainsi sophistiqués. Le plus
simple consiste à faire bouillir, pendant quelques minutes, un quart de litre ou moins du
liquide suspect. Si la fraude existe, le vin se
trouble peu à peu et donne lieu à un précipité
floconneux qui, par le repos et le refroidissement, se rassemble au fond du vase en une
masse insoluble dont la couleur varie du rose-
hortensia au rose tirant sur le violet.

L'addition au vin de la *teinte de Fismes*, est souvent une cause indirecte d'introduction d'alun.

Les hygiénistes sont généralement d'avis que
l'alun doit être proscrit d'une manière absolue.

Vins additionnés de sulfate de fer

Le *sulfate de fer*, appelé vulgairement *vitriol
vert* ou *couperose verte*, est ajouté quelquefois au
vin pour produire les mêmes effets que l'alun.
Cette addition se constate assez facilement. En

premier lieu, le vin ainsi sophistiqué possède les propriétés des sels de fer. En second lieu, si l'on y verse du chlorure de baryum, il donne immédiatement un précipité blanc.

Vins vinés

Dans plusieurs pays, notamment dans nos départements du Midi, on ajoutait de l'eau-de-vie aux vins faibles ou susceptibles d'une rapide altération, sans quoi ils ne pouvaient se conserver et supporter les transports. C'est à cette opération qu'on a donné le nom de *vinage*. Pour la faciliter, la loi exemptait de tous droits les eaux-de-vie qu'on y destinait pourvu que la quantité employée ne dépassât pas la proportion de 5 litres d'alcool pur par hectolitre de vin, et que les vins sur lesquels on opérait ne contiennent pas plus de 21 centièmes d'alcool pur.

Le vinage avait donc une utilité réelle et il était licite quand il se renfermait dans les limites légales ; mais il est devenu le moyen le plus habituel qu'employait le commerce des vins au détail, surtout dans les grandes villes, pour tromper leur clientèle sur la qualité de la marchandise vendue. Il suffisait, en effet, de faire venir du Midi des vins très hauts en couleur, et qui avaient été déjà vinés par les producteurs ; on les vinait de nouveau dans des entrepôts situés hors barrière, et, quand ils contenaient 40 et quelquefois 50 ou 60 0/0 d'alcool, on les faisait entrer en ville, où ils n'acquittaient que les droits ordinaires pour le vin. Cette vinosité excessive servait uniquement à masquer de copieuses additions d'eau mélangée de vinaigre, de telle sorte que d'un hectolitre de vin, le sophisticateur en faisait deux, trois et même quatre, lesquels n'avaient payé à l'octroi que comme un hectolitre de vin.

Les vins suralcoolisés sont une boisson des plus malsaines, et qui devient très dangereuse quand, ce qui n'arrive que trop souvent, on s'est servi d'alcool de grains.

La sophistication du vin par le vinage est d'autant plus dangereuse qu'elle est fort difficile à déceler. On la reconnaît bien assez aisément au goût quand elle est toute récente ; mais, au bout d'un certain temps, l'alcool et l'eau se sont si intimement incorporés avec le vin qu'il est impossible de les distinguer.

Cependant la distillation peut fournir d'utiles indications, car le vin qui a été fraudé de cette manière doit nécessairement donner un produit plus riche en alcool que celui qu'on retire de la même espèce de vin non suralcoolisé. On peut également en obtenir d'autres de l'examen des résidus de l'évaporation, parce qu'il est presque impossible que les relations entre les divers principes immédiats, organiques et inorganiques, ne soient pas troublées par l'introduction du liquide ou des liquides étrangers.

Il existe enfin un moyen assez simple pour distinguer l'alcool naturel au vin de celui qu'on y a ajouté. Ce moyen est basé sur le fait bien établi que l'alcool introduit dans le vin, quand celui-ci a subi la fermentation complète dans le tonneau, ne s'y trouve qu'à l'état de mélange plus ou moins parfait, en sorte qu'il n'entre pas dans la composition essentielle de ce vin et s'évapore avant que le liquide entre en ébullition. Pour l'appliquer, on remplit une capsule ordinaire de vin suspect, et l'on suspend au-dessus, presque au niveau de la surface de ce dernier, une petite lampe, de la capacité et de la forme d'un gros dé à coudre, qui porte deux ou trois becs garnis chacun d'un brin de coton filé et plongeant dans de l'huile épurée. Les choses ainsi disposées, on allume la lampe, puis on chauffe le vin. Les vapeurs de l'alcool non combiné ne tardent pas à s'élever et elles prennent feu au contact des mèches, en formant un cercle de lumière rougeâtre qui répand l'odeur de l'esprit-de-vin.

Le même phénomène ne se produit que quelque temps après, pour l'alcool qui fait partie essentielle du vin, et alors que celui-ci est arrivé à l'état d'ébullition. Toutefois, dans cette dernière circonstance, il convient de monter la petite lampe à quelques centimètres de plus au-dessus du liquide, afin d'éviter que les vapeurs aqueuses, mêlées à celles de l'alcool, venant à éteindre les petites mèches, ne puissent donner lieu à tirer une fausse conséquence de l'épreuve.

Vins plâtrés

Dans plusieurs pays, quand la vendange est dans la cuve, on y ajoute du plâtre en poudre. 250 grammes de cette matière sont suffisants par hectolitre de vendange, mais souvent les vignerons emploient des doses de 500 et même de 750 grammes.

Cette pratique, qui se nomme *plâtrage*, remonte à une haute antiquité. On lui attribue les propriétés suivantes : 1º hâter le dépouille-

ment du vin, soit en rendant moins solubles les
matières albuminoïdes qui pourraient rester en
dissolution, soit que, sous l'influence de l'alcool, l'excès de plâtre se précipite et entraîne
mécaniquement les matières protéiques en
suspension, soit même que, par la combinaison
de la chaux avec quelques-unes de ces substances, la liqueur devienne moins altérable et
surtout moins favorable au développement des
mycodermes ; 2° agir sur la crème de tartre, de
manière que le plâtre lui enlève la moitié de son
acide tartrique sous forme de tartrate neutre de
calcium.

Le plâtrage modifie la constitution chimique
normale du vin, en change même et vicie la
nature, en donnant lieu à la formation d'une
grande quantité d'un sel nuisible, le sulfate de
potasse, et à la diminution correspondante d'un
principe utile, essentiel à la constitution de
tous les vins, c'est-à-dire de la crème de tartre.

Quoi qu'il en soit, les vins plâtrés devraient
être vendus pour ce qu'ils sont et non comme de
simples vins naturels. Encore, même, convien-
drait-il d'obliger les producteurs à indiquer
exactement la proportion de plâtre qu'ils ont
employée par litre, car, si cette proportion est
considérable, la nature du vin se trouve tellement altérée que le liquide finit par n'être plus
réellement du vin.

Les vins plâtrés possèdent toujours des propriétés nuisibles quand ils ont été travaillés
avec du plâtre contenant de l'argile, ce qui est
très fréquent pour quelques variétés de gypse,
parce qu'on y a introduit de l'alun. Un vin de
ce genre a donné à l'analyse 2 grammes de

plâtre par litre et 4 grammes de sulfate d'alumine, en sorte que celui qui en aurait bu deux
litres par jour aurait ingurgité, au bout de
l'année, 1,460 grammes de plâtre et 4 kilogrammes d'alun.

Vins plombés

Pour adoucir les vins aigres, c'est-à-dire en
neutraliser l'acide acétique, on y ajoute tantôt
de la *litharge* (protoxyde de plomb), tantôt de
la *céruse* (carbonate de plomb), ce qui en fait de
véritables poisons. En effet, l'usage de tels vins,
ou *vins plombés*, produit la maladie connue
sous le nom de *colique des peintres*, qui se termine presque toujours par la mort.

Le plombage des vins, très fréquent autrefois, est rarement pratiqué aujourd'hui. Néanmoins, il y a quelques années, plusieurs soldats
périrent victimes de cette sophistication per-
nicieuse.

Les vins plombés ont une saveur styptique
sucrée et persistante. Pour les reconnaître, il
suffit d'en décolorer un échantillon avec le
charbon, et d'y ajouter ensuite quelques
gouttes d'une dissolution d'hydrogène sulfuré.
S'il y a un sel de plomb dans le vin, aussi
petite qu'en soit la quantité, il se produit un
précipité noir et floconneux, qui n'est autre
chose que du sulfure de plomb.

Mais la présence du plomb dans le vin n'est
pas toujours un signe de sophistication. Comme
nous l'avons vu, en parlant du nettoyage des
bouteilles, des grains de ce métal oubliés lors du
rinçage suffisent pour rendre ce liquide véné-

neux. De là, nous ne saurions trop le répéter, la nécessité de remplacer, dans cette opération, le plomb granulé, soit par la fonte en grenailles, soit par la chaînette de fer, soit même simplement par de petits graviers. De là encore la nécessité de ne pas conserver ou manipuler le vin dans des vases de plomb.

Vins salicylés

Pour obtenir des vins qui ne fermentent que très lentement ou même ne fermentent pas du tout, et qui, par conséquent, peuvent se conserver, on mute assez souvent à l'acide salicylique.

Après l'introduction de l'acide salicylique, la fermentation s'arrête presque aussitôt ; mais il semble qu'elle ne soit qu'étourdie, car elle ne tarde pas à recommencer, et il faut employer une autre quantité d'acide pour l'enrayer de nouveau.

L'emploi de l'acide salicylique a été considéré jusqu'à présent comme une falsification.

Vins glycérinés

On ajoute parfois de la glycérine au vin pour l'adoucir, lui donner du corps, assurer sa conservation, sans avoir recours à l'alcool, et masquer le défaut d'extrait.

Dans les vins naturels, il n'y a pas plus de 8 grammes de glycérine par litre. Dans les vins travaillés, cette proportion est beaucoup plus grande.

La glycérine peut exercer une action fâcheuse

sur la santé, même donner lieu, si elle est prise à
haute dose, à de véritables empoisonnements.
Des procédés de laboratoire fort délicats sont
indispensables pour la découvrir et surtout la
doser.

Vin blanc fraudé par le cidre et le poiré

Les vins blancs sont quelquefois additionnés
de cidre ou de poiré. Il ne paraît pas que les
boissons ainsi sophistiquées aient rien d'insalu-
bre ; mais elles sont toujours vendues comme si
elles étaient pures, par conséquent au delà de
leur valeur réelle.

Cette falsification peut être facilement reconnue. En premier lieu, le vin a une saveur particulière qu'il ne présente jamais quand il est
naturel. En second lieu, si on le distille, l'alcool
qu'on en obtient a une odeur très prononcée
d'acide acétique. En outre, l'extrait provenant
de cette distillation est beaucoup plus abondant
que lorsqu'on opère sur du vin pur, et si on le
chauffe au bain d'huile, à une température fixe
de 200 à 210°, il éprouve une sorte de caraméli-
sation légère, tout en développant l'odeur particulière aux pommes et aux poires légèrement
torréfiées.

Coloration artificielle des vins rouges

Dans le commerce, on a recours à cette
fraude, tantôt pour rendre plus foncée la coloration des vins qui en ont une trop pâle, tantôt
pour donner à des mélanges diversement composés la nuance des vins naturels. On emploie

pour cela des substances assez nombreuses,
plus particulièrement une décoction de *bois*
d'Inde ou *de Fernambouc*, le *tournesol en dra-*
peaux, le jus des *baies d'hièble*, de *sureau*, de
troëne, de *myrtille*, les *mûres*, les *betteraves*, le
vin de teinte de Fismes (mélange de sucs de
baies d'hièble et de sureau, additionné d'un peu
d'alun), etc.

Cette sophistication peut se constater d'un
assez grand nombre de manières.

D'après le docteur Devergie, tout vin qui,
traité par une solution d'alun et de carbonate
de potasse, donne un précipité bleu-rose ou
violet, doit être soupçonné de coloration artificielle. Pour cela, on dissout 1 partie d'alun
dans 11 parties d'eau distillée, et 1 partie de
carbonate de potasse dans 8 parties d'eau
distillée. On ajoute d'abord au vin à essayer
un volume égal au sien de la solution d'alun,
puis on y verse avec précaution celle de carbonate.

On obtient un résultat analogue avec l'ammoniaque et le sulfhydrate d'ammoniaque. A
cet effet, on ajoute à une quantité quelconque
du vin suspect assez d'ammoniaque pour que
l'odeur s'en fasse légèrement sentir après le
mélange ; on y verse quelques gouttes d'une
solution concentrée de sulfhydrate d'ammoniaque, et l'on jette le tout sur un filtre ; la liqueur
qui passe est d'un vert plus ou moins foncé, si
le vin ne contient que ses principes colorants
naturels, et d'une nuance bleue, rouge ou
violette bien caractérisée, s'il contient quelque
substance colorante étrangère.

Un autre procédé, beaucoup plus simple,

repose sur la propriété que possèdent les ma-
tières colorantes, provenant des fruits ou des
graines, de se dissoudre promptement dans
l'eau, tandis que, dans les mêmes circonstances,
celles du vin naturel ne se dissolvent qu'avec
beaucoup de lenteur et même d'une' manière
très imparfaite. Après avoir plongé, dans le vin
qu'on veut essayer, une éponge bien nettoyée
ou simplement un morceau de mie de pain, on
laisse cette éponge ou cette mie absorber tout
le liquide qu'elle peut, puis on la place dans une
assiette remplie d'eau. Si le vin a une coloration
artificielle, l'eau prend immédiatement une
teinte rouge violette. Si, au contraire, il n'a pas
été fraudé, l'eau ne change de couleur qu'au
bout d'un quart d'heure ou d'une demi-heure,
et l'on remarque tout d'abord qu'elle prend une
nuance semblable à celle de l'opale.

Les procédés qui précèdent font connaître si
le vin a été coloré artificiellement ou non, mais
ils n'indiquent pas la nature de la substance
colorante qui a été employée. On a fait une
foule de recherches pour arriver à la solution de
cette partie du problème, mais les moyens que
l'on a imaginés laissent encore beaucoup à
désirer ; ils ne peuvent d'ailleurs être mis en
usage que par des analystes de profession.

Toutefois, en voici un qui donne, dit-on, des
résultats assez satisfaisants : versez dans un
verre une petite quantité du vin à expérimen-
ter, et faites-y dissoudre un morceau de potasse.
S'il ne se forme pas un dépôt et si le liquide
prend une teinte verdâtre, il n'a pas été artificiellement coloré. Si, au contraire, il se produit
un dépôt, on doit en conclure qu'il a été fraudé,

· et la couleur de ce dépôt indique la matière qu'on a employée. Si cette couleur est violâtre, on s'est servi de baies de sureau ou de mûres. Si elle est rouge, on a eu recours aux betteraves ou au bois de Fernambouc. Si elle est d'un rouge violacé, on a fait usage de bois de Campêche. Enfin, la couleur jaune est due aux baies de phytolaque, la couleur bleu violet aux baies de troëne, et la couleur violet clair au tournesol.

Dans ces derniers temps, les fraudeurs n'ont pas craint d'employer la *fuchsine*, une de ces admirables matières tinctoriales dont la chimie contemporaine a doté l'art de la teinture. Or, comme elle possède des propriétés malfaisantes, il en résulte que son introduction dans le vin constitue non seulement une sophistication, mais encore un attentat à la santé du consommateur.

On reconnaît cette fraude en procédant de la manière suivante : dans une fiole de verre blanc, d'une contenance de 120 à 130 centimètres cubes, on verse 50 grammes du vin suspect, et l'on y ajoute, d'abord 10 grammes de sous-acétate de plomb, puis 20 grammes d'alcool amylique. Si, après avoir vivement agité le mélange, l'alcool amylique, qui s'en sépare, apparaît incolore, cela prouve que le vin n'a pas été coloré par la fuchsine ; si, au contraire, il se présente avec une teinte rouge, cela prouve que le vin contient une certaine quantité de cette substance.

Pour comprendre cette opération, il suffit de se rappeler : que la matière colorante du vin est précipitable par le sel de plomb, tandis que la fuchsine ne l'est pas, et que l'alcool amylique, qui possède la propriété de les dissoudre toutes deux, quand elles sont libres, n'a plus aucune action sur l'œnoline, du moment qu'elle est combinée au plomb, tandis qu'il conserve le pouvoir d'enlever la fuchsine au liquide dans lequel elle est dissoute.

Vins de marc ou d'eau sucrée

Les *vins de marc*, appelés aussi *vins d'eau sucrée, deuxièmes vins*, etc., sont des boissons vineuses artificielles. Comme chacun sait, le principe de leur fabrication consiste à faire fermenter le marc de la vendange, au contact d'une certaine quantité d'eau sucrée, après qu'on a extrait de la cuve le vin proprement dit ou premier vin. On prend généralement autant d'eau que la vendange a fourni de vin, et l'on y ajoute 16 kilogrammes de sucre par hectolitre d'eau employée, plus, également par hectolitre, 100 grammes d'acide tartrique et 5 grammes de tanin. On ne doit se servir que de sucre cristallisé bien raffiné. La glucose ou sucre de fécule a plusieurs inconvénients. En premier lieu, il renferme une assez forte proportion de dextrine, qui ne se convertit pas en alcool, et qui nuit à la clarification en épaississant le liquide. En second lieu, il contient de l'acide sulfoglucosique qui peut nuire à la santé.

Les vins de marc ne sont, à proprement parler, que des piquettes. Ils ne peuvent donc avoir les propriétés du vin ordinaire. Néanmoins, quand ils sont faits loyalement et avec soin, ils constituent des boissons hygiéniques dont le prix de l'hectolitre est peu élevé. Nous n'avons pas besoin d'ajouter que si l'on prétendait les faire passer pour des vins naturels, on se rendrait coupable d'une fraude parfaitement caractérisée. Actuellement, du reste, la circulation des piquettes est interdite.

Vins de raisins secs

La fabrication des *vins de raisins secs* se réalise avec des raisins privés de leur eau naturelle par la dessiccation, et que l'on tire, en majeure partie, de l'Italie méridionale, de la Grèce et de ses îles, de l'Asie Mineure et de plusieurs ports de la Syrie.

La préparation des vins de raisins secs diffère fort peu de celle des vins ordinaires. Ces vins ont toutes les propriétés de ces derniers, et cela se conçoit, puisque les raisins secs ne diffèrent des raisins frais que par l'eau dont la dessiccation les a privés, et qu'on leur restitue dans la fabrication. Les vins qui proviennent des deux sortes de raisins se ressemblent à tel point que leur identité est presque absolue, quand ils sont les uns et les autres loyalement et convenablement préparés. Dans ces conditions, les meilleurs dégustateurs ont la plus grande peine à les distinguer. C'est parce qu'il est impossible de saisir la différence qui existe entre les vins provenant des raisins secs et ceux obtenus des raisins frais que le fisc les soumet tous aux mêmes droits.

La vente des vins de raisins secs a été interdite.

Fraudes sur la quantité

Une fraude, beaucoup plus fréquente qu'on ne suppose, consiste à tromper les consommateurs sur la quantité de la marchandise vendue, c'est-à-dire en se servant de tonneaux et de bouteilles qui n'ont pas la contenance voulue.

Relativement aux tonneaux, on devrait obliger tous les producteurs et, par extension, tous les vendeurs, à ne vendre qu'à l'hectolitre, et à indiquer sur chaque fût la quantité exacte de liquide qu'il contient.

On devrait, en outre, contraindre les tonneliers à se conformer rigoureusement aux prescriptions de l'Instruction ministérielle de l'an VII, en d'autres termes, à construire leurs futailles d'après des types uniformes (1). De cette manière, les tonneaux, une fois sortis des lieux d'origine, conserveraient toute leur valeur vénale, tandis que avec l'anarchie qui existe actuellement dans la jauge et dans la dénomination des vases vinaires, ils éprouvent souvent, d'un arrondissement à l'autre, une dépréciation de 50 à 80 0/0. D'un autre côté, si, comme c'est le vœu de tous les commerçants honnêtes, l'on adoptait une forme et une jauge unitaires, les vols de route, si fréquents, seraient atténués par la facilité avec laquelle on pourrait vérifier la capacité exactement connue d'avance.

Ajoutons que, dans certaines localités, on *riffle* les douelles des tonneaux, sans qu'elles en

(1) Voyez cette instruction dans le *Manuel du Tonne-lier*, qui fait partie de cette Encyclopédie.

aient besoin, et dans le but de diminuer la capacité du fût remonté avec ces douelles.

Ailleurs, on diminue à dessein l'épaisseur des douves qui correspondent à la bonde, parce qu'en introduisant la sonde, on obtient une capacité plus grande que la capacité réelle.

On ferait peut-être disparaître toutes les difficultés que présente l'emploi des futailles en remplaçant le mesurage au volume par le *pesage*. Pour rendre pratique ce système, M. Houdart a imaginé un aréomètre particulier dont la tige porte deux échelles différentes : l'une, étiquetée *volumètre*, fait connaître le *volume* occupé par 100 kilogrammes de liquide pesé, tandis que l'autre, appelée *densimètre*, indique ce que pèsent en kilogrammes 100 litres de ce même liquide. Ainsi 101 degrés de la première échelle signifient que 100 kilogrammes de vin occupent 101 litres, et 99 degrés de la seconde indiquent que 100 litres de vin pèsent 99 kilogrammes. D'après cela, pour savoir à quel poids donné correspond un volume de liquide, il faut multiplier ce poids par l'indication du volumètre, et réciproquement.

En ce qui concerne les bouteilles, la fraude n'est pas moins grande. Beaucoup trop de marchands en font diminuer la capacité, afin de pouvoir abaisser, en apparence, le prix de leur vin, et de faire ainsi une concurrence facile à ceux qui opèrent loyalement. Ici encore, le législateur devrait intervenir pour interdire à tous les verriers de se prêter aux manœuvres des fraudeurs.

FIN

TABLE DES MATIÈRES

Sommelier. 28

FIN DE LA TABLE DES MATIÈRES

BAR-SUR-SEINE. — IMPRIMERIE SAILLARD